“国家重点基础研究发展计划（973）项目”成果书系

特大跨桥梁安全性设计与评定基础理论丛书 | Tedakua Qiaoliang Anquanxing Sheji yu Pingding Jichu Lilun Congshu

总主编 张建仁

Theory and Application of Highway Bridge-vehicle Coupling Vibration

公路桥梁-车辆耦合振动理论及应用

殷新锋 刘 扬 韩 艳 著

人民交通出版社股份有限公司

北 京

内容提要

本书较系统地论述和总结了公路桥梁在移动车辆作用下的振动分析成果及其应用，主要内容包括绪论、车-桥耦合系统振动分析理论、车辆-单跨梁耦合系统振动分析、车辆-连续梁耦合系统振动分析、车辆-高墩连续桥耦合系统振动测试及模型更新、车辆-高墩连续桥耦合系统振动分析、基于路面退化的高墩连续桥车-桥耦合振动分析、随机车流-大跨径斜拉桥耦合系统振动分析、风与车流联合作用下的桥梁振动研究，多重碰撞调谐质量阻尼器控制下随机车流-桥梁耦合系统振动研究。

本书可供桥梁工程中的桥梁设计、施工及相关研究人员阅读，也可供高等院校土木、交通、水利等工程专业的研究生和高年级本科生学习使用。

图书在版编目(CIP)数据

公路桥梁-车辆耦合振动理论及应用 / 殷新锋，刘扬，韩艳著. — 北京：人民交通出版社股份有限公司，2023.8

ISBN 978-7-114-17779-8

Ⅰ.①公… Ⅱ.①殷… ②刘… ③韩… Ⅲ.①公路桥—车桥耦合振动—研究 Ⅳ.①U448.14

中国国家版本馆 CIP 数据核字(2023)第 148334 号

Gonglu Qiaoliang-cheliang Ouhe Zhendong Lilun ji Yingyong

书　　名：公路桥梁-车辆耦合振动理论及应用
著 作 者：殷新锋　刘　扬　韩　艳
策划编辑：孙　玺
责任编辑：钱　堃
责任校对：赵媛媛　龙　雪
责任印制：张　凯
出版发行：人民交通出版社股份有限公司
地　　址：(100011)北京市朝阳区安定门外外馆斜街 3 号
网　　址：http://www.ccpcl.com.cn
销售电话：(010)59757973
总 经 销：人民交通出版社股份有限公司发行部
经　　销：各地新华书店
印　　刷：北京虎彩文化传播有限公司
开　　本：787 × 1092　1/16
印　　张：15
字　　数：360 千
版　　次：2023 年 8 月　第 1 版
印　　次：2023 年 8 月　第 1 次印刷
书　　号：ISBN 978-7-114-17779-8
定　　价：76.00 元

前言

Foreword

桥梁作为交通线路的咽喉要道，在国民经济建设中起着重要作用。截至2022年底，我国公路桥梁约有96.11万座。经济发展和交通便利也带来了车流量的飞速增长，导致多数在役桥梁所受的车流量及载质量远超设计荷载，进而增大了车辆荷载对桥梁的冲击作用。尤其是建立在山区峡谷或宽阔水域的大跨径桥梁，其常处于雨雪气候多发地带，车辆常在湿滑桥面上行驶，行驶危险性较高，导致大跨径桥梁行车安全事故时有发生。据公安部交通管理局统计，仅2016年我国道路交通共发生交通事故16.5万起，交通事故致使5.1万人死亡，16.8万人受伤，其中不利天气条件致使桥面结冰或者桥面湿滑导致的事故占据较大的比例。因此，为确保在役桥梁结构本身受力及桥上行车安全，必须根据桥上车流状况对桥梁结构的振动特征和行车安全进行研究。影响车辆通过桥梁时的振动特征和行车安全性的因素有很多，基于现有研究结果可知，车辆振动特征、桥梁振动特征与桥面状况是影响桥梁结构振动和行车安全的主要因素。故本书在已有研究结果的基础上，系统分析了车辆模型、桥梁模型及桥面状况特征，研究车辆-公路桥梁耦合系统振动分析理论，给出了梁桥、斜拉桥及悬索桥在移动车辆或车流作用下的桥梁振动理论及其应用，这些内容对促进桥梁工程学科自身的发展具有一定的指导意义。本书研究工作先后得到国家自然科学基金项目面上项目(52078057)、国家重点基础研究发展计划项目(2015CB057702)的大力支持。为了在书名中突出本书内容主要围绕公路桥梁的振动展开，故书名中为“公路桥梁-车辆耦合振动”，而本书正文中按照行业习惯使用了“车-桥耦合系统振动”的表述。

本书是在作者10多年研究成果的基础上经补充和完善完成的。在10多年的研究过程中，作者受到了湖南大学方志教授、美国路易斯安那州立大学蔡春声教授及长沙理工大学张建仁教授等多位学者的指导；一些成果是作者和方志、蔡春声教授等共同完成的;部分内容引用了研究生胡晓、杨可的研究成果;陶跃斌、谭锋参与了资料整理工作。作者在此一并表示衷心感谢。

由于作者水平有限,书中难免有疏漏或错误之处,恳请读者批评指正。

殷新锋

2022 年 5 月于长沙理工大学

目 录

Contents

第1章　绪　　论

1.1　引　　言

为确保在役桥梁结构本身受力及桥上行车安全,必须根据桥上车流状况对桥梁结构的振动特征和行车安全进行研究。影响车辆通过桥梁时的振动特征和行车安全性的因素有很多,基于已有研究结果可知,车辆振动特征、桥梁振动特征与桥面状况是影响桥梁结构振动和行车安全的主要因素。故本书在已有研究结果的基础上,系统分析了车辆模型、桥梁模型及桥面状况特征,研究车辆-公路桥梁耦合系统振动分析理论,给出了梁桥、斜拉桥及悬索桥在移动车辆或车流作用下的桥梁振动及其应用。研究成果对促进桥梁工程学科自身的发展具有一定的指导意义。

1.2　车-桥耦合系统振动原因

关于车-桥耦合问题的研究,最初研究者通常假定路面等级不会变化,因此并没有将路面情况随着时间退化考虑进去,虽然这些研究成果推动了实际工程领域的发展,但是随着施工工艺的不断改进、技术要求的不断提高,之前的研究成果或许并不能准确反映当前实际工程项目中的情况。若能成功对荷载、腐蚀、冲击效应及环境等因素引起的路面随时间不断退化、等级不断降低的情况进行预测,使理论研究结论与车辆从桥上通过时的实际情况相符合,对运营中的桥梁长期的动力响应特性作出精准预估,将对新桥设计、已建成桥梁的养护以及旧桥的维修产生积极影响,使得桥梁设计更科学、更适用,桥梁维修养护更经济、更合理。

汽车主要由车体、车轮及弹簧悬挂装置等组成。汽车在桥梁上运行时,会对桥梁结构产生动力冲击,使桥梁产生振动,而桥梁结构的振动又反过来对桥上运行的车辆产生影响。这样,车辆振动和桥梁结构的振动相互影响,形成一个复杂的多自由度振动系统。

影响车-桥耦合系统振动的主要因素有:

(1)车辆参数:包括车辆自重、悬挂装置的弹簧与阻尼器的特性。

(2)桥梁结构本身动力特性的影响:不同结构类型的桥梁,其振动特性不同,对车辆的振动反应也不相同。

(3)路面不平度:车辆以一定速度通过桥梁时,车轮缺陷及路面的不平顺对路面系统产生的内部自激励作用形成系统的强迫振动,其中路面不平顺的作用是随机的,而车轮缺陷的作用是周期性的。

(4)行车速度:车辆以一定速度过桥时由重力荷载所形成的移动惯性力与行车速度有关。

(5)行驶车辆的非直线运动:由于路面平整度不同,各个车轮与路面接触时会产生不同的横向摩擦力,导致车辆运行时会产生非直线运动,成为车辆乃至车-桥耦合系统横向振动的激励源。

(6)曲线桥形成的离心力:车辆行驶在曲线桥上的离心力引起系统横向和扭转振动。

(7)地震与风的作用:即地震和风等外部激励所诱发的车-桥耦合系统的振动。车辆通过桥梁时,不仅对桥梁结构产生竖向动力冲击作用,也会引起桥梁的横向振动。其振动特性直接影响车辆运行的安全和乘客的舒适度,是大跨径桥梁设计必须考虑的因素。

1.3 车-桥耦合系统分析方法

20 世纪 60—70 年代以来,美国、日本、欧洲部分国家和我国学者为车-桥耦合系统振动力学理论的发展做出了重要贡献,先后建立和发展了多种分析模型。这些模型经过大量的实测数据检验,具有较好的实用性和合理性,在很多工程实际中得到应用。目前流行的几种车-桥耦合系统分析模型都是由车辆与桥梁结构组成的多自由度振动系统。各种模型建立时在以下几个方面有不同的考虑[2]:

(1)平面模型和空间模型

仅研究系统的竖向振动时,采用二维平面分析模型即可,而研究系统的横向振动或空间振动时,则必须采用空间分析模型。

(2)车辆模型

一般采用多自由度的质量块、弹簧与阻尼振动系统;车辆阻尼一般采用黏滞阻尼,这主要是为了理论上求解的方便。但由于车-桥时变系统大多是采用逐步积分法求解的,因此模型中采用其他形式的阻尼也不会有什么困难。

(3)桥梁结构模型

建立桥梁结构模型有两种方法:一种是有限元法。桥梁结构的有限元模型可根据结构的几何模型直接建立,既可以进行桥梁整体结构振动分析,又便于处理结构细部振动问题,但计算自由度较多。另一种是振型模态叠加法。利用桥梁结构的振型模态模型可以有效地进行各种桥梁结构振动分析,减少自由度,但不能用于分析桥梁的细部结构的振动;如果系统中要考虑桥梁支座、桥上轨道结构等作用,则必须采用模态综合法,但处理起来比较困难。

(4)路面不平度模拟

基于路面不平度对应的功率谱密度函数,可以用三角级数叠加法、二次滤波法、自回归(AR)模型法或自回归滑动平均(ARMA)模型法等多种方法模拟得到路面不平度的样本。

(5)耦合的激励

车辆在桥上行驶时的车辆自重和其产生的惯性力作用是系统振动的主要激励,但路面不平度和车辆行驶速度也会对耦合的激励产生较大影响。

(6)数值计算方法

车-桥耦合振动数值计算方法总体上可分为时域法和频域法两种。

时域法根据所建立车-桥系统方程的不同,又可分为两种方法:一种是将车辆模型与桥梁模型的所有自由度通过轮胎与地面接触关系耦合在一起,建立统一系统运动方程组,进行同步求解。另一种是将车-桥系统以车轮与路面接触为界,分为车辆与桥梁两个子系统,分别建立各自的运动方程;两者之间通过接触处的位移协调条件与相互作用力的平衡相关联,采用迭代法求解系统响应。时域法的缺点是随着桥梁的复杂化及车辆数量的增加,需要联立求解的方程规模增大,从而使计算工作量变得很大。针对这一缺点,目前通常采用分组迭代的方法进行处理,这样可以在一定程度上提高计算效率,达到求解大跨径桥梁与多车耦合振动问题。

采用频域法求解时,首先要求出车-桥耦合系统的频率响应函数,然后利用激励力功率谱密度函数作为输入,求得系统在频域内的动力响应,可以对其计算结果直接进行统计分析。该方法的优点在于对于任何复杂结构,可以只取一定数量的主要振动模态参与计算,从而大大减少计算工作量。但是由于车-桥系统振动方程的系数矩阵具有时变性,应用频域法时需假定其频域响应函数在瞬间不随时间变化,故具有近似性,在处理非线性问题时也有困难。

目前常用的几种车-桥系统相互作用的分析方法考虑了以上一个或多个方面的内容。下面对国内外车-桥系统相互作用的研究进行具体阐述。

1.4　车-桥耦合振动研究概况

20 世纪 60—70 年代以来,电子计算机以及有限元技术的发展,使得车-桥耦合振动研究有了飞速发展,从车-桥系统的力学模型模拟到计算手段等都有了质的飞跃。人们可建立比较真实的车辆和桥梁计算模型,然后用数值模拟法计算车辆和桥梁系统的耦合振动响应。美国、日本、欧洲部分国家和我国许多学者为车-桥振动力学理论的发展做出了重要贡献,在车辆模型和桥梁模型上取得了很大进展。从发表的文献及收集的资料来看,迄今为止,国内外在车-桥耦合振动的研究方面以铁路桥梁的振动响应为主。现将该领域国内外主要研究成果综述如下。

1.4.1 国内外铁路桥梁车-桥耦合系统振动研究现状

国外高速铁路的修建对桥梁动力分析提出了更高的要求,这极大地促进了车-桥系统振动研究的发展。松浦章夫以多跨简支梁为研究对象,研究了车辆与桥梁的共振问题,提出了产生共振的条件——在高速铁路桥梁上,有规则的轴重排列所引起的荷载周期与梁固有周期之比为整数时,就会引起结构的共振[3-5]。美国伊利诺理工学院的 Chu[6-7] 等最早采用复杂的车辆模型来分析铁路车-桥的振动响应问题。1978 年 Har[8] 以桥梁与车辆间的竖向相互作用力为激励源,每节车辆由车体、转向架和轮对组成,三者之间用弹簧连接,假定轮对始终与钢轨接触,车体简化为 3 个自由度,给定车体进桥时的初始竖向位移和点头位移,计算车-桥耦合的竖向振动响应,但 Har 未考虑轨道不平顺的影响。

法国、意大利和丹麦等国家的研究者也进行了类似的研究。Lsson[9-10] 采用模态技术求解车-桥模型的动力响应。Makoto Tanabe[11] 针对日本新干线上的四轴客车建立了 31 个自由度的车辆模型,也采用模态技术求解。Gree 和 Cebon[12-13] 提出了在频域内求解分离的车-桥系统振动的新方法,他们利用模态脉冲响应函数,采用模态叠加法并结合快速傅里叶变换(FFT)、快速傅里叶逆变换(IFFT)技术来求解桥梁的动力响应。Yang[14-16] 采用动态凝聚法求解车-桥系统的动力响应问题。该方法由于将所有与车体有关的自由度以单元级进行凝聚,使得计算效率大为提高。Bogaert[17] 采用简化的车辆模型,研究高速列车通过肋式拱桥的竖向振动冲击效应,并给出了冲击系数的简化表达式。由此可见,随着车-桥振动研究的深入,建立复杂的桥梁空间模型、考虑车辆的多种自由度、采用有效的车-桥动力学方程求解技术,以求更客观、真实地模拟车-桥系统的动力学响应成为各国学者共同追求的目标。

在国内,李国豪[18]、陈英俊[19]、何度心[20] 等在 20 世纪 60 年代对车-桥振动进行过研究,计算了列车速度对桥梁动力系数的影响。

20 世纪 80 年代以来,曾庆元对车-桥系统振动理论进行了深入、细致的研究[21-22]。他们将机车车厢视为 21 个自由度的车体模型,对桁架及混凝土桥分别采用空间桁段单元与空间梁单元进行离散,考虑机车车辆蠕滑力、重力及车辆阻尼的影响,建立列车在桥上任意位置时车-桥时变系统总势能的计算式。然后由势能驻值原理及形成矩阵的“对号入座”法则,将车-桥视为一个整体,其振动特性随列车过桥时间变化,得出车-桥时变系统的振动响应。此法以构造桥上的蛇行波为激励源,避开了复杂的轮轨关系,这是研究车-桥动力系统的一种较独特的方法。

曹雪琴[23-24] 等除对钢桁梁桥的横向振动进行分析外,还着重研究了单跨箱形钢桁梁桥在列车过桥时的空间振动。其分析特点是:推导了车-桥体系动力相互作用的平衡方程,采用逐步分析法求微分方程组，以轨道不平顺和车辆蛇行运动作为车-桥体系的横向振动源。在此研究基础上，曹雪琴还组织国内一些单位开展了铁路桥梁检定规范的修订工作。

夏禾、阎贵平等将车辆简化为悬挂振动系统，分别建立车-桥横向与竖向振动分析模型，研究车-桥-墩体系的动力相互作用及地震荷载作用下桥上列车运行的平稳性，得到了许多有价值的结论[25-27]。

强士中[28-29]和沈锐利[30-31]研究了钢桁梁桥的车-桥空间耦合问题。袁向荣[32]研究了开口薄壁梁桥的车-桥耦合振动问题，他们将车-桥耦合系统分成车辆和桥梁两个子系统，利用迭代求解技术研究车-桥系统的空间响应。

1.4.2　国内外公路桥梁车-桥耦合系统振动研究现状

经济的不断发展、客运与货运交通量的显著增长，使得路面车辆密度随之提高；汽车设计方法与制造技术的改进，以及新材料、新技术的应用，使得单辆汽车的载运量亦有所提高。许多早期设计的桥梁现在承受的车流量比当时设计值高出很多。而新建造的桥梁，则往往由于景观和建筑上的需要以及高强材料的应用，其结构被设计得较为细长而柔软。要确保这些桥梁有足够的强度与刚度，能承受最大的预定荷载而不出现过大的变形，工程设计人员要采用新的分析方法进行设计和校核，以期最大限度地挖掘基础设施的潜力。

多年以来，人们一直对于移动车辆作用下公路桥梁动态反应的问题有所关注，以往许多设计规范把桥梁的冲击系数表述为桥跨长的函数，从目前的研究结果来看，这种方法存在不足。20 世纪 80 年代以来，新的规范开始采用桥梁上部结构的弯曲基频来描述冲击系数，如加拿大于 1983 年发布的公路桥梁设计规范及澳大利亚于 1992 年发布的桥梁设计规范等。然而该规定仅适用于支配振型为纵向弯曲的桥梁。实际上，有不少桥梁还呈现扭转及横向弯曲振型，这时由弯曲基频不能给出准确的冲击系数。冲击系数与汽车的动态性能、桥梁的振动特征及路面不平度有关。对同一桥梁和汽车，采用不同的冲击系数来进行计算，结果有较大的离散性。从收集到的资料可以归纳得出：冲击系数随着移动荷载速度的提高而增加，而对于没有阻尼的弹簧质量随着速度的提高而降低[32]。车-桥耦合振动问题比较复杂，即使对于最简单的移动质量与简支梁的耦合振动问题，分析结论也随移动质量上桥的初始条件不同而改变。汽车通过桥面时影响桥梁动力反应的其他因素还有动荷载与静荷载的比例、轮胎的弹性及支悬装置的刚度等。因此，对公路桥梁的车-桥耦合作用研究是很有必要的。

1982 年法国工程师 Deslandres 在巴黎附近的 Pontoise 桥上第一次采用振动记录仪进行公路桥梁荷载动力试验[33]。美国在 1910 年也做了若干公路桥梁的振动试验，以了解荷载的冲击作用。对公路桥梁荷载动力效应的系统研究开始于 1931 年。1931 年英国土木工程师协会根据一系列简支梁桥的实测数据制定了最早的公路桥梁荷载冲击系数规范[34]。其后，

Shahawy和 Huang[35]提出将桥梁简化为具有集中质量和黏性阻尼的有限自由度梁，将汽车简化为带有摩擦装置的平面三自由度模型，研究了汽车作用下桥梁的振动响应。20 世纪 90 年代，Lee[36]研究了移动质量作用下车-桥耦合系统的振动响应。Tan 和 Bergman 将车辆简化成质量弹簧振荡器，研究了车辆作用在弹性支撑梁桥上时的车辆耦合作用[37-38]。上述学者研究的都是将车辆简化成平面体系，将桥梁简化成梁的形式。此法对于平直、中心对称没有弯扭且沿桥跨全长刚度及质量均匀分布的桥梁，能相对较简捷而准确地模拟，但对于计算动力反应，则有一定的限制。因为简单梁的振型中不能考虑扭转和横向弯曲振型，理想化为简单梁不能真实地模拟桥梁与车辆的相互作用，仅能模拟车辆沿桥中心行驶的情形。实际上，车辆可以在桥的不同位置，扭转和弯曲振动对桥的动力反应有显著的影响，因此 Zhu 和 Law 等提出将二维的格栅桥梁与三维的汽车组合起来模拟车-桥系统空间耦合的相互作用[39]，并且验证了其方法的正确性。

现代车-桥系统耦合振动研究可以更精确地考虑桥梁模型、车辆模型以及它们之间的耦合振动，并对车流模型、路面不平度、车辆加速和制动减速效应等复杂的随机因素都进行了一些研究。王元丰、许士杰[40]，杨建荣[41]等利用等效梁格法分析了汽车作用下公路桥梁的振动问题。Guo W. H. 等[42]，韩万水[43]，李永乐等[44-45]分别提出了一套分析框架，研究了单一车辆通过不同桥型时的振动响应。2004—2005 年间，Cai C. S. 、Chen S. R.（陈甦人）[46-47]提出了一套公路桥梁的车-桥耦合振型分析理论，分析了固定车列或单一车辆与桥的耦合振动响应。Yin X. F.（殷新锋）、Cai C. S. [48-50]等建立了能考虑车轮与桥面之间面接触的三维车辆模型，分析了轮胎与桥面间受力关系及面接触对耦合系统的振动影响。Zhu 和 Law[51]综述了车辆作用下公路桥梁振动研究的发展现状，并指出现有较多文献中的车辆模型仅考虑一辆汽车或包含较少车辆数目的既定确定性汽车列，未考虑或忽略了实际公路随机车流的随机性。这与公路桥梁上所通行车流均是随机的实际情况相差甚远。

随机车流作用下大跨径桥梁动力行为研究近几年才引起学者的重视。Chen S. R. 、Cai C. S. [52]提出了一套适用于美国交通状况及美国车辆特征的随机车流作用下大跨径桥梁振动分析框架；韩万水、陈艾荣[53]，Chen S. R. 、Wu J. [54]，Zhang W. 、Cai C. S. [55]等建立了随机车流下的车-桥梁系统耦合振动分析理论，进行了公路桥梁荷载谱和随机车流模拟研究，形成了多种车流模型，如基于刺激-反应模式提出的 GM 模型及 Helly 模型、基于安全距离提出的 Gipps 模型及 FRESIM 模型、利用元胞自动机提出的 VDR 模型等，但上述模型均需要进一步优化才能适应现今的交通状况及车辆性能的改变[33]，且上述模型均未能考虑驾驶员行为（人）、车辆特征（车）、桥面状况（桥）与雨雪气候环境影响（行车环境）造成车速变化等诸多实际情形，未能建立可综合考虑上述多因素影响的人-车-桥-行车环境闭环体系随机车流模型，导致其适用范围具有一定局限性[56]。Yin X. F. 、Cai C. S. [57-58]基于国内典型地区高速公路车辆统计数据，分析了双向车道不同类型车辆换道或超车车流分布特征，对雨雪气候环境引起的驾驶员视角误差及车流分布进行了前期研究，建立了随机车流-桥耦合振动分析框架。

近10年来，鉴于桥梁上行车安全事故频发，学者开始关注大跨径桥梁行车安全。如牛永亮[59]，付锐、魏朗等[60]引入交通冲突技术对黄河公路大桥进行了安全评价。Guo W. H.[61]，Cai C. S.、Chen S. R.[62]将汽车-桥梁耦合振动分析中得到的车辆竖向、横摆和俯仰方向的动力响应用在事故分析模型中，模型主要集中于摩擦力作用和车辆与桥梁侧向相对运动的模拟。陈晓东[63]以车轮压力为标准，衡量车辆的侧滑与侧倾稳定性，并分析了车辆通过桥塔区时的侧偏运动。马麟[64]将车辆模型中轮胎与桥面接触点定义成一个独立的侧向自由度，轮胎的摩擦力表达为轮胎竖向力和侧滑速率的函数，以位移量作为车辆事故判断标准，分析了轮胎侧滑位移对桥上行车安全的影响。

张明浩[65]、范鹏鹏[66]、刘玮蔚[67]等均根据不同参数分析了道路上行车安全性，均未考虑车流在桥梁上行驶的耦合特征；李永乐等[44-45]探索了雨雪气候下桥面变化对行车安全的影响，亦没有考虑车流及驾驶员操纵特征等的影响，未能建立桥上行车轨迹冲突预测及安全事故危险态势辨识模型。

1.5 本书主要研究内容

本书第1章为绪论，介绍了车-桥耦合系统的振动原因、分析方法及研究现状。

第2章在回顾如何建立梁的运动偏微分方程基础之上，导出弹性支承单跨梁、弹性支承连续梁振型函数和振动频率的解析解。将车辆模型分别简化成1/4车辆模型、1/2车辆模型及三维整车模型，并得到各自的运动微分方程。给出如何从非平稳时域角度来模拟桥面不平度对车-桥耦合系统的激励，并比较采用路面平稳和非平稳激励模拟桥面不平度所引起的差别。介绍求解车-桥耦合系统运动微分方程的三种逐步积分法，即线性加速度法、Wilson-θ法和Newmark-β法。在比较三种方法优越性的基础上，详细介绍了Newmark-β法计算车-桥耦合系统运动方程的步骤。

第3章详细给出汽车荷载作用下单跨梁的动力响应分析，分别将车辆模型简化为1/4车辆模型和1/2车辆模型，建立车-桥耦合振动的运动微分方程，并利用Matlab软件编制其计算程序，且与已有文献实例对比验证模型和计算程序的正确性。进而将沥青路面层模拟成Kelvin模型，将混凝土路面层和主梁一起简化为Euler-Bernoulli梁，考虑不同路面层对汽车荷载作用下单跨梁的振动响应，通过算例分析车辆加速度、弹性支承刚度、非平稳激励模型、平稳激励模型和不同路面层等参数对弹性支承梁在汽车荷载作用下动力响应的影响。

第4章以两种连续梁(三跨等跨变截面梁和三跨不等跨变截面梁)为例，比较分析非平稳及平稳两种随机路面激励模型对汽车荷载作用下的连续梁振动响应。接着详细研究混凝土梁在运营阶段出现裂缝时,裂缝参数对车-桥耦合系统振动的影响,即将车辆模型视为七自由度的整车模型。裂缝模拟成两种情形:一种为开口裂缝(Open Crack),另一种为呼吸裂缝(Breathing Crack),分析了不同裂缝类型、裂缝位置、裂缝参数、车辆频率及车辆组合等因素对车载作用下的桥梁振动频率和桥梁冲击系数的影响。

第5章以炉坪大桥为例,分别以该桥的第三跨和第四跨跨中截面为测试断面,测试不同车辆加载时的跨中截面处测点的挠度。采用LXPL-1型公路连续式八轮平整度仪,测量该桥面的不平度,分析路面等级。采用环境振动法测量该桥的竖向和横向自振频率,并在实测静力挠度和自振频率的基础上,引入响应面法更新炉坪大桥有限元模型,为该类桥梁的现场试验和有限元模型更新提供依据,并为后面章节对桥梁在车载作用下的竖向、横向振动的试验与理论对比分析提供基础。

第6章在将轮胎与路面之间的面接触引入车-桥耦合模型的基础上,进一步考虑车辆的横向自由度,从而提出一种新的车辆模型来研究移动车载作用下的桥梁横向振动。车辆轮胎被模拟成一个三维弹簧模型,轮胎与地面的接触面模拟成长方形。考虑影响接触面间的横向力大小的三种重要参数(如滑移角、侧偏角、轮胎的S形运动)对耦合系统的影响,并与炉坪大桥实测数据比较,验证分析模型是否可用于研究桥梁在车载作用下的横向振动。接着以炉坪大桥和龙潭河特大桥为例,分析接触面积、车速等对桥梁振动的影响,以及高墩连续桥在汽车荷载作用下所受的纵向力和行车舒适性等研究者所关注的问题。

第7章在车-桥耦合振动分析理论的基础上,建立了七自由度三维空间车辆模型,通过车-桥耦合分析程序 Vehicle-Bridge-Wind Analysis Program的计算与分析,得出了桥梁20年运营周期内车辆过桥时桥梁的响应信息以及冲击系数,分析了时间与桥面退化的关系、桥面退化情况对桥梁振动响应及冲击系数的影响,并进一步分析了时间与冲击系数的关系,得出了修正后的冲击系数计算公式。还结合引入了一种车辆失稳评价标准,分析了由于路况变化对车辆通过桥梁时的行车安全性影响。

第8章以大跨径斜拉桥为例,运用 Matlab 程序对实测的车流数据进行 *K-S* 检验处理,从而获得在常见分布函数中最为吻合的函数参数,通过蒙特卡罗原理对各类数据进行随机抽样,从而获得相对真实的随机车流模型。根据不同的时间段生成了稀疏随机车流样本、正常随机车流样本和密集随机车流样本,随后通过合理的数据筛选对各类随机车流样本进行截取。与此同时,将桥面不平度以激励的形式作用于系统上,对车流在桥上行驶的过程进行模拟并对其振动响应进行分析,将程序所得的冲击系数与规范中的冲击系数进行比较,为以后斜拉桥的移动荷载分析提供参照。

第9章分析了行车舒适性问题,现有行车舒适性研究中常采用忽略座椅振动的整车振动模型,实际上这种忽略座椅振动的简化模型虽然大大降低了计算和模拟过程的复杂性,但却给计算结果的精确性带来了问题。因此,本书提出了包括悬架座椅模型及车辆纵向振动的二十四自由度空间车辆模型，并引入可考虑前面邻近车辆及次近邻车辆相互影响的改进元胞自动基模型和路面等级退化模型，考虑车流随机性和桥面等级退化因素，研究风-车流-桥耦合振动系统中大跨径桥梁行车舒适性。

第 10 章基于传统的调谐质量阻尼装置（TMD），提出了一种新的调谐质量阻尼装置——碰撞 TMD 系统。该碰撞 TMD 系统能有效利用碰撞过程耗能从而抑制结构振动。结合已有交通荷载-桥梁耦合振动分析模型，提出了能综合分析交通荷载-桥梁-多重碰撞 TMD 耦合系统的振动模型。通过进行数值计算对比分析了传统 TMD 装置及碰撞 TMD 装置对桥梁振动的抑制效果，并基于碰撞 TMD 参数分析表明在其他相同参数条件下，碰撞 TMD 装置减振效果明显高于传统 TMD 装置。

第 2 章　车-桥耦合系统振动分析理论

2.1　引　言

梁的竖向振动分析是研究车-桥耦合系统动力问题的基础。车-桥耦合振动分析的简化模型往往归结为求解移动质量或移动力作用下梁的竖向振动问题。

2.2　梁的运动偏微分方程

由文献[2]可知，要描述无限自由度体系的振动，需建立挠度关于位置坐标和时间两个独立变量的连续函数，因此描述无限自由度体系的运动方程为偏微分方程。

2.2.1　无阻尼梁的运动偏微分方程

设有如图 2.1 所示的非等截面简支梁，沿梁长度 x 方向变化的抗弯刚度为 $EI(x)$，单位长度的质量为 $\overline{m}(x)$，作用在梁上的竖向荷载 $p(x,t)$ 及梁的竖向挠度 $y(x,t)$ 均为随位置坐标 x 和时间 t 连续变化的函数。假定梁的运动为平面弯曲，且梁在弯曲变形过程中任一横截面始终与梁的轴线保持垂直。对于梁的挠度与其长度相比要小很多的情况，这种假设是合理的。

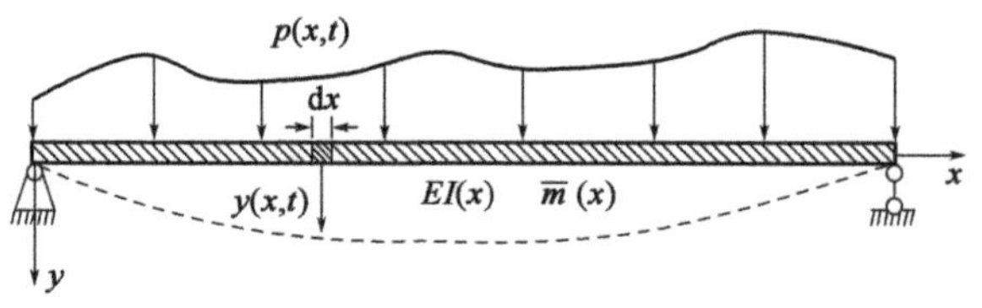

图 2.1　简支梁的弯曲变形

取梁上任一截面 x 处的微段 dx 为隔离体。该微段上除了作用有截面弯矩 M、剪力 Q 和分布外荷载 $p(x,t)$ 外，根据达朗贝尔(D' Alembert)原理，还具有假设的惯性力 $df_I = f_I(x)dx$。这里 $f_I(x)$ 为分布惯性力，其大小等于分布质量 $\overline{m}(x)$ 与运动加速度 $\ddot{y}(x,t)$ 的乘积，即 $df_I(x) = -m(x)\dfrac{\partial^2 y(x,t)}{\partial t^2}$。如图 2.2 所示，该微段隔离体的运动过程中处于动平衡状态。取 $\sum Y = 0$，得到平衡方程式(2.1)。

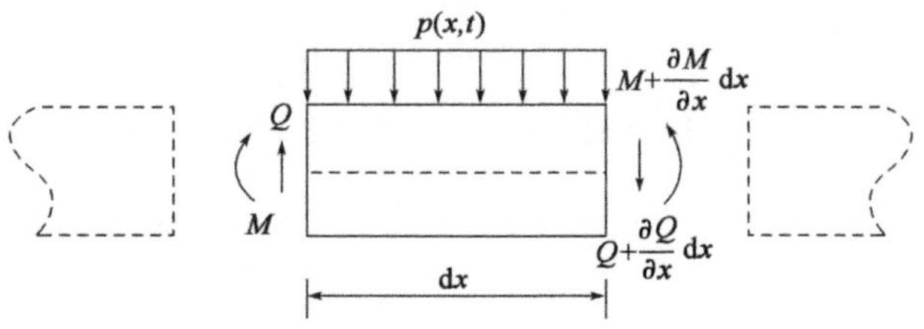

图 2.2 微段梁隔离体

$$Q-\left[p(x,t)-\bar{m}(x)\frac{\partial^2 y(x,t)}{\partial t^2}\right]\mathrm{d}x-\left(Q+\frac{\partial Q}{\partial x}\mathrm{d}x\right)=0 \tag{2.1}$$

整理得：

$$\frac{\partial Q}{\partial x}=-p(x,t)+\bar{m}(x)\frac{\partial^2 y(x,t)}{\partial t^2} \tag{2.2}$$

对微段右截面取$\sum M=0$，得到平衡方程式(2.3)：

$$M+Q\mathrm{d}x-\frac{1}{2}\left[p(x,t)-\bar{m}(x)\frac{\partial^2 y(x,t)}{\partial t^2}\right](\mathrm{d}x)^2-\left(M+\frac{\partial M}{\partial x}\mathrm{d}x\right)=0 \tag{2.3}$$

略去式中的高阶微量，整理得：

$$\frac{\partial M}{\partial x}=Q \tag{2.4}$$

将式(2.2)代入式(2.4)得：

$$\frac{\partial^2 M}{\partial x^2}=-p(x,t)+\bar{m}(x)\frac{\partial^2 y(x,t)}{\partial x^2} \tag{2.5}$$

根据梁初等变形理论中弯矩与曲率的关系

$$M=EI(x)\frac{\partial^2 y(x,t)}{\partial x^2} \tag{2.6}$$

可以得到：

$$\frac{\partial^2}{\partial x^2}\left[EI(x)\frac{\partial^2 y(x,t)}{\partial x^2}\right]+\bar{m}(x)\frac{\partial^2 y(x,t)}{\partial x^2}=p(x,t) \tag{2.7}$$

这样就得到了变截面梁仅考虑弯曲情况的运动微分方程。对于等截面梁，式(2.7)可以简化为：

$$EI(x)\frac{\partial^4 y(x,t)}{\partial x^4}+\bar{m}(x)\frac{\partial^2 y(x,t)}{\partial x^2}=p(x,t) \tag{2.8}$$

在式(2.7)和式(2.8)的推导过程中，没有考虑梁在运动过程中剪切变形和转动惯量的影响。对于工程中常用的梁，其梁高远小于梁长，即梁的弯曲半径与梁高相比要大很多。对这种梁来说，弯曲变形是主要的，而剪切变形和转动惯量的影响很小，可以忽略不计。因此，可以认为式(2.7)和式(2.8)具有足够的精度。这种仅考虑弯曲变形的梁称为 Euler 梁。

2.2.2 有阻尼梁的运动偏微分方程

梁在振动过程中,受到两种阻尼的作用:一种是外界介质如水、空气、土等对梁运动的阻抗,称为外阻尼;另一种是由于结构截面上的纤维反复变形,沿截面高度产生的分布阻尼应力,称为内阻尼。

这两种阻尼都是黏滞阻尼。前者是梁竖向振动速度的函数,后者与梁材料的应变速度成比例。因此,在运动方程中可以方便地考虑这两种黏滞阻尼产生的影响。假设外阻尼产生的阻尼力与梁体的振动速度成正比,对于图 2.2 所示的微段隔离体,有:

$$\mathrm{d}f_{\mathrm{D}}(x)=c(x)\frac{\partial y(x,t)}{\partial t}\mathrm{d}x \tag{2.9}$$

根据前面隔离体受力的平衡关系$\sum Y=0$,梁的运动方程式(2.7)变为:

$$\frac{\partial^2}{\partial x^2}\left[EI(x)\frac{\partial^2 y(x,t)}{\partial x^2}\right]+\bar{m}(x)\frac{\partial^2 y(x,t)}{\partial x^2}+c(x)\frac{\partial y(x,t)}{\partial t}=p(x,t) \tag{2.10}$$

内阻尼产生的阻尼应力与材料的应变速度有关。

$$\sigma_{\mathrm{D}}(x)=c_{\mathrm{s}}\frac{\partial\varepsilon(x,\eta,t)}{\partial t} \tag{2.11}$$

式中:$\sigma_{\mathrm{D}}(x)$——应变阻尼应力;

c_{s}——应变阻尼系数;

$\varepsilon(x,\eta,t)$——梁截面上距中性轴距离为 η 点处的应变。

假设该应力沿梁截面高度方向呈线性分布,则这些阻尼应力形成阻尼弯矩为:

$$M_{\mathrm{d}}(x)=\int_A c_{\mathrm{s}}\eta\frac{\partial\varepsilon(x,\eta,t)}{\partial t}\mathrm{d}A=\int_A c_{\mathrm{s}}\eta^2\frac{\partial}{\partial t}\left[\frac{M(x,t)}{EI(x)}\right]\mathrm{d}A=c_{\mathrm{s}}I(x)\frac{\partial^3(x,t)}{\partial x^2\partial t} \tag{2.12}$$

式中:η——截面上任一点到中性轴的距离;

A——截面面积。

这时图 2.2 所示的微段隔离体上的截面弯矩等于弯曲变形弯矩与应变阻尼弯矩之和,因此考虑内外阻尼梁的运动方程可直接写出:

$$\frac{\partial^2}{\partial x^2}\left[EI(x)\frac{\partial^2 y(x,t)}{\partial x^2}+c_{\mathrm{s}}I(x)\frac{\partial^3 y(x,t)}{\partial x^2\partial t}\right]+\bar{m}(x)\frac{\partial^2 y(x,t)}{\partial t^2}+c(x)\frac{\partial y(x,t)}{\partial t}=p(x,t) \tag{2.13}$$

2.3 梁的自振频率和振型

本节中未作说明的梁均为等截面直梁,梁的弯曲自由振动方程可由式(2.8)的齐次方程直接写出,即:

$$EI(x)\frac{\partial^4 y(x,t)}{\partial x^4}+\bar{m}(x)\frac{\partial^2 y(x,t)}{\partial t^2}=0 \tag{2.14}$$

式(2.14)两边同除以 EI,并用“′”表示对位置 x 的导数,用“·”表示对时间 t 的导数,式(2.14)变形为:

$$y''+\frac{\bar{m}}{EI}\ddot{y}=0 \tag{2.15}$$

用分离变量法求解,假定解的形式为:

$$y(x,t)=\phi(x)\cdot q(t) \tag{2.16}$$

式中:$\phi(x)$——振动的形状,它不随时间而变化;

$q(t)$——随时间变化的振幅,把式(2.16)代入式(2.15),得到:

$$\phi''(x).\ q(t)=-\frac{\bar{m}}{EI}\phi(x)\cdot\ddot{q}(t) \tag{2.17}$$

各项同除以 $\phi(x)\cdot q(t)$ 进行变量分离,得:

$$\frac{\phi''(x)}{\phi(x)}=-\frac{\bar{m}\ddot{q}(t)}{EIq(t)} \tag{2.18}$$

式(2.18)左边仅为 x 的函数,右边为 t 的函数。如果等式要对所有的 x 和 t 都成立,必须两边都等于一个常数。设该常数为 a^4,则有:

$$\frac{\phi''(x)}{\phi(x)}=-\frac{\bar{m}\ddot{q}(t)}{EIq(t)}=a^4 \tag{2.19}$$

式(2.19)展开后为两个独立的常微分方程:

$$\ddot{q}(t)+\omega^2q^2(t)=0 \tag{2.20}$$

$$\phi''(x)-a^4\phi(x)=0 \tag{2.21}$$

其中:

$$\omega^2=\frac{a^4EI}{\bar{m}} \tag{2.22}$$

式(2.20)是单自由度无阻尼自由振动方程,其解为:

$$q(t)=A\sin\omega t+B\cos\omega t \tag{2.23}$$

式中的系数 A 和 B 可以根据初始位移 $q(0)$ 和初始速度 $\dot{q}(0)$ 确定,即:

$$q(t)=\frac{\dot{q}}{\omega}\sin\omega t+q(0)\cos\omega t \tag{2.24}$$

式(2.21)为4阶常微分方程,设解的形式为:

$$\phi(x)=ce^{sx} \tag{2.25}$$

将其代入式(2.21),得:

$$(s^4-a^4)ce^{sx}=0 \tag{2.26}$$

解得 $s_{1,2,3,4}=\pm a$,将 $\pm ia$ 代入式(2.25),得到式(2.21)的通解:

$$\phi(x) = A\sin ax + B\cos ax + C\sinh ax + D\cosh ax \tag{2.27}$$

式中的 4 个常数 A、B、C、D 决定梁振动的形状和振幅，它们可由梁端的边界条件确定。根据线性代数理论，这 4 个常数是线性相关的，即其中的 3 个常数可以用第 4 个常数来表示，并能得到频率方程，用它来计算频率参数 a。

2.4 几种常见边界条件的单跨梁固有频率和振型函数

2.4.1 简支梁固有频率及振型函数

等截面简支梁如图 2.3 所示。根据简支梁的边界条件，在 $x=0$ 处，位移和弯矩为零，即 $\phi(0)=0, M(0)=EI\phi'(0)=0$。将式(2.27)代入这两个边界条件，得到 $B=D=0$。在 $x=L$ 处，位移和弯矩为零，即 $\phi(L)=0, M(L)=EI\phi'(L)=0$。利用这两个边界条件，得出：

$$A\sin aL + C\sinh aL = 0 \tag{2.28}$$

$$-A\sin aL + C\sinh aL = 0 \tag{2.29}$$

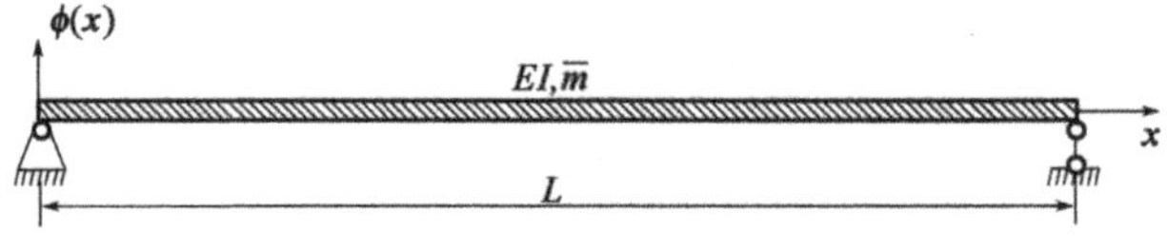

图 2.3 简支梁模型

A、C 不能同时为零，否则梁将处于静止状态，这时这个方程组的系数行列式的值比等于零，即：

$$\begin{vmatrix} \sin aL & \sinh aL \\ -\sin aL & \sinh aL \end{vmatrix} = 0$$

因为 $\sinh aL \neq 0$，所以必有：

$$\sin aL = 0 \tag{2.30}$$

式(2.30)为简支梁的频率方程。根据三角函数的关系，可解得：

$$a_n L = n\pi \quad (n=1,2,\cdots)$$

于是频率由式(2.22)解得，即：

$$\omega_n = n^2\pi^2\sqrt{\frac{EI}{\bar{m}L^4}} \quad (n=1,2,\cdots) \tag{2.31}$$

将 $\sin aL=0$ 代入式(2.28)，得出 $C=0$，于是由式(2.27)得出简支梁的振型函数 $\phi_n(x) = A_n\sin\frac{n\pi x}{L}(n=1,2,\cdots)$，其中常数 A_n 应由初始条件确定。

2.4.2　两端固支梁固有频率及振型函数

等截面两端固支梁如图 2.4 所示。根据该梁两端固支的边界条件，在 $x=0$ 处，位移和转角为零，即 $\phi(0)=0$，$\phi'(0)=0$，得到 $B=-D$，$A=-C$。在 $x=L$ 处，位移和转角也为零，即 $\phi(L)=0$，$\phi'(L)=0$。利用这两个边界条件，得出：

$$\phi(L)=A\sin aL+B\cos aL+C\sinh aL+D\cosh aL=0 \tag{2.32}$$

$$\phi(L)=a(A\cos aL+B\sin aL+C\cosh aL+D\sinh aL)=0 \tag{2.33}$$

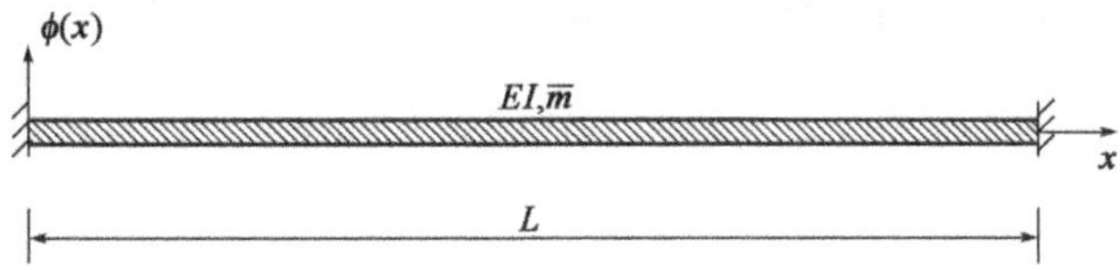

图 2.4　两端固支梁

根据式(2.32)、式(2.33)，可以将系数 B 用 A 表示为：

$$B=\frac{\sin aL-\sinh aL}{\cos aL-\cosh aL}A \tag{2.34}$$

令 A 为一单位量，将这个关系及前面得到的关系 $B=-D$，$A=-C$ 代入式(2.27)，即得到两端固支梁的振型函数：

$$\phi_n(x)=\sin a_n x-\sinh a_n x+\gamma(\cosh a_n x-\cos a_n x) \tag{2.35}$$

γ 由式(2.36)确定：

$$\gamma=\frac{\sin aL-\sinh aL}{\cos aL-\cosh aL} \tag{2.36}$$

利用前面得到的关系 $B=-D$，$A=-C$，有：

$$A(\sin aL-\sinh aL)+B(\cos aL-\cosh aL)=0 \tag{2.37}$$

$$A(\cos aL-\cosh aL)-B(\sin aL+\sinh aL)=0 \tag{2.38}$$

使 A、B 不能同时为零的条件是这个联立方程组系数行列式的值必等于零，即：

$$\begin{vmatrix}\sin aL-\sinh aL & \cos aL-\cosh aL\\ \cos aL-\cosh aL & -\sin aL-\sinh aL\end{vmatrix}=0 \tag{2.39}$$

展开得：

$$1-\cos aL\cdot\cosh aL=0 \tag{2.40}$$

式(2.40)为两端固支梁的频率方程。该方程为超越方程，由文献[95]可知，求解该方程可用图解法。具体解法为：将式(2.40)分成 $y=\cos aL$ 和 $y=1/\cos aL$ 两个参数方程，分别在同一个坐标系中画出曲线，两个曲线的交点即为原方程的解。其前三个非零解为 $aL=4.730$、7.853、10.996，相应的前三阶自振频率为：

$$\begin{cases} \omega_1 = 4.730^2\sqrt{\dfrac{EI}{mL^4}} \\ \omega_2 = 7.853^2\sqrt{\dfrac{EI}{mL^4}} \\ \omega_3 = 10.996^2\sqrt{\dfrac{EI}{mL^4}} \end{cases} \tag{2.41}$$

与上面方法相似,用同样的方法不难得出以下两种常见单跨梁的振动频率和振型函数。

2.4.3 一端固支另一端自由的单跨梁固有频率及振型函数

该梁的边界条件可写为:

$$\begin{cases} \phi(0) = 0 \\ \phi'(0) = 0 \\ \phi''(L) = \phi'''(L) = 0 \end{cases} \tag{2.42}$$

其振型函数为:

$$\begin{cases} \phi_n(x) = \sin a_n x - \sinh a_n x - \sinh a_n x + \gamma(\cos a_n x - \cosh a_n x) \\ \gamma = \dfrac{\sin a_n + \sinh a_n}{\cos a_n + \cosh a_n} \end{cases} \tag{2.43}$$

前三阶自振频率为:

$$\begin{cases} \omega_1 = 1.875^2\sqrt{\dfrac{EI}{mL^4}} \\ \omega_2 = 4.694^2\sqrt{\dfrac{EI}{mL^4}} \\ \omega_3 = 7.855^2\sqrt{\dfrac{EI}{mL^4}} \end{cases} \tag{2.44}$$

2.4.4 一端固支另一端简支的单跨梁固有频率及振型函数

该梁的边界条件可写为:

$$\begin{cases} \phi(0) = 0 \\ \phi'(0) = 0 \\ \phi(L) = \phi''(L) = 0 \end{cases} \tag{2.45}$$

其振型函数为:

$$\begin{cases} \phi_n(x) = \sinh a_n x - \sin a_n x + \gamma(\cosh a_n x - \cos a_n x) \\ \gamma = \dfrac{\sinh a_n - \sin a_n}{\cos a_n - \cosh a_n} \end{cases} \tag{2.46}$$

前三阶自振频率为：

$$\begin{cases}\omega_1 = 3.927^2\sqrt{\dfrac{EI}{\overline{m}L^4}} \\ \omega_2 = 7.069^2\sqrt{\dfrac{EI}{\overline{m}L^4}} \\ \omega_3 = 10.210^2\sqrt{\dfrac{EI}{\overline{m}L^4}}\end{cases} \tag{2.47}$$

2.4.5　边界条件为竖向弹性支承的单跨梁固有频率和振型函数

在桥梁工程中，常用橡胶支座。在分析橡胶支座对上部结构的减振作用效果时，常常可以将橡胶支座简化为竖向弹簧模型（图2.5）。下面介绍竖向弹性支承边界梁的振型函数。

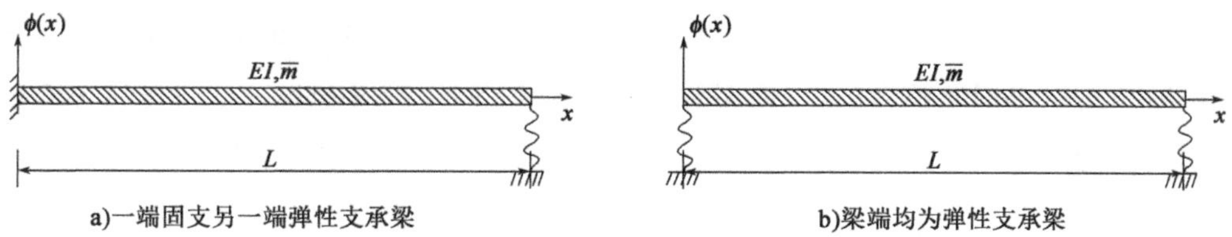

a)一端固支另一端弹性支承梁　　b)梁端均为弹性支承梁

图2.5　弹性支承梁

竖向弹性支承边界，梁的一端支承在竖向弹性弹簧上，根据梁端剪力与弹簧的变形协调关系，可得其边界条件为：

$$\begin{cases}EI\dfrac{\mathrm{d}^3\phi(x)}{\mathrm{d}x^3} = -kr(x)\big|_{x=0} \\ EI\dfrac{\mathrm{d}^3\phi(x)}{\mathrm{d}x^3} = -kr(x)\big|_{x=L}\end{cases} \tag{2.48}$$

式中：k——竖向弹簧的弹性刚度。

对于含有上述两种边界条件的单跨梁来说，求解其自由振动频率和阵型函数的基本方法和步骤依然与常规边界梁相似。

1）一端固支另一端竖向弹性支承梁［图2.5a）］

边界条件为：

$$\begin{cases}\phi(0) = 0 \\ \phi'(0) = 0 \\ \phi''(L) = 0 \\ \phi'''(L) = \dfrac{k}{EI}(L)\end{cases} \tag{2.49}$$

将 $\phi(0)=0$，$\phi'(0)=0$ 代入式（2.27），很容易得到 $B=-D$，$A=-C$。

将 $\phi''(L)=0,\phi'''(L)=\frac{k}{EI}(L)$ 代入式(2.27),可得满足 A、B 不能同时为零的条件为:

$$\begin{vmatrix} \cos a_nL+\cosh a_nL+\dfrac{\sin a_nL-\sinh a_nL}{(a_nL)^3} & \sinh a_nL-\sin a_nL+\dfrac{k}{EI}\cdot\dfrac{\cos a_nL-\cosh a_nL}{(a_nL)^3} \\ \sin a_nL+\sinh a_nL & \cos a_nL+\cosh a_nL \end{vmatrix}=0 \quad (2.50)$$

当弹簧的竖向刚度为零时,该梁变为一端固支另一端自由的梁;当弹簧的竖向刚度趋向无穷大时,该梁则变为一端固支另一端简支梁。这两种极限状态下的梁自由振动频率如前所示。因此,可以假设该梁的自由振动频率介入这两者之间。引入参数 ζ,可得其定义为这两种极限状态在该梁频率中所占的比例。因此,该梁频率方程可表示为:

$$\omega=\omega_{gf}+\zeta(\omega_{gj}-\omega_{gf}) \quad (2.51)$$

式中:ω_{gf}——弹簧的竖向刚度为零时,该梁变为一端固支另一端自由梁的振动频率;

ω_{gj}——弹簧的竖向刚度趋向无穷大时,该梁变为一端固支另一端简支梁的振动频率。

由式(2.22)可以得到系数 a_n 与弹簧的竖向刚度为零时,该梁变为一端固支另一端自由梁的系数 a_{ngf}的关系式为:

$$a_n=a_{ngf}\sqrt{\frac{\omega}{\omega_{gf}}}=a_{ngf}\sqrt{1+\zeta\left(\frac{\omega_{gj}}{\omega_{gf}}-1\right)} \quad (2.52)$$

因此,对于每个 ζ,可以得到相应的 a_n 值,从而振型函数也就相应可得:

$$\phi_n(x)=\sinh a_nx-\sin a_nx+\gamma(\cosh a_nx-\cos a_nx)$$

$$\gamma=\frac{-(\sinh a_n+\sin a_n)}{\cos a_n+\cosh a_n}$$

同样,式(2.51)简化后,得到 k 与 a_n 的关系式为:

$$k=\frac{EIa_n^3(1+\cos a_n\cosh a_n)}{L^3(\sinh a_n\cos a_n-\sin a_n\cosh a_n)} \quad (2.53)$$

由于$\bar{k}=\frac{kL^3}{EI}$为弹簧刚度系数与梁刚度之比,则式(2.53)可写成:

$$\bar{k}=\frac{a_n^3(1+\cos a_n\cosh a_n)}{\sinh a_n\cos a_n-\sin a_n\cosh a_n} \quad (2.54)$$

文献[95]中详细推导了参数 ζ 和刚度比 $\bar{k}$ 的关系,并建立了参数表格,由表可根据 $\bar{k}$ 值得出 ζ,从而计算出 ω。

2)梁两端均为竖向弹性支承梁[图2.5b)]

$\bar{k}$与 a_n 的关系式为:

$$\bar{k}_1^2+\bar{k}_1\frac{a_n^3(1+a)(\sinh a_n\cos a_n-\sin a_n\cosh a_n)}{2a\sin a_n\sinh a_n}+\frac{a_n^6(1-\cos a_n\cosh a_n)}{2a\sin a_n\sinh a_n} \quad (2.55)$$

$$a = \frac{\bar{k}_2}{\bar{k}_1}$$

振型函数也就相应可得：

$$\begin{cases} \phi_n(x) = \sin a_x + \dfrac{\sin a_n}{\sinh a_n}\sinh a_n x + \gamma\left[\cos a_n x + \cosh a_n x \dfrac{-(\cosh a_n - \cos a_n)}{\sinh a_n}\sinh a_n x\right] \\ \gamma = \dfrac{\sinh a_n - \sin a_n}{2(\bar{k}/a_n^3)\sinh a_n + \cos a_n - \cosh a_n} \end{cases} \tag{2.56}$$

频率方程为：

$$\omega = \omega_{\mathrm{ff}} + \zeta(\omega_{\mathrm{ss}} - \omega_{\mathrm{ff}}) \tag{2.57}$$

其中，ω_{ff}为弹簧的竖向刚度为零时，该梁变为两端自由梁的振动频率；ω_{ss}为弹簧的竖向刚度趋向无穷大时，该梁变为简支梁的振动频率；参数 ζ 的关系可参见文献[95]。

2.4.6　多跨梁的固有频率和振型函数

首先分析两跨连续梁的固有频率和振型函数，两跨连续梁模型如图 2.6 所示。

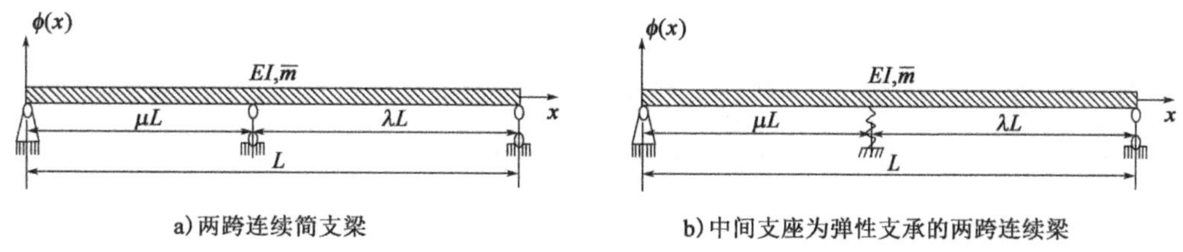

a) 两跨连续简支梁　　b) 中间支座为弹性支承的两跨连续梁

图 2.6　两跨连续梁

以两跨连续梁为例[图 2.6a)]，阐述求解多跨梁的固有频率和振型函数。设该连续梁总长为 L，第一跨长度为 μL，则第二跨长为 λL，其中 $\lambda = 1 - \mu$。分别满足第一跨和第二跨梁的振型函数可以表示为：

$$\phi_1(x) = A_1\sin ax + B_1\cos ax + C_1\sinh ax + D_1\cosh ax \tag{2.58}$$

$$\phi_2(x) = A_2\sin ax + B_2\cos ax + C_2\sinh ax + D_2\cosh ax \tag{2.59}$$

根据连续梁两端的边界条件很容易得出：

$$B_1 = D_1 = B_2 = D_2 \tag{2.60}$$

由中间支座的变形协调关系可以得出：

s 位移：

$$\phi_1(\mu L) = \phi_2(\lambda L) = 0 \tag{2.61}$$

转角：

$$\left.\frac{\mathrm{d}\phi_1(x)}{\mathrm{d}x}\right|_{x=\mu L} = -\left.\frac{\mathrm{d}\phi_2(x)}{\mathrm{d}x}\right|_{x=\lambda L} \tag{2.62}$$

弯矩：

$$\left.\frac{\mathrm{d}^2\phi_1(x)}{\mathrm{d}x^2}\right|_{x=\mu L}=-\left.\frac{\mathrm{d}^2\phi_2(x)}{\mathrm{d}x^2}\right|_{x=\lambda L} \tag{2.63}$$

由上位移边界条件可以得出：

$$\begin{cases}C_1=A_1\dfrac{\sin a\mu L}{\sinh a\mu L}\\ C_2=-A_2\dfrac{\sin a\lambda L}{\sinh a\lambda L}\end{cases} \tag{2.64}$$

由转角和弯矩边界条件可以得出：

$$A_1\left(\cos a\mu L\frac{-\sin a\mu L\cosh a\mu L}{\sinh a\mu L}\right)+A_2\left(\cos a\lambda L\frac{-\sin a\lambda L\cosh a\lambda L}{\sinh a\lambda L}\right)=0 \tag{2.65}$$

以及

$$A_1(-\sin a\mu L)+A_2(-\sin a\lambda L)=0 \tag{2.66}$$

求解式(2.65)、式(2.66)系数行列式，即可得出对应每个 μ 值的频率系数 a。当 $\mu=0.5$ 时，连续梁的前三阶系数 a 分别为 $a=2\pi$、3π、4π。

两跨连续梁相应的振型函数可以写为：

第一跨：

$$\phi_1(x)=\sin ax+\gamma_1\sinh ax \tag{2.67}$$

第二跨：

$$\phi_2(x)=\gamma_2(\sin ax+\gamma_3\sinh ax) \tag{2.68}$$

式中，γ_1、γ_2 和 γ_3 分别为：

$$\gamma_1=\frac{-\sin a\mu}{\sinh a\mu},\gamma_2=\frac{\sin a\mu}{\sinh a\lambda},\gamma_3=\frac{-\sin a\lambda}{\sinh a\lambda}$$

文献[95]在推导上述两跨简支梁的基础上，进一步得出了中间支承为弹性支承的两跨连续梁的振型函数和振动频率方程。其表达式如下：

第一跨振型函数为：

$$\phi_1(x)=\sin ax+C_1\sinh ax \tag{2.69}$$

第二跨振型函数为：

$$\phi_2(x)=A_2\sin ax+C_2\sinh ax \tag{2.70}$$

系数 C_1、A_2、C_2 可以从下列方程组解出：

$$\begin{cases}C_1\sinh a\mu-A_2\sin a\mu-C_2\sinh a\lambda=-\sin a\mu & (2.71)\\ C_1\cosh a\mu+A_2\cos a\mu+C_2\cos a\lambda=-\cos a\mu & (2.72)\\ C_1\sinh a\mu+A_2\sin a\lambda-C_2\sinh a\lambda=-\sin a\mu & (2.73)\end{cases}$$

振动频率方程可写为：

$$\omega = \omega_{ss} + \zeta(\omega_{sss} - \omega_{ss}) \tag{2.74}$$

式中，ω_{ss}为弹簧的竖向刚度为零时，该梁为单跨简支梁的振动频率；ω_{sss}为弹簧的竖向刚度趋向无穷大时，该梁为两跨简支梁的振动频率；参数ζ的取值见文献[95]。

对于更复杂的梁模型，如三跨以上的变截面不等跨连续梁模型，由于其解析函数式太复杂且推导和应用都不是很方便，所以建议采用有限元方法得出其数值解，具体方法和步骤参见后面章节。

2.5　常见车辆模型及其运动方程的建立

关于车-桥耦合振动问题，在从19世纪至今的漫长的研究史中，研究者们建立了各种从简单到复杂、从粗略到精准的分析模型。图2.7简单列出了这些模型在各研究期的大概演变过程，其中梁都是以简支梁为基础的弹性连续体梁，而移动荷载的简化形式却与模型不尽相同。

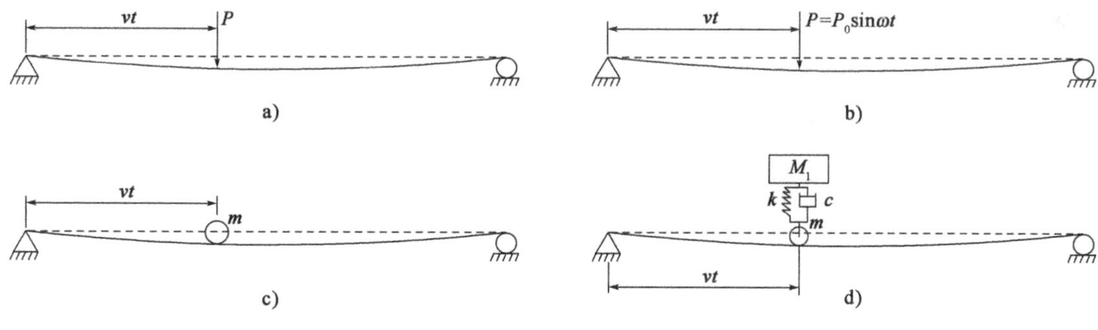

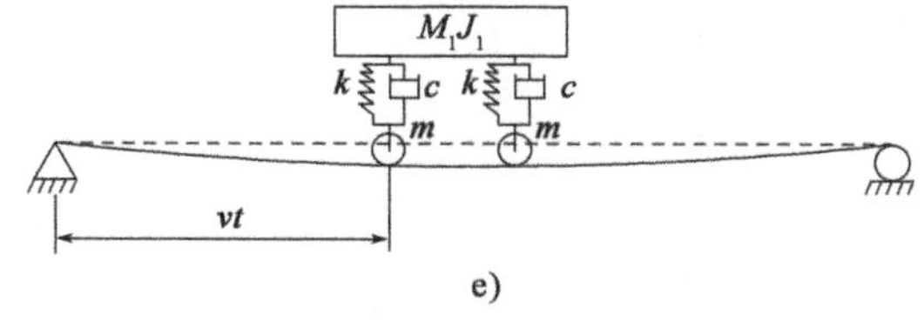

图2.7　车-桥耦合振动分析模型的演变

图2.7a)所示模型是最早期的研究模型，它只考虑常荷载在梁上匀速移动过程中的动力响应问题，而忽略了荷载的时变特性。

图2.7b)所示模型简单考虑了梁上激励的变化，运用简谐荷载或冲击荷载等方法来模拟荷载的变化。例如在Krylov和Timoshenko等的研究中，用简谐荷载作为荷载作用加载到梁上，模拟了机车动轮质心偏移对桥梁的冲击作用，并从理论上对共振现象的产生原因作出了解释。

图2.7c)所示模型的荷载作用引入了物体的质量，即在早期模型的基础上考虑了有质量的物体惯性作用的影响。

图2.7d)所示模型用一个阻尼器和一个弹簧将相互作用的两个有质量的物体连接在一起,这样可以同时考虑两个有质量的物体的惯性作用及其之间的影响。

图2.7e)所示模型是比较成熟的现代模型,弹簧上质量体同时考虑了水平方向(或竖直方向)和转动方向的两个惯性作用,可以对两轴车或转向架进行较为精确的模拟。按这样的简化模型导出的体系运动方程及总结的分析方法仍然有一些不足,尽管由此得到的计算结果以及研究结论能与某些车-桥动力响应问题实际情况相符合,但并不能全面地应用到实际工程问题中。

2.5.1 1/4 车辆模型运动方程的建立

如图2.8所示,将移动车辆简化为两自由度的弹簧-质量块振动系统,将梁桥简化为梁单元模型。假设车辆悬架和车轮的总质量为 m_1,车身质量为 m_2,悬架的刚度和阻尼分别为 k_1 和 c_1,车身的刚度和阻尼分别为 k_2 和 c_2,梁的动挠度为 $y(x,t)$,悬架和车身的动挠度分别为 $y_1(x,t)$ 和 $y_2(x,t)$。假设车轮沿梁长移动而不脱离梁体,车轮与梁体的接触为点接触。

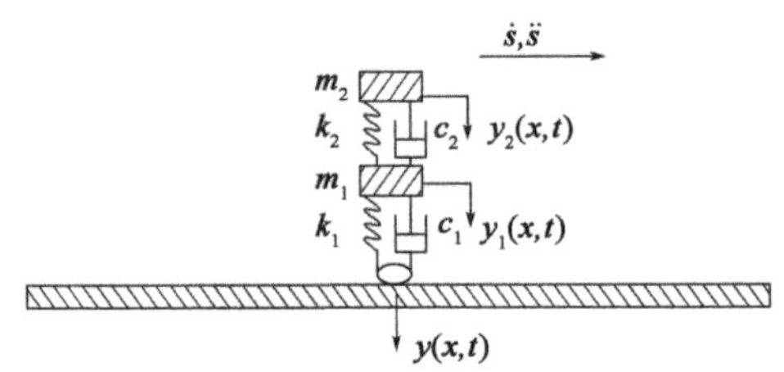

图2.8 1/4 车辆模型

作用在车身质量 m_2 上的力有惯性力 $P_{I2}=m_2\ddot{y}_2(x,t)$、由于梁的竖向变形引起车辆加速度 $\ddot{s}$ 的惯性力 $P_{Iy2}=m_2\ddot{s}y'(x,t)$、弹簧由于 m_2 与 m_1 相对位移和相对速度而产生的弹性力 $P_s=k_2[y_2(x,t)-y_1(x,t)]$ 和阻尼力 $P_c=c_2[\dot{y}_2(x,t)-\dot{y}_1(x,t)]$。由质量 m_2 上力的平衡,可以直接导出 m_2 的动力平衡方程:

$$m_2\ddot{y}_2-m_2\ddot{s}y'+c_2(\dot{y}_2-\dot{y}_1)+k_2(y_2-y_1)=0 \tag{2.75}$$

同样,悬架质量 m_1 上的力有惯性力 $m_1\ddot{y}_1(x,t)$、由于梁的竖向挠度引起的加速度 $\ddot{s}$ 在竖向上的惯性力 $P_{Iy1}=m_1\ddot{s}y'(x,t)$、弹簧由于 m_2 与 m_1 相对位移和相对速度而产生的弹性力 $\overline{P}_s=k_2[y_2(x,t)-y_1(x,t)]$ 和阻尼力 $\overline{P}_c=c_2[\dot{y}_2(x,t)-\dot{y}_1(x,t)]$、弹簧由于 m_1 与梁相对竖向位移和相对速度而产生的弹性力 $P_s=k_1[y_1(x,t)-y(x,t)+r(x)]$ 和阻尼力 $P_c=c_1[\dot{y}_1(x,t)-\dot{y}(x,t)+\dot{r}(x)]$。式中,$r(x)$ 为路面不平度,方向以向上为正,则 m_1 的动力平衡方程为:

$$m_1\ddot{y}_1-m_1\ddot{s}y'+c_1(\dot{y}_1+\dot{y}-\dot{r})+k_1(y_1+y-r)-c_2(\dot{y}_2-\dot{y}_1)-k_2(y_2-y_1) \tag{2.76}$$

联合式(2.75)和式(2.76),即可得两自由度的弹簧-质量块振动系统的运动微分方程的矩阵形式:

$$\boldsymbol{M}\ddot{\boldsymbol{u}}+\boldsymbol{C}\dot{\boldsymbol{u}}+\boldsymbol{K}\boldsymbol{u}=\boldsymbol{P} \tag{2.77}$$

2.5.2 1/2 车辆模型运动方程的建立

图 2.9 中,m_p、m_t、m_f、m_r 分别是人椅装置质量、车身质量、前轮非簧载质量和后轮非簧载质量;I_t 为车身俯仰转动惯量;k_p、k_f、k_r 分别为人椅装置刚度、前悬架刚度和后悬架刚度;k_{tf}、k_{tr} 分别为前、后轮胎刚度;r_{lf}、r_{lr}分别为前、后轮胎受到的路面激励;c_p、c_f、c_r 分别为人椅装置阻尼系数、前悬架阻尼系数和后悬架阻尼系数;l_1、l_2分别为前、后轴到车身质心的水平距离;l_3 为人椅质心到车身质心的水平距离。车辆以速度 $\dot{s}$、加速度 $\ddot{s}$ 在桥面上行驶,设它始终不离开桥面,且梁的静平衡位置是水平的。x_1、x_2、x_3 分别为人椅质心竖向位移、车身质心竖向位移和车身俯仰角位移。x_4、x_5分别为前、后轮非簧载质量竖向位移。$y(x,t)$ 为桥梁的竖向挠度,位置 $s=s(t)$ 自桥的最左端量起,时间 t 则是从车辆驶入桥的最左端瞬间开始计时的。车辆模型的运动微分方程为:

$$m_p\ddot{x}_1 - m_p\ddot{s}y'_p + c_p(\dot{x}_1 - \dot{x}_2 - \dot{x}_3 l_3) + k_p(x_1 - x_2 - x_3 l_3) = 0 \tag{2.78}$$

$$\begin{aligned} & m_t\ddot{x}_2 - m_t\ddot{s}y'_p + c_p(\dot{x}_2 + \dot{x}_3 l_3 - \dot{x}_1) + k_p(x_2 + x_3 l_3 - x_1) + c_r(\dot{x}_2 + \dot{x}_3 l_2 - \dot{x}_5) + \\ & k_r(x_2 - x_3 l_2 - x_5) + c_f(\dot{x}_2 + \dot{x}_3 l_1 - \dot{x}_4) + k_f(x_2 + x_3 l_1 - x_4) = 0 \end{aligned} \tag{2.79}$$

$$\begin{aligned} & I_t\ddot{x}_3 + c_p(\dot{x}_2 + \dot{x}_3 l_3 - \dot{x}_1)l_3 + k_p(x_2 + x_3 l_3 - x_1)l_3 + c_r(\dot{x}_3 l_2 + \dot{x}_5 - \dot{x}_2)l_2 + \\ & k_r(x_3 l_2 + x_5 - x_2)l_2 + c_f(\dot{x}_2 + \dot{x}_3 l_1 - \dot{x}_4)l_1 + k_f(x_2 + x_3 l_1 - x_4)l_1 = 0 \end{aligned} \tag{2.80}$$

$$m_f\ddot{x}_4 + c_f(\dot{x}_4 - \dot{x}_3 l_1 - \dot{x}_2) + k_f(x_4 - x_3 l_1 - x_2) + k_{tf}(x_4 + y_f) - m_f\ddot{s}y'_f - k_{tf}r_{lf} = 0 \tag{2.81}$$

$$m_r\ddot{x}_5 + c_r(\dot{x}_5 + \dot{x}_3 l_2 - \dot{x}_2) + k_r(x_5 + x_3 l_2 - x_2) + k_{tr}(x_5 + y_r) - m_r\ddot{s}y'_r - k_{tr}r_{lr} = 0 \tag{2.82}$$

式中,y_p、y_f、y_r 分别为与驾驶室质心、车身质心、前轴和后轴相对应处的桥梁挠度。

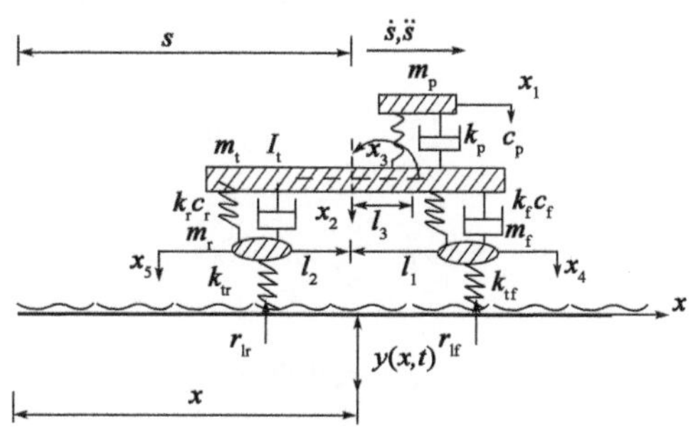

图 2.9 1/2 车辆模型

式(2.78)~式(2.82)可以写成如下矩阵形式:

$$\boldsymbol{M}\ddot{\boldsymbol{u}} + \boldsymbol{C}\dot{\boldsymbol{u}} + \boldsymbol{K}\boldsymbol{u} = \boldsymbol{P} \tag{2.83}$$

2.5.3 三维车辆模型运动方程的建立

当前研究中通常使用的车辆模型一般由车体、悬架系统和车轮等构件组成。可以将它们用不同自由度的弹簧-质量振动系统来做简化处理，各车辆构件也可以用弹簧或阻尼器相连接。这种车辆系统的身体、前轴和后轴被假定为刚体，用弹簧和阻尼器来模拟悬架系统，根据轮胎的实际特性，也可以将其模拟为弹簧，为了将轮胎质量进行等效简化，分析时将其质量集中在对应的车轴上。三维空间车辆模型共有7个自由度，包括车体的竖向位移、侧倾位移、俯仰位移3个自由度，以及4个车轮对应的竖向位移4个自由度。图2.10所示为三维车辆模型的侧视图和正视图，其中车体与前、后轴为刚体，通过弹簧阻尼系统相连。车体考虑了竖向位移 y_{t}、翻滚转动 ϕ_{t} 和点头运动 θ_{t} 共3个自由度，前、后轴分别考虑了竖向位移 y_{a}^{1} 和 y_{a}^{2}、翻滚转动 ϕ_{a}^{1} 和 ϕ_{a}^{2} 共4个自由度，整车共7个自由度。

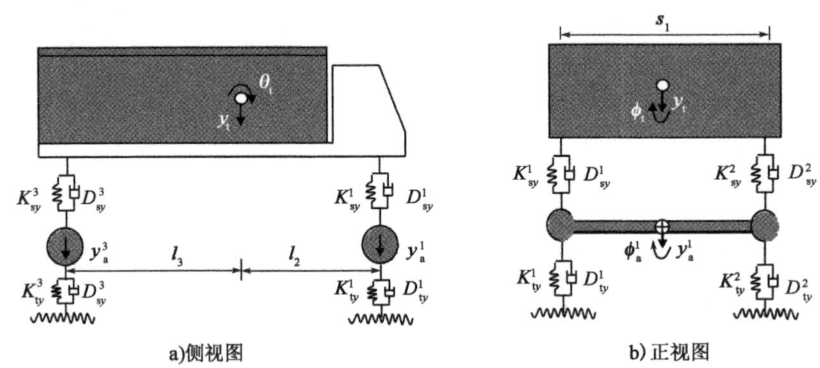

图2.10 三维车辆模型的侧视图和正视图

车辆模型中各轴悬架的变形为：

$$U_{\mathrm{sy}}^{1}=(y_{\mathrm{t}}-y_{\mathrm{a}}^{1})+\frac{s_1}{2}(\phi_{\mathrm{t}}-\phi_{\mathrm{a}}^{1})+l_2\theta_{\mathrm{t}} \tag{2.84}$$

$$U_{\mathrm{sy}}^{2}=(y_{\mathrm{t}}-y_{\mathrm{a}}^{1})-\frac{s_1}{2}(\phi_{\mathrm{t}}-\phi_{\mathrm{a}}^{1})+l_2\theta_{\mathrm{t}} \tag{2.85}$$

$$U_{\mathrm{sy}}^{3}=(y_{\mathrm{t}}-y_{\mathrm{a}}^{2})+\frac{s_2}{2}(\phi_{\mathrm{t}}-\phi_{\mathrm{a}}^{2})+l_3\theta_{\mathrm{t}} \tag{2.86}$$

$$U_{\mathrm{sy}}^{4}=(y_{\mathrm{t}}-y_{\mathrm{a}}^{2})-\frac{s_2}{2}(\phi_{\mathrm{t}}-\phi_{\mathrm{a}}^{2})+l_3\theta_{\mathrm{t}} \tag{2.87}$$

式中：$U_{\mathrm{sy}}^{i}(i=1,2,3,4)$——各轴悬架的变形；

s_1——前轴左右轮间距；

s_2——后轴左右轮间距；

l_2——车身质心到前轴的距离；

l_3——后轴到车身质心的距离。

各轴悬架的弹性力和阻尼力可表示为：

$$F_{\mathrm{sy}}^{i}=K_{\mathrm{sy}}^{i}U_{\mathrm{sy}}^{i} \tag{2.88}$$

$$F_{\mathrm{dsy}}^{i}=D_{\mathrm{sy}}^{i}U_{\mathrm{sy}}^{i}\quad(i=1,2,3,4)\tag{2.89}$$

轮胎变形为：

$$U_{\mathrm{ty}x}^{1}=y_{\mathrm{a}}^{1}+\frac{s_1}{2}\phi_{\mathrm{a}}^{1}-[-r(x)^{1}]-y_{b\text{-contact}}^{1}\tag{2.90}$$

$$U_{\mathrm{ty}x}^{2}=y_{\mathrm{a}}^{1}-\frac{s_1}{2}\phi_{\mathrm{a}}^{1}-[-r(x)^{2}]-y_{b\text{-contact}}^{2}\tag{2.91}$$

$$U_{\mathrm{ty}x}^{3}=y_{\mathrm{a}}^{2}+\frac{s_2}{2}\phi_{\mathrm{a}}^{2}-[-r(x)^{3}]-y_{b\text{-contact}}^{3}\tag{2.92}$$

$$U_{\mathrm{ty}x}{}^{4}=y_{\mathrm{a}}{}^{2}-\frac{s_2}{2}\phi_{\mathrm{a}}^{2}-[-r(x)^{4}]-y_{b\text{-contact}}^{4}\tag{2.93}$$

式中：$r(x)$——路面不平度函数；

$y_{b\text{-contact}}^{i}$——与第 i 个轮对应处梁的竖向挠度。

各轮胎的弹性力和阻尼力可表示为：

$$F_{\mathrm{ty}}^{i}=K_{\mathrm{ty}}^{i}U_{\mathrm{ty}}^{i}\tag{2.94}$$

$$F_{\mathrm{dry}}^{i}=D_{\mathrm{ty}}^{i}U_{\mathrm{ty}}^{i}\quad(i=1,2,3,4)\tag{2.95}$$

整车模型的运动方程为：

$$m_{\mathrm{t}}\ddot{y}_{\mathrm{t}}+(F_{\mathrm{sy}}^{1}+F_{\mathrm{sy}}^{2}+F_{\mathrm{sy}}^{3}+F_{\mathrm{sy}}^{4})+(F_{\mathrm{dsy}}^{1}+F_{\mathrm{dsy}}^{2}+F_{\mathrm{dsy}}^{3}+F_{\mathrm{dsy}}^{4})=m_{\mathrm{t}}g\tag{2.96}$$

$$I_{x\mathrm{t}}\ddot{\phi}_{\mathrm{t}}+\frac{s_1}{2}(F_{\mathrm{sy}}^{1}-F_{\mathrm{sy}}^{2})+\frac{s_2}{2}(F_{\mathrm{sy}}^{3}-F_{\mathrm{sy}}^{4})+\frac{s_1}{2}(F_{\mathrm{dsy}}^{1}-F_{\mathrm{dsy}}^{2})+\frac{s_2}{2}(F_{\mathrm{sy}}^{3}-F_{\mathrm{sy}}^{4})=0\tag{2.97}$$

$$I_{2\mathrm{t}}\ddot{\theta}_{\mathrm{t}}+l_2(F_{\mathrm{sy}}^{1}+F_{\mathrm{sy}}^{2})-l_3(F_{\mathrm{sy}}^{3}+F_{\mathrm{sy}}^{4})+(F_{\mathrm{dsy}}^{1}+F_{\mathrm{dsy}}^{2})-(F_{\mathrm{dsy}}^{3}+F_{\mathrm{dsy}}^{4})=0\tag{2.98}$$

$$m_{\mathrm{a1}}\ddot{y}_{\mathrm{a}}^{1}-(F_{\mathrm{sy}}^{1}+F_{\mathrm{sy}}^{2})+(F_{\mathrm{ty}}^{1}+F_{\mathrm{ty}}^{2})-(F_{\mathrm{dsy}}^{1}+F_{\mathrm{dsy}}^{2})+(F_{\mathrm{dty}}^{1}+F_{\mathrm{dty}}^{2})=m_{\mathrm{a1}}g\tag{2.99}$$

$$I_{x\mathrm{a1}}\ddot{\phi}_{\mathrm{a}}^{1}-\frac{s_1}{2}(F_{\mathrm{sy}}^{1}-F_{\mathrm{sy}}^{2})+\frac{s_1}{2}(F_{\mathrm{ty}}^{1}-F_{\mathrm{ty}}^{2})-\frac{s_1}{2}(F_{\mathrm{dsy}}^{1}-F_{\mathrm{dsy}}^{2})+\frac{s_1}{2}(F_{\mathrm{dty}}^{1}-F_{\mathrm{dty}}^{2})=0\tag{2.100}$$

$$m_{\mathrm{a2}}\ddot{y}_{\mathrm{a}}^{2}-(F_{\mathrm{sy}}^{3}+F_{\mathrm{sy}}^{4})+(F_{\mathrm{ty}}^{3}+F_{\mathrm{ty}}^{4})-(F_{\mathrm{dsy}}^{3}+F_{\mathrm{dsy}}^{4})+(F_{\mathrm{dty}}^{3}+F_{\mathrm{dty}}^{4})=m_{\mathrm{a2}}g\tag{2.101}$$

$$I_{x\mathrm{a2}}\ddot{\phi}_{\mathrm{a}}^{2}-\frac{s_2}{2}(F_{\mathrm{sy}}^{3}-F_{\mathrm{sy}}^{4})+\frac{s_2}{2}(F_{\mathrm{ty}}^{3}-F_{\mathrm{ty}}^{4})-\frac{s_1}{2}(F_{\mathrm{dsy}}^{3}-F_{\mathrm{dsy}}^{4})+\frac{s_2}{2}(F_{\mathrm{dty}}^{3}-F_{\mathrm{dty}}^{4})=0\tag{2.102}$$

式(2.96)～式(2.102)可以写成矩阵形式：

$$\boldsymbol{M}_{\mathrm{v}}\ddot{\boldsymbol{y}}_{\mathrm{v}}+\boldsymbol{C}_{\mathrm{v}}\dot{\boldsymbol{y}}_{\mathrm{v}}+\boldsymbol{K}_{\mathrm{v}}\boldsymbol{y}_{\mathrm{v}}=\boldsymbol{F}_{\mathrm{G}}+\boldsymbol{F}_{\mathrm{vb}}\tag{2.103}$$

式中：$\boldsymbol{M}_{\mathrm{v}}$、$\boldsymbol{C}_{\mathrm{v}}$、$\boldsymbol{K}_{\mathrm{v}}$——质量矩阵、阻尼矩阵和刚度矩阵；

$\boldsymbol{y}_{\mathrm{v}}$——未知向量；

$\boldsymbol{F}_{G}$——车辆自重向量;

$\boldsymbol{F}_{vb}$——车-桥耦合作用力向量。

式(2.103)是整车模型的运动方程的矩阵形式。

2.6 路面平稳随机激励模型

桥梁的路面状况是车-桥耦合振动系统中一种至关重要的激励作用,作为桥梁与车辆直接接触的介质,不同的路面不平度下,即使相同的车辆以相同的速度通过,对桥梁的激励作用也不尽相同。同时由于桥梁对车辆具有反作用力,车辆所受到的桥梁作用也将不同。因此,路面不平度是影响车-桥耦合振动动力响应最重要的因素之一。

桥梁路面不平度可分为动态不平度与静态不平度两种。前者一般是指桥梁在动荷载作用下的局部随机竖向挠度,而后者主要分为具有确定性的路面不平度,即桥梁在没有动荷载作用下的路面不平度,如桥梁在自重作用下的挠度,以及具有随机性的特点的人为桥梁路面不平度。人们一开始研究路面随机激励时,随机性的路面不平度一般采用余弦或正弦函数来模拟。随着研究的深入以及计算方法的成熟,研究者意识到准确模拟路面不平度的重要性,因此逐渐出现了一些新的更为精准的方法。目前最常用的模拟办法是:随机性的路面不平度用路面的功率谱密度函数模拟,非随机性的路面不平度则是在随机生成的竖向路面不平度分布函数当中插入一段有规律的函数数列。

路面不平度的激励(Inputs of Road Roughness)是车-桥耦合振动系统的主要激励之一,如何建立路面不平度输入模型成为研究车-桥耦合振动系统的关键。路面不平度随机输入模型是随着车辆随机振动响应分析的发展而发展起来的。根据车辆随机振动响应的研究方法不同,目前路面不平度随机输入模型可分为路面频域模型和时域模型。

2.6.1 路面频域模型

路面频域模型(Road Surface Modelin Frequency Domain)是广泛采用的路面模型。最早研究路面频域模型的是Parkhilovskii[68],Dodds、Robson[69]。文献[70]~[72]对路面功率谱密度进行了研究。《机械振动　道路路面谱测量数据报告》(GB/T 7031—2005/ISO 8608:1995)给出了基于不平度 $G_d(n_0)$ 的路面等级,详见表2.1。一般认为,路面等级由A级至H级,等级越来越低(差)。路面功率谱密度 $G_d(n)$ 与 $G_d(n_0)$ 的关系见式(2.104)。

路面分级　　表2.1

路面等级	不平度 $G_d(n_0)$ $(10^{-6}m^3)$		
	下限	几何平均	上限
A	—	16	32
B	32	64	128

续上表

路面等级	不平度 $G_d(n_0)$ ($10^{-6}m^3$)		
	下限	几何平均	上限
C	128	256	512
D	512	1024	2048
E	2048	4096	8192
F	8192	16384	32768
G	32768	65536	131072
H	131072	262144	—

$$G_d(n) = G_d(n_0)\left(\frac{n}{n_0}\right)^{-w} \tag{2.104}$$

其中，n_0 为空间频率，$n_0 = 0.1\text{m}^{-1}$；$G_d(n_0)$是空间频率为 n_0 时的路面功率谱密度，即不平度；w 为与路面等级相对应的频率指数（一般情况下取 $w = 2$）。Mitschke 对式(2.104)进行了改进，其表达式为：

$$G_d(n) = \frac{c}{a^2 + \Omega^2} \tag{2.105}$$

其中，Ω(rad/m)为空间角频率；a 是与路面结构有关的参数。这一表达式与相关国际标准采用的公式相似。

以上两种模型的相干函数在空间域内是不变的，但在实际应用时都需要用时间频率 w 表示。因为不同车型在不同路面上以不同车速行驶时的相干函数是变化的，所以在实际应用时有一定困难。

2.6.2 路面时域模型

路面时域模型(Road Surface Modelin Time Domain)是随着主动、半主动悬架的出现以及处理系统非线性问题所发展起来的。在分析车-桥耦合系统的动力问题时，由于所关心的主要是耦合系统的时域特性，所以时域路面不平度输入的研究也成为一项重要的基础工作。关于路面不平度的模拟，国内外许多学者进行了大量研究。主要方法有三角级数合成法、AR(ARMA)法和 Poisson 法等。Rice[72] 首先提出了三角级数合成法，随后 Shinozuka M. 发展了多维过程[73]。三角级数法是将路面不平度表示成大量具有随机相位的正弦或余弦之和。三角级数合成模型适用于模拟任意形状的平稳随机过程。三角级数模拟得到路面不平度函数 $r(x)$：

$$r(x) = \sum_{i=1}^{N}\sqrt{4G_d(n)\Delta n}\cos(2\pi n_i x + \theta_i) \tag{2.106}$$

其中，$G_d(n) = G_d(n_0)n_0^2/n^2$，$n$ 为空间频率，$n_0 = 0.1\text{m}^{-1}$ 是标准空间频率，$G_d(n_0)$ 为路面不平度；θ_i 为 0～2π 之间均匀分布的随机数。

该方法的缺点是计算量大，但对于现在的计算机来说，这一缺点已经解决，所以现在的研究中，这一方法已得到广泛应用。

时间系列 AR 或 ARMA 法首先由 Jenkins 和 Watts[105]提出并应用于随机过程分析，随后 Ventatesan[106]应用 ARMA 模型研究了飞机着陆时的非平稳振动。AR 或 ARMA 法模型的应用有两种情况：一种是已知路面不平度的实测系列，用最小二乘法拟合 AR 模型参数，拟合效果较好；另一种情况是已知路面的功率谱密度，用傅里叶逆变换得到自相关函数，再根据 Yule-walker 公式得到 AR 模型的参数。但在实际计算中，AR(ARMA)模型的缺点在于不能保证生成的随机路面是绝对稳定的，所以使得 AR 模型和 ARMA 模型在应用中受到限制。

2.6.3 路面退化理论模型

20 世纪 70 年代末 80 年代初，相关领域的专家用各国测定路面不平度的主要仪器在巴西利亚进行研究试验，试验结束后将标准车体悬架系统的总位移和与行驶距离的比值定义为国际平整度指数[74-75]，即 IRI(International Roughness Index)，单位为 m/km。国际平整度指数与路面不平度 $G_{\mathrm{d}}(n_0)$ 的关系式如下：

$$\mathrm{IRI}=\frac{\sqrt{2}}{\pi\sqrt{v^3}}\left[\int_0^{\infty}\omega^2\,|H_{\mathrm{s}}(\omega)|^2G_{\mathrm{d}}(n)\,\mathrm{d}\omega\right]^{\frac{1}{2}} \tag{2.107}$$

式中：IRI——国际平整度指数；

v——速度；

ω——角频率；

$H_{\mathrm{s}}(\omega)$——理论车辆模型中簧载质量的频率响应函数。

已知 $\omega=2\pi f=2\pi vn$，可得如下关系：

$$\mathrm{IRI}=16\pi n_0^2\cdot G_{\mathrm{d}}(n_0)\left[\int_0^{\infty}|H_{\mathrm{s}}(2\pi vn)^2|\mathrm{d}n\right]^{\frac{1}{2}} \tag{2.108}$$

根据国际道路协会(PIARC)提出的路面构造分类，路面不平度的波长范围为 0.5 ~ 50m，对应空间频率范围为 0.02 ~ $2\mathrm{m}^{-1}$。因此，采用空间频率范围(0.02，2)对式(2.108)进行积分运算，可得到如式(2.109)所示的简化式。

$$\mathrm{IRI}=0.78a_0\sqrt{G_{\mathrm{d}}(n_0)} \tag{2.109}$$

式中：a_0——系数，取 $a_0=10^3\mathrm{m}^{-1.5}$。

经过简单变形运算，可得如下关系式：

$$G_d(n_0)=\left(\frac{\mathrm{IRI}}{0.78a_0}\right)^2 \tag{2.110}$$

式(2.109)与式(2.110)即为国际平整度指数(IRI)与路面不平度系数 $G_d(n)$ 的简化关系式,可以根据不同的路面不平度系数值换算得到国际平整度指数值,反之亦然。不同路面等级所对应的不同路面不平度、国际平整度指数见表2.2。

不同路面等级与路面不平度、国际平整度指数值对应表　　表2.2

路面等级		A	B	C	D	E	F	G	H
$G_d(n_0)$ $(10^{-6}\mathrm{m}^3)$	上限	—	32	128	512	2048	8192	32768	131072
	下限	32	128	512	2048	8129	32768	131072	—
IRI (m/km)	上限	—	4.42	8.84	17.64	35.28	70.56	141.12	282.24
	下限	4.42	8.84	17.64	35.28	70.56	141.12	282.24	—

考虑荷载、腐蚀与冲击效应等因素对路面的影响,路面情况会不断恶化,国际平整度指数也会随着发生改变,因此引入路面退化模型是很有必要的。国际平整度指数与运营时间的关系式如下:

$$\mathrm{IRI}_t=1.04e^{\eta t}\cdot\mathrm{IRI}_0+263\ (1+\mathrm{SNC})^{-5}(\mathrm{CESAL})_t \tag{2.111}$$

式中:η——根据干湿状态与冻结条件确定的环境系数,取值范围为0.01~0.7;

IRI_0——路面建造完成后,但未正式运营通车之前的初始国际平整度指数;

t——桥梁运营时间,年;

SNC——根据路面各结构层厚度确定的结构系数;

$(\mathrm{CESAL})_t$——根据车流量情况随时间变化换算的100kN累计当量轴次,以百万次计。

由式(2.107)、式(2.108),可得路面不平度随时间变化的计算式:

$$G_d(n_0)_t=\left[\frac{1.04e^{\eta t}\cdot\mathrm{IRI}_0+263(1+\mathrm{SNC})^{-5}(\mathrm{CESAL})_t}{0.78a_0}\right]^2 \tag{2.112}$$

2.7　路面非平稳随机时域模型

Yadav 和 Nigam[76]首先开始进行路面非平稳随机输入研究,应用协方差等效方法对单轮非平稳输入模型进行了初步探讨。Narayanna[77]又发展了前后两轮路面非平稳输入模型。但该模型没有很好地解决前后轮时差相关的问题,在车辆从静止到起步加速时,路面不平度产生了大幅值异常波动,与实际不符。因此,非平稳随机响应分析的频域方法远没有平稳随机响应分析那样完善,特别是演变谱法和空间频域方法分析相当烦琐。相对而言,时域方法对于解决车辆非平稳随机振动问题比较有效。另外,在路面随机输入模型方面,近40年有很大的发展,空间频域内的路面模型已经相当完善,并形成了国际标准,但四轮相关频域模型中的相干函数的获得还有一定难度。车辆匀速行驶时的路面时域模型也在车辆行驶动力学分析中得到了广泛的应用,四轮相关时域模型还有待于深入研究。车辆非平稳路面模型,除单轮输入外,其他形式的路面输入(双轮、四轮输入)模型尚处于发展之中。

车辆在变速行驶时受到的路面输入为非平稳的随机输入过程。根据文献[78]、[79]可知:对于非平稳随机振动,可采用频率/时间谱分析即所谓的演变谱分析来进行研究。演变谱密度既随频率变化,又随时间而变化。不平路面对汽车的随机输入是具有"调频结构"的非平稳随机过程,对于此种随机激励不能应用演变谱分析求其响应。为了能够进行演变谱分析,可有两种处理办法:一种办法是把运动微分方程由时间域变换到空间域[80],经变换后的方程是具有变系数并包含路面不平度在内的微分方程。这种处理办法在数学上较为烦琐。另一种处理办法是采用"协方差等效"建模,把"调频结构"的非平稳随机过程变换成具有"调幅结构"的平稳随机过程,从而进行演变谱分析[80]。下面采用第二种处理办法,即采用"协方差等效"建模和演变谱分析方法,模拟四轮车辆变速运动时所受路面的随机路面输入。

2.7.1 左前轮非平稳随机输入模型

本节将空间域下路面的位移功率 $s_q(n)$ 谱密度表示为:

$$s_q(n)=\frac{s_q(n_0)n_0^2}{n^2}$$

式中:n——空间频率;

n_0——标准空间频率,$n_0=0.1\text{m}^{-1}$;

$s_q(n_0)$——标准空间频率下的路面不平度系数。

由 $\Omega_q=2\pi n$,则:

$$s_q(\Omega_q)=\frac{2\pi s_q(n_0)n_0^2}{\Omega_q^{\ 2}} \tag{2.113}$$

当 $\Omega_q=0$ 时,$s_q(\Omega_q)\to\infty$,所以:

$$s_q(\Omega_q)=\frac{2\pi s_q(n_0)n_0^2}{\Omega_q^{\ 2}+\Omega_c^{\ 2}} \tag{2.114}$$

其中,$\Omega_c=2\pi n_c$ 为路面空间截止角频率;$n_c=0.001\text{m}^{-1}$为路面空间截止频率。

按随机振动理论,式(2.114)可以看成白噪声激励的一阶线性系统的响应谱,得出如下关系:

$$s_q(\Omega_q)=|H(\Omega)|^2S_W \tag{2.115}$$

其中,$H(\Omega)$为空间频响函数;S_W 是白噪声 $W(s_c)$的功率谱密度,s_c 为车辆前轮水平位移,取 $S_W=1$,由式(2.113)、式(2.114)可得空间频响函数 $H(\Omega)$:

$$H(\Omega)=\frac{n_0\sqrt{2\pi s_q(n_0)}}{\Omega_c+j\Omega} \tag{2.116}$$

由式(2.116)可以得出左前轮路面不平度 r_{lf}关于 s_c 的微分方程:

$$\frac{\mathrm{d}r_{\mathrm{lf}}(s_{\mathrm{c}})}{\mathrm{d}s_{\mathrm{c}}}+\Omega_{\mathrm{c}}r_{\mathrm{lf}}(s_{\mathrm{c}})=n_0\sqrt{2\pi s_{\mathrm{q}}(n_0)}W(s_{\mathrm{c}}) \tag{2.117}$$

式(2.117)对应空间域内路面不平度的平稳过程,由于:

$$\frac{\mathrm{d}r_{\mathrm{lf}}(s_{\mathrm{c}})}{\mathrm{d}s_{\mathrm{c}}}=\frac{1}{\dot{s}_{\mathrm{c}}}\ \frac{\mathrm{d}r_{\mathrm{lf}}(t)}{\mathrm{d}t} \tag{2.118}$$

当车辆变速时,式中的 $\dot{s}_{\mathrm{c}}$ 是时间函数,将式(2.118)代入式(2.117)得:

$$\dot{r}_{\mathrm{lf}}(t)+\dot{s}_{\mathrm{c}}\Omega_{\mathrm{c}}r_{\mathrm{lf}}(t)=n_0\dot{s}_{\mathrm{c}}\ \sqrt{2\pi s_{\mathrm{q}}(n_0)}W[s_{\mathrm{c}}(t)] \tag{2.119}$$

又由于 $W[s_{\mathrm{c}}(t)]$ 为非平稳白噪声,不能直接应用。由文献[117]、[118]可知,$W[s_{\mathrm{c}}(t)]$ 的协方差 E 满足条件:

$$E\{W[s_{\mathrm{c}}(t_1)]W[s_{\mathrm{c}}(t_2)]\}=\delta[s_{\mathrm{c}}(t_1)-s_{\mathrm{c}}(t_2)] \tag{2.120}$$

其中,t_1、t_2 为任意相邻的时间;δ 为狄拉克函数。由广义函数理论可知,若函数 $f(z)$ 在 $z=z_j$ 处有简单零点,则 $\delta f(z)$ 等价于 $\delta(z-z_j)/|f'(z_j)|$,因此有:

$$\delta[s_{\mathrm{c}}(t_1)-s_{\mathrm{c}}(t_2)]=\frac{\delta(t_1-t_2)}{|\dot{s}_{\mathrm{c}}(t_2)|} \tag{2.121}$$

由于速度大于0,因此有:

$$E\{W[s_{\mathrm{c}}(t_1)]W[s_{\mathrm{c}}(t_2)]\}=\frac{\delta(t_1-t_2)}{\dot{s}_{\mathrm{c}}(t_2)} \tag{2.122}$$

再用平稳白噪声 $W_1(t)$ 定义非平稳过程:构造一个函数 $W_1(t)/\sqrt{\dot{s}_{\mathrm{c}}}$,$W_1(t)$ 对于时间 t 是平稳的白噪声,因此 $W_1(t)/\sqrt{\dot{s}}$ 便是调幅的平稳白噪声,它适用于作演变谱分析。根据文献[81],利用 δ 函数的筛选性,可得

$$E\left[\frac{W_1(t_1)}{\sqrt{\dot{s}_{\mathrm{c}}(t_1)}}\ \frac{W_1(t_2)}{\sqrt{\dot{s}_{\mathrm{c}}(t_2)}}\right]=\frac{\delta(t_1-t_2)}{\dot{s}_{\mathrm{c}}(t_2)} \tag{2.123}$$

比较式(2.122)、式(2.123)可知,非平稳随机过程 $W[s_{\mathrm{c}}(t_2)]$ 与平稳随机过程 $W_1(t)/\sqrt{\dot{s}_{\mathrm{c}}}$ 的协方差等效。因此,式(2.121)可以写成:

$$\dot{r}_{\mathrm{lf}}(t)+\dot{s}_{\mathrm{c}}\Omega_{\mathrm{c}}r_{\mathrm{lf}}(t)=n_0\sqrt{2\pi s_{\mathrm{q}}(n_0)\dot{s}_{\mathrm{c}}}W_1(t) \tag{2.124}$$

式(2.124)即为单轮非平稳随机输入的方程式,求解该式即可得其非平稳随机输入。

2.7.2　左前、后轮路面输入的相关性

左前、后轮路面不平度 r_{lf}、r_{lr} 的相关性可表示为:

$$r_{\mathrm{lf}}(t-t_{\mathrm{c}})=r_{\mathrm{lr}}t \tag{2.125}$$

其中,t_{c} 为车辆前后轮的时间差。当车辆非匀速行驶时,t_{c} 不是常数,因此不能对其进行傅里叶变换。根据文献[81],式(2.125)可写成:

$$r_{\mathrm{lr}}t=r_{\mathrm{lf}}[s_{\mathrm{c}}(t)-l_{\mathrm{c}}] \tag{2.126}$$

其中，l_c 是车辆的轴距 $l_c = l_1 + l_2$。由式(2.126)得出：

$$\frac{d^2 r_{lf}(s_c)}{ds_c^2} = \frac{1}{\dot{s}_c^2}\frac{d^2 r_{lf}(t)}{dt^2} - \frac{\ddot{s}_c}{\dot{s}_c^{\ 3}}\frac{dr_{lf}(t)}{dt} \tag{2.127}$$

将式(2.126)按泰勒级数展开，并略去三阶微量后求导得出：

$$\begin{aligned} r_{lr}t &= r_{lf}[s_c(t) - l_c] \\ &= r_{lf}[s_c(t)] - \frac{l_c}{\dot{s}_c(t)}\frac{dr_{lf}}{dt} + \frac{1}{2}\left[\frac{l_c}{\dot{s}_c(t)}\right]^2\left[\frac{d^2 r_{lf}}{dt^2} - \frac{\ddot{s}_c(t)\,dr_{lf}}{\dot{s}_c(t)\,dt}\right] + \cdots \end{aligned} \tag{2.128}$$

将式(2.128)的二阶微量略去得：

$$r_{lr}t = r_{lf}(t) - \frac{l_c}{\dot{s}_c(t)}\frac{dr_{lf}(t)}{dt} \tag{2.129}$$

对式(2.129)求导得：

$$\dot{r}_{lf}(t) = \dot{r}_{lf}(t) + \frac{l_c\ddot{s}_c(t)}{\dot{s}_c^2(t)}\frac{dr_{lf}(t)}{dt} - \left(\frac{l_c}{\dot{s}}\right)\frac{d^2 r_{lf}(t)}{dt^2} \tag{2.130}$$

根据式(2.128)得：

$$\ddot{r}_{lf}(t) = 2\left(\frac{\dot{s}_c}{l_c}\right)^2\left[r_{lr}(t) - r_{lf}(t) + \frac{l_c}{\dot{s}}\dot{r}_{lf}(t) + \frac{1}{2}\left(\frac{l_c}{\dot{s}_c}\right)^2\frac{\ddot{s}_c}{\dot{s}}r_{lf}(t)\right] \tag{2.131}$$

将式(2.131)代入式(2.130)并整理得到：

$$\dot{r}_{lr}(t) = \left(\frac{-2\dot{s}_c}{l_c}\right)r_{lr}(t) - \dot{r}_{lf}(t) + \left(\frac{2\dot{s}_c}{l_c}\right)r_{lf}(t) \tag{2.132}$$

式(2.132)即为左前、后轮非平稳随机输入的方程式，求解该式即可得其非平稳随机输入。

2.7.3 前轴左、右轮路面输入的相关性

文献[82]、[83]通过左、右轮的输入与输出之间的互谱关系和对传递函数的拟合得到左、右轮路面输入的关系为：

$$\dot{r}_{rf}(t) = \lambda_1\lambda_2 x(t) + \lambda_1\lambda_3 r_{lf}(t) + \lambda_4\dot{r}_{lf}(t) \tag{2.133}$$

其中，λ_1、λ_2、λ_3、λ_4 为插值系数；$x(t)$ 为传递函数。由文献[81]可得右后轮的路面输入不平度 r_{rr} 可由右前轮的路面输入不平度 r_{rf} 得出，二者关系可表示为：

$$\dot{r}_{rr}(t) = \left(\frac{-2\dot{s}_c}{l_c}\right)r_{rr}(t) - \dot{r}_{rf}(t) + \left(\frac{2\dot{s}_c}{l_c}\right)r_{rf}(t) \tag{2.134}$$

由式(2.124)、式(2.132)、式(2.133)和式(2.134)可以分别得出用时间函数表示的路面非平稳随机激励 $r_{lf}(t)$、$r_{lr}(t)$、$r_{rf}(t)$ 和 $r_{rr}(t)$。

2.8　路面平稳与非平稳输入时域模型的比较

图2.11给出了初速度为5m/s、加速度为2m/s^2、路面不平度$G_q(n_0)$=256m^{3}时四轮前20s的路面激励的时间历程。图2.12为车辆匀速时路面平稳激励的时间历程样本。比较图2.11和图2.12可知,同一路面条件下,当车辆加速运动时,车轮受到路面激励的幅值随车速的增大而增大,而不是像平稳过程那样不随车速变化。四轮所受路面激励具有相关性,而且在速度较小时后轮所受激励的高频成分增加;而当车速减小时,车辆所受路面激励随车速减小有减小的趋势。

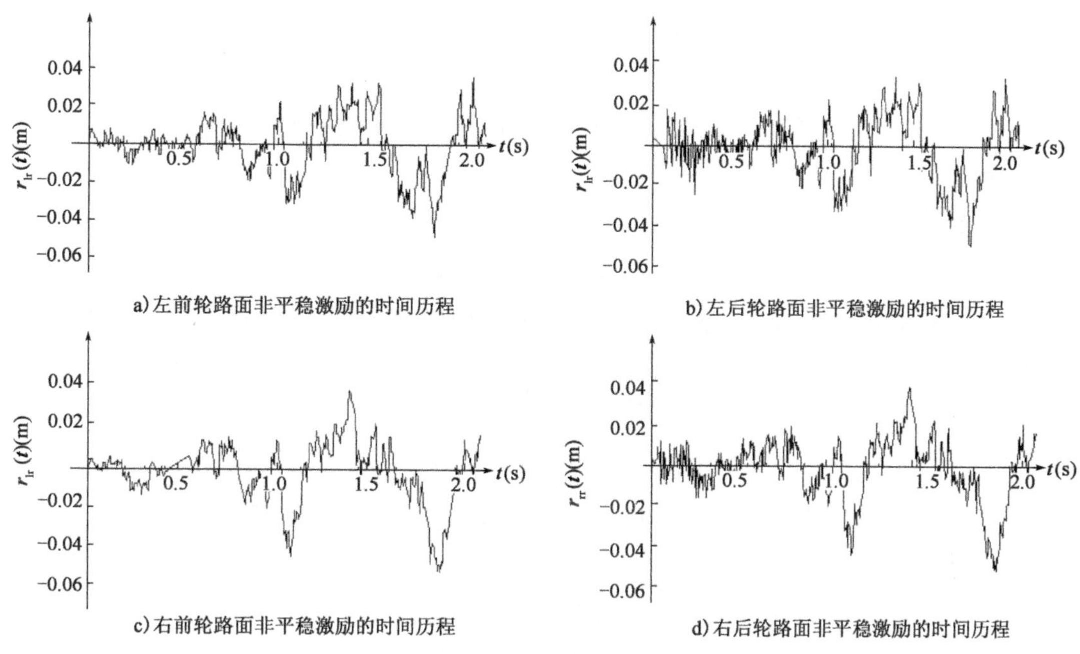

图2.11　四轮路面非平稳激励的时间历程样本

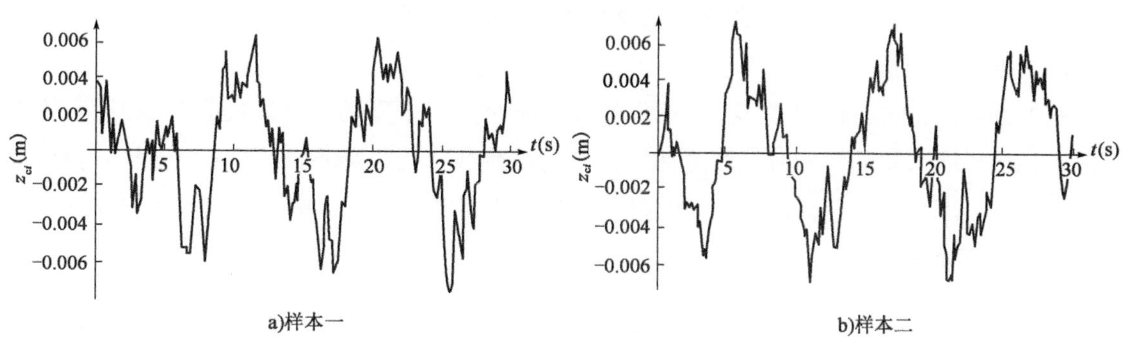

图2.12　路面平稳激励z_{ci}的时间历程样本

2.9　移动车辆与桥梁耦合运动方程的求解

本节首先将车-桥系统看成由车辆和桥梁两部分组成的,然后结合车辆的车轮同桥面接触位置相关的位移协调条件以及车辆与桥梁之间的相互作用力建立平衡方程,进而对车辆系统与桥梁系统之间的耦合情况进行研究分析。

2.9.1　车-桥耦合运动方程的建立

在桥梁系统中,影响振动的因素有很多,如桥梁结构的振动特性、刚度、桥面状况以及质量等,然而在车-桥系统中,车辆系统的质量、刚度通常比桥梁结构系统的质量、刚度小得多,因此车辆行驶在桥梁上的过程中受桥梁结构本身位移的影响很大,车辆位移可以近似假定为是外荷载对桥梁结构激励所产生的位移。通过位移协调条件和力学平衡条件可以再次确定相应的桥梁结构的变化形式,在外部随机激励作用下车辆的反作用也将同时形成一个激励并通过车轮传递到桥梁结构。

1)位移协调条件

因为假设是车辆通过桥面时均未出与桥面脱离接触的状况,所以车辆通过桥梁的过程中轮胎和桥面位移应具有协调性。通常把桥梁本身的路面不平度 $r_{ci}(x)$ 和荷载作用下桥梁的变形 w_b 结合在一起得到新的路面不平度 Z_{ci},然后将新得到的路面不平度作为激励的一种加载到桥上。Z_{ci}表达式如下:

$$Z_{ci}=r_{ci}(x)+w_b+e_i\theta_{xbi} \tag{2.135}$$

式中:Z_{ci}——第 i 号车轮与桥面接触点位置对应的桥梁本身路面不平度与桥梁变形结合后得到的路面不平度;

$r_{ci}(x)$——第 i 号车轮与桥面接触点位置对应的路面不平度;

w_b——第 i 号车轮与桥面接触点位置的桥梁竖向位移;

e_i——第 i 号车轮距桥面中心线的竖向距离;

θ_{xbi}——第 i 号车轮与桥面接触点位置与桥面中心 x 轴形成的角度。

2)力学平衡条件

我们都知道,车辆行驶在桥面上,由于受到桥梁路面不平度随机激励的影响,相同车辆的不同车轮或相同车轮的不同时刻所施加给桥梁的动荷载作用也会不同,即相当于轮胎自始至终都受到一个不断变化的荷载作用,相应地,车轮对于桥梁的作用也随之不断发生变化。两者之间的关系可表示为:

$$F_{vbi}=\dot{Z}_{ci}+K_{lzi}Z_{ci} \tag{2.136}$$

$$F_{bvi}=M_{ci}\ddot{Z}_{ci}+C_{lzi}(\dot{Z}_{ci}-\ddot{Z}_{si})+K_{lzi}(Z_{ci}-Z_{si})+F_{Gi} \tag{2.137}$$

式中：F_{vbi}——桥梁对第 i 个轮胎的作用力；

F_{bvi}——桥梁对第 i 个轮胎的反作用力；

C_{lzi}——第 i 个车轮对应的阻尼系数；

K_{lzi}——第 i 个车轮对应的刚度系数；

Z_{si}——车辆在第 i 个车轮处产生的位移；

F_{Gi}——集中于第 i 个车轮的质量产生的自重。

3）车-桥耦合运动方程

桥梁结构与车辆两大系统根据式(2.135)～式(2.137)的条件进行耦合，得到式(2.138)与式(2.139)所示运动方程。

$$\boldsymbol{M}_{v}\ddot{\boldsymbol{u}}_{v}+\boldsymbol{C}_{v}\ddot{\boldsymbol{u}}_{v}+\boldsymbol{K}_{v}\boldsymbol{u}_{v}=\boldsymbol{F}_{vg}+\boldsymbol{F}_{vb} \tag{2.138}$$

式中：$\boldsymbol{M}_{v}$——车辆系统的质量矩阵；

$\boldsymbol{C}_{v}$——车辆系统的阻尼矩阵；

$\boldsymbol{K}_{v}$——车辆系统的刚度矩阵；

$\boldsymbol{u}_{v}$——车辆系统的位移列向量；

$\boldsymbol{F}_{vg}$——作用在车辆系统上且与车-桥耦合不相关的荷载列向量；

$\boldsymbol{F}_{vb}$——表示车-桥耦合振动的过程里，桥梁对车辆的作用力列向量。

$$\boldsymbol{M}_{b}\ddot{\boldsymbol{u}}_{b}+\boldsymbol{C}_{b}\dot{\boldsymbol{u}}_{b}+\boldsymbol{K}_{b}\boldsymbol{u}_{b}=\boldsymbol{F}_{bg}+\boldsymbol{F}_{bv} \tag{2.139}$$

式中：$\boldsymbol{M}_{b}$——桥梁结构的质量矩阵；

$\boldsymbol{C}_{b}$——桥梁结构的阻尼矩阵；

$\boldsymbol{K}_{b}$——桥梁结构的刚度矩阵；

$\boldsymbol{u}_{b}$——桥梁结构的位移列向量；

$\boldsymbol{F}_{bg}$——作用在桥梁结构上且与车-桥耦合不相关的荷载列向量；

$\boldsymbol{F}_{bv}$——表示车-桥耦合振动的过程里，车辆对桥梁的作用力列向量。

2.9.2　逐步积分法的基本概念

由于车辆模型在梁上不断移动，因此耦合系统的质量矩阵、刚度矩阵和阻尼矩阵都在不断变化，使系统的运动方程成为一个时变的二阶微分方程组。对于这样的时变系统微分方程组，一般采用逐步积分的数值方法求解。

解微分方程的过程中，先假定加速度的变化规律是确定的，而在这个时段内体系的各参量值是不变的，并用加速度的函数来表示体系的速度和位移，进而可以将微分方程组转化为代数方程组，解方程组就可以直接得到体系在这一时段内的加速度、速度和位移响应。

以单自由度振动系统为例，$f_I(t)$、$f_D(t)$、$f_S(t)$和$p(t)$分别表示其惯性力、阻尼力、弹性力和外荷载。在任一时刻t，作用于质量m上的所有作用力应满足平衡力系的要求：

$$f_I(t)+f_D(t)+f_S(t)=p(t) \tag{2.140}$$

经过短时间增量Δt后，新的平衡方程如下：

$$f_I(t+\Delta t)+f_D(t+\Delta t)+f_S(t+\Delta t)=p(t+\Delta t) \tag{2.141}$$

联立式(2.140)和式(2.141)，即可得到在第t时刻Δt时间内所产生的增量：

$$\Delta f_I(t)+\Delta f_D(t)+\Delta f_S(t)=\Delta p(t) \tag{2.142}$$

这个方程中的各增量力可以系统位移x、速度$\dot{x}$、加速度$\ddot{x}$与参数m、c、k分别表示为：

$$\Delta f_I(t)=f_I(t+\Delta t)-f_I(t)=m(t)\Delta\ddot{x}(t)$$
$$\Delta f_D(t)=f_D(t+\Delta t)-f_D(t)=c(t)\Delta\dot{x}(t)$$
$$\Delta f_S(t)=f_S(t+\Delta t)-f_S(t)=k(t)\Delta x(t)$$
$$\Delta p(t)=p(t+\Delta t)-p(t)$$

具体到车-桥时变系统的问题，因为车辆通过桥梁时位置是不确定的，具有随机性，所以上述增量中的系数$m(t)$、$c(t)$和$k(t)$三个参数都将随着车辆在桥上不同位置而变化。

将上述增量力的表达式代入增量方程式(2.139)，可得如下时间t的增量平衡方程：

$$m(t)\Delta\ddot{x}(t)+c(t)\Delta\dot{x}(t)+k(t)\Delta x(t)=\Delta p(t) \tag{2.143}$$

逐步积分法的主要思想是由一系列相继改变的非时变体系来考虑时变体系的时变特性。即采用一系列短时间增量Δt计算结构的反应，在每个时间间隔的起点和终点建立动力平衡条件，并以一个假定的反应机理为依据，近似地计算时段范围内体系的运动。计算过程中，通常忽略在短时间内产生的不平衡。体系的时变特性可以由每个时段起点系统当前的新特征来反映。利用所求的本时段终点的速度和位移作为下一时段的初始条件，从而求得时变体系的反应。常用的逐步积分法有三种：线性加速度法、Wilson-θ法和Newmark-β法。这三种方法各有优缺点：线性加速度法的精度高，计算简单，但由于它是有条件稳定的，使用受到很大限制；Wilson-θ法和Newmark-β法是无条件稳定的，适用性广。Newmark-β法计算精度高于Wilson-θ法，但其振幅衰减效果不如Wilson-θ法好。本书采用的是Newmark-β法求解，所以下面着重阐述如何利用Newmark-β法求解移动荷载的运动微分方程。

2.9.3 Newmark-β法求解移动荷载运动微分方程

耦合系统的方程可以写成式(2.103)的形式，则在$t+\Delta t$时刻，系统的运动方程为

$$M_{t+\Delta t}\{\ddot{X}\}_{t+\Delta t}+C_{t+\Delta t}\{\dot{X}\}_{t+\Delta t}+K_{t+\Delta t}\{X\}_{t+\Delta t}=\{F\}_{t+\Delta t} \tag{2.144}$$

假设在时刻t和Δt时，系统的加速度分别为$\dot{X}_t$和$\ddot{X}_{t+\Delta t}$，时段的长度为Δt。根据Newmark-β法的假定，在该时间段内任一时刻$t+\tau(0<\tau<\Delta t)$，系统的加速度、速度和位移满足以下

关系：

$$\dot{X}_{t+\tau}=\dot{X}_t+[(1-\gamma)\ddot{X}_t+\gamma\ddot{X}_{t+\Delta t}]\tau \tag{2.145}$$

$$X_{t+\tau}=X_t+\dot{X}_t\tau+[(0.5-\beta)\ddot{X}_t+\beta\ddot{X}_{t+\Delta t}]\tau^2 \tag{2.146}$$

式中，γ 和 β 是按照积分精度和稳定性决定的参数。文献[84]中详细讨论了参数 γ 和 β 的选取对 Newmark-β 法稳定性的影响，其认为：在分析复杂的有限元系统时，要求逐步积分法是无条件稳定的，否则在积分过程中，结构高频分量的反应会无限量地增长，而使整个积分失去意义。所以应用 Newmark-β 法时，一般选取 $\beta=0.25$、$\gamma=0.5$，这时的 Newmark-β 法是无条件稳定的，是常用的 Newmark-β 法。按此参数，则式(2.145)和式(2.146)变为：

$$\dot{X}_{t+\Delta t}=\dot{X}_t+(0.5\ddot{X}_t+0.5\ddot{X}_{t+\Delta t})\Delta t \tag{2.147}$$

$$X_{t+\Delta t}=X_t+\dot{X}_t\Delta t+(0.25\ddot{X}_t+\beta\ddot{X}_{t+\Delta t})\Delta t^2 \tag{2.148}$$

若将 $\ddot{X}_{t+\Delta t}$用 $\ddot{X}_t$和$t+\Delta t$之间的加速度增量 $\Delta\ddot{X}_t$表示，即 $\ddot{X}_{t+\Delta t}=\ddot{X}_t+\Delta\ddot{X}_t$，有：

$$\dot{X}_{t+\Delta t}=\dot{X}_t+\Delta t\ddot{X}_t+0.5\Delta t\Delta\ddot{X} \tag{2.149}$$

$$X_{t+\Delta t}=X_t+\dot{X}_t\Delta t+0.5\Delta t^2\ddot{X}_t+0.25\Delta t^2\Delta\ddot{X} \tag{2.150}$$

当时间由 t 变化到 $t+\Delta t$ 时，由式(2.144)可得时间增量 Δt 的平衡方程式为：

$$\Delta M(t)\Delta\ddot{X}(t)+\Delta C(t)\Delta\dot{X}(t)+\Delta K(t)X(t)=\Delta F(t) \tag{2.151}$$

将式(2.149)、式(2.150)代入式(2.151)得：

$$\begin{aligned}&\Delta M(t)\Delta\ddot{X}+\Delta C(t)[\Delta t\Delta\ddot{X}(t)+0.5\Delta t\Delta\ddot{X}]+\\&\Delta K(t)[\Delta t\dot{X}(t)+0.5\Delta t^2\ddot{X}(t)+0.25\Delta t^2\Delta\ddot{X}]=\Delta F(t)\end{aligned} \tag{2.152}$$

可进一步写成：

$$\overline{M}\Delta\ddot{X}=\Delta\overline{F} \tag{2.153}$$

$$\overline{M}=\Delta M(t)+0.5\Delta t\Delta C(t)+0.25\Delta t^2\Delta K(t) \tag{2.154}$$

$$\Delta\overline{F}=\Delta F(t)-\Delta C(t)\Delta t\ddot{X}(t)-\Delta K(t)[\Delta t\dot{X}(t)+0.5\Delta t^2\ddot{X}(t)] \tag{2.155}$$

$\overline{M}$、$\Delta\overline{F}$可分别看作体系的等效质量和等效荷载增量。在积分的每一步，上面的 $\ddot{X}(t)$、$\dot{X}(t)$和 $X(t)$都能从前一步的计算中获得。因此，式(2.151)的二阶微分方程变成式(2.152)，可得到加速度增量 $\Delta\ddot{X}$，未知的速度和位移可直接从下式得到：

$$\dot{X}_{t+\Delta t}=\dot{X}_t+\Delta\dot{X} \tag{2.156}$$

$$X_{t+\Delta t}=X_t+\Delta X \tag{2.157}$$

由 $\Delta M(t)_{t+\Delta t}\ddot{X}_{t+\Delta t}+\Delta C(t)_{t+\Delta t}\dot{X}_{t+\Delta t}+\Delta K(t)_{t+\Delta t}X_{t+\Delta t}=F_{t+\Delta t}$ 可以解出 $\ddot{X}_{t+\Delta t}$，重复上面的步骤，可以解出 $t+2\Delta t$ 时刻的加速度、速度和位移。整个过程的求解可以通过上述的逐步积分过程得到。

2.10 小　结

本章在回顾如何建立梁的运动偏微分方程的基础上，导出了弹性支承单跨梁、弹性支承连续梁的振型函数和振动频率的解析解。将车辆模型分别简化成 1/4 车辆模型、1/2 车辆模型和三维整车模型，并得到了各自的运动微分方程。介绍了求解车-桥耦合系统运动微分方程的三种逐步积分法（即线性加速度法、Wilson-θ 法和 Newmark-β 法），在比较三种方法的优越性的基础上详细地介绍了如何利用 Newmark-β 法计算车-桥耦合系统运动方程。提出了模拟桥面不平度的非平稳方法，并比较了平稳和非平稳两种不同方法模拟桥面不平度所引起的差别。结果表明：①车辆所受路面激励的幅值随着车速增大有增大的趋势，随着车速减小有减小的趋势；②当车辆变速运动时，车轮受到路面激励的幅值随车速的变化而变化，而不是像平稳过程那样不受车速影响，且四轮所受路面激励具有相关性，并在速度较小时后轮所受激励的高频成分增加，用非平稳路面模型来模拟车辆所受路面激励更加符合实际情形。

第3章　车辆-单跨梁耦合系统振动分析

3.1　引　　言

本章将详细给出汽车荷载作用下单跨梁的动力响应分析，分别将车辆模型简化为1/4车辆模型和1/2车辆模型，建立车-桥耦合振动的运动微分方程，并利用Matlab软件编制其计算程序，且与已有文献实例对比，验证模型和计算程序的正确性。进而将沥青路面层模拟成Kelvin模型，将混凝土路面层和主梁一起简化为Euler-Bernoulli梁，考虑不同路面层对汽车荷载作用下单跨梁的振动响应。通过算例分析车辆加速度、弹性支承刚度、非平稳激励模型、平稳激励模型和不同路面层等参数对弹性支承梁在汽车荷载作用下动力响应的影响。

3.2　移动车辆作用下弹性支承单跨梁振动响应

如图3.1所示，将移动车辆简化为1/4车辆模型，即两自由度的弹簧-质量块振动系统装置，梁桥简化为弹性支承的梁单元模型。假设车辆悬架和车轮的总质量为m_1，车身质量为m_2，悬架的刚度和阻尼分别为k_1和c_1，车身的刚度和阻尼分别为k_2和c_2。梁的动挠度为$y(x,t)$，悬架和车身的动挠度分别为$y_1(x,t)$和$y_2(x,t)$。假设车轮沿梁长移动而不脱离梁体，车轮与梁体接触为点接触。

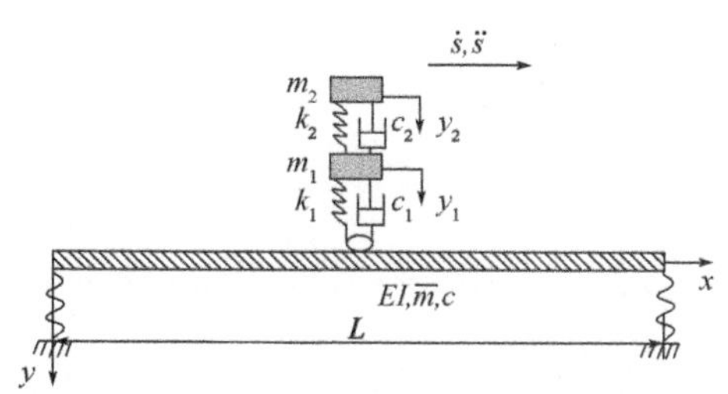

图3.1　移动车辆作用下的弹性支承梁模型

第2章已经详细推导了1/4车辆模型的运动微分方程，故此处仅给出其表达式，不再详细推导。

$$m_2\ddot{y}_2-m_2\ddot{s}y'+c_2(\dot{y}_2-\dot{y}_1)+k_2(y_2-y_1)=0 \tag{3.1}$$

$$m_1\ddot{y}_1 - m_1\ddot{s}y' + c_1(\dot{y}_1 + \dot{y} - \dot{r}) + k_1(y_1 + y - r) - c_2(\dot{y}_2 - \dot{y}_1) - k_2(y_2 - y_1) = 0 \tag{3.2}$$

则据此可得弹性支承梁的动力平衡方程为：

$$\begin{aligned} & EIy + \overline{m}\ddot{y} + c\dot{y} \\ & = \{(m_1 + m_2)g + k_1[y_1(x,t) - y(x,t) + r(x)] + c_1[\dot{y}_1(x,t) - \dot{y}(x,t) + \dot{r}(x)]\}\delta(x-s) \end{aligned} \tag{3.3}$$

式中，δ 为 Dirac 函数，其特性可以表示为：

$$\delta(x-\eta) = \begin{cases} \infty, & x = \eta \\ 0, & x \neq \eta \end{cases} \tag{3.4}$$

$$\int_{-\infty}^{\infty} \delta(x-\eta) f(x)\,\mathrm{d}x = f(\eta) \tag{3.5}$$

$$\int_a^b \delta(x-\eta) f(x)\,\mathrm{d}x = \begin{cases} 0, & \eta < a < b \\ f(\eta), & a \leqslant \eta \leqslant b \\ 0, & a < b < \eta \end{cases} \tag{3.6}$$

求解式(3.3)，可采用振型分解法，有：

$$y(x,t) = \sum_{i=1}^{\infty} q_i(t) \cdot \phi_i(x) \tag{3.7}$$

式中，$q_i(t)$为广义振型坐标，是时间 t 的函数；$\phi_i(x)$为主振型函数。值得注意的是，弹性支承刚度系数考虑在梁的振型函数中，如第 2 章中式(2.54)。

将式(3.7)代入式(3.3)，将每一项乘以第 n 个振型函数 $\phi_n(x)$，沿梁长积分并考虑振型的正交性，则式(3.3)可写为：

$$\begin{aligned} & \ddot{q}(t) + c\dot{q}_n(t) + \omega_n^2 q_n(t) \\ & = \frac{2}{ml}(m_1 + m_2)g\sin\frac{n\pi x}{L} + k_1[y_1(x+t) + r(x)] + c_1[\dot{y}_1(x+t) + \dot{r}(x)]\sin\frac{n\pi x}{L} - \\ & \sum_{i=1}^{\infty}[k_1 q_i(t) + c_1\dot{q}_i(t)]\sin\frac{i\pi x}{L}\sin\frac{n\pi x}{L} \end{aligned} \tag{3.8}$$

同理，将式(3.7)代入式(3.1)和式(3.2)得：

$$m_2\ddot{y}_2 - m_2\ddot{s}\sum_{i=1}^{\infty} q_i(t)\phi_i'(x) + c_2(\dot{y}_2 - \dot{y}_1) + k_2(y_2 - y_1) = 0 \tag{3.9}$$

$$\begin{aligned} & m_1\ddot{y}_1 - m_1\ddot{s}\sum_{i=1}^{\infty} q_i(t)\phi_i'(x) + c_1\sum_{i=1}^{\infty}\dot{q}_i(t)\phi_i(x) + k_1\sum_{i=1}^{\infty} q_i(t)\phi_i(x) + \\ & c_1(\dot{y}_1 - \dot{w}_1) + k_1(y_1 - w) - c_2(\dot{y}_2 - \dot{y}_1) - k_2(y_2 - y_1) = 0 \end{aligned} \tag{3.10}$$

将式(3.8)、式(3.9)和式(3.10)联立，并将方程组写成矩阵形式，得：

$$\boldsymbol{M}\ddot{\boldsymbol{X}} + \boldsymbol{C}\dot{\boldsymbol{x}} + \boldsymbol{K}\boldsymbol{X} = \boldsymbol{F} \tag{3.11}$$

式中，$\boldsymbol{M}$、$\boldsymbol{C}$、$\boldsymbol{K}$ 分别为质量矩阵、阻尼矩阵和刚度矩阵。至此，得到移动振动系统与任意边界梁的耦合系统振动方程组。对于如图 3.1 所示的两端都为弹性支承的单跨梁来说，要得到其在振动系统作用下的耦合方程，只需将式(2.56)和式(2.57)代入式(3.11)即可。因此，利用上面推导的振型函数，可以很方便地得到各种梁模型在移动振动系统作用下的耦合方程。

3.3　计算程序及其验证

根据第2章所阐述的基本理论，本模型的计算程序框图如图3.2所示。

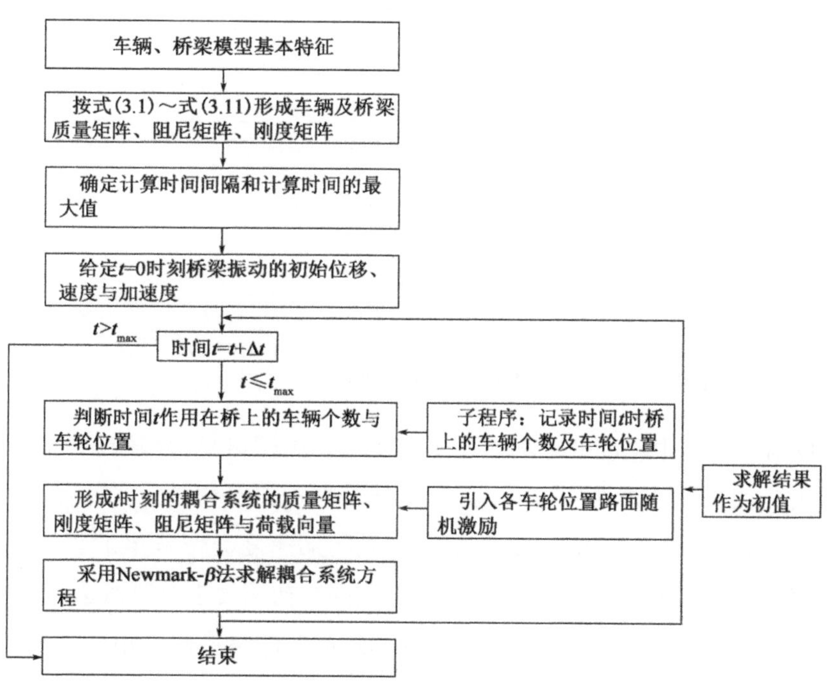

图3.2　程序计算框图

为了验证本书方程及程序的正确性，本书进行了如下比较：

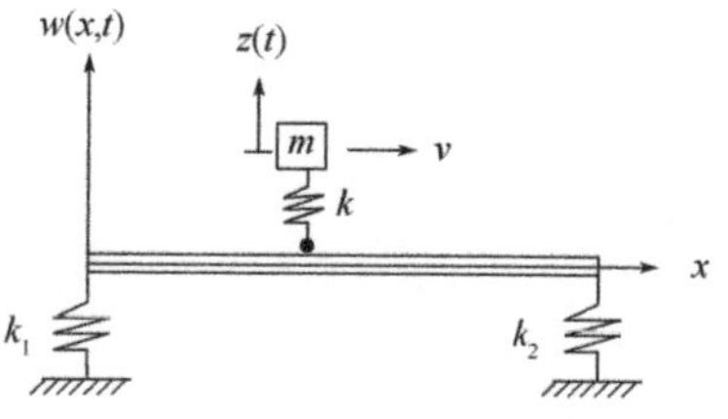

图3.3　文献[84]车-桥模型

在文献[84]中，作者采用了如图3.3所示的模型，研究了考虑弹性支承且荷载匀速移动时，无量纲最大动接触力随速度的变化。图3.4是本书按照文献[84]中模型简化后，当弹性支承分别取两种不同值时得到的无量纲最大动接触力随速度变化图，比较发现本书模型按文献[84]简化后所得结果和文献[84]吻合较好。

作为本问题的特例之一，下面考查匀变速车辆与弹性支承桥梁耦合系统。该耦合系统的参数取为：

$M_1 = 2382\text{kg}, c_1 = 4\times10^4\text{N}\cdot\text{s/m}, k_1 = 10^7\text{N/m}, M_2 = 13760\text{kg}, c_2 = 8\times10^4\text{N}\cdot\text{s/m}, k_2 = 5\times10^6\text{N/m}, \overline{m} = 1.5\times10^3\text{kg/m}, E = 2\times10^{11}\text{N/m}^2, I = 0.84\text{m}^4, l = 50\text{m}, c = 0, k = \dfrac{KL^3}{EI} = 100$。

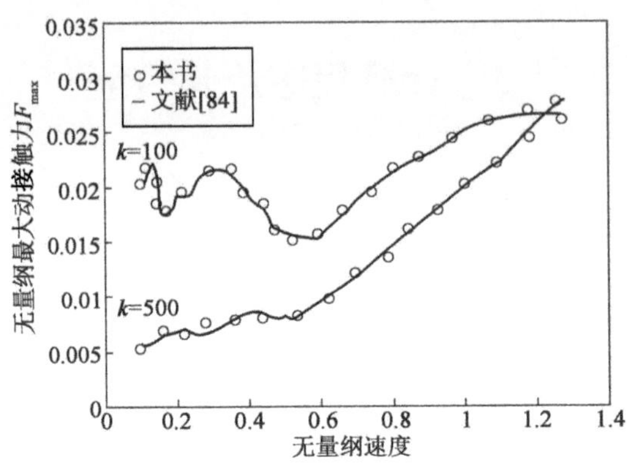

图 3.4　与文献[84]的结果比较

3.4　参数分析

3.4.1　车辆加速度对桥梁跨中挠度的影响

车辆加速度对桥梁跨中挠度的影响如图 3.5 所示。由图可见，桥梁跨中最大挠度随加速度的增大而增大。如当初速度为 10m/s，加速度分别为 0m/s^2 和 3m/s^2 时，跨中挠度分别为 0.918mm 和 1.056mm，后者是前者的 1.15 倍。这说明加速度会影响梁的竖向挠度。减速度对桥梁跨中挠度的影响如图 3.6 所示。由图可见，在同一初速度下车辆减速运动时，减速度的绝对值越大，桥梁跨中的最大挠度就越小，这与加速运动时的情形恰恰相反。

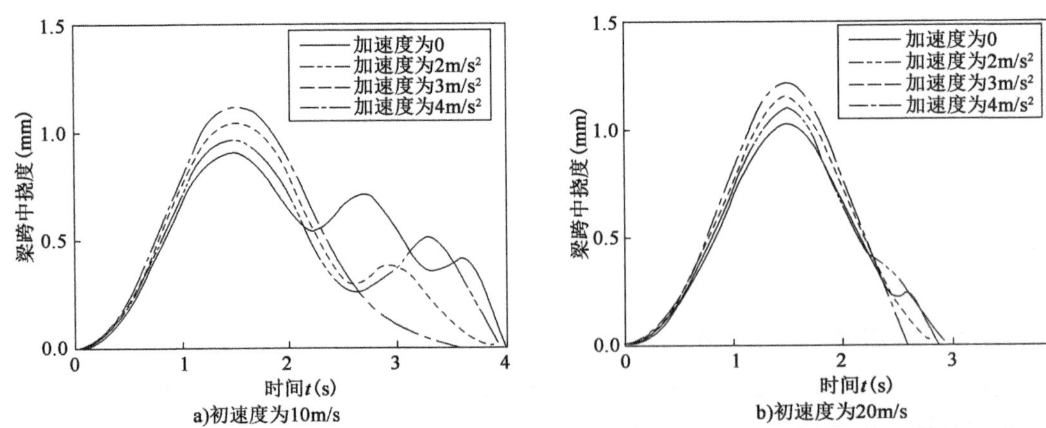

图 3.5　加速度对桥梁跨中挠度的影响

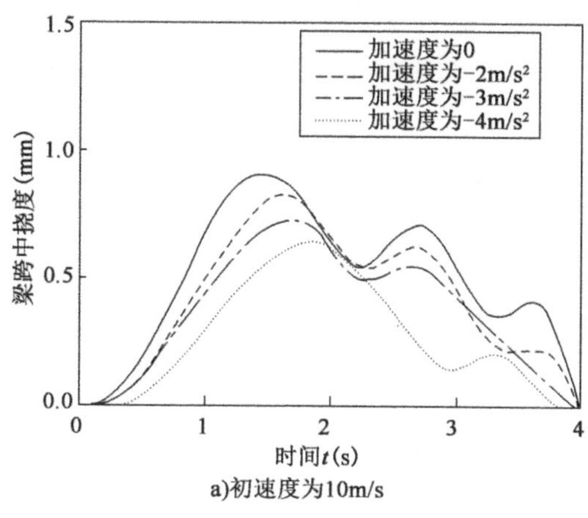

a)初速度为10m/s

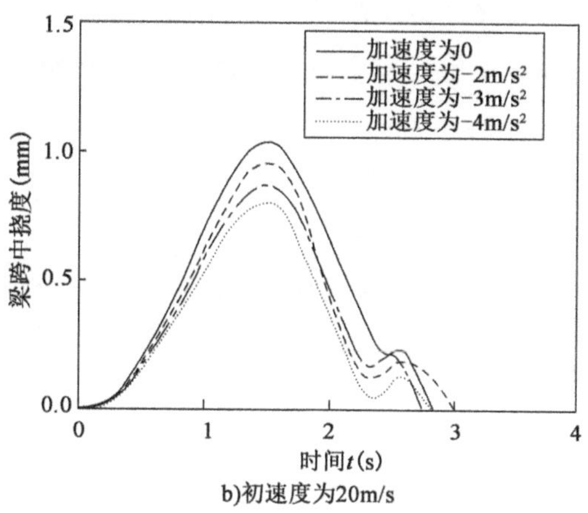

b)初速度为20m/s

图 3.6　减速度对桥梁跨中挠度的影响

3.4.2　弹性支承刚度对梁振动响应的影响

(1)弹性支承刚度对桥梁跨中挠度的影响如图 3.7 所示。图中车辆以车速 10m/s 匀速驶过该梁。由图可见,桥梁跨中挠度随 k 值的增大而显著减小,如当弹性支承刚度 $k=100$ 时,跨中挠度为 0.918mm;而当支承刚度 $k=300$ 时,跨中挠度为 0.675mm。

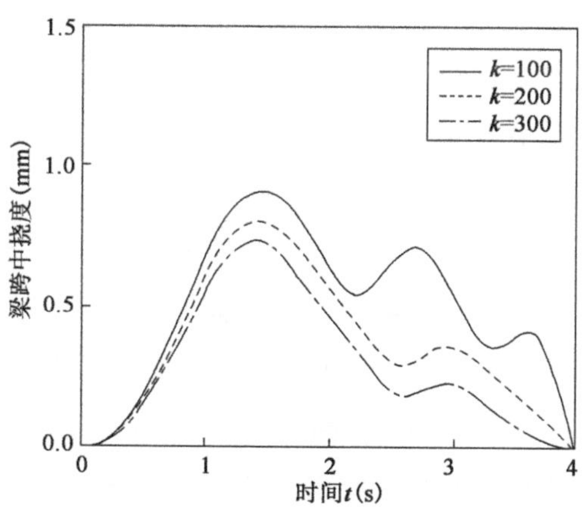

图 3.7　支承刚度对桥梁跨中挠度的影响

(2)由于梁跨中的竖向加速度是影响行车舒适度的一个重要指标,因此有必要分析弹性支承刚度对梁跨中竖向加速度的影响。由图 3.8 可以看出,梁跨中竖向加速度幅值随弹性支承刚度的增大而减小,这可解释为弹性支承有利于抑制梁的振动响应。

3.4.3　非平稳和平稳路面激励模型对梁跨中挠度的影响

如第 2 章所述,当车辆变速行驶时,模拟路面不平度对车-桥耦合系统的输入有两种方式,即非平稳路面激励模型和平稳路面激励模型。下面以 1/2 车辆模型(图 2.9)为例,分析这两种路面激励模型对单跨弹性支承梁在车辆作用下振动响应和冲击系数的影响。冲击系数定义为:

$$I=\frac{y_{vm}}{y_{sm}}-1 \tag{3.12}$$

式中,y_{vm}、y_{sm}分别为梁跨中动力挠度和静力挠度。

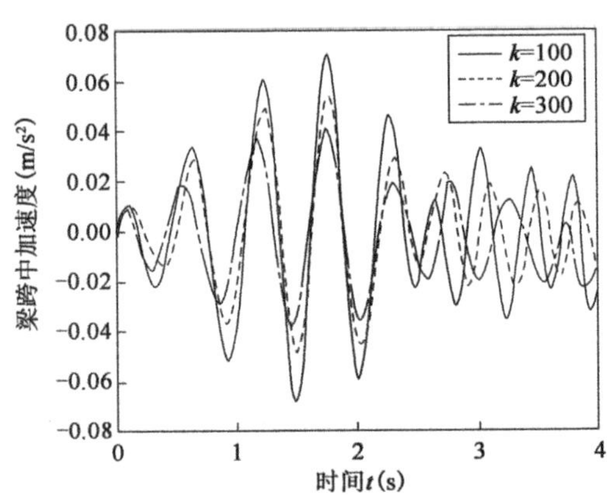

图 3.8　支承刚度对竖向加速度的影响

1)不同路面不平度系数时非平稳激励和平稳激励模型对梁跨中挠度的影响

图 3.9 分析了当初速度为 10m/s、加速度为 4m/s^{2}时,路面等级分别取 B 级与 C 级时,分析了平稳与非平稳激励对梁跨中挠度的影响。如图 3.9a)所示,当路面等级为 B 级时,对应平稳和非平稳两种不同路面激励模型的梁跨中挠度冲击系数分别为$I=0.127$和 $I=0.212$。同样,图 3.9b)所示路面等级为 C 级时,两种激励所对应的冲击系数分别为 $I=0.213$ 和 $I=0.323$,非平稳路面激励模型对应冲击系数是平稳路面激励模型对应冲击系数的 1.52 倍。由此可知,在同种路面不平度系数条件下,平稳和非平稳的路面模型对梁跨中挠度产生的影响是不同的。在分析车辆变速运动时,将非平稳路面激励简化为平稳激励是不能被接受的。

2)不同加速度时非平稳激励和平稳激励模型对梁跨中挠度的影响

图 3.9b)分析了车辆初速度为 10m/s 且加速度为 4m/s^{2}时,两种不同激励下所对应梁的响应。为分析不同加速度对梁动挠度的影响,只需相应地改变车辆加速度值即可。因此,图 3.10分析了路面等级为 C 级、车辆初速度为 10m/s 且加速度为 6m/s^{2}时,两种不同激励下所对应梁的响应。从图 3.10 中可以很明显地看出,平稳激励与非平稳激励所对应的梁跨中挠度值相差较大,其差值是不能忽略的。比较图 3.10 与图 3.9b)可知,当路面激励都为非平稳路面输入时,加速度从 4m/s^{2}变化到 6m/s^2,相应的梁跨中挠度由 1.53mm 变化到 1.73mm,说明当路面激励为非平稳输入时,梁跨中挠度会随加速度增加而有增大趋势。

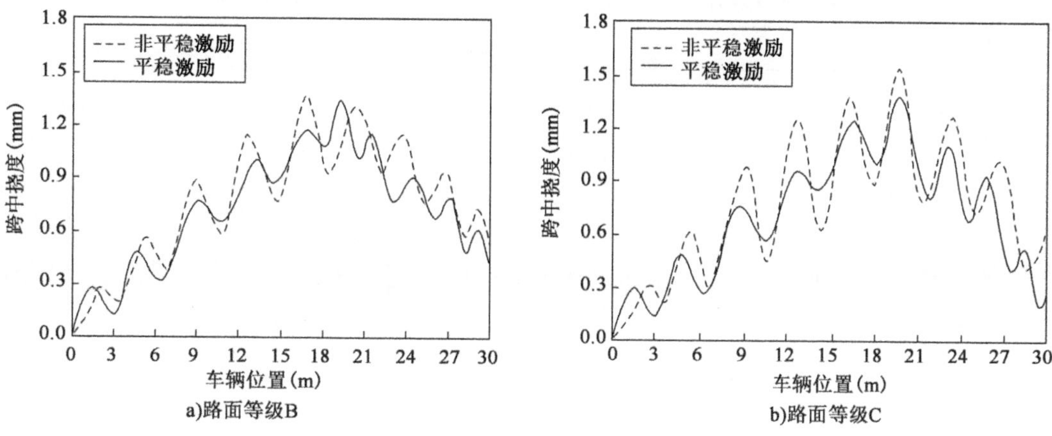

图3.9　不同路面不平度下的非平稳激励和平稳激励模型对梁跨中挠度的影响

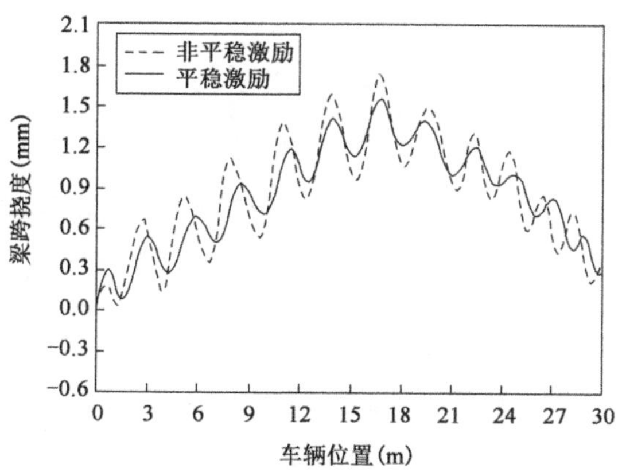

图3.10　梁跨中挠度随车辆位置的变化

表3.1~表3.3进一步给出了两种不同路面激励在不同条件下对梁冲击系数的影响。由表中冲击系数值可以看出，路面平稳和非平稳激励所对应的梁跨中冲击系数值是不同的，且两者的差值不能忽略。

路面等级为A级时路面平稳和非平稳激励对冲击系数的影响　　表3.1

路面不平度		$G_d(n_0)=16\text{mm}^3$								
初始车速(m/s)		5			10			15		
加速度(m/s^2)		2	4	6	2	4	6	2	4	6
冲击系数	平稳激励	0.053	0.084	0.173	0.086	0.104	0.213	0.107	0.227	0.257
	非平稳激励	0.067	0.105	0.188	0.109	0.123	0.243	0.225	0.248	0.336

路面等级为 B 级时路面平稳和非平稳激励对冲击系数的影响　　表 3.2

路面不平度		$G_d(n_0)=64\text{mm}^3$								
初始车速(m/s)		5			10			15		
加速度(m/s^2)		2	4	6	2	4	6	2	4	6
冲击系数	平稳激励	0.061	0.102	0.165	0.105	0.127	0.195	0.138	0.233	0.270
	非平稳激励	0.072	0.123	0.184	0.127	0.212	0.246	0.231	0.266	0.349

路面等级为 C 级时路面平稳和非平稳激励对冲击系数的影响　　表 3.3

路面不平度		$G_d(n_0)=256\text{mm}^3$								
初始车速(m/s)		5			10			15		
加速度(m/s^2)		0	5	10	0	5	10	0	5	10
冲击系数	平稳激励	0.079	0.113	0.187	0.145	0.177	0.215	0.228	0.245	0.303
	非平稳激励	0.086	0.134	0.215	0.163	0.234	0.287	0.243	0.290	0.398

3.4.4　不同路面层对单跨梁在移动车辆作用下竖向振动响应的影响

引起车-桥耦合系统振动的因素有很多,国内外对这类问题的研究,大多局限于车辆与桥梁之间的耦合而忽略了路面体系的作用。关于不同路面层对单跨梁在移动荷载作用下的振动响应的分析较少。目前各国学者在移动荷载作用下沥青路面体系振动的研究中,一般将沥青路面体系简化成黏弹性地基上的梁研究,如 Kenny 研究得到移动集中荷载作用下黏弹性地基上无限长梁在不同地基阻尼下的稳态响应的解析解[85];孙璐、邓学钧等研究了移动线源荷载作用下黏弹性地基上无限长梁的动态响应问题[86];延西利等利用流变模型考虑了沥青混合料的流变特性,给出了沥青混合料的相应的流变参数值[87]。因此,可将沥青路面体系模拟成 Kelvin 模型及其上无限长梁,即路面层可当作无限长梁,路面层与梁间的相互作用采用 Kelvin 模型。由于混凝土路面层通过剪力筋与主梁现浇成为整体,则可以将混凝土路面层和主梁一起简化为 Euler-Bernoulli 梁。本节所建立的车辆-路面层-桥梁耦合系统的力学模型,综合考虑了沥青路面层、混凝土路面层、车辆的变速运动及制动等影响耦合系统振动的因素。应用弹性系统动力学总势能不变值原理和形成矩阵的"对号入座"法则,建立耦合系统的竖向运动方程,并运用协方差等效方法模拟车辆变速行驶时所受路面激励模型。研究不同路面层对单跨梁在移动荷载作用下的振动响应。

1)车辆-路面层-单跨梁耦合系统的建模

图 3.11 描绘了车辆-路面层-桥梁系统模型。模型中下梁的跨径为 l_b、单位长度的质量为

m_b、抗弯刚度为 E_bI_b、桥梁的竖向位移为 y_b；弹性支承的刚度系数和阻尼系数分别为 K_b、C_b，上梁单位长度的质量为 m_p、阻尼系数为 c_p、抗弯刚度为 E_pI_p，上下梁之间的连续弹簧和阻尼器的刚度系数和阻尼系数分别为 K_{bp}、C_{bp}，上梁的竖向位移为 y_p，m_v、m_{s1} 和 m_{s2} 分别为车身质量、前桥非簧载质量和后桥非簧载质量，J_v 为车身俯仰转动惯量，k_{s1}、k_{s2} 分别为前悬架刚度和后悬架刚度；k_{t1}、k_{t2} 分别为前、后轮胎刚度系数；r_f、r_r 分别为前、后轮胎受到的随机路面不平度；c_{s1}、c_{s2} 分别为前悬架阻尼系数和后悬架阻尼系数；c_{t1}、c_{t2} 分别为前、后轮胎阻尼系数；l_1、l_2 分别为前、后轴到车身质心的水平距离。车辆以速度 $\dot{s}$、加速度 $\ddot{s}$ 在桥面上行驶，设它始终不离开桥面，且梁的静平衡位置是水平的。y_v、θ_v 分别为车身质心竖向位移和车身俯仰角位移。y_1、y_2 分别为前、后桥非簧载质量竖向位移。位置 $s=s(t)$ 自下梁的最左端量起，时间 t 则是从车辆驶入桥的最左端瞬间开始计时的。

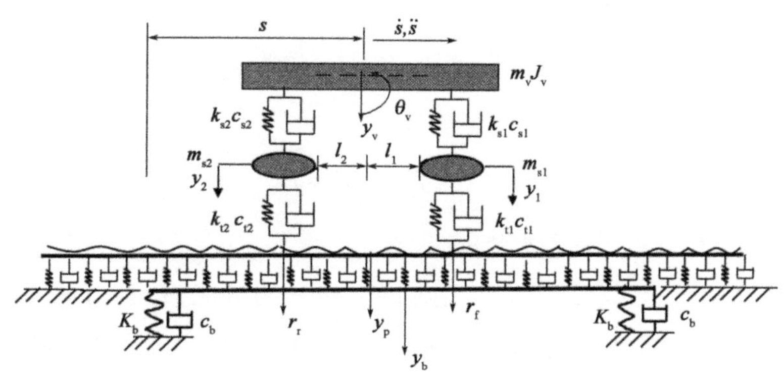

图 3.11　车辆-路面层-桥梁系统模型

2）车辆与路面接触点处的约束方程

假设 t 时刻车辆两个车轮都运行在桥梁上，两个车轮与上梁的接触点从左到右分别位于互不相邻的 i_1 和 i_2 单元中，两个接触点分别距各自上梁单元左节点的距离为 x_{i1}、x_{i2}，则前轮与上梁接触点处的约束方程可以用下式表示：

$$y_{pf}=\boldsymbol{N}_{x=x_{i2}}\boldsymbol{q}_{i2}^{e}+r_f \tag{3.13}$$

$$\dot{y}_{pf}=\boldsymbol{N}_{x=x_{i2}}\dot{\boldsymbol{q}}_{i2}^{e}+\dot{s}\boldsymbol{N}'_{x=x_{i2}}\boldsymbol{q}_{i2}^{e}+\dot{s}r_f' \tag{3.14}$$

后轮与上梁接触点处的约束方程可以用下式表示：

$$y_{pr}=\boldsymbol{N}_{x=x_{i1}}\boldsymbol{q}_{i1}^{e}+r_r \tag{3.15}$$

$$\dot{y}_{pr}=\boldsymbol{N}_{x=x_{i1}}\dot{\boldsymbol{q}}_{i1}^{e}+\dot{s}\boldsymbol{N}'_{x=x_{i1}}\boldsymbol{q}_{i1}^{e}+\dot{s}r_r' \tag{3.16}$$

式中：y_{pf}、y_{pr}——分别表示前、后轮的竖向位移；

$\dot{y}_{pf}$、$\dot{y}_{pr}$——分别表示前、后轮的竖向速度；

$\boldsymbol{q}_{i1}^{e}$、$\boldsymbol{q}_{i2}^{e}$——分别表示第 i_1 和 i_2 个上层单元的节点位移矢量；

$\dot{\boldsymbol{q}}_{i1}^{e}$、$\dot{\boldsymbol{q}}_{i2}^{e}$——分别表示第 i_1 和 i_2 个上层单元的节点 e 速度矢量；

(　)′——表示对局部坐标 x 的导数。

$\boldsymbol{N}$ 表示梁单元的形函数矩阵，形函数采用 Harmitan 3 次插值函数。

$$\boldsymbol{N} = (N_1, N_2, N_3, N_4) \tag{3.17}$$

其中，$N_1 = 1 - 3(x/l)^2 + 2(x/l)^3$；$N_2 = x[1 - 2(x/l) + (x/l)^2]$；$N_3 = 3(x/l)^2 - 2(x/l)^3$；$N_4 = x[(x/l)^2 - x/l]$。

3）车辆-路面层-桥梁单元的总势能

对动力系统运用弹性系统动力学总势能不变值原理，得到系统的运动方程，对单元运用则得到单元的运动方程[88-89]。下面先由车辆-路面层-桥梁单元总势能的变分原理并运用"对号入座"法则导出车辆-路面层-桥梁单元的质量矩阵、刚度矩阵、阻尼矩阵和节点荷载列阵，然后建立车辆-路面层-桥梁系统的竖向运动方程。设该系统的上层单元和下层单元的长度相等，均为 l，则此单元的总势能 Π 包括单元的重力势能 Π_g、弹性势能 Π_e、阻尼势能 Π_c 和惯性势能 Π_i，其表达式为：

$$\Pi = \Pi_g + \Pi_e + \Pi_c + \Pi_i \tag{3.18}$$

（1）车辆-路面层-桥梁单元的重力势能

车辆-路面层-桥梁单元的重力势能 Π_g 包括车体的重力势能 Π_{gv} 和前、后轴非簧载质量的重力势能 Π_{gs}，假定车体的重力势能，前、后桥非簧载质量的重力势能的零势能位置分别位于各自的静力平衡位置，则该单元的重力势能表达式为：

$$\Pi_g = \Pi_{gv} + \Pi_{gs} \tag{3.19}$$

（2）车辆-路面层-桥梁单元的弹性应变能

单元的弹性应变能 Π_e 包括车轮的弹性应变能 Π_{es}、2 个上层梁单元 i_1 和 i_2 的弹性弯曲应变能 Π_{ep}、2 个下层梁单元 j_1 和 j_2 的弹性弯曲应变能 Π_{eb}，以及 2 个上层梁单元与 2 个下层梁单元之间弹簧的弹性应变能 Π_{ebp}，其表达式为：

$$\Pi_e = \Pi_{et} + \Pi_{es} + \Pi_{ep} + \Pi_{eb} + \Pi_{ebp} \tag{3.20}$$

（3）车辆-路面层-桥梁单元的阻尼力势能

单元的阻尼力势能 Π_c 包括车轮与前、后桥非簧载质量之间阻尼器的阻尼力势能 Π_{ct}，车体与前、后桥非簧载质量之间阻尼器的阻尼力势能 Π_{cs}，2 个上层梁单元 i_1 和 i_2 的黏滞阻尼力势能 Π_{cp}，2 个下层梁单元 j_1 和 j_2 的黏滞阻尼力势能 Π_{cb}，以及 2 个上层梁单元与 2 个下层梁单元之间阻尼器的阻尼力势能 Π_{cbp}，其表达式为：

$$\Pi_c = \Pi_{ct} + \Pi_{cs} + \Pi_{cp} + \Pi_{cb} + \Pi_{cbp} \tag{3.21}$$

(4)车辆-路面-桥梁单元的惯性力势能

单元的惯性力应变能 Π_{i} 包括车体的惯性力势能 Π_{iv},前、后桥非簧载质量的惯性力势能 Π_{is},2个上层梁单元 i_1 和 i_2 的惯性力势能 Π_{ip},以及2个下层梁单元 j_1 和 j_2 的惯性力势能 Π_{ib},其表达式为:

$$\Pi_{\mathrm{i}} = \Pi_{\mathrm{iv}} + \Pi_{\mathrm{is}} + \Pi_{\mathrm{ip}} + \Pi_{\mathrm{ib}} \tag{3.22}$$

(5)车辆-路面层-桥梁单元的有限元形式运动方程

应用弹性系统动力学总势能不变值原理,对车辆-路面层-桥梁单元的总势能进行变分并运用"对号入座"法则,经过整理得到该单元的有限元形式的分块矩阵方程。

$$\begin{pmatrix} \boldsymbol{M}_{\mathrm{VV}} & \mathbf{0} & \mathbf{0} & \mathbf{0} & \mathbf{0} \\ \mathbf{0} & \boldsymbol{M}_{\mathrm{p1p1}} & \mathbf{0} & \mathbf{0} & \mathbf{0} \\ \mathbf{0} & \mathbf{0} & \boldsymbol{M}_{\mathrm{p2p2}} & \mathbf{0} & \mathbf{0} \\ \mathbf{0} & \mathbf{0} & \mathbf{0} & \boldsymbol{M}_{\mathrm{b1b1}} & \mathbf{0} \\ \mathbf{0} & \mathbf{0} & \mathbf{0} & \mathbf{0} & \boldsymbol{M}_{\mathrm{b2b2}} \end{pmatrix} \begin{pmatrix} \ddot{q}_{\mathrm{v}}^{\mathrm{e}} \\ \ddot{q}_{i1}^{\mathrm{e}} \\ \ddot{q}_{i2}^{\mathrm{e}} \\ \ddot{q}_{j1}^{\mathrm{e}} \\ \ddot{q}_{j2}^{\mathrm{e}} \end{pmatrix} + \begin{pmatrix} \boldsymbol{C}_{\mathrm{VV}} & \boldsymbol{C}_{\mathrm{Vp1}} & \boldsymbol{C}_{\mathrm{Vp2}} & \mathbf{0} & \mathbf{0} \\ \boldsymbol{C}_{\mathrm{p1V}} & \boldsymbol{C}_{\mathrm{p1p1}} & \mathbf{0} & \boldsymbol{C}_{\mathrm{p1b1}} & \mathbf{0} \\ \boldsymbol{C}_{\mathrm{p2V}} & \mathbf{0} & \boldsymbol{C}_{\mathrm{p2p2}} & \mathbf{0} & \boldsymbol{C}_{\mathrm{p2b2}} \\ \mathbf{0} & \boldsymbol{C}_{\mathrm{b1p1}} & \mathbf{0} & \boldsymbol{C}_{\mathrm{b1b1}} & \mathbf{0} \\ \mathbf{0} & \mathbf{0} & \boldsymbol{C}_{\mathrm{b2p2}} & \mathbf{0} & \boldsymbol{C}_{\mathrm{b2b2}} \end{pmatrix} \begin{pmatrix} \dot{q}_{\mathrm{v}}^{\mathrm{e}} \\ \dot{q}_{i1}^{\mathrm{e}} \\ \dot{q}_{i2}^{\mathrm{e}} \\ \dot{q}_{j1}^{\mathrm{e}} \\ \dot{q}_{j2}^{\mathrm{e}} \end{pmatrix} +$$

$$\begin{pmatrix} \boldsymbol{K}_{\mathrm{VV}} & \boldsymbol{K}_{\mathrm{Vp1}} & \boldsymbol{K}_{\mathrm{Vp2}} & \mathbf{0} & \mathbf{0} \\ \boldsymbol{K}_{\mathrm{p1V}} & \boldsymbol{K}_{\mathrm{p1p1}} & \mathbf{0} & \boldsymbol{K}_{\mathrm{p1b1}} & \mathbf{0} \\ \boldsymbol{K}_{\mathrm{p2V}} & \mathbf{0} & \boldsymbol{K}_{\mathrm{p2p2}} & \mathbf{0} & \boldsymbol{K}_{\mathrm{p2b2}} \\ \mathbf{0} & \boldsymbol{K}_{\mathrm{b1p1}} & \mathbf{0} & \boldsymbol{K}_{\mathrm{b1b1}} & \mathbf{0} \\ \mathbf{0} & \mathbf{0} & \boldsymbol{K}_{\mathrm{b2p2}} & \mathbf{0} & \boldsymbol{K}_{\mathrm{b2b2}} \end{pmatrix} \begin{pmatrix} q_{\mathrm{v}}^{\mathrm{e}} \\ q_{i1}^{\mathrm{e}} \\ q_{i2}^{\mathrm{e}} \\ q_{j1}^{\mathrm{e}} \\ q_{j2}^{\mathrm{e}} \end{pmatrix} = \begin{pmatrix} F(t)_{\mathrm{v}}^{\mathrm{e}} \\ F(t)_{i1}^{\mathrm{e}} \\ F(t)_{i2}^{\mathrm{e}} \\ F(t)_{j1}^{\mathrm{e}} \\ F(t)_{j2}^{\mathrm{e}} \end{pmatrix} \tag{3.23}$$

其中:$\boldsymbol{M}_{\mathrm{VV}} = \begin{pmatrix} m_{\mathrm{v}} & 0 & 0 & 0 \\ 0 & J_{\mathrm{V}} & 0 & 0 \\ 0 & 0 & m_{\mathrm{s1}} & 0 \\ 0 & 0 & 0 & m_{\mathrm{s2}} \end{pmatrix}$;

$\boldsymbol{M}_{\mathrm{P}_h\mathrm{P}_h} = \int_0^l m_{\mathrm{p}} \boldsymbol{N}^{\mathrm{T}} \boldsymbol{N} \mathrm{d}x \quad (h = 1,2)$;

$$\boldsymbol{M}_{\mathrm{b}_h\mathrm{b}_h} = \int_0^l m_{\mathrm{b}}\,\boldsymbol{N}^{\mathrm{T}}\boldsymbol{N}\mathrm{d}x \quad (h=1,2);$$

$$\boldsymbol{C}_{\mathrm{VV}} = \begin{pmatrix} c_{\mathrm{s1}}+c_{\mathrm{s2}} & c_{\mathrm{s2}}l_2-c_{\mathrm{s1}}l_1 & -c_{\mathrm{s1}} & -c_{\mathrm{s2}} \\ c_{\mathrm{s2}}l_2-c_{\mathrm{s1}}l_1 & c_{\mathrm{s2}}l_2^2+c_{\mathrm{s1}}l_1^2 & c_{\mathrm{s1}}l_1 & -c_{\mathrm{s2}}l_2 \\ -c_{\mathrm{s1}} & c_{\mathrm{s1}}l_1 & c_{\mathrm{s1}}+c_{\mathrm{t1}} & 0 \\ -c_{\mathrm{s2}} & -c_{\mathrm{s2}}l_2 & 0 & c_{\mathrm{s2}}+c_{\mathrm{t2}} \end{pmatrix};$$

$$\boldsymbol{C}_{\mathrm{p_1V}} = (\boldsymbol{0} \quad \boldsymbol{0} \quad \boldsymbol{0} \quad -c_{\mathrm{t_2}}\boldsymbol{N}^{\mathrm{T}}_{x=x_{i1}});$$

$$\boldsymbol{C}_{\mathrm{p_2V}} = (\boldsymbol{0} \quad \boldsymbol{0} \quad -c_{\mathrm{t_1}}\boldsymbol{N}^{\mathrm{T}}_{x=x_{i2}} \quad \boldsymbol{0});$$

$$\boldsymbol{C}_{\mathrm{Vp_1}} = \begin{pmatrix} \boldsymbol{0} \\ \boldsymbol{0} \\ \boldsymbol{0} \\ -c_{\mathrm{t_2}}\boldsymbol{N}_{x=x_{i1}} \end{pmatrix};$$

$$\boldsymbol{C}_{\mathrm{Vp_2}} = \begin{pmatrix} \boldsymbol{0} \\ \boldsymbol{0} \\ -c_{\mathrm{t_1}}\boldsymbol{N}_{x=x_{i2}} \\ 0 \end{pmatrix};$$

$$\boldsymbol{C}_{\mathrm{p}_h\mathrm{b}_h} = -\int_0^l c_{\mathrm{pb}}\boldsymbol{N}^{\mathrm{T}}\boldsymbol{N}\mathrm{d}x;$$

$$\boldsymbol{C}_{\mathrm{b}_h\mathrm{h}_h} = -\int_0^l c_{\mathrm{pb}}\boldsymbol{N}^{\mathrm{T}}\boldsymbol{N}\mathrm{d}x$$

$$\boldsymbol{C}_{\mathrm{b}_h\mathrm{b}_h} = \int_0^l c_{\mathrm{b}}\,\boldsymbol{N}^{\mathrm{T}}\boldsymbol{N}\mathrm{d}x + \int_0^l c_{\mathrm{pb}}\boldsymbol{N}^{\mathrm{T}}\boldsymbol{N}\mathrm{d}x \quad (h=1,2);$$

$$\boldsymbol{C}_{\mathrm{p_1p_1}} = \int_0^l c_{\mathrm{pb}}\boldsymbol{N}^{\mathrm{T}}\boldsymbol{N}\mathrm{d}x + c_{\mathrm{t2}}\boldsymbol{N}^{\mathrm{T}}_{x=x_{i1}}\boldsymbol{N}_{x=x_{i1}} + \int_0^l c_{\mathrm{p}}\,\boldsymbol{N}^{\mathrm{T}}\boldsymbol{N}\mathrm{d}x;$$

$$\boldsymbol{C}_{\mathrm{p_2p_2}} = \int_0^l c_{\mathrm{pb}}\boldsymbol{N}^{\mathrm{T}}\boldsymbol{N}\mathrm{d}x + c_{\mathrm{t1}}\boldsymbol{N}^{\mathrm{T}}_{x=x_{i2}}\boldsymbol{N}_{x=x_{i2}} + \int_0^l c_{\mathrm{p}}\,\boldsymbol{N}^{\mathrm{T}}\boldsymbol{N}\mathrm{d}x;$$

$$\boldsymbol{K}_{\mathrm{VV}} = \begin{pmatrix} k_{\mathrm{s1}}+k_{\mathrm{s2}} & k_{\mathrm{s2}}l_2-k_{\mathrm{s1}}l_1 & -k_{\mathrm{s1}} & -k_{\mathrm{s2}} \\ k_{\mathrm{s2}}l_2-k_{\mathrm{s1}}l_1 & k_{\mathrm{s2}}l_2^2+k_{\mathrm{s1}}l_1^2 & k_{\mathrm{s1}}l_1 & -k_{\mathrm{s2}}l_2 \\ -k_{\mathrm{s1}} & k_{\mathrm{s1}}l_1 & k_{\mathrm{s1}}+k_{\mathrm{t1}} & 0 \\ -k_{\mathrm{s2}} & -k_{\mathrm{s2}}l_2 & 0 & k_{\mathrm{s2}}+k_{\mathrm{t2}} \end{pmatrix};$$

$$\boldsymbol{K}_{\mathrm{p_1V}}=\begin{pmatrix}\boldsymbol{0} & \boldsymbol{0} & \boldsymbol{0} & -k_{\mathrm{t_2}}\boldsymbol{N}_{x=x_{i1}}^{\mathrm{T}}\end{pmatrix};$$

$$\boldsymbol{K}_{\mathrm{p_2V}}=\begin{pmatrix}\boldsymbol{0} & \boldsymbol{0} & -k_{\mathrm{t_1}}\boldsymbol{N}_{x=x_{i2}}^{\mathrm{T}} & \boldsymbol{0}\end{pmatrix};$$

$$\boldsymbol{K}_{\mathrm{p}_h\mathrm{b}_h}=-\int_0^l k_{\mathrm{pb}}\boldsymbol{N}^{\mathrm{T}}\boldsymbol{N}\mathrm{d}x;$$

$$\boldsymbol{K}_{\mathrm{b}_h\mathrm{h}_h}=-\int_0^l k_{\mathrm{pb}}\boldsymbol{N}^{\mathrm{T}}[\boldsymbol{N}]\mathrm{d}x;$$

$$\boldsymbol{K}_{\mathrm{Vp_1}}=\begin{pmatrix}\boldsymbol{0}\\ \boldsymbol{0}\\ \boldsymbol{0}\\ -k_{\mathrm{t_2}}\boldsymbol{N}_{x=x_{i1}}-c_{\mathrm{t_2}}\dot{s}\boldsymbol{N}'_{x=x_{i1}}\end{pmatrix};$$

$$\boldsymbol{K}_{\mathrm{Vp_2}}=\begin{pmatrix}\boldsymbol{0}\\ \boldsymbol{0}\\ -k_{\mathrm{t_1}}\boldsymbol{N}_{x=x_{i2}}-c_{\mathrm{t_1}}\dot{s}\boldsymbol{N}'_{x=x_{i2}}\\ \boldsymbol{0}\end{pmatrix};$$

$$\boldsymbol{K}_{\mathrm{b}_h\mathrm{b}_h}=\int_0^l k_{\mathrm{pb}}\boldsymbol{N}^{\mathrm{T}}\boldsymbol{N}\mathrm{d}x+\int_0^l E_{\mathrm{b}}I_{\mathrm{b}}\boldsymbol{N}''^{\mathrm{T}}\boldsymbol{N}''\mathrm{d}x\quad(h=1,2);$$

$$\boldsymbol{K}_{\mathrm{p_1p_1}}=\int_0^l k_{\mathrm{pb}}\boldsymbol{N}^{\mathrm{T}}\boldsymbol{N}\mathrm{d}x+\int_0^l E_{\mathrm{p}}I_{\mathrm{p}}\boldsymbol{N}''^{\mathrm{T}}\boldsymbol{N}''\mathrm{d}x+k_{\mathrm{t2}}\boldsymbol{N}_{x=x_{i1}}^{\mathrm{T}}\boldsymbol{N}_{x=x_{i1}}+c_{\mathrm{t2}}\dot{s}\boldsymbol{N}_{x=x_{i1}}^{\mathrm{T}}\boldsymbol{N}'_{x=x_{i1}};$$

$$\boldsymbol{K}_{\mathrm{p_2p_2}}=\int_0^l k_{\mathrm{pb}}\boldsymbol{N}^{\mathrm{T}}\boldsymbol{N}\mathrm{d}x+\int_0^l E_{\mathrm{p}}I_{\mathrm{p}}\boldsymbol{N}''^{\mathrm{T}}\boldsymbol{N}''\mathrm{d}x+k_{\mathrm{t1}}\boldsymbol{N}_{x=x_{i2}}^{\mathrm{T}}\boldsymbol{N}_{x=x_{i2}}+c_{\mathrm{t1}}\dot{s}\boldsymbol{N}_{x=x_{i2}}^{\mathrm{T}}\boldsymbol{N}'_{x=x_{i2}};$$

$$F(t)_{\mathrm{v}}^{\mathrm{e}}=\begin{pmatrix}0\\ 0\\ k_{\mathrm{t2}}r_{x=x_{i1}}+c_{\mathrm{t2}}\dot{s}r'_{x=x_{i1}}\\ k_{\mathrm{t1}}r_{x=x_{i2}}+c_{\mathrm{t1}}\dot{s}r'_{x=x_{i2}}\end{pmatrix};$$

$$F(t)_{i1}^{\mathrm{e}}=m_{\mathrm{s2}}g\boldsymbol{N}_{x=x_{i1}}^{\mathrm{T}}+\frac{l_1}{l_1+l_2}m_{\mathrm{V}}g\boldsymbol{N}_{x=x_{i1}}^{\mathrm{T}}-k_{\mathrm{t2}}r_{x=x_{i1}}\boldsymbol{N}_{x=x_{i1}}^{\mathrm{T}}-c_{\mathrm{t2}}\dot{s}r'_{x=x_{i1}}\boldsymbol{N}_{x=x_{i1}}^{\mathrm{T}};$$

$$F(t)_{i2}^{\mathrm{e}}=m_{\mathrm{s1}}g\boldsymbol{N}_{x=x_{i2}}^{\mathrm{T}}+\frac{l_1}{l_1+l_2}m_{\mathrm{V}}g\boldsymbol{N}_{x=x_{i2}}^{\mathrm{T}}-k_{\mathrm{t1}}r_{x=x_{i2}}\boldsymbol{N}_{x=x_{i2}}^{\mathrm{T}}-c_{\mathrm{t1}}\dot{s}r'_{x=x_{i2}}\boldsymbol{N}_{x=x_{i2}}^{\mathrm{T}};$$

$$F(t)_{jh}^{\mathrm{e}}=(0\quad 0\quad 0\quad 0)^{\mathrm{T}}\quad(h=1,2)。$$

其中梁的阻尼一般用 Rayleigh 阻尼表示，如上式中 $\int_0^l c_b\boldsymbol{N}^{\mathrm{T}}\boldsymbol{N}\mathrm{d}x=\alpha\int_0^l m_{\mathrm{b}}\boldsymbol{N}^{\mathrm{T}}\boldsymbol{N}\mathrm{d}x+\beta\int_0^l E_{\mathrm{b}}I_{\mathrm{b}}\boldsymbol{N}''^{\mathrm{T}}\boldsymbol{N}''\mathrm{d}x$，其中，$\alpha=2\zeta\omega_1\omega_2/(\omega_1+\omega_2)$，$\beta=2\zeta/(\omega_1+\omega_2)$，$\omega_1$ 和 ω_2 分别是桥梁的第一阶和第二阶自振圆频率，ζ 为桥梁的阻尼比。

运用“对号入座”法则分别组集车辆-路面层-桥梁单元的质量矩阵、刚度矩阵、阻尼矩阵和节点荷载列阵，得到系统有限元形式的运动方程，表达式为：

$$\boldsymbol{M}\ddot{\boldsymbol{q}}+\boldsymbol{C}\dot{\boldsymbol{q}}+\boldsymbol{K}\boldsymbol{q}=\boldsymbol{P} \tag{3.24}$$

式中，$\boldsymbol{M}$、$\boldsymbol{C}$、$\boldsymbol{K}$ 和 $\boldsymbol{P}$ 分别为系统质量矩阵、阻尼矩阵、刚度矩阵和荷载列阵；$\boldsymbol{q}$、$\dot{\boldsymbol{q}}$、$\ddot{\boldsymbol{q}}$ 分别为系统的位移矢量、速度矢量和加速度矢量。车辆-路面层-桥梁单元模型可很方便地转化成车辆-桥梁单元模型或车辆-路面体系单元模型。值得注意的是，$\boldsymbol{M}$、$\boldsymbol{C}$、$\boldsymbol{K}$ 和 $\boldsymbol{P}$ 都是时变的，用 Newmark-β 逐步积分法求解时对于每一步都应重新组集。桥梁的弹性支承系数 K_b、C_b 分别在组集刚度、阻尼矩阵时被考虑。

4）路面激励

在分析路面层对车-桥耦合系统振动影响时，考虑了车辆变速对车辆-路面层-桥梁耦合振动的影响。因此，路面激励根据第 2 章非平稳路面激励模型计算得到，采用 B 级路面模拟。

5）方法的验证及参数分析

为验证本书所建立的方程的正确性，将用本书的方法建立的 2 轴车辆-路面层-桥梁单元的有限元运动方程与文献[88]、[89]所建立的方程做了比较。文献[88]中建立 2 轴车辆和桥梁的耦合运动方程消去轮对自由度后得到的运动方程完全相同。与文献[89]比较，假定文献[89]为 2 轴车辆模型，并且其车辆模型中参数按照本书车辆参数对应取值，则得到的方程与本书的车辆-路面层-桥梁单元的有限元形式运动方程完全相同。

以 50m 预应力混凝土简支 T 梁梁桥为例，桥面宽为 12m。桥梁横向共设置 5 片梁。T 梁预制高 260cm，跨中腹板厚 20cm，支座处腹板厚 50cm，中梁预制翼板宽 185cm，边梁预制翼板宽 207.5cm，桥梁的阻尼采用 0.05，支座采用 GJZ 系列板式橡胶支座，型号为 k_{s1}。桥梁设计荷载等级为汽车-超 20 级、挂车-120 级。研究路面对耦合系统的影响时，分别采用 10cm 厚沥青混凝土层和 10cm 厚 C50 混凝土现浇层两种不同情形。利用本书弹性支承下的车辆-路面层-桥梁耦合系统模型对上述 T 梁桥受车辆荷载作用下的振动响应进行模拟，即用本书的车辆模型模拟车辆荷载，桥梁模拟成 Euler-Bernoulli 梁（当桥面为混凝土现浇层时，将其与桥梁一起模拟成 Euler-Bernoulli 梁），Kelvin 模型及其上无限长梁模拟沥青混凝土面层，车辆所受路面激励根据第 2 章非平稳路面激励模型计算得到，橡胶支承利用弹性支承模拟。模型梁单元划分采用 1m 为一个单元，共 50 个单元，则主梁的计算参数为[89]：

$L_b=50\text{m}$，$E_b=3.5\times10^4\text{MPa}$，$E_bI_b=2.05\times10^{11}\text{N}\cdot\text{m}^2$，$m_b=1.492\times10^4\text{kg/m}$，$\zeta=0.05$。

面层采用沥青混凝土，厚 10cm，弹性模量为 1400MPa，密度为 2400kg/m^3。选 1m 为一个单元，则为 50 个单元，上梁的计算参数为[90]：

$L_p=50\text{m}$，$E_pI_p=1.40\times10^6\text{N}\cdot\text{m}^2$，$m_p=2.88\times10^3\text{kg/m}$，$k_{bp}=2.4\times10^8\text{N/m}$，$c_{bp}=2.8\times10^9\text{N}\cdot\text{s/m}$。

车辆采用东风牌单后轴重型载货汽车，装载后重为250kN，轴距为4.8m，前轴重为60kN，后轴重为190kN，则车辆数据为[91]：

$m_v = 22500\text{kg}$，$l_1 = 3.936\text{m}$，$l_2 = 0.864\text{m}$，$J = 1.47 \times 10^5 \text{kgm}^2$，$m_1 = 1500\text{kg}$，$c_{t2} = 4.30 \times 10^3 \text{N} \cdot \text{m/s}$，$k_{s1} = 2.47 \times 10^6 \text{N} \cdot \text{m}$，$k_{t1} = 3.74 \times 10^6 \text{N/m}$，$c_{s1} = 3.00 \times 10^4 \text{N} \cdot \text{m/s}$，$c_{t1} = 3.90 \times 10^3 \text{N} \cdot \text{m/s}$，$m_2 = 1000\text{kg}$，$k_{s2} = 4.23 \times 10^6 \text{N} \cdot \text{m}$，$k_{t2} = 4.60 \times 10^6 \text{N/m}$，$c_{s2} = 4.00 \times 10^4 \text{N} \cdot \text{m/s}$。

6）路面体系对梁振动的影响

计算路面体系对桥梁振动的影响时，分别模拟了10cm厚沥青层和10cm厚C50混凝土现浇层。当路面是沥青层时，利用Kelvin模型及其上无限长梁模拟；而当桥面是C50混凝土现浇层时，将其与主梁结合成整体模拟成为Euler-Bernoulli梁。

图3.12所示为路面体系分别是沥青层和混凝土层时梁跨中挠度随车辆移动位置变化的曲线。由图可知：当路面等级为B级、车辆初速度为10m/s且加速度为5m/s²时，沥青路面层所对应的冲击系数为0.17，混凝土路面层对应的冲击系数0.23是前者的1.35倍。因此，沥青路面有利于减小桥梁的冲击系数。由图3.12还可以看出，跨中最大挠度值并不是出现在车辆位于跨中的位置，而是当车辆驶过跨中后的某一时刻。图3.13所示为桥梁跨中竖向加速度随车辆位置的变化图。从图中可以看出，沥青路面时最大加速度值为0.01m/s²，混凝土路面时则为0.0182m/s²，是前者的1.82倍。这说明沥青路面层对于车-桥振动起到了抑制作用。

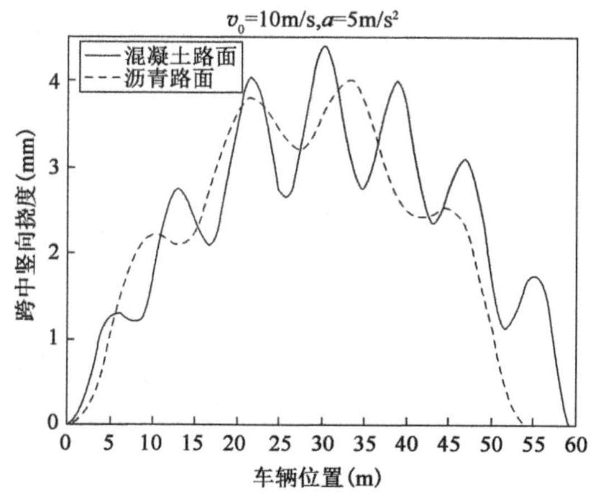

图3.12　路面体系对桥梁跨中挠度的影响

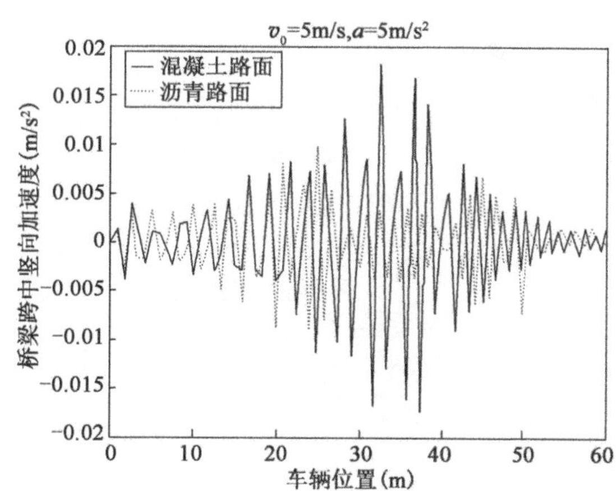

图3.13　路面体系对跨中竖向加速度的影响

7）弹性支承对桥梁竖向冲击系数的影响

图3.14所示为分别在弹性支承与刚性支承两种不同情形时，梁跨中挠度冲击系数随速度的变化曲线。图中曲线表明，橡胶支座的利用对冲击系数有减小的作用。当车辆初速度为22m/s且加速度为5m/s²时，利用弹性支承的冲击系数为0.216，刚性支承则为0.346，是前

者的1.60倍。当车辆初速度大于33.4m/s时，弹性支承对冲击系数的影响就较小，该现象可以解释为当车速较大时，车辆作用在桥上的时间就相对较少，从而减小了路面体系对车-桥耦合系统的抑制作用。

8)路面体系对车-桥耦合振动的影响

图3.15所示为车辆加速时不同路面层对冲击系数的影响。结果表明，冲击系数并不总是随速度的增大而增大，而是出现局部的最大或最小值，所以速度对冲击系数的影响较复杂；通过有限元计算得桥梁的自振频率为2.27Hz，则按规范计算得冲击系数为0.129，而曲线并没有冲击系数值为0.129的上下波动，说明规范在计算冲击系数时虽然有所改进，但还有待研究。图3.16分析的是不同沥青层厚度对冲击系数的影响。由图可知，沥青层厚度的增加有利于冲击系数的减小。图3.17所示为在不同的路面体系时，桥梁跨中竖向加速度随车辆位置的变化图。结果表明，不同路面体系对桥梁跨中竖向加速度的影响较大，最大差值发生在当车辆行驶到33m时，混凝土路面层的跨中加速度为0.0186m/s^2，而沥青路面层则为0.0041m/s^2。

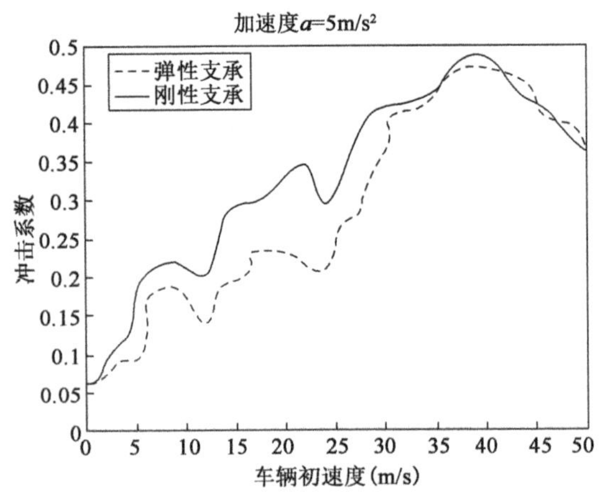

图3.14　弹性支承对冲击系数的影响

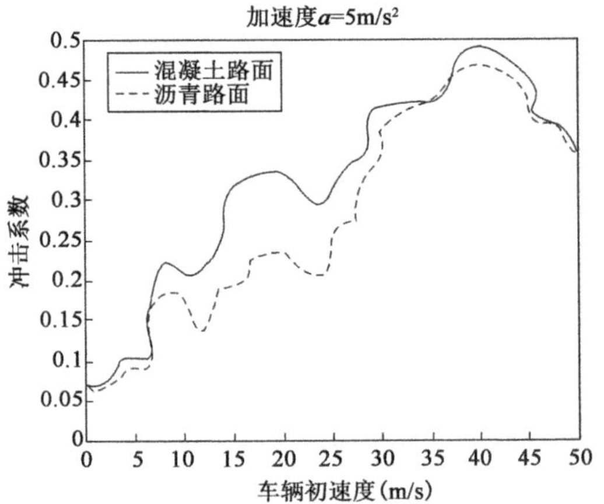

图3.15　路面体系对冲击系数的影响

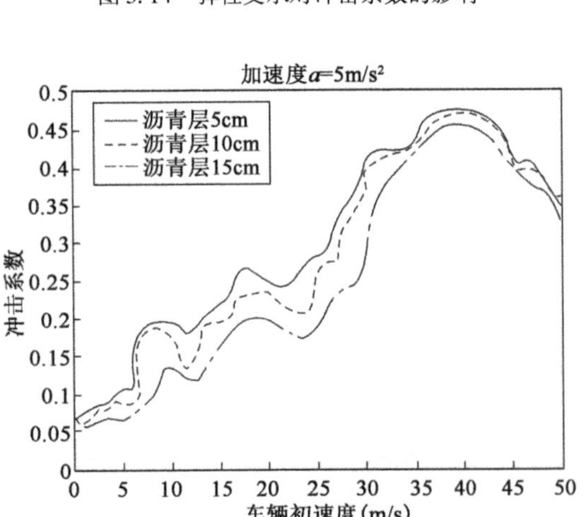

图3.16　沥青层厚度对冲击系数的影响

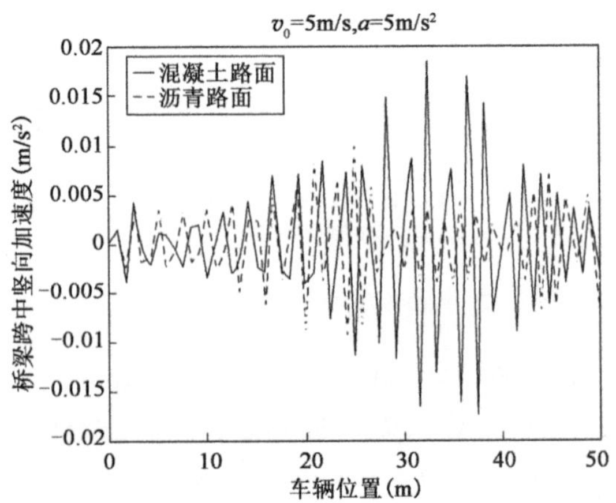

图3.17　路面体系对跨中竖向加速度的影响

9）车辆制动对桥梁冲击系数的影响

下面研究考虑当车辆在路面上紧急制动时，车辆制动的起始位置、制动时间、制动时路面状况对桥梁冲击系数的影响。文献[88]在分析减速对梁桥结构的影响时，引入了如下参数：①制动剩余时间，即从制动开始到车辆停止时所用的时间，本节选取三种剩余时间，其分别为0.6s、0.3s和0s；②制动位置，即制动开始所在的位置；③制动时路面不平度系数。

图3.18所示为车辆以初速度10m/s行驶，分别在桥跨不同位置制动，其制动时间为0.6s，路面分别为混凝土、沥青路面时的冲击系数。由图可以看出，混凝土路面所对应的冲击系数明显大于沥青路面层所对应的冲击系数值，混凝土路面层对应的冲击系数最大值为0.68，而沥青路面层所对应的最大值为0.52。因此，沥青路面层大大降低了制动时车辆对桥梁的冲击作用；车辆制动位置也是影响冲击系数的重要因素。图3.19则是研究车辆在沥青路面层上以不同的制动时间制动对冲击系数的影响。制动时间分别为0.6s、0.3s、0.01s时，图中冲击系数最大值分别为0.52、0.67和0.86。因此，当车辆紧急制动时，对桥梁跨中的影响很大。图3.20是当车辆制动时所对应的不同路面等级对冲击系数的影响。由图中曲线可以看出，C级路面的冲击系数明显高于B级路面，故路面等级是影响制动时车辆对桥梁冲击作用的重要因素。

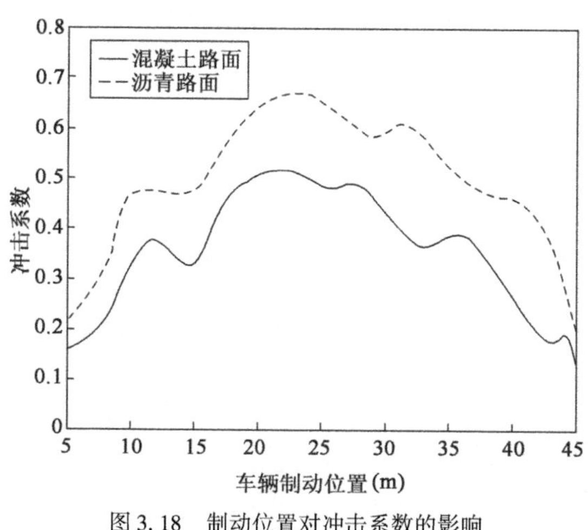

图3.18　制动位置对冲击系数的影响

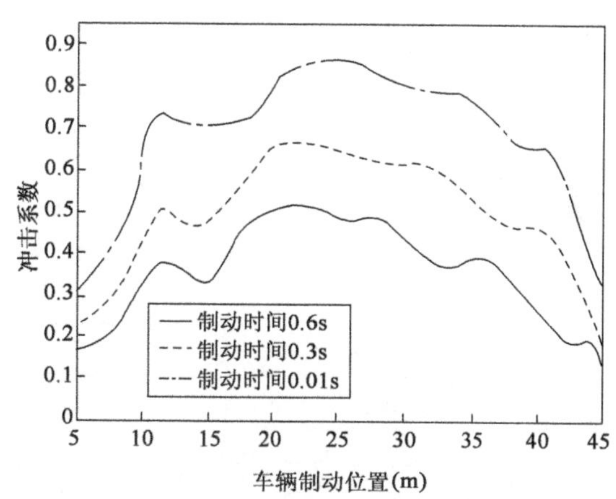

图3.19　制动时间对冲击系数的影响

10）路面不平度状况对桥梁冲击系数的影响

表3.4和表3.5所列为当车辆在沥青路面、混凝土路面上分别处于匀速运动、匀加速运动、制动（制动时间0.6s、0.01s）等情形时，在不同等级路面制动时的冲击系数的比较。比较表3.4和表3.5中A级和D级路面所对应的冲击系数发现，当路面等级为A级时，车辆无论是制动还是匀速运动，所引起的冲击系数都较小；而当路面等级为D级时，制动会对冲击系数产生很大的影响。因此，提高路面等级有利于减小制动时对桥梁的动力作用。由于我国公路的路面等级大多属于B级或C级，由表3.4和表3.5中B、C级数据可得，无论是沥青路面层

还是混凝土路面层，车辆变速运动所引起的冲击系数明显大于匀速运动时的冲击系数，因此对于车辆变速的研究是非常必要的。

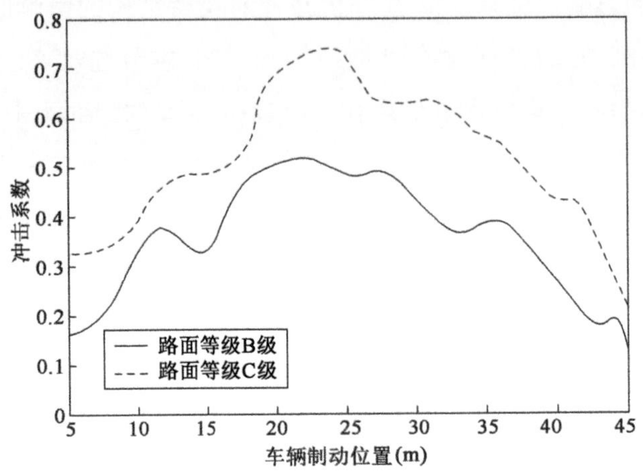

图 3.20　制动时路面等级对冲击系数的影响

车辆在不同路面等级的沥青路面上分别匀速运动、匀加速运动、制动时冲击系数的比较

表 3.4

路面等级		A	B	C	D
匀速：车速为 10m/s		0.06	0.11	0.18	0.22
匀加速：初速度为 10m/s，加速度为 $5m/s^2$		0.07	0.17	0.24	0.31
在跨中制动 车速为 10m/s	制动时间 0.6s	0.14	0.37	0.47	0.59
	制动时间 0.01s	0.26	0.71	0.93	1.16

车辆在不同路面等级的混凝土路面上分别匀速运动、匀加速运动、制动时冲击系数的比较

表 3.5

路面等级		A	B	C	D
匀速：车速为 10m/s		0.11	0.15	0.23	0.29
匀加速：初速度为 10m/s，加速度为 $5m/s^2$		0.14	0.20	0.32	0.41
在跨中制动 车速为 10m/s	制动时间 0.6s	0.19	0.46	0.58	0.84
	制动时间 0.01s	0.35	0.86	1.15	1.65

3.5 小　　结

本章详细给出了汽车荷载作用下单跨梁的动力响应分析。由简单到复杂，分别将车辆模型简化为 1/4 车辆模型和 1/2 车辆模型，建立车-桥耦合振动的运动微分方程，并利用 Matlab 软件编制其计算程序，且与已有文献实例对比，验证了该模型和计算程序的正确性。考虑路面层影响时将沥青路面层模拟成 Kelvin 模型,将混凝土路面层和主梁一起简化为 Euler-Bernoulli 梁。研究了汽车荷载作用下的弹性支承梁的动力响应问题。分析车辆加速度、非平稳及平稳激励模型和考虑不同路面层对单跨梁在汽车荷载作用下动力响应的影响。计算结果表明:

(1)橡胶支座对冲击系数有减小的作用,就图 3.14 对应的算例来说,当车辆初速度为 22m/s、且加速度为 5m/s^{2}时,刚性支承对应的冲击系数是弹性支承对应冲击系数的 1.60 倍;但当车速大于 33.4m/s 时,橡胶支座对冲击系数的影响就较小。

(2)在分析车辆变速运动时,平稳和非平稳两种路面激励所对应的梁跨中挠度和冲击系数值是不同的,且两者的差值是不能忽略的,将非平稳路面激励简化为平稳激励是不能被接受的。制动时,制动时间为 0.3s 对应的冲击系数为制动时间为 0.6s 的 1.29 倍,故制动时间也是影响桥梁冲击系数的重要因素;制动时,路面的不平度状况加剧了车辆制动作用时对桥梁冲击系数的影响,因此提高路面等级有利于减小车辆制动时对桥梁的冲击作用。

(3)沥青路面层有利于减小桥梁的冲击系数,如在同一种路面等级下,车辆初速度为 10m/s、且加速度为 5m/s^{2}时,混凝土路面层所对应的冲击系数是沥青路面层的 1.35 倍。沥青路面层有抑制车辆振动的作用,如在同一种路面等级下,车辆初速度为 5m/s、且加速度为 5m/s^{2}时,混凝土路面所对应的车辆竖向最大加速度值约为沥青路面的 1.82 倍。

第4章　车辆-连续梁耦合系统振动分析

4.1 引　　言

由于不同类型桥梁结构的振动特性是有差别的，因此在前文的基础上，本章继续以两种连续梁(三跨等跨变截面梁和三跨不等跨变截面梁)为例，比较分析非平稳及平稳两种随机路面激励模型对汽车荷载作用下的连续梁振动响应；接着详细研究混凝土梁在运营阶段出现裂缝时，裂缝参数对车-桥耦合系统振动的影响，即将车辆模型视为七自由度的整车模型；将裂缝模拟成两种情形：一种为开口裂缝(Open Crack)，另一种为呼吸裂缝(Breathing Crack)，分析不同裂缝类型、裂缝位置、裂缝参数、车辆频率及车辆组合等因素对汽车荷载作用下的桥梁振动频率和桥梁冲击系数的影响。

4.2 汽车荷载作用下连续梁耦合系统的建立

本节以1/2车辆模型作用下连续梁桥的非平稳随机动力响应为例，分别以平稳路面激励模型和非平稳路面激励模型作为路面激励，阐述这两种路面激励模型对连续梁桥结构响应的影响。

4.2.1 车辆模型的运动微分方程

由第2章可知，车辆可模拟成1/2车辆模型，汽车荷载作用下梁的动态响应计算模型如图4.1所示。m_p、m_t、m_f、m_r分别是人椅装置质量、车身质量、前轮非簧载质量和后轮非簧载质量；I_t为车身俯仰转动惯量；k_p、k_f、k_r分别为人椅装置刚度、前悬架刚度和后悬架刚度；k_{tf}、k_{tr}分别为前、后轮胎刚度；r_{lf}、r_{lr}分别为前、后轮胎受到的路面激励；c_p、c_f、c_r分别为人椅装置阻尼系数、前悬架阻尼系数和后悬架阻尼系数；l_1、l_2分别为前、后轴到车身质心的水平距离；l_3为人椅质心到车身质心的水平距离。车辆以速度$\dot{s}$、加速度$\ddot{s}$在桥面上行驶，设它始终不离开桥面，且梁的静平衡位置是水平的。x_1、x_2、x_3分别为人椅质心竖向位移、车身质心竖向位移和车身俯仰角位移。x_4、x_5分别为前、后桥非簧载质量竖向位移。$y(x,t)$为桥梁的竖向位移，位置$s=s(t)$自桥的最左端量起，时间t则是从车辆驶入桥的最左端瞬间开始计时的。

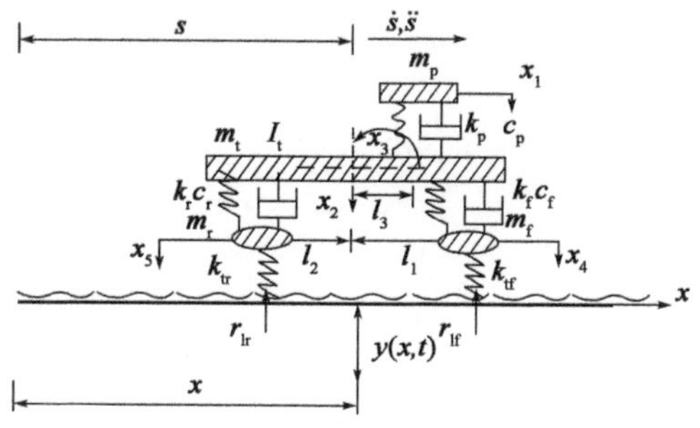

图 4.1　耦合系统力学模型

$$m_p\ddot{x}_1 - m_p\ddot{s}y'_p + (\dot{x}_1 - \dot{x}_2 - \dot{x}_3 l_3) + k_p(x_1 - x_2 - x_3 l_3) = 0 \tag{4.1}$$

$$m_t\ddot{x}_2 - m_t\ddot{s}y'_b + c_p(\dot{x}_2 + \dot{x}_3 l_3 - \dot{x}_1) + k_p(x_2 + x_3 l_3 - x_1) + c_r(\dot{x}_2 - \dot{x}_3 l_2 - \dot{x}_5) + k_r(x_2 - x_3 l_2 - x_5) + c_f(\dot{x}_2 + \dot{x}_3 l_1 - \dot{x}_4) + k_f(x_2 + x_3 l_1 - x_4) = 0 \tag{4.2}$$

$$I_t\ddot{x}_3 + c_p(\dot{x}_2 + \dot{x}_3 l_3 - \dot{x}_1)l_3 + k_p(x_2 + x_3 l_3 - x_1)l_3 + c_r(\dot{x}_3 l_2 + \dot{x}_5 - \dot{x}_2)l_2 + k_r(x_3 l_2 + x_5 - x_2)l_2 + c_f(\dot{x}_2 + \dot{x}_3 l_1 - \dot{x}_4)l_1 + k_f(x_2 + x_3 l_1 - x_4)l_1 = 0 \tag{4.3}$$

$$m_f\ddot{x}_4 + c_f(\dot{x}_4 - \dot{x}_3 l_1 - \dot{x}_2) + k_f(x_4 - x_3 l_1 - x_2) + k_{tf}(x_4 + y_f) - m_f\ddot{s}y'_f - k_{tf}r_{lf} = 0 \tag{4.4}$$

$$m_r\ddot{x}_5 + c_r(\dot{x}_5 + \dot{x}_3 l_2 - \dot{x}_2) + k_r(x_5 + x_3 l_2 - x_2) + k_{tr}(x_5 + y_r) - m_f\ddot{s}y'_r - k_{tr}r_{lr} = 0 \tag{4.5}$$

式中，y_p、y_b、y_f、y_r 分别为与驾驶室质心、车身质心、前轴和后轴相对应处的桥梁位移；G_1、G_2为分配到前、后轴的自重。

4.2.2　车载作用下的桥梁运动微分方程

假设桥上作用移动载荷数为 N，可根据能量原理建立桥梁振动方程。桥梁的动力势能、弯曲势能和外力功分别可表示为：

$$\overline{V} = \frac{1}{2}\int_0^L \rho A(x)\left[\frac{\partial y_b(x,t)}{\partial t}\right]^2 dx \tag{4.6}$$

$$\overline{U} = \frac{1}{2}\int_0^L EI(x)\left[\frac{\partial^2 y_b(x,t)}{\partial x^2}\right]^2 dx \tag{4.7}$$

$$\overline{W} = \sum_{S=1}^{N} P_S y_b[x_{P_S}(t),t][u(t-\tau_s^1) - u(t-\tau_s^2)] \tag{4.8}$$

式中：ρ——单位质量密度；

E——杨氏模量；

$A(x)$——截面面积；

$I(x)$——截面惯性矩；

$x_{P_S}(t)$——第 S 个移动荷载 P_S 离开桥梁左端的位移；

$y_b(x,t)$——桥梁竖向位移；

τ_s^1、τ_s^2——移动荷载进入或离开时桥梁的时刻；

$u(t)$——阶跃函数。

y_t 可定义为：

$$u(t)=\begin{cases}1, & t\geqslant 0\\ 0, & t<0\end{cases} \tag{4.9}$$

利用分离变量法，$y_b(x,t)$可写成

$$y_b(x,t)=\sum_{i=1}^{n}q_i(t)X_i(x) \tag{4.10}$$

将式(4.10)代入式(4.6)～式(4.8)得：

$$\overline{V}=\frac{1}{2}\sum_{i=1}^{n}\sum_{j=1}^{n}\int_0^L\rho A(x)\dot{q}_i(t)X_i(x)\dot{q}_j(t)X_j(x)\mathrm{d}x=\frac{1}{2}\sum_{i=1}^{n}\sum_{j=1}^{n}\dot{q}_i(t)m_{bij}\dot{q}_j(t) \tag{4.11}$$

$$\overline{U}=\frac{1}{2}\sum_{i=1}^{n}\sum_{j=1}^{n}\int_0^L EI(x)q_i(t)X_i''(x)q_j(t)X_j''(x)\mathrm{d}x=\frac{1}{2}\sum_{i=1}^{n}\sum_{j=1}^{n}q_i(t)k_{bij}q_j(t) \tag{4.12}$$

$$\overline{W}=\sum_{S=1}^{n}\sum_{i=1}^{n}P_Sq_i(t)X_i[x_{P_S}(t),t][u(t-\tau_s^1)-u(t-\tau_s^2)] \tag{4.13}$$

其中，$m_{bij}=\int_0^L\rho A(x)X_i(x)X_j(x)\mathrm{d}x$；$k_{bij}=\int_0^L EI(x)X_i''(x)X_j''(x)\mathrm{d}x$。

令 $\overline{L}=\overline{V}-(\overline{U}-\overline{W})$，则：

$$\frac{\mathrm{d}}{\mathrm{d}t}\left(\frac{\partial\overline{L}}{\partial\dot{q}_i}\right)-\frac{\partial\overline{L}}{\partial q_i}=0 \tag{4.14}$$

将式(4.11)～式(4.13)代入式(4.14)得：

$$\sum_{j=1}^{n}m_{bij}\ddot{q}_j(t)+\sum_{j=1}^{n}k_{bij}q_j(t)=\sum_{S=1}^{N}P_SX_i[x_{P_S}(t)][u(t-\tau_s^1)-u(t-\tau_s^2)]\quad(i=1,2,\cdots,n) \tag{4.15}$$

式(4.15)即为多个移动载荷作用下梁的振动方程。多跨梁的模态函数 $X_i(x)=\overline{\phi}_i(x)+\tilde{\phi}_i(x)$，其中 $\overline{\phi}_i(x)$为单跨简支梁的模态函数，$\tilde{\phi}_i(x)$为叠加函数，可由文献[93]得到。

4.2.3 汽车荷载与多跨变截面梁的相互作用

假设车辆过桥时车轮与桥面始终接触，桥面不平度作为激励输入。利用车轮与桥面接触点之间力平衡条件与位移协调条件，可得到各车轮对桥梁的动力荷载：

$$P_{ti} = K_{tyi}(y_{vi} - y_{bi} - r_i) + C_{tyi}(\dot{y}_{vi} - \dot{y}_{bi} - \dot{r}_i) \tag{4.16}$$

式中：K_{tyi}、C_{tyi}——分别为车轮 i 的等效刚度和阻尼；

y_{vi}——t 时刻车轮 i 的竖向位移；

y_{bi}、r_i——分别为 t 时刻车轮 i 与桥梁接触点的桥梁挠度和桥面不平度。

利用车辆与桥梁平衡条件得到车辆受到的相互作用力为：

$$\boldsymbol{P}_{V} = \left[0,0,0,\ -P_{t1} - P_{t2}, \frac{S_{d1}}{2}(P_{t1} - P_{t2}),\ -P_{t3} - P_{t4}, \frac{S_{d2}}{2}(P_{t3} - P_{t4})\right]^{T} \tag{4.17}$$

其中，S_{d1} 和 S_{d2} 分别为前、后轴轮距。

同时桥梁受到车辆对桥梁的相互作用力为：

$$P_{S} = (G_1 + P_{t1}, G_2 + P_{t2}, G_3 + P_{t3}, G_4 + P_{t4})^{T} \tag{4.18}$$

其中，G_i 为分配到车轮 i 的车辆自重。

根据第 3 章建立车-桥耦合运动方程的方法，车辆运动方程和桥梁运动方程都可以写成如下矩阵形式：

$$\boldsymbol{M}\ddot{\boldsymbol{u}} + \boldsymbol{C}\dot{\boldsymbol{u}} + \boldsymbol{K}\boldsymbol{u} = \boldsymbol{P} \tag{4.19}$$

式中，$\boldsymbol{M}$、$\boldsymbol{C}$、$\boldsymbol{K}$、$\boldsymbol{P}$、$\boldsymbol{u}$ 均随时间 t、车辆位置 s 及其一阶和二阶导数的变化而变化，故式(4.19)为参数激励时变微分方程组，如第 2 章所示，可采用数值方法求解，如Newmark-β 逐步积分法等。

4.3　三跨等跨变截面梁的非平稳振动响应分析

图 4.2 为三跨等跨变截面梁，其参数为跨长 $l = 20\text{m}$，梁单位长度密度为 $\rho_A = 1000\text{kg/m}$，边跨的抗弯刚度为 $EI = 1.96 \times 10^6 \text{kN} \cdot \text{m}^2$，中跨抗弯刚度为边跨的 2 倍。该模型的阵型函数若根据第 2 章理论，可以得出该模型阵型函数的解析表达式，但是其表达式会很复杂。文献[92]根据有限元方法计算得出该模型的阵型函数近似表达式，从而可以计算出该模型前 4 阶的自振频率为 38.9Hz、47.6Hz、75.3Hz 和 152.1Hz。当路面不平度为 $G_d(n_0) = 256 \times 10^{-6}\text{m}^3$、车辆初速度为 10m/s、且加速度为 5m/s^{2}时，第一跨和第二跨的跨中挠度在上述两种路面激励影响下的时程曲线如图 4.3 所示。由图 4.3 可以看出，这两种不同路面激励所引起梁的动力响应是不同的。此时非平稳路面模型也不能简化为平稳的路面模型。

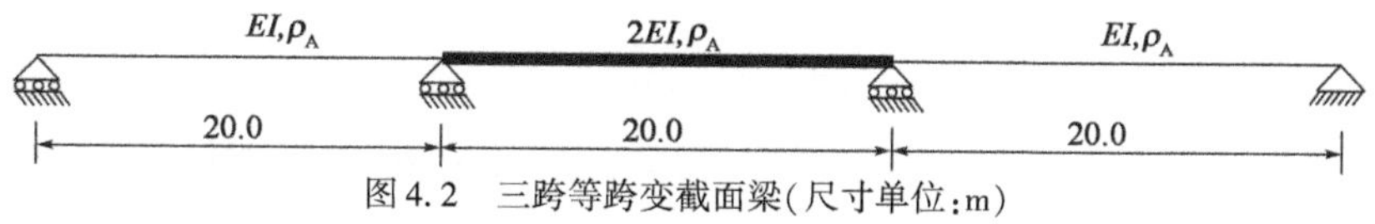

图 4.2　三跨等跨变截面梁(尺寸单位：m)

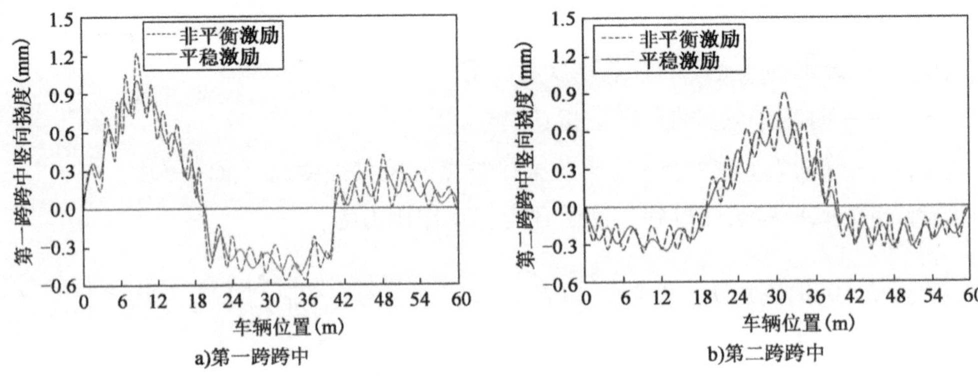

图 4.3　两种路面激励模型对跨中挠度的影响

4.4　三跨不等跨变截面梁的非平稳动力响应分析

同样,考虑如下变截面不等跨连续梁模型如图 4.4 所示。梁的弹性模量为 $E=3\times10^{10}\mathrm{N/m^2}$,密度为2400kg/m^3。前面两个实例分析的都是在车辆匀加速的情形下,两种路面激励模型对梁动力响应的影响。下面以不等跨变截面连续梁模型为例,分析减速的情况。文献[92]在分析减速对梁桥结构的影响时,引入了如下参数:①制动剩余时间,即从制动开始到车辆停止时所用的时间,本节选取三种,分别为 0.6s、0.3s 和 0s;②制动位置,制动开始所在的位置;③制动时路面不平度系数。

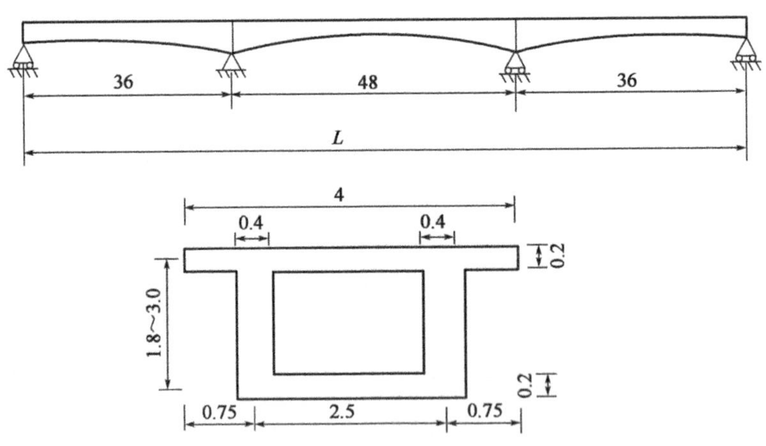

图 4.4　变截面不等跨连续梁模型(尺寸单位:m)

当路面不平度为 $G_q(n_0)=256\mathrm{mm^3}$,制动时间取 0.6s、0.3s 和 0s 时,中跨跨中的冲击系数随制动位置的变化如图 4.5 所示。由图可见,制动时间和制动位置对中跨的冲击系数都有很大的影响,例如,当车辆从中跨的 2/5 处开始制动且路面输入为非平稳激励、制动时间为 0.6s

时,冲击系数为0.347;而当制动时间为0s时,冲击系数为0.668。

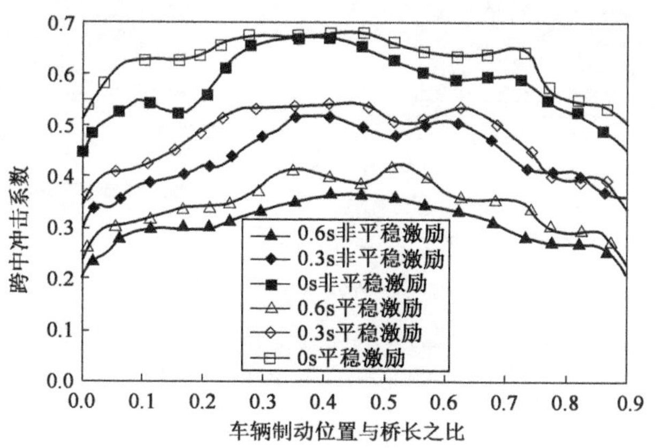

图4.5　不同路面激励模型对冲击系数的影响

表4.1列出了在不同路面不平度和不同车辆初速度下,两种不同路面激励输入对中跨冲击系数的影响。从表中数据可以看出,非平稳路面激励所对应的冲击系数小于平稳路面激励所对应的冲击系数。此时用平稳路面激励来模拟非平稳路面激励可能导致所得的冲击系数值偏高。

不同车速条件下不同路面激励对冲击系数的影响　　表4.1

不同路面等级		好	一般	差	较差
$\dot{s}=5\text{m/s}$	非平稳路面激励	0.068	0.187	0.356	0.558
	平稳路面激励	0.075	0.168	0.421	0.594
$\dot{s}=10\text{m/s}$	非平稳路面激励	0.158	0.267	0.506	0.684
	平稳路面激励	0.145	0.298	0.537	0.712
$\dot{s}=15\text{m/s}$	非平稳路面激励	0.298	0.397	0.656	0.989
	平稳路面激励	0.321	0.425	0.714	1.216

4.5　汽车荷载作用下多跨变截面损伤梁的振动响应分析

4.5.1　汽车荷载作用下多跨变截面损伤梁的耦合系统建模

图4.6所示为三维车辆模型的侧视图和正视图,其中车体与前后轴为刚体,通过弹簧阻尼系统相连。车体考虑竖向位移y_t、翻滚转动ϕ_t和运动θ_t三个自由度,前、后轴分别考虑了竖向位移y_a^1和y_a^2、翻滚转动ϕ_a^1和ϕ_a^2共4个自由度,整车共7个自由度。本节所计算的桥梁模型尺寸如图4.4所示。

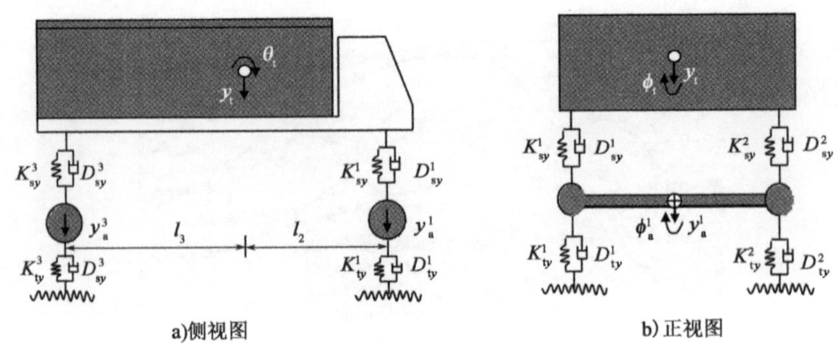

图 4.6　三维车辆模型的侧视图和正视图

4.5.2　路面不平度函数

在对桥梁进行动力分析时，路面状况起着重要的作用，它对车辆和桥梁的动力响应都将产生影响。关于路面不平度出版的研究，各国学者做过大量的测试和分析。三角级数合成模型适用于模拟任意形状的谱密度的平稳随机过程，可用该模型模拟得到路面不平度函数 $r(x)$：

$$r(x) = \sum_{i=1}^{N}\sqrt{4G_d(n)\Delta n}\cos(2\pi n_i x + \theta_i) \tag{4.20}$$

其中，$G_d(n) = G_d(n_0)n_0^2/n^2$，$n$ 为空间频率，$n_0 = 0.1\text{m}^{-1}$ 是标准空间频率，$G_d(n_0)$ 为路面不平度，θ_i 为 0 ~ 2π 之间均匀分布的随机数。

4.5.3　损伤函数

1)已开裂混凝土桥梁的损伤函数(Damage Functions of Open Crack)

文献[92]中，作者通过试验与理论研究了混凝土已开裂损伤时对桥梁抗弯刚度的影响，并提出了以下建议公式。

$$E'I' = EI(x)\left\{1 - \alpha\cos\left[\frac{\pi}{2}\left(\frac{|x - l_c|}{\beta L'/2}\right)^m\right]\right\} \tag{4.21}$$

$$l_c - \beta L'/2 < x < l_c + \beta L'/2 \tag{4.22}$$

其中，l_c 为开裂区中心到单元左节点的距离；L' 为梁单元长度；α、β、m 为操作参数。α 表示开裂中心区域沿梁高扩展的长度，其取值范围为 0 ~ 1。$\alpha = 0$ 时表示梁未开裂，$\alpha = 1$ 时表示开裂中心区域梁段已失去抗弯性能。β 表示开裂区域沿梁长扩展的长度，其取值范围也为 0 ~ 1。m 表示开裂区域内刚度的变化范围。其抗弯刚度随梁单元长的分布如图 4.7 所示。

2)呼吸裂缝的损伤函数(Damage Functions of Breathing Crack)

在文献[92]的基础上对已开裂混凝土桥梁的损伤函数进行了修正，从而模拟呼吸裂缝的损伤函数。其具体表达式为：

$$E'I' = EI(x)\left\{1 - s_{\alpha}\alpha\cos\left[\frac{\pi}{2}\left(\frac{|x - l_{c}|}{\beta L'/2}\right)^{m}\right]\right\} \tag{4.23}$$

$$l_{c} - \beta L'/2 < x < l_{c} + \beta L'/2 \tag{4.24}$$

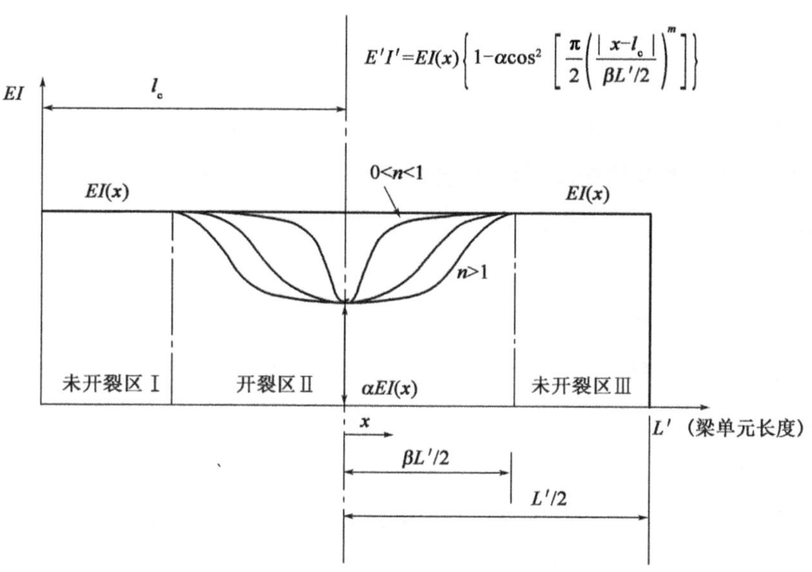

图4.7　抗弯刚度随梁单元长度分布

参数 $s_{\alpha}=s_{0}+(1-s_{0})X_{1}(v_{0}t)$，式中 s_{0} 为桥梁自重作用下弯矩使呼吸裂缝张开程度系数，$X_{1}(v_{0}t)$ 为桥梁第一阶振动模态，则 $0\leqslant s_{\alpha}\leqslant 1$。$s_{\alpha}=1$ 时表示呼吸裂缝张开，$s_{\alpha}=0$ 时表示呼吸裂缝闭合。

4.5.4　算例分析

1）与已有文献算例对比分析

桥梁的振动频率标志着桥梁的动力特性，我国现行公路桥涵设计通用规范中计算冲击系数时也是以桥梁的振动频率为基本参数，而当车辆在桥梁上运行时，车辆与桥梁形成耦合体系的振动频率与车辆作用之前桥梁的振动频率是有差别的，因此对于车辆作用下桥梁振动频率的研究是有必要的。文献[92]通过理论分析了单跨梁桥在移动车辆作用下振动频率的变化。本节研究移动车辆作用下已开口裂缝和呼吸裂缝分别对桥梁振动频率的影响。为叙述方便，定义如下频率比 IFC（the frequency change of intactbeam）、DFC（the frequen cychange of damagebeam）：

$$\begin{cases} \mathrm{IFC} = \dfrac{\omega - \omega_{n}}{\omega_{n}} \times 100\% \\ \mathrm{DFC} = \dfrac{\omega - \omega_{0}}{\omega_{0}} \times 100\% \end{cases} \tag{4.25}$$

式中：ω——车辆作用在无损伤桥梁或有损伤桥梁上时车-桥耦合系统振动的基频；

ω_n——无损伤梁自由振动的基频；

ω_0——有损伤梁自由振动的基频。

为检验本书方法及计算的正确性，本书与文献[92]做了比较。将桥梁简化为等截面的单跨简支梁参数如下：

$L_b = 30\text{m}, E_bI_b = 2.5 \times 10^{10}\text{N} \cdot \text{m}^2, \rho_A = 5.0 \times 10^3\text{kg/m}$。

将车辆简化为单自由度的振动系统参数如下：

$m_v = 1500\text{kg}, k = 2.47 \times 10^6\text{N/m}, c = 3.00 \times 10^4\text{N} \cdot \text{s/m}$。

文献[36]中，作者通过简化公式计算了移动车辆作用下对桥梁振动频率的影响。本书按照其简化公式计算了单跨等截面简支梁在单自由度移动振动系统作用下的IFC值与本书计算方法及计算程序的比较，如图4.8所示。该图显示了本书的计算结果与文献[36]的计算结合吻合得很好，且表明了在车辆荷载作用时桥梁振动频率会减小，IFC最小值发生在车辆运动移动至跨中位置。图4.9为该简支梁跨中出现裂缝时，其裂缝参数取值为$\alpha = 0.5$、$\beta = 0.25$、$m = 2$所计算的DFC值与文献[92]的比较图形，结果显示了本书计算结果与文献[92]计算结果一致，且比较图4.8与图4.9可以发现，DFC的最小值小于IFC的最小值，说明了裂缝的出现改变了移动车辆作用下对无损伤桥梁振动频率的影响，因此移动车辆作用下对有损伤桥梁振动频率的研究是很有必要的。图4.8、图4.9的横封示为车辆位置与梁长之比。

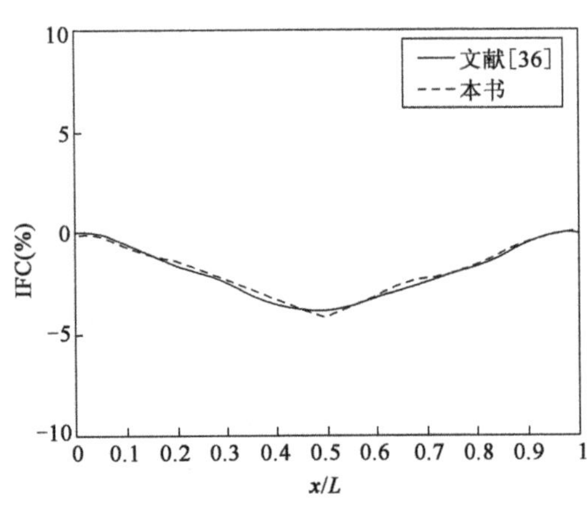

图4.8　与文献[36]比较无损伤梁

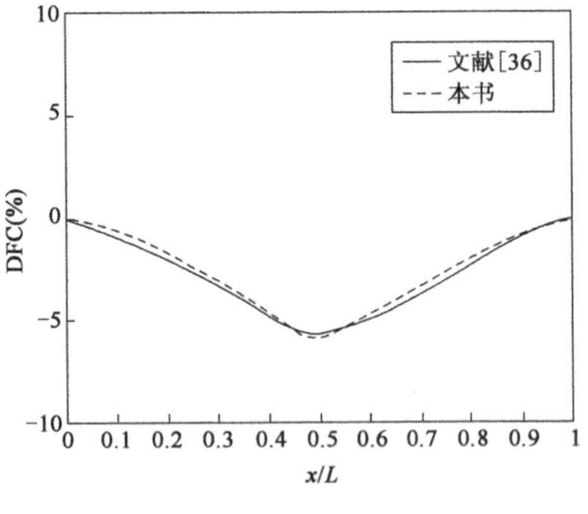

图4.9　与文献[36]比较有损伤梁

2）多跨变截面带裂缝的混凝土桥梁在车载作用下的振动频率分析

下面研究当裂缝参数为$\alpha = 0.3$、$\beta = 0.125$、$m = 2$[92]时，裂缝类型、移动车辆质量、车辆刚度、车辆组合及裂缝位置变化对DFC的影响，其中图4.10～图4.14分析的都是开口裂缝在不同情形下对DFC的影响。

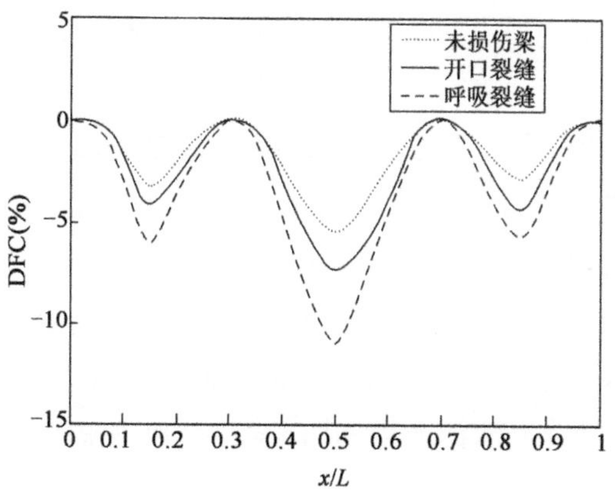

图 4.10　车辆作用下无裂缝、开口裂缝、呼吸裂缝对 DFC 的影响

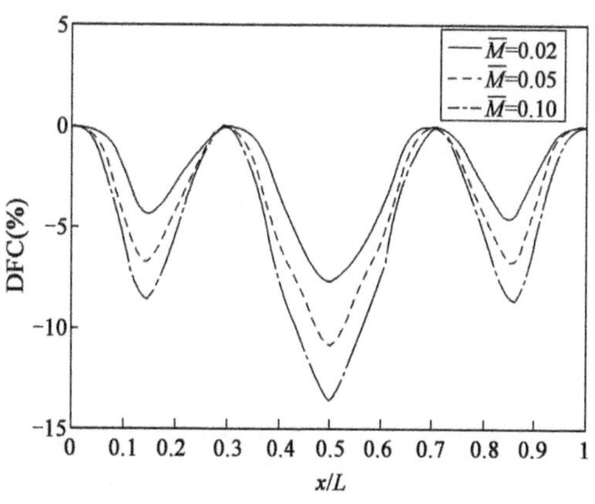

图 4.11　车辆质量发生变化引起的车辆频率变化对 DFC 的影响

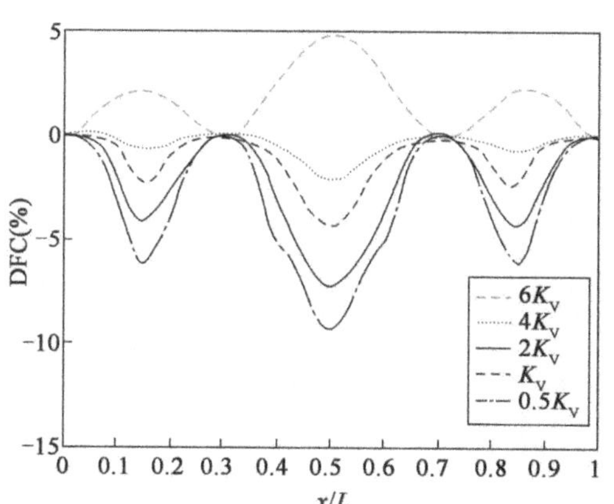

图 4.12　车辆刚度变化对 DFC 的影响

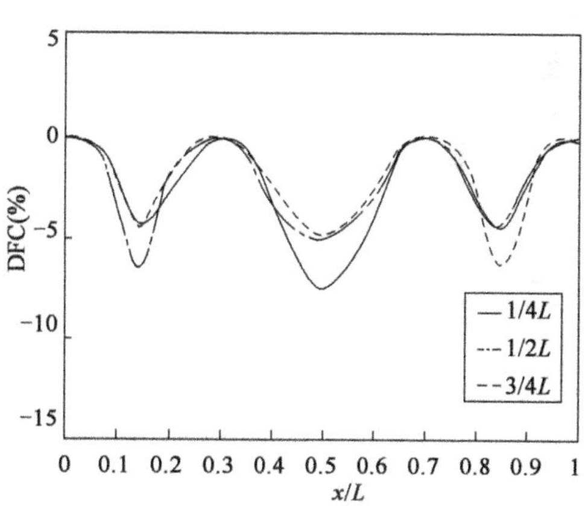

图 4.13　裂缝位置对 DFC 的影响

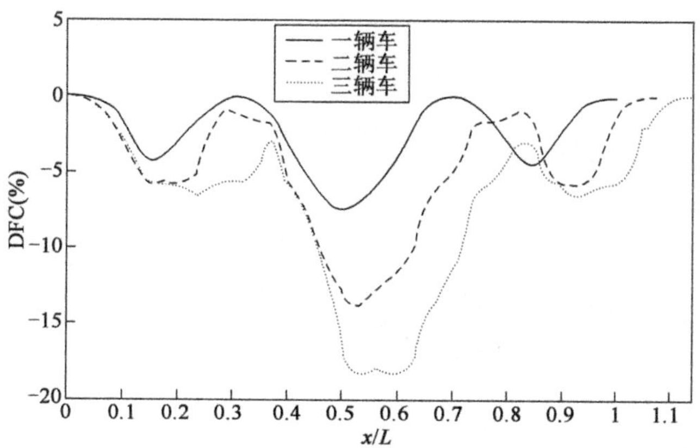

图 4.14　多个车辆作用下对 DFC 的影响

图 4.10 所示的是当第二跨跨中的裂缝类型不同时，分别计算无裂缝、开口裂缝、呼吸裂缝对混凝土桥梁在车辆作用下的 DFC 值的影响。该图表明，不同裂缝类型对 DFC 值都有影响，但影响程度有异，如开口裂缝的 DFC 最小值为 −7.44%，而呼吸裂缝的 DFC 最小值为 −11.5%，这可能是由于当呼吸裂缝在无车辆作用时，在梁自重弯矩作用下，裂缝并没有完全张开，故其刚度比相同裂缝参数的开口裂缝大，使其自振频率明显比开口裂缝梁的自振频率大；而在车辆作用下，呼吸裂缝随车辆移动而张开或闭合，当车辆移动到裂缝中心时，其刚度相当于开口裂缝梁刚度，此时呼吸裂缝梁的振动频率与开口裂缝梁的频率相差较小，因此呼吸裂缝梁的 DFC 最小值小于开口裂缝梁的 DFC 最小值，这一点也可由表 4.2 和表 4.3 看出，但两者的最小值都发生在车辆运行到第二跨跨中的位置。上述现象表明，现有文献中忽略呼吸裂缝随荷载张开与闭合的特性，而简化为开口裂缝是不可取的。

开口裂缝在不同情形下对桥梁振动前 5 阶模态所对应频率的影响 表 4.2

振动模态	无车辆作用无裂缝梁自由振动频率 ω_n	无车辆作用第二跨跨中有开口裂缝梁自由振动频率 ω_0	车辆作用第二跨跨中有开口裂缝梁振动频率最大值 ω_1	车辆作用第一、二跨跨中都有开口裂缝梁振动频率最大值 ω_2	车辆作用第一、二、三跨跨中都有开口裂缝梁振动频率最大值 ω_3
1	18.16	15.024	13.906	12.812	11.457
2	29.93	25.021	22.929	21.574	18.626
3	38.71	31.757	29.375	27.957	24.135
4	70.76	58.448	53.071	51.458	43.427
5	104.81	87.097	78.649	76.337	68.719

呼吸裂缝在不同情形下对桥梁振动前 5 阶模态所对应频率的影响 表 4.3

振动模态	无车辆作用无裂缝梁自由振动频率 ω_n	无车辆作用第二跨跨中有呼吸裂缝梁自由振动频率 ω_0	车辆作用第二跨跨中有呼吸裂缝梁振动频率 ω_1	车辆作用第一、二跨跨中都有呼吸裂缝梁振动频率 ω_2	车辆作用第一、二、三跨跨中都有呼吸裂缝梁振动频率 ω_3
1	18.16	15.836	14.012	13.014	11.876
2	29.93	27.266	23.101	21.857	19.058
3	38.71	34.104	29.413	28.131	24.645
4	70.76	63.684	53.504	51.956	43.849
5	104.81	91.185	78.713	76.845	69.157

图4.11和图4.12所示为移动车辆自振频率发生变化时对DFC值的影响。图4.11为车辆质量发生变化引起的车辆频率变化对DFC的影响。图中质量比定义为 $\overline{M}=\frac{M_{\mathrm{V}}}{M_{\mathrm{b}}}$,其中,$M_{\mathrm{V}}$ 为车身质量,M_{b} 为桥梁质量。由图所示,车辆质量的增大会使DFC值减小。而图4.12表明了车辆刚度的增大会使DFC值增大。当车辆刚度从 $0.5K_{\mathrm{V}}$ 变化到 $6K_{\mathrm{V}}$ 时,DFC值从 -9.5% 变化到5%。因此,车辆作用下的DFC值并不一定总小于零,也会出现大于零的现象(即车辆作用时不仅会减小裂缝桥梁的振动频率,也会增大其振动频率)。

图4.13所示为裂缝位置分别在 $1/4L$、$1/2L$ 和 $3/4L$ 时对DFC的影响。该图显示DFC的最小值出现在车辆运行到裂缝中心位置,而并不总是出现在车辆运行到主跨的跨中位置。比较各最小值得:当裂缝位置在 $1/4L$ 时,最小值为 -6.11%;而裂缝位置在 $1/2L$ 时,最小值为 -7.44%,表明当裂缝参数一样时,出现在不同的位置对DFC值的影响程度不同。

由于桥梁上的交通荷载经常是多车同时作用在桥上,相对单车作用下情形则较少,因此图4.14分析的是不同车辆组合对DFC的影响,各车间距均为10m。图中表明多车对DFC值的影响很大,且DFC最小值并不出现在跨中(裂缝中心)位置,而是在跨中(裂缝中心)之后的某个时刻;当同时作用的车辆数量超过2个时,DFC最小值并不止出现在一个位置而会发生在几个位置。

3)裂缝在不同情形下对桥梁振动各阶模态所对应频率的影响

上面分析了在不同情形下,车辆作用在有裂缝的桥梁上时所引起桥梁振动基频的变化。为进一步分析裂缝对桥梁振动的影响,本节列表(表4.2、表4.3)分析了裂缝在不同情形下对桥梁振动的各阶模态所对应的频率的影响。表中数据显示:①裂缝使桥梁的各阶自振频率都有减小的作用;②裂缝出现的数目越多,车辆作用下桥梁各阶振动频率减小越快;③呼吸裂缝梁的自振频率比开口裂缝梁的自振频率大,而车辆作用下呼吸裂缝梁的振动频率和开口裂缝梁的振动频率差别较小,使得呼吸裂缝梁的DFC最小值小于开口裂缝梁的DFC最小值。

4)多跨变截面带裂缝的混凝土桥梁在车载作用下的冲击系数分析

下面研究当裂缝参数为 $\alpha=0.3$、$\beta=0.125$ 和 $m=2$ 时,裂缝类型、裂缝位置、不同裂缝参数及不同车辆组合对冲击系数的影响。

图4.15为主跨跨中裂缝类型分别为无裂缝、开口裂缝、呼吸裂缝时,冲击系数随车辆速度的变化图形。从图中可以看出:①损伤桥梁的冲击系数虽然在局部出现极大或极小值,但总体上仍呈现随车速增大而增大的趋势,这与无损伤梁冲击系数随速度变化的规律相同;②开口裂缝和呼吸裂缝都会使桥梁的冲击系数增大,但呼吸裂缝所对应的冲击系数要比开口裂缝的小,这可能是由于在车辆静荷载作用在中跨的跨中时,呼吸裂缝梁的刚度和相同裂缝参数开口裂缝的相同,使两者的静挠度相同;而在移动车载作用下,若损伤为呼吸裂缝,当车辆作用在第一跨或第三跨时,跨中裂缝会发生闭合现象,而当车载在中跨移动时,呼吸裂缝有张开现象发生;若损伤为开口裂缝,移动车辆作用下裂缝并没有发生呼吸现象,这使得呼吸裂缝所对应的最大动

挠度小于开口裂缝所对应的动挠度值。因此,呼吸裂缝所对应的冲击系数要比开口裂缝的小。

图4.16为当开口裂缝发生在不同位置时,冲击系数随车速变化的图形。从图中可以看出,当裂缝出现在第二跨跨中位置且车速为46.8m/s时,冲击系数达到最大值0.704。而当裂缝分别出现在第一跨和第三跨跨中时,其冲击系数最大值分别为0.6和0.604。这说明冲击系数值会随裂缝出现的位置不同而发生变化。

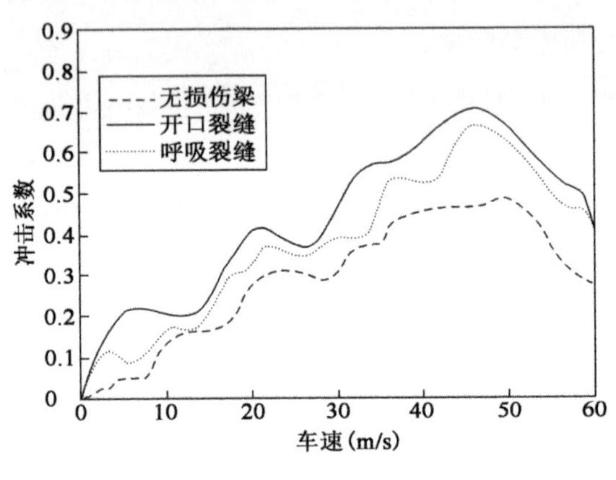

图4.15　裂缝类型对冲击系数的影响

图4.16　开口裂缝位置对冲击系数的影响

图4.17为第二跨跨中出现开口裂缝时,不同的裂缝参数对冲击系数的影响。如图4.17a)所示,当其他参数不变时,冲击系数随β增大而增大,且当$\beta \geqslant 0.5$时,冲击系数随车速增大而增大,且没有出现局部的极大或极小值的情况,此时表明裂缝梁冲击系数不再遵循无裂缝梁冲击系数随速度变化的规律。图4.17b)显示了冲击系数随裂缝参数α的变化图形。当$\alpha = 0.2$、0.3、0.4时,冲击系数最大值分别为0.643、0.702和0.842。比较各α值对应的冲击系数最大值发现,冲击系数不仅随α增大而增大,而且增大的速度也在加快。图4.18为不同车辆组合作用在桥梁上时,冲击系数随车速的变化曲线。已有文献对于多车作用下桥梁冲击系数的研究较少,本书仅就上述三种不同的车辆组合作用分析了开口裂缝梁冲击系数。由图可以看出,随着车辆数的增加,冲击系数有增大的趋势。

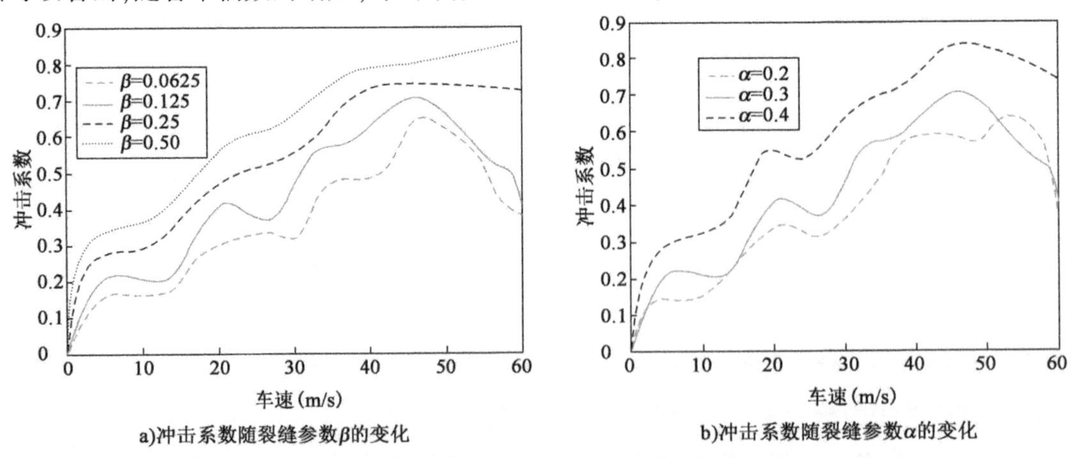

图4.17　开口裂缝参数对冲击系数的影响

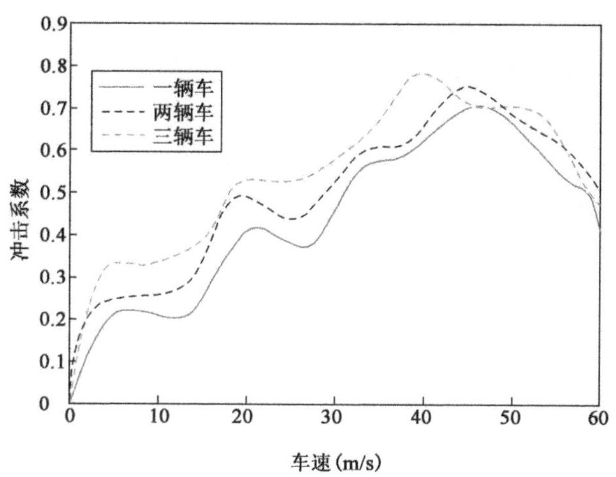

图4.18　不同车辆组合对冲击系数的影响

4.6 小　结

由于不同类型桥梁结构的振动特性是有差别的,因此本章在前文的基础上,继续以两种连续梁(三跨等跨长度的变截面梁和三跨不等跨变截面梁)为例,比较分析非平稳及平稳两种随机路面激励模型对汽车荷载作用下的连续梁振动响应。接着详细研究了混凝土梁在运营阶段出现裂缝时,裂缝参数对车-桥耦合系统振动的影响。将裂缝模拟成两种情形:一种为开口裂缝;另一种为呼吸裂缝。分析了不同裂缝类型、裂缝位置、裂缝参数、车辆频率及车辆组合等因素对车辆作用下的桥梁振动频率和桥梁冲击系数的影响。数值计算结果表明:

(1)对于连续梁来说,车辆变速运动时非平稳的路面激励不能简化为平稳的路面激励。对于加速运动来说,平稳路面激励可能使计算值偏小;而对于减速运动来说,平稳路面激励可能导致计算值偏大。

(2)不同裂缝类型在车辆作用下对桥梁振动频率的影响不同,忽略呼吸裂缝随荷载张开与闭合的特性,而简化为开口裂缝是不可取的。如车辆作用下呼吸裂缝梁的振动频率相对减少率大于开口裂缝梁的振动频率相对减长率。

(3)裂缝类型、裂缝参数、裂缝位置变化、移动车辆频率及车辆组合等都会引起车-桥耦合振动系统频率的变化。如当裂缝出现位置分别在 $1/4L$ 和 $1/2L$ 时,梁与车辆耦合系统的振动频率相应都有减少。

(4)损伤桥梁的冲击系数虽然在局部出现极大或极小值,但总体上仍呈随车速增大而增大的趋势,这与无损伤梁冲击系数随速度变化的规律相同;开口裂缝和呼吸裂缝都会使桥梁的冲击系数增大,但呼吸裂缝所对应的冲击系数要比开口裂缝的小,其可能的原因是:相对开口裂缝梁来说,由于呼吸裂缝梁在移动车辆作用下的呼吸现象增大了刚度,使得所对应的最大动挠度小于开口裂缝所对应的动挠度值。

第5章 车辆-高墩连续桥耦合系统振动测试及模型更新

5.1 引 言

本章以湖南邵怀高速公路上一座高墩连续刚构桥(炉坪大桥)为例,分别以该桥的第3跨和第4跨跨中截面为测试断面,测试不同车辆加载时的跨中截面处测点的挠度。采用环境振动法测量该桥的竖向和横向自振频率,并在实测静力挠度和自振频率的基础上,引入响应面法,更新炉坪大桥有限元模型,为该类桥梁的现场试验和有限元模型更新提供依据,并为后面章节对高墩连续桥在车辆作用下的竖向、横向振动的试验与理论对比分析提供基础。

5.2 测试桥梁特点

邵阳至怀化高速公路是我国国道主干线中上海至瑞丽高速公路中的一段,是我国中西部地区交通运输的大通道。路线起点位于潭邵高速公路终点周旺铺,终点位于怀化市牌楼镇竹田,线路全长155.6km。炉坪大桥位于邵怀高速公路380km处,连接拱坝隧道与炉坪隧道。

邵怀高速公路炉坪大桥左、右幅独立布置,均为先简支后连续的预应力混凝土连续和刚构组合体系,桥面宽度均为12.5m。左幅桥跨径组合为5×30m+5×40m+26m,全长为376m,其连续长度与桥宽之比为30.08;右幅桥跨径组合为7×40m,全长为280m,其连续长度与桥宽之比为22.4。40m跨预制T梁高240cm,跨中腹板厚20cm,支座处腹板厚40cm,中梁预制翼板宽200cm,边梁预制翼板宽225cm,跨预制T梁高180cm,跨中腹板厚20cm,支座处腹板厚48cm。桥下部结构均双柱柔性桥墩,墩身直径均为1.8m,其下基础均为钻孔灌注嵌岩桩。设计荷载等级为汽车-超20级,挂车-120级。该桥有关情况如图5.1所示。

炉坪大桥的结构特点是:上部结构连续长度大,桥面宽度相对较小,其连续长度与桥面宽度之比大于20;下部结构采用双柱柔性墩且墩高较大,最大墩高46m,相应的长细比为25.5。炉坪大桥结构的横向刚度小于其纵向刚度和竖向刚度,使得其在重载车辆通过时横向振动明显。因此,为检验成桥结构的整体受力性能,评定桥梁结构的设计与施工质量,检验桥梁结构在运营期是否满足正常使用要求,特别是其较明显的横向振动是否影响桥梁的正常使用,保证桥梁在运营阶段的可靠性,使得对炉坪大桥成桥结构的静动力性能进行研究成为必需。

图 5.1　炉坪大桥

5.3　车辆作用下炉坪大桥结构的静力测试及其分析

5.3.1　加载用车

测试中加载车辆总数为 6 辆,所有加载用车均为东风牌双后轴重型载货汽车,装载后单台平均重为 300kN,其中前轴重平均值为 60kN,中轴重和后轴重平均值为 120kN。车辆如图 5.2 所示。

图 5.2　加载用车

5.3.2　测试断面位置及其编号

选择炉坪隧道方向第3跨和第4跨作为主要测试跨。加载控制截面位置及其桥墩编号如图5.3所示，分别为第4跨跨中截面和3号墩顶截面。

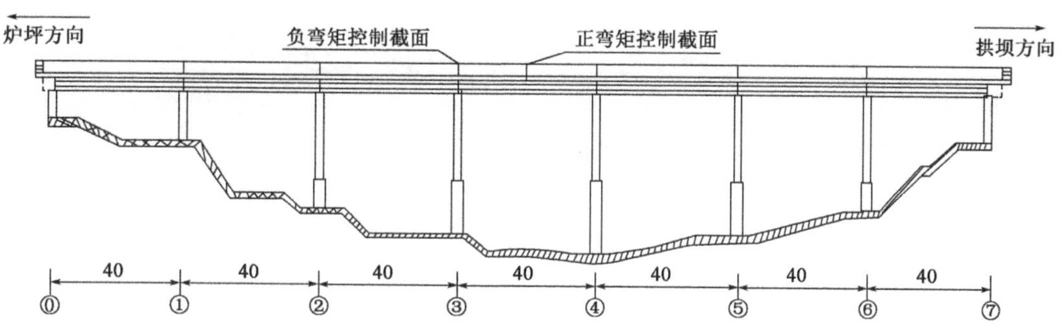

图5.3　荷载试验控制截面位置图(尺寸单位:m)

5.3.3　测试工况加载布置及加载方式

测试时桥梁静载试验共进行了两个工况，每个工况的每一级荷载施加(或卸除)后5min开始读数，各工况加载布置及加载程序分别如下。

(1)工况Ⅰ:桥梁第3跨、第4跨控制截面中心加载，加载目的是使3号墩顶截面承受最大负弯矩，最终施加6辆车，相应的荷载效率系数为0.903，加载布置如图5.4所示。

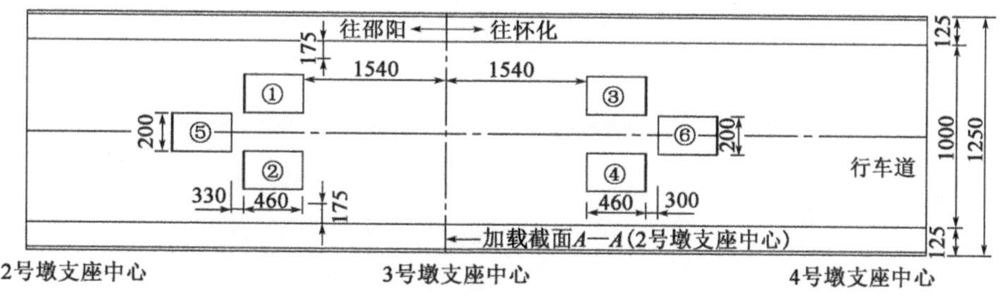

图5.4　工况Ⅰ加载位置(尺寸单位:cm)

相应的加载程序为:Ⅰ-1:施加图5.4中的1~4号车;Ⅰ-2:施加图5.4中的5~6号车;Ⅰ-3:卸除图5.4中的1~6号车。

(2)工况Ⅱ:桥梁第4跨跨中截面中心加载，加载目的是使该截面承受最大正弯矩，最终施加3辆车，相应的荷载效率系数为0.911，加载布置如图5.5所示。分两级加载和一级卸载。

相应的加载程序为:Ⅱ-1:施加图5.5中的1~2号车;Ⅱ-2:施加图5.5中的3号车;Ⅱ-3:卸除图5.5中的1~3号车。

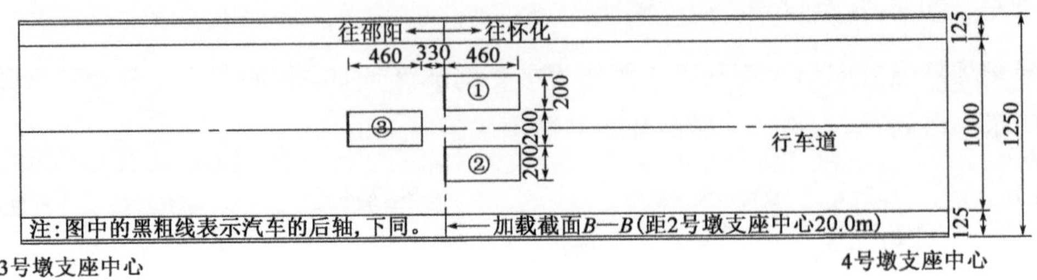

图 5.5　工况Ⅱ加载位置(尺寸单位:cm)

5.3.4　测试内容

在相应的工况下分别测试以下内容:①控制截面混凝土应变;②控制截面挠度。

5.3.5　测点布置

1)挠度测点布置

全桥测试 9 个断面,每个断面布置上、下游 2 个测点,共 18 个测点,测点布置及编号如图 5.6所示。

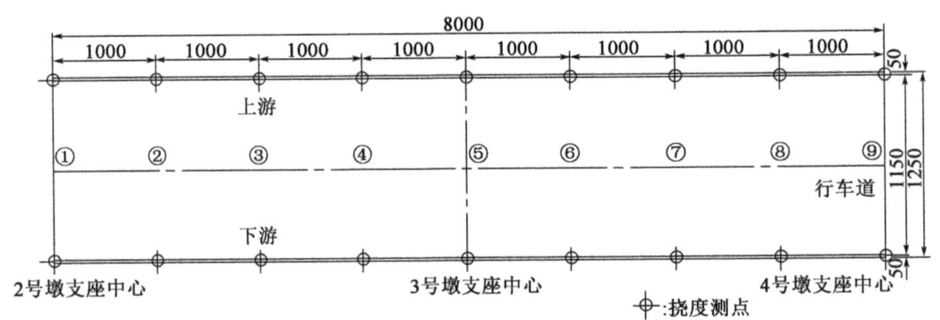

图 5.6　挠度测点布置及编号(尺寸单位:cm)

2)应变测点布置

应变测试断面有两个,分别为第 3 跨跨中和第 4 跨跨中截面,每个测试断面应变测点布置分别如图 5.7 和图 5.8 所示。

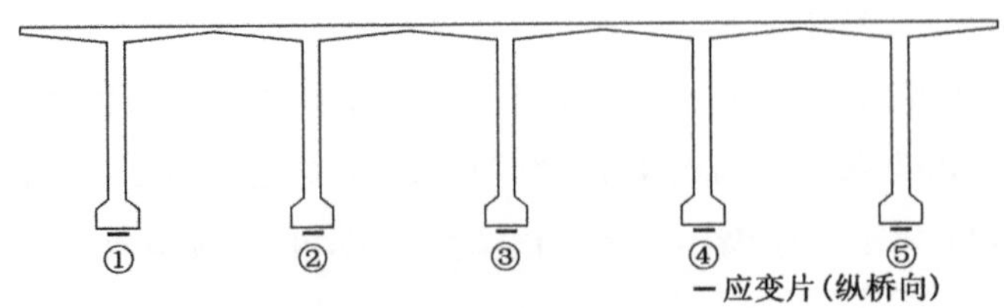

图 5.7　第 3 跨跨中正弯矩测试截面应变测点布置及编号

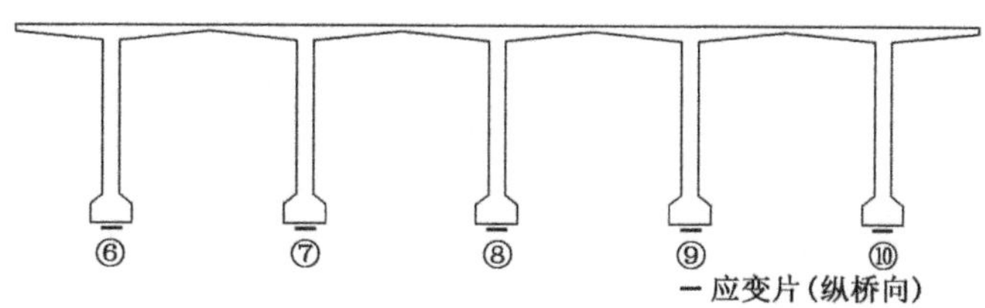

图 5.8 第 4 跨跨中正弯矩测试截面应变测点布置及编号

5.3.6 测试结果

以下按工况分别列出各项测试内容的测试结果。炉坪大桥采用 C50 混凝土,取其弹性模量 $E = 35000\text{MPa}$,将测出的应变乘以弹性模量即得到相应的应力。

1)工况Ⅰ加载时的主梁测试点处挠度及应变的测试结果

(1)工况Ⅰ加载时的主梁测试点处挠度测试结果见表 5.1、图 5.9。

工况Ⅰ加载时的主梁测试点处挠度测试结果 表 5.1

工况测点		I-1		I-2		I-3	
		实测值	平均值	实测值	平均值	实测值	平均值
1	上游 下游	0.2 0.2	0.20	1.4 1.0	1.20	0.2 0.4	0.3
2	上游 下游	3.5 3.1	3.30	5.2 4.8	5.00	0.2 0.2	0.20
3	上游 下游	4.4 4.0	4.20	6.2 5.0	5.60	0.3 0.3	0.30
4	上游 下游	2.4 1.8	2.10	3.6 3.2	3.40	0.1 0.2	0.15
5	上游 下游	1.0 1.0	1.00	1.2 1.4	1.30	0.2 0.0	0.10
6	上游 下游	3.0 3.2	3.10	4.2 3.8	4.00	0.0 0.1	0.05
7	上游 下游	3.6 4.2	3.90	5.4 6.2	5.80	0.2 0.3	0.25
8	上游 下游	3.2 3.6	3.40	3.8 4.0	3.90	0.1 0.3	0.20
9	上游 下游	2.0 1.8	1.90	1.8 1.6	1.70	0.1 0.1	0.10

注:表中挠度单位为 mm,向下为正,向上为负。

(2)工况Ⅰ加载时的主梁测试点处应变测试结果见表5.2、图5.10。

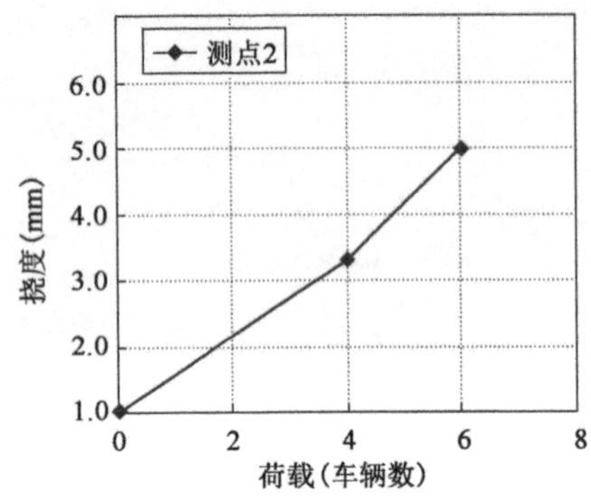

图5.9　工况Ⅰ荷载-挠度曲线

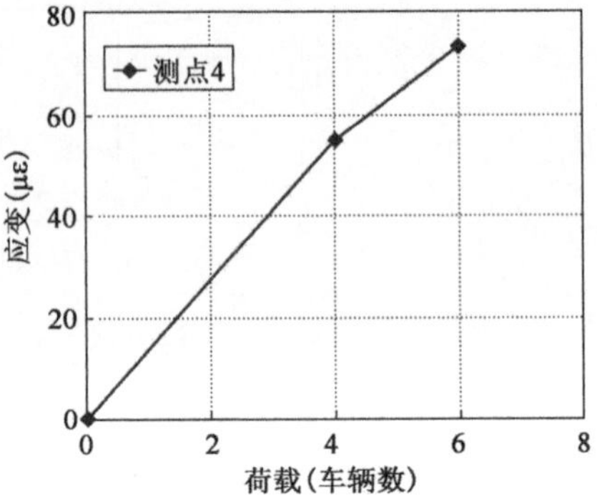

图5.10　工况Ⅰ荷载-应变曲线(单位:με)

工况Ⅰ加载时的主梁混凝土应变测试结果　　表5.2

工况测点	Ⅰ-1 实测值		Ⅰ-2 实测值		Ⅰ-3 实测值
	应变(με)	应力(MPa)	应变(με)	应力(MPa)	应变(με)
1	29	1.02	38	1.33	-7
2	33	1.16	44	1.54	-4
3	53	1.86	69	2.42	-3
4	55	1.93	73	2.56	-6
5	39	1.37	61	2.14	-9
6	23	0.81	29	1.02	-2
7	38	1.33	47	1.65	-1
8	46	1.61	52	1.82	-1
9	46	1.61	56	1.96	-1
10	36	1.26	46	1.61	-2

注:表中正号表示拉应力,负号表示压应力。

2)工况Ⅱ加载时的主梁测试点处挠度及应变的测试结果

(1)工况Ⅱ加载时的主梁测试点处挠度测试结果见表5.3、图5.11。

工况Ⅱ加载时的主梁测试点处挠度测试结果　　表5.3

工况测点		Ⅱ-1		Ⅱ-2		Ⅱ-3	
		实测值	平均值	实测值	平均值	实测值	平均值
1	上游 下游	-0.4 -0.6	-0.50	-1.0 -0.8	-0.9	0.0 -0.1	-0.1
2	上游 下游	-0.8 -1.2	-1.00	-1.2 -1.8	-1.5	-0.2 -0.1	-0.2

续上表

工况测点		Ⅱ-1 实测值	Ⅱ-1 平均值	Ⅱ-2 实测值	Ⅱ-2 平均值	Ⅱ-3 实测值	Ⅱ-3 平均值
3	上游 下游	-1.8 -1.6	-1.70	-2.6 -1.8	-2.2	-0.1 0.0	-0.1
4	上游 下游	-1.6 -1.0	-1.3	-2.0 -1.4	-1.7	0.0 0.0	0.0
5	上游 下游	-0.2 0.0	-0.1	0.2 0.4	0.3	0.1 0.1	0.1
6	上游 下游	3.6 4.0	3.8	4.4 5.0	4.7	0.1 0.2	0.2
7	上游 下游	5.0 5.8	5.4	7.2 7.2	7.2	0.1 0.2	0.2
8	上游 下游	3.6 3.8	3.7	4.8 4.2	4.5	0.0 0.1	0.1
9	上游 下游	0.4 0.6	0.5	0.2 0.2	0.2	0.1 0.1	0.1

注：表中挠度单位为mm，向下为正，向上为负。

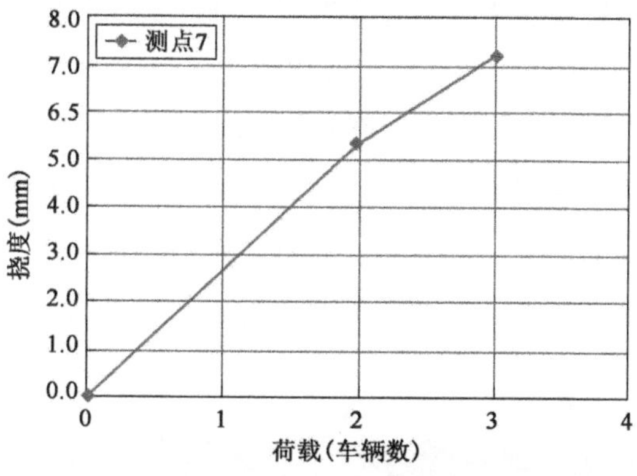

图5.11　工况Ⅱ荷载-挠度曲线

(2)工况Ⅱ加载时的主梁测试点处应变测试结果见表5.4、图5.12。

工况Ⅱ加载时的主梁测试点处混凝土应变测试结果　　表5.4

工况测点	Ⅱ-1			Ⅱ-2			Ⅱ-3
	实测值		理论值应力(MPa)	实测值		理论值应力(MPa)	实测值应变(με)
	应变(με)	应力(MPa)		应变(με)	应力(MPa)		
1	40	1.40	2.21	58	2.03	3.06	2
2	38	1.33	2.21	52	1.82	3.06	1
3	62	2.17	2.21	74	2.59	3.06	1
4	55	1.93	2.21	73	2.56	3.06	2
5	36	1.26	2.21	54	1.89	3.06	3

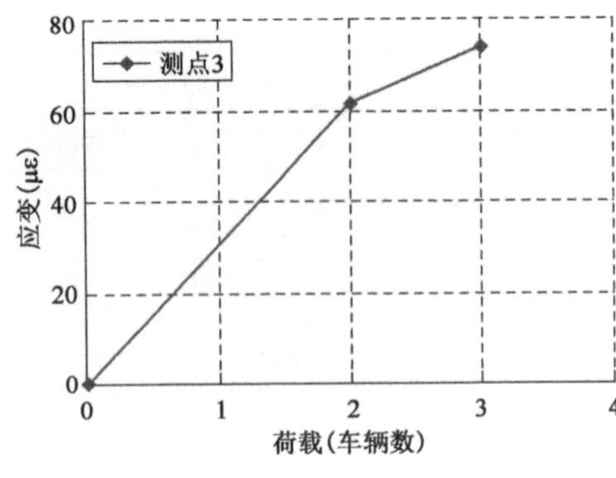

图 5.12　工况Ⅱ荷载-应变曲线

从各工况主梁挠度的测试结果可以看出：

(1)主梁挠度的实测值与荷载之间基本接近线性关系，卸载后变形恢复良好，残余变形较小，主梁挠度最大处的残余变形不超过相应最大挠度的10%，表明结构在所施加荷载下尚处于线弹性范围内工作。

(2)从应变的测试结果可以看出，结构内各测点的应力及应变与荷载之间基本保持线性关系，而且卸载后残余应力很小，表明结构在所施加荷载的作用下尚处于线弹性范围工作，结构受力性能良好。

(3)在所有的加载工况中，主梁内的最大拉应变为74με，相应可得最大的拉应力为2.59MPa。尽管主梁内产生了2.59MPa的拉应力，但由于梁内具有足够的有效预压应力，使得结构内并无裂缝产生，卸载后应变恢复良好，残余变形较小。

5.4　炉坪大桥路面平整度的测量

桥梁的路面不平度是桥梁结构车致振动的主要激励源之一，为较准确地获得结构的车致振动反应，必须对桥梁的路面不平度予以切合实际的描述。基于此，采用LXPL-1型公路连续式八轮平整度仪对炉坪大桥的路面不平度进行了详细测试(图5.13)。为测试跳车作用下的桥梁振动反应，特制作了两种不同尺寸的三角木块，放置于测试跨的开始端，其高度分别为25mm和50mm(图5.14)。

图5.13　炉坪大桥路面不平度的测试

图5.14　测试车辆正驶过木块

5.4.1　测点布置

在全桥纵向布置测点,各测点间距 1m,每跨 40 个测点(图 5.15),全桥共 280 个测点,往返各测一次,共采集数据样本 2 个。

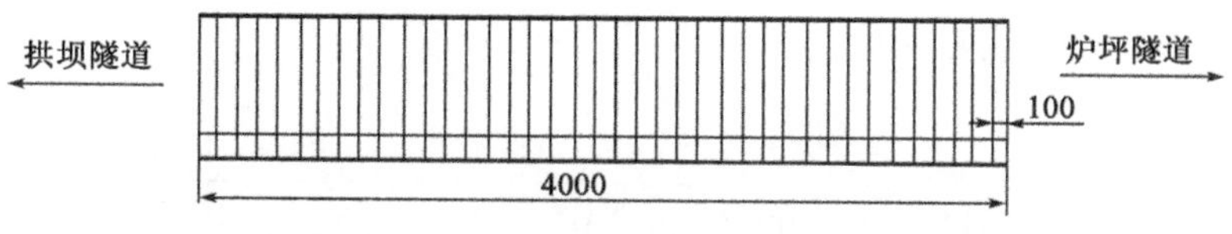

图 5.15　标准跨测点布置(尺寸单位:mm)

5.4.2　测试结果

桥梁路面平整度测点数据如图 5.16 所示。

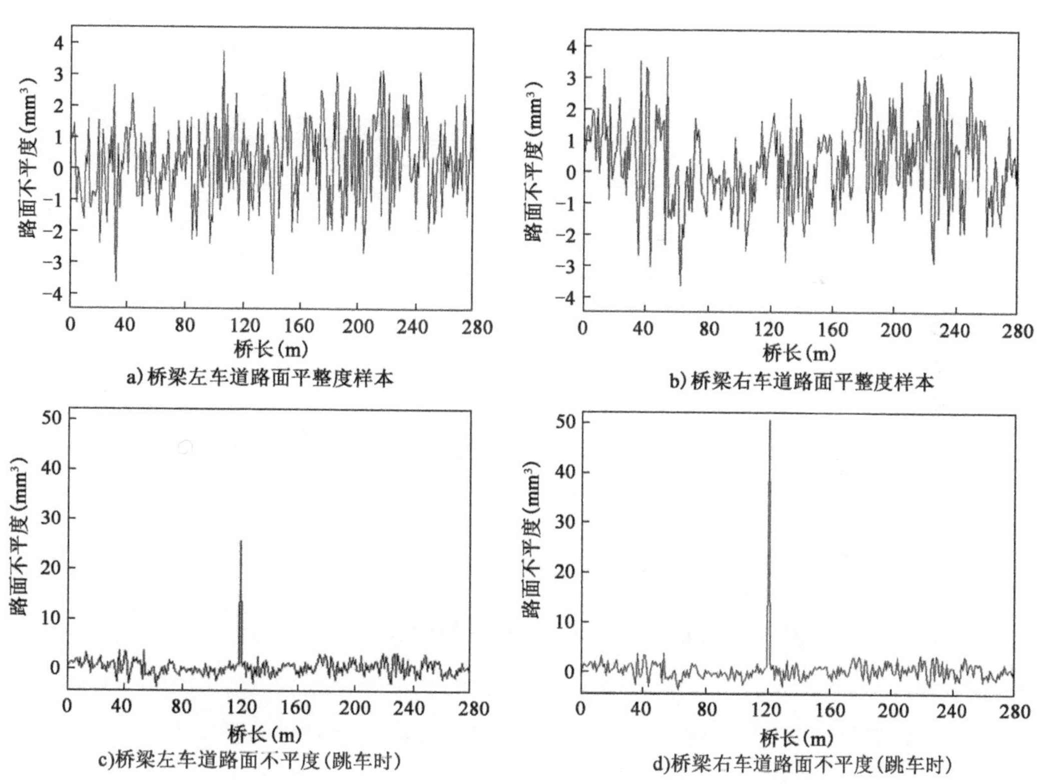

图 5.16　桥梁路面不平度

如图 5.17 所示,炉坪大桥桥面不平度介于路面等级 B 级到 C 级不平度之间。表 5.5 给出了 ISO 标准所规定的路面等级。

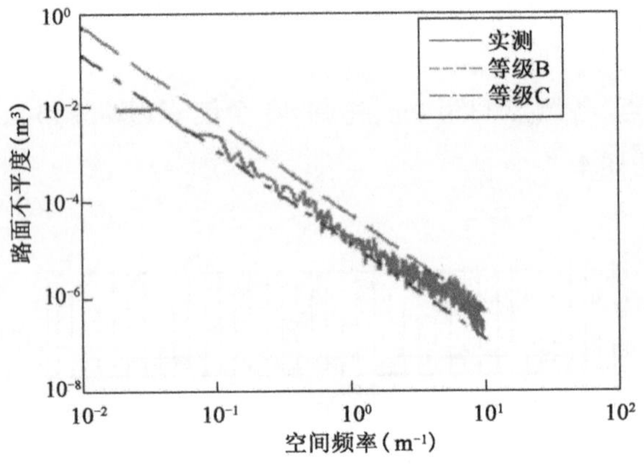

图 5.17　实测路面不平度与等级 B、等级 C 路面不平度对比

路 面 分 级　　　　表 5.5

路 面 等 级	不平度 $G_d(n_0)(10^{-6}m^3)$		
	下限	几何平均	上限
A	—	16	32
B	32	64	128
C	128	256	512
D	512	1024	2048
E	2048	4096	8192
F	8192	16384	32768
G	32768	65536	131072
H	131072	262144	—

5.5　车辆作用下炉坪大桥的动力响应测试

5.5.1　跑车与跳车试验布置

本节主要测量第 4 跨跨中竖向与横向两个方向跨中位移，将动态激光位移仪接收器置于第 4 跨跨中，将动态激光位移仪发射器置于桥头地坪上，动态激光位移仪（PSM-200）如图 5.18 所示，并利用 IEPE（17100）型低频加速度传感器（图 5.19）测试测试点横向与竖向加速度。

第一种情形：试验采用 1 台加载试验车在该桥上按以下工况行驶，测取数据包括第 4 跨跨中的竖向与横向加速度、第 4 跨跨中动位移。

工况一：匀速跑车试验——分别以 20km/h、40km/h、60km/h 和 80km/h 的速度跑完全桥，车刚上桥时即开始采集数据。

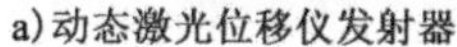
a)动态激光位移仪发射器

b)动态激光位移仪接收器

图5.18 动态激光位移仪(PSM-200)

图5.19 横向和竖向加速度传感器

工况二:跳车试验——以初速度40km/h上桥,分别驶过两种尺寸的三角块后匀速跑完全桥,车刚上桥时即开始采集数据。

第二种情形:试验时采用2台加载试验车在该桥上按以下工况行驶,测取数据包括第4跨跨中的竖向与横向加速度、第4跨跨中动位移。

工况一:两辆车一前一后间隔10m,在同一车道以40km/h的速度匀速跑完全桥,车刚上桥时即开始采集数据。

工况二:两辆车一前一后间隔10m,分别在两个车道以40km/h的速度匀速跑完全桥,车刚上桥时即开始采集数据。

5.5.2 测试结果

后面章节(第6章和第7章)主要从数值计算与实测数据对比分析角度详细给出了炉坪大桥在测试车作用下的竖向和横向挠度曲线。为避免重复,此处仅给出第一种情形中工况一和工况二下车速分别为40km/h和80km/h时所测得的竖向和横向挠度时程曲线,如图5.20、图5.21所示。

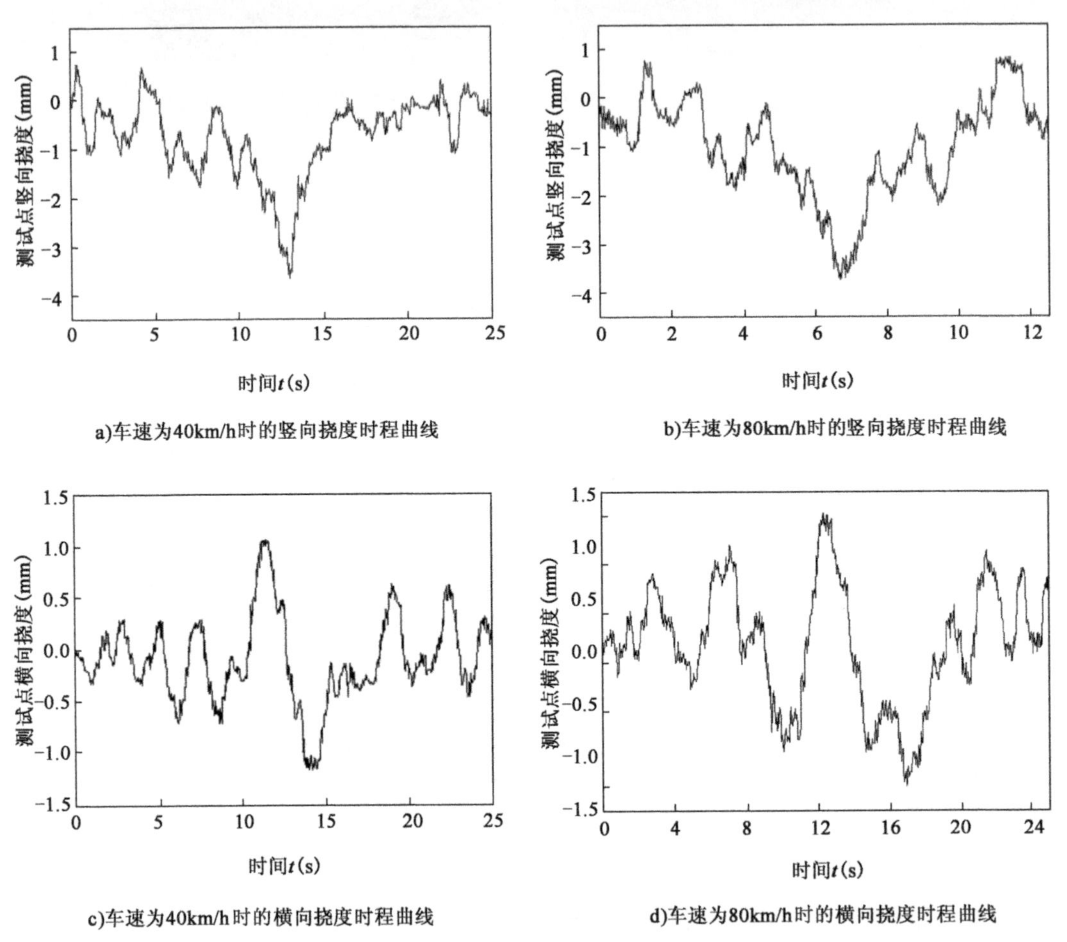

图5.20 一辆测试车作用下炉坪大桥第4跨跨中挠度时程曲线

从第一种情形下各工况第4跨跨中挠度的测试时程曲线可以看出:

(1)工况一:一辆测试车行驶完全桥时,竖向挠度最大可达3.7mm(车速为80km/h),相应的横向挠度为1.26mm。

(2)工况二:车辆经过三角木块跳车后行驶完全桥时,竖向挠度最大可达5.41mm,而相应的横向挠度为1.58mm。

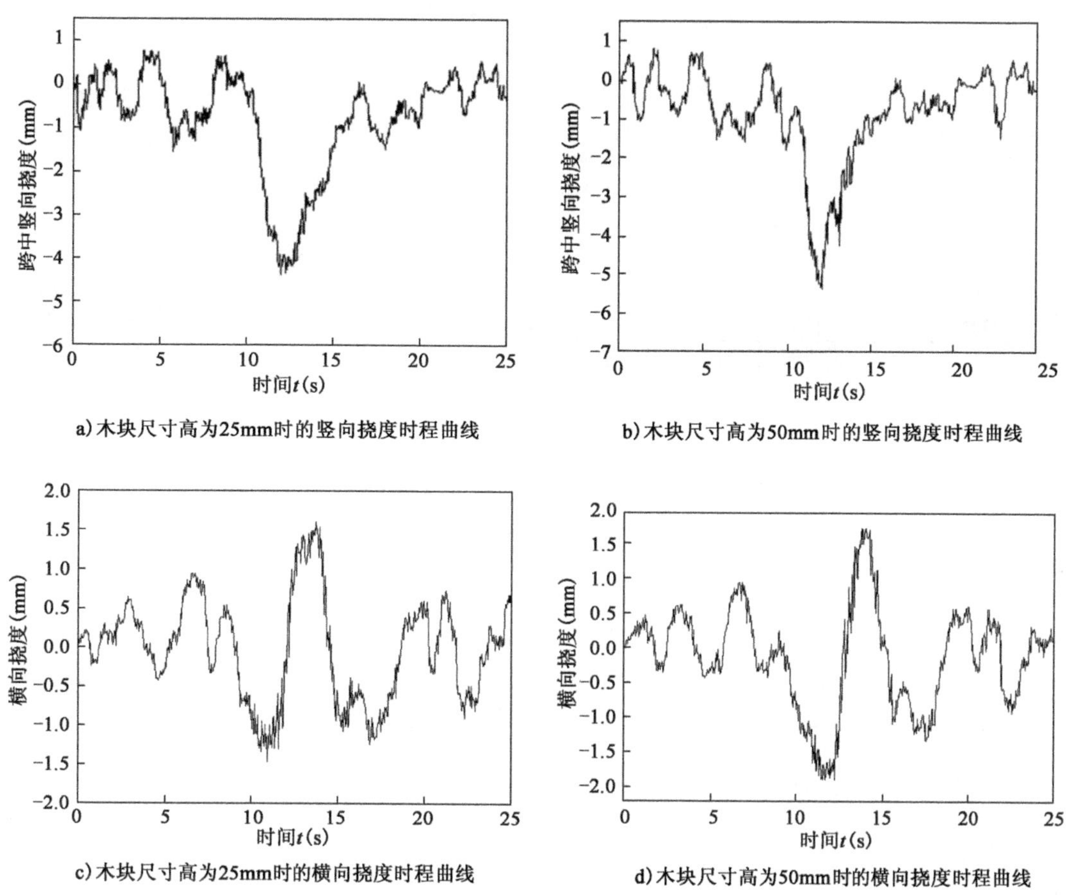

a)木块尺寸高为25mm时的竖向挠度时程曲线

b)木块尺寸高为50mm时的竖向挠度时程曲线

c)木块尺寸高为25mm时的横向挠度时程曲线

d)木块尺寸高为50mm时的横向挠度时程曲线

图5.21　测试车跳车作用下的炉坪大桥第4跨跨中挠度曲线

5.6　模态测试

桥梁动力试验一般有三种方法:强迫振动法、自由振动法和环境振动法。强迫振动法需要大型的激励设备,由记录的输入和输出信号对桥梁进行模态参数识别。自由振动法由记录的自由振动响应信号识别桥梁的动力学特性。现场试验条件、结构的复杂性和实测数据质量等因素往往限制了专用激振设备的使用。车辆、行人、风等是作用于结构上的环境或自然激励,仅用环境激励引起的振动响应进行结构参数的识别,无须贵重的激励设备,不中断桥梁的正常使用,方便省时,只需测定响应数据等,因此成为土木工程结构系统识别十分活跃的课题。进行环境振动试验时真正的输入情况是没有测量的,模态参数识别过程是只知输出的识别。环境振动法已成功地应用于一些大跨径桥梁的动力试验中。

5.7 试验测点布置

本试验的测试目的为测取炉坪大桥的竖向与横向模态。采用 DASP2006 数据采集和分析系统进行数据采集与分析,4 个 IEPE(17100)型低频加速度传感器作为拾振设备,每跨分为 4 等份,共 29 个测点,测点布置如图 5.22 所示。测试时,共利用 4 个通道,其中一个通道为参考点不动,其余三点作为测试移动点,采样频率为 102.4Hz。

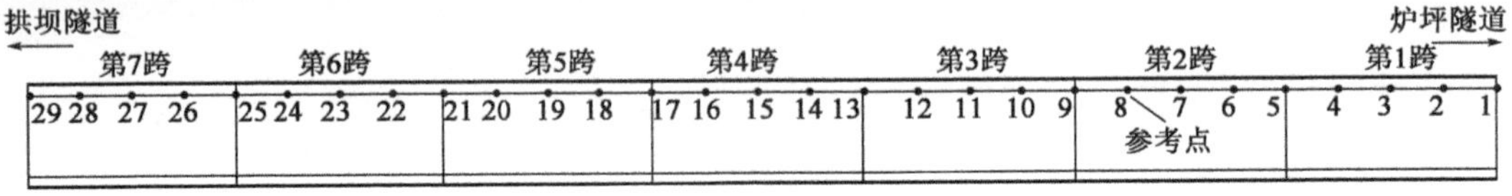

拱坝隧道
炉坪隧道
第7跨
第6跨
第5跨
第4跨
第3跨
第2跨
第1跨
29 28 27 26
25 24 23 22
21 20 19 18
17 16 15 14 13
12 11 10 9
8 7 6 5
4 3 2 1
参考点

图 5.22 炉坪大桥测点布置图

5.8 模态参数识别

模态参数的识别是仅有输出的系统识别,桥梁的环境振动试验通常采用两种识别桥梁结构模态参数的方法:一种是频域识别的峰值法,非常适用且简单和快捷;另一种是时域随机子空间法,较为费时。本试验采用峰值法识别结构模态参数,考虑多测点,特征频率由平均正则化的功率谱密度(ANPSD)曲线上的峰值来确定。

5.9 模态试验结果汇总

炉坪大桥功率谱密度(ANPSD)曲线如图 5.23 所示。从图 5.23 和表 5.6 实测模态可以看出,该桥的前两阶模态都是面外振动,因此其横向刚度相对较弱,在移动车辆作用下时该桥的面外振动更有可能发生。

0.01
0.001
0.0001
0.00001
0
ANPSD
3.663
4.689
6.010
9.156
0 2 4 6 8 10
频率(Hz)
a)竖向振动频率
3.012
1.987
3.756
6.210
8.436
b)横向振动频率

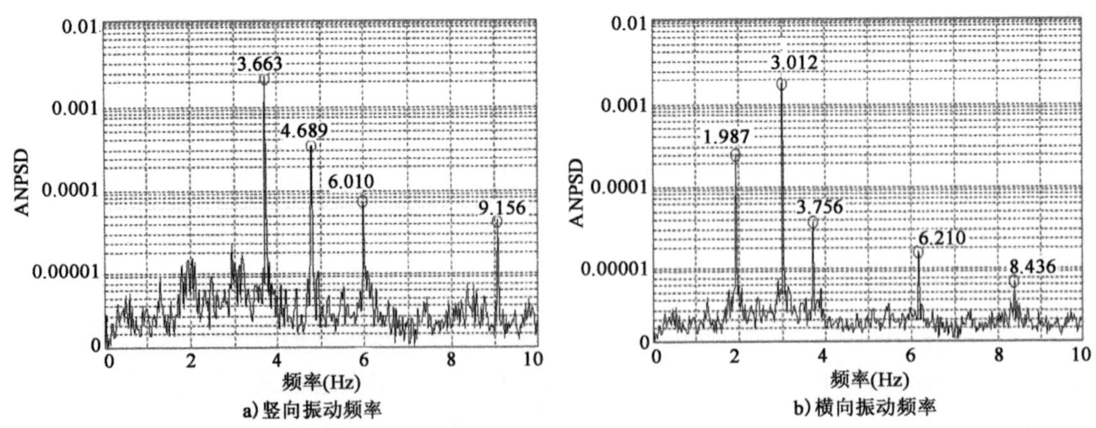

图 5.23 炉坪大桥振动频率功率谱密度(ANPSP)曲线

模态频率和阻尼汇总　　表5.6

阶　数	实测频率(Hz)	阻尼(%)	振型描述
1	1.987	8.819	面外一阶对称振动
2	3.012	9.777	面外一阶反对称振动
3	3.663	6.140	面内一阶对称振动
4	3.756	3.556	面外二阶对称振动
5	4.689	1.703	面内一阶反对称振动
6	6.010	4.610	面内二阶对称振动

模态试验结果汇总见表5.6。

5.10　炉坪大桥的模型更新

本节通过引入响应面法,对炉坪大桥有限元模型进行更新。建立结构有限元模型时需要对结构几何、材料和边界条件等进行一定的假定和近似处理。直接建立的结构有限元模型分析预测结构通常和实际结构或实际结果存在差别,有时这种误差会很大。有限元模型修正就是一个试图通过识别或修正有限元分析模型中的参数,使有限元计算结果与实际结构尽可能接近的过程,通常属于优化问题范畴。

有限元模型修正有基于矩阵型的修正方法和基于设计参数型的修正方法。基于设计参数型的修正方法的修正对象是结构的物理或者几何参数,修正后的模型物理意义明确,逐渐成为研究的主流。当前普遍采用的基于参数局部灵敏度的有限元模型修正分析法,最后都归结为一个逐步迭代的优化问题,由于只反映了参数在设计点处的灵敏度,在迭代过程中需要求解高维、非线性的优化问题,计算效率低且精度难以保证。每一个参数的每一次改变,都需要调用有限元程序重新进行计算,不宜应用于工程实际。特别是当有限元模型单元数目增加时,计算量巨大,且修正参数选择和迭代收敛是个问题。不管运用哪种方法来更新有限元模型,目标函数都是一个非常关键的因素。目标函数通常是用实际桥梁响应和数值模拟的响应之差。

5.10.1　响应面法在工程领域中的应用

响应面法是试验设计和数理统计学分析相结合的综合试验技术,用于处理几个变量对一体系或结构的作用问题,也就是体系或结构的输入和输出的转化关系问题。其思想就是通过一系列确定性试验拟合一个响应面函数来模拟真实的输入-输出之间的隐式关系,从而建立响应面函数表达式,因而在多个领域内广泛应用。响应面法的主要优点在于:①循环次数取决于输入变量的个数,当输入随机变量个数不是太多时,通常比 Monte Carlo 需要的循环次数少,计算效率很高;②可以进行非常小的概率分析计算且单个循环之间是相互独立的;③无须任何修改即可使用现有的确定性有限元分析软件。

基于响应面法的结构有限元模型修正原理是:在结构参数合理范围内,选取一些适当的结构参数值,利用结构有限元计算的响应值,以显式的响应面函数拟合结构响应值与结构参数间复杂的隐式关系,得到简化的结构响应面函数。在结构响应面模型的基础上,根据结构荷载试验实测响应值通过迭代修正优化,得到修正的结构模型参数。直接在显示多项式响应面函数基础上进行的优化计算,完全为数学运算过程,可显著提高优化效率。响应面方法的基本思想是用响应面函数来模拟实际的结构响应函数,是试验设计与数理统计相结合的方法。基于响应面的有限元模型修正理论,主要包括样本选取、方差分析的参数选取、响应面的拟合以及利用响应面进行有限元模型修正。

5.10.2 试验设计的样本选取

样本的选取关系到所回归响应面的精度以及成本。样本选取太少,不能完全反映出系统的特征;而选取的样本数过多,虽然在一定程度上能得到较好的精度,但是在客观上提高了成本。

试验设计的方法有析因试验设计、中心复合设计、Box-Behnken 设计以及最优设计等。本节针对结构有限元模型修正的特点,采取中心复合设计法和二次多项式响应面函数模型。本节采用如式(5.1)所示的二次多项式响应面函数模型:

$$Y = b_0 + b_1x_1 + b_2x_2 + b_3x_3 + b_{12}x_1x_2 + b_{13}x_1x_3 + b_{23}x_2x_3 + b_{11}x_1^2 + b_{22}x_2^2 + b_{33}x_3^2 \quad (5.1)$$

由文献[93]可知,变量的交差项影响很小,可以忽略,因此上式可以简化为:

$$Y = b_0 + b_1x_1 + b_2x_2 + b_3x_3 + b_{11}x_1^2 + b_{22}x_2^2 + b_{33}x_3^2 \quad (5.2)$$

式中,Y 是响应,x_1、x_2 和 x_3 是基本随机变量;b_i、b_{ij}($i=1,2,3;j=1,2,3$)为待定系数,可以采用回归分析方法确定其具体数值。

借助试验设计技术可确定这些待定系数。试验设计中通常采用二水平因子设计(Two Level Factorial Design)、中心指数设计(Central Composite Design)和 Box-Behnken 设计等方法确定试验点。本节采用中心指数设计法确定试验点。

中心指数设计法包括一个中心点、N 个轴线点和 N 维超立方体顶点的分割点 2^{N-f},其中 $f=0$时叫作完全分割设计,$f=1$ 时叫作半分割设计,其余依此类推。有 3 个随机输入变量的样本点位置如图 5.24 所示。图中正方体 8 个角点即为二水平因子设计所取的样本点,中心指数设计在轴上又增加了 6 个点和原点。表 5.7 列出了 3 个随机变量输入参数的变化方式。

表5.8列出了不同随机变量的试验次数。

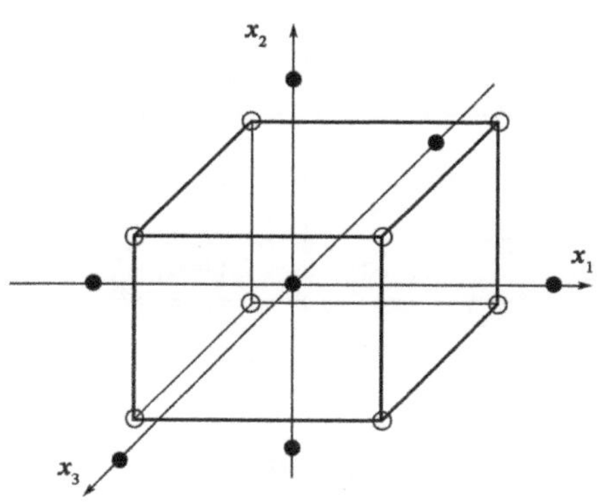

图5.24　CCD中3个随机变量输入变量样本点位置示意图

3个随机变量输入变量的试验次数　　表5.7

试验参数	随机变量		
	x_1	x_2	x_3
1	-1	-1	-1
2	1	-1	-1
3	-1	1	-1
4	1	1	-1
5	-1	-1	1
6	1	-1	1
7	-1	1	1
8	1	1	1
9	$-\alpha$	0	0
10	α	0	0
11	0	$-\alpha$	0
12	0	α	0
13	0	0	$-\alpha$
14	0	0	α
15	0	0	0
16	0	0	0
17	0	0	0
18	0	0	0

不同随机变量的试验次数　　表 5.8

变　量	随机变量个数						
	2	3	4	5	6	7	8
立方体顶点	2^2	2^3	2^4	2^{5-1}	2^{6-1}	2^{7-1}	2^{8-2}
中心点	1	1	1	1	1	1	1
轴线点	4	6	8	10	12	14	16
α	1.4141	1.6818	2.0000	2.0000	2.3784	2.8284	3.3636
试验次数	12	18	28	30	48	82	84

5.10.3　响应面法更新炉坪大桥的数值模型

利用有限元软件 ANSYS 建立炉坪大桥数值模型，如图 5.25 所示。其桥面板、主梁、横隔梁和桥墩等用实体单元，墩和梁之间的连接采用等效实体单元来模拟，通过控制单元的面积与惯性矩的大小来模拟支座竖向和横向刚度的变化。

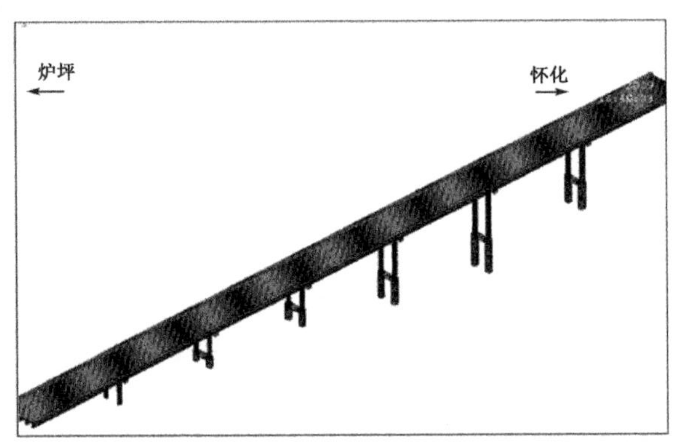

图 5.25　炉坪大桥的数值模型

由已有文献[93]可知，结构混凝土密度、主梁和墩混凝土弹性模量、橡胶支座的水平剪切刚度以及竖向刚度是影响数值模型与实际桥梁结构差别的主要因素，因此该五因素可作为 5 个变量。在初始的数值模型中，混凝土的密度为 2500kg/m^3，主梁混凝土弹性模量为 34.5GPa，墩的弹性模量为 32.5GPa，橡胶支座的水平剪切刚度为 6.87kN/m，橡胶支座的竖向刚度为 660MN/m。

为获得响应与所选定的五参数之间的联系，首先需要参数设计。表 5.9 显示了五参数取值的变化规律，表中的 X_1、X_2、X_3、X_4 和 X_5 分别代表了混凝土的密度、橡胶支座的水平剪切刚度、橡胶支座的竖向刚度竖向、主梁混凝土弹性模量和墩的弹性模量。假设表 5.9 中的单位长度值为 10%，则根据表 5.9 可得上述五参数值的变化范围，见表 5.10。

五参数取值的变化规律　　表5.9

试验次数	参变量				
	X_1	X_2	X_3	X_4	X_5
1	-1	-1	-1	-1	1
2	1	-1	-1	-1	-1
3	-1	1	-1	-1	-1
4	1	1	-1	-1	1
5	-1	-1	1	-1	-1
6	1	-1	1	-1	1
7	-1	1	1	-1	1
8	1	1	1	-1	-1
9	-1	-1	-1	1	-1
10	1	-1	-1	1	-1
11	-1	1	-1	1	1
12	1	1	-1	1	-1
13	-1	-1	1	1	1
14	1	-1	1	1	-1
15	-1	1	1	1	-1
16	1	1	1	1	1
17	-2	0	0	0	0
18	2	0	0	0	0
19	0	-2	0	0	0
20	0	2	0	0	0
21	0	0	-2	0	0
22	0	0	2	0	0
23	0	0	0	-2	0
24	0	0	0	2	0
25	0	0	0	0	-2
26	0	0	0	0	2
27	0	0	0	0	0

续上表

试验次数	参变量				
	X_1	X_2	X_3	X_4	X_5
28	0	0	0	0	0
29	0	0	0	0	0
30	0	0	0	0	0

各次试验参数的取值 表 5.10

试验次数	参数取值				
	X_1	X_2	X_3	X_4	X_5
1	2250	6.18	594	31.05	35.75
2	2750	6.18	594	31.05	29.25
3	2250	7.56	594	31.05	29.25
4	2750	7.56	594	31.05	35.75
5	2250	6.18	726	31.05	29.25
6	2750	6.18	726	31.05	35.75
7	2250	7.56	726	31.05	35.75
8	2750	7.56	726	31.05	29.25
9	2250	6.18	594	37.95	29.25
10	2750	6.18	594	37.95	29.25
11	2250	7.56	594	37.95	35.75
12	2750	7.56	594	37.95	29.25
13	2250	6.18	726	37.95	35.75
14	2750	6.18	726	37.95	29.25
15	2250	7.56	726	37.95	29.25
16	2750	7.56	726	37.95	35.75
17	2000	6.87	660	34.50	32.50
18	3000	6.87	660	34.50	32.50
19	2500	5.50	660	34.50	32.50
20	2500	8.24	660	34.50	32.50
21	2500	6.87	528	34.50	32.50

续上表

试验次数	参数取值				
	X_1	X_2	X_3	X_4	X_5
22	2500	6.87	792	34.50	32.50
23	2500	6.87	100	27.60	32.50
24	2500	6.87	660	41.40	32.50
25	2500	6.87	660	34.50	26
26	2500	6.87	660	34.50	39
27	2500	6.87	660	34.50	32.50
28	2500	6.87	660	34.50	32.50
29	2500	6.87	660	34.50	32.50
30	2500	6.87	660	34.50	32.50

根据试验参数的设计,可利用数值分析得到桥梁相应的响应。利用桥梁模态和静力变形为目标来更新桥梁模型,该桥梁结构的前三阶自振频率和静力挠度数值(与上述试验对应的为工况Ⅱ-2的试验加载情形,挠度测点为5~10个)结果分别如表5.6和表5.3所示。响应面函数采取省略交差项的影响的二次多项式,则响应面函数可以表达为矩阵形式:

$$\boldsymbol{R} = \boldsymbol{A}^{\mathrm{T}} \cdot \boldsymbol{X} \tag{5.3}$$

式中:$\boldsymbol{R}$——响应向量;

$\boldsymbol{X}$——变量向量;

$\boldsymbol{A}$——矩阵系数。

$\boldsymbol{R}$、$\boldsymbol{X}$ 和 $\boldsymbol{A}$ 分别表示如下:

$$\boldsymbol{R} = \begin{pmatrix} R(1) \\ R(2) \\ R(3) \\ R(4) \\ R(5) \\ R(6) \\ R(7) \\ R(8) \end{pmatrix}; \quad \boldsymbol{X} = \begin{pmatrix} 1 \\ X_1 \\ X_2 \\ X_3 \\ X_4 \\ X_5 \\ X_1^2 \\ X_2^2 \\ X_3^2 \\ X_4^2 \\ X_5^2 \end{pmatrix};$$

$$
\boldsymbol{A}=\begin{pmatrix}
6.3412 & 7.8923 & 13.0124 & 4.3278 & 7.4362 & 7.2178 & 23452 & 1.3232 \\
0.8632 & 1.2753 & 0.5632 & -3.2365 & -1.8931 & -0.7623 & -1.5342 & -1.9856 \\
1.2542 & 1.3421 & 2.4563 & -18.3213 & -30.3252 & -2.7841 & -3.3214 & -1.3421 \\
-3.2132 & -3.9867 & -6.9832 & 0.0213 & 0.0213 & 0.0321 & 0.02143 & -0.0431 \\
-0.5329 & 1.0876 & 1.0326 & 9.3271 & 0.7631 & -8.4921 & -4.3109 & 4.3287 \\
-0.4521 & 1.0873 & 0.9421 & -0.3452 & 0.5437 & 0.7651 & 1.7644 & 0.8731 \\
0.9623 & 0.7214 & 1.5032 & -0.04241 & 0.8324 & 1.8632 & 1.5432 & 0.6745 \\
-0.0932 & -0.0986 & -0.2135 & 0.4513 & -0.0873 & -0.3213 & -0.3001 & 0.0321 \\
-0.1003 & -0.0783 & -0.03213 & 0.9832 & 0.0731 & 0.2142 & 0.0764 & 0.0124 \\
0.0723 & -0.0231 & -0.3214 & -1.1435 & -0.4247 & 0.0431 & -0.5431 & -1.1032 \\
-0.0089 & -0.1378 & -0.1489 & -0.02341 & -0.1023 & -0.2008 & -0.2134 & -0.0739
\end{pmatrix}
$$

该桥的前三阶实测模态分别为 1.987、3.012 和 3.663。工况Ⅱ-2 的试验加载情形下，测点 1 ~5 的挠度值分别为 0.3mm、4.7mm、7.2mm、4.5mm 和 0.2mm。根据实测值和数值模拟值可以建立一个目标函数：

$$
F_{\mathrm{obj}}=\sum_{i=0}^{8}\mathrm{coe}\ f(i)\times|R(i)-M(i)|^{2} \tag{5.4}
$$

式中，$R(i)$为根据响应面法计算的响应；$M(i)$为实测值；coe $f(i)$为权重系数，据各系数在函数中的重要性得到，此处取为(1.5　1.5　1.5　1　1　1　1　1)。目标函数可以利用 Matlab中的遗传算法(Genetic Algorithm)工具箱优化。上述五参数的取值范围为：下限为(1500kg/m^3　4kN/m　400MN/m　20GPa　20GPa)，上限为(3000kg/m^3　10kN/m　800MN/m　50GPa　50GPa)。更新后的上述五参数见表 5.11。

更新后参数值与初始值的比较　　表 5.11

参数	X_1(kg/m^3)	X_2(kN/m)	X_3(MN/m)	X_4(GPa)	X_5(GPa)
初始值	2500	6.87	660	34.50	32.50
更新后	2656	6.05	597	36.97	36.36
差值(%)	5.87	-13.55	-10.55	6.68	10.61

由表 5.11 可以看出，主梁和墩的混凝土弹性模量和密度都增加，但橡胶支座的弹性模量减小很大，这可能是由于实际结构橡胶支座的老化或在安装中出现了问题，从而减小了其刚度值。利用所更新的参数计算得到炉坪大桥的前三阶模态以及工况Ⅰ-1 的试验加载测点挠度，见表 5.12。

数值模型和实测值的比较　　表 5.12

响应	第一模态(Hz)	第二模态(Hz)	第三模态(Hz)	测点 5(mm)	测点 6(mm)	测点 7(mm)	测点 8(mm)	测点 9(mm)
实测值	1.987	3.012	3.663	0.30	4.70	7.20	4.50	0.20
有限元值	1.977	3.021	3.678	0.34	4.98	7.18	4.72	0.22
差值(%)	-0.506	0.298	-0.408	11.76	5.622	-0.279	4.661	1.000

5.11　小　　结

本章以湖南邵怀高速公路上一座高墩连续桥(炉坪大桥)为例,分别以该桥的第 3 跨和第 4 跨跨中截面为测试断面,测试了不同车辆加载时的跨中截面处测点的挠度;采用 LXPL-1 型公路连续式八轮平整度仪,测量了桥梁路面的不平度;采用环境振动法测量了该桥的竖向和横向自振频率,并在实测静力挠度和自振频率的基础上,引入响应面法,更新了炉坪大桥有限元模型。本章测试得到以下结论:

(1)主梁挠度的挠度实测值与荷载之间基本接近线性关系,卸载后变形恢复良好,残余变形较小,主梁挠度最大处的残余变形不超过相应最大挠度的 10%,表明结构在所施加荷载下尚处于线弹性范围内工作。

(2)在所有的加载工况中,主梁内的最大拉应变为 74$\mu\varepsilon$,相应可得最大的拉应力为 2.59MPa。尽管主梁内产生了 2.59MPa 的拉应力,但由于梁内具有足够的有效预压应力,使得结构内并无裂缝产生。从应变的测试结果可以看出,结构内各测点的应力及应变与荷载之间基本保持线性关系,而且卸载后残余应力很小,表明结构在所施加荷载的作用下尚处于线弹性范围工作。

(3)利用环境振动法和峰值法识别模态法成功测得了该桥的横向和竖向振动模态,从实测看出该桥的前两阶模态都是面外振动,因此其横向刚度相对较弱,在移动车辆作用下时该桥的面外振动更有可能发生。

(4)响应面法可反映特征量与设计参数之间的关系,利用其代替结构有限元模型,修正过程不依赖于有限元软件,修正结果表明该方法精度高、计算量小,显著提高了修正效率。

(5)高墩连续桥的现场试验和有限元模型更新方法为今后桥梁发展提供了依据,并为后面章节对高墩连续桥在车载作用下的竖向、横向振动的试验与理论对比分析提供了基础。

第 6 章 车辆-高墩连续桥耦合系统振动分析

6.1 引 言

本章在将轮胎与路面之间的面接触引入车-桥耦合模型的基础上,进一步考虑车辆的横向自由度,从而提出一种新的车辆模型来研究移动车辆作用下的桥梁横向振动。车辆轮胎被模拟成一个三维弹簧轮胎模型,轮胎与地面的接触面被模拟成长方形。考虑影响接触面间的横向力大小的三种重要参数(如滑移角、侧偏角、轮胎的 S 形运动),并与炉坪大桥实测数据比较,验证本书的分析模型是否可用于研究桥梁在车辆作用下的横向振动,进而以炉坪大桥和龙潭河特大桥为例,分析接触面积、车速等对桥梁振动的影响,以及高墩连续桥在汽车荷载作用下所受的纵向力和行车舒适性等研究者所关注的问题。

6.2 考虑车辆横向自由度的三维车辆模型

尽管存在于轮胎与路面接触面内的横向相互作用力对车辆振动的影响已经被很多研究者所关注[94-98],但就作者所知,还未发现有相关文献对移动车辆横向作用力导致的桥梁振动有所研究,因此在建立三维车辆模型之前有必要介绍横向力的来源。由于车辆轮胎的变形、驾驶员的行为、路面不平度等,变形后的轮胎胎面轴线与接触地面形成滑移角。滑移角导致了车轮与路面的轨迹不是直线,而是类似 S 形状的曲线。这种轨迹曲线是导致车辆引起桥梁横向振动的原因。基于已有关于车辆轮胎动力学的研究可知,其他重要的参数也是影响车轮与路面横向作用力的因素,如轮胎与路面的滑移率和路面的横向摩擦系数等。

6.2.1 基本的轮胎力学模型

在车辆操纵学中,由于车身的荷载作用使轮胎产生变形等原因,轮胎与接触地面产生滑移角,如图 6.1 所示。滑移角可以定义为轮胎前进方向与轮胎实际变形方向之间的夹角。滑移角使得轮胎与路面的接触轨迹类似 S 形,如图 6.2 所示。图 6.3 详细显示了轮胎接触面的横向力的由来。

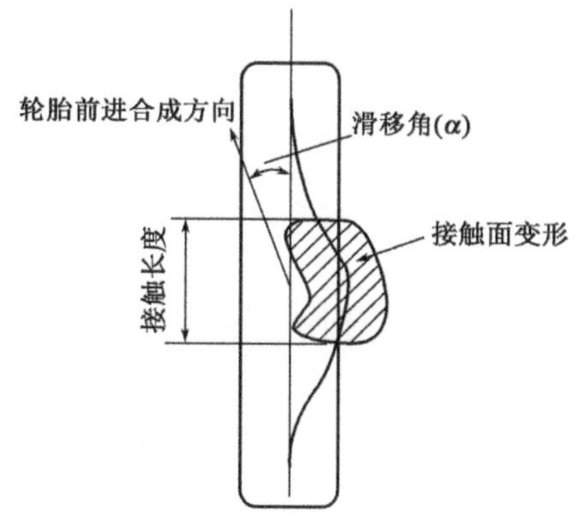

图 6.1　轮胎接触面的变形

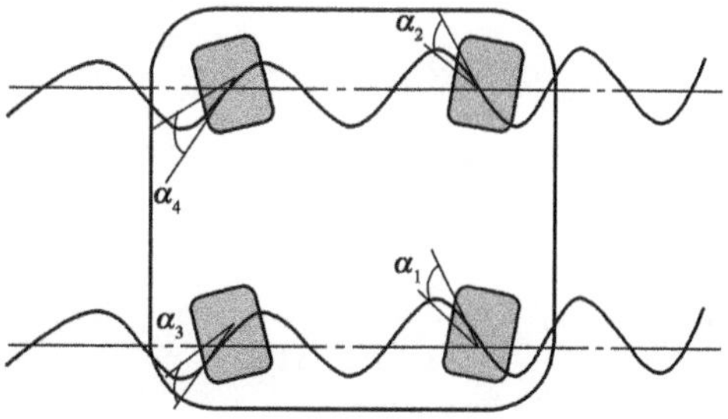

图 6.2　车辆绕 S 形行驶(α_1 ~ α_4 为滑移角)

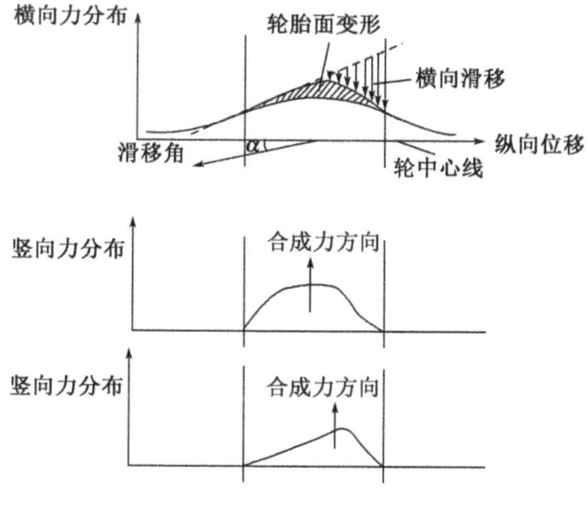

图 6.3　轮胎横向变形产生的横向等效力示意图

6.2.2　充气轮胎模型

关于充气轮胎模型的研究可以追溯到 20 世纪 30 年代 Bradley、Allen[99]开始研究汽车的动力特性。此后许多研究者都分析了当汽车为匀速或变速运动时轮胎的动力特性[94-98]。从他们的研究中可以发现,汽车轮胎可以模拟成三维轮胎模型,轮胎与地面的接触面可以模拟成长方形。

在分析车-桥耦合模型时,轮胎模型总是不可避免地被简化。按分析目的不同,轮胎模型简化程度也不一样。当仅关心桥梁的竖向挠度时,研究者常常将轮胎简化为竖向弹簧装置,其与地面接触模拟为点接触。由第 6 章可知这种点接触给数值模拟带来较大的误差,且不能用来传递接触面间的横向力。本节主要关注的是桥梁的横向振动,所以这种点接触模型已不再适用。由上述充气轮胎的动力特性及第 6 章的面接触模型可知,本书的轮胎模型可以考虑为三维弹簧轮胎模型且其接触面为长方形,如图 6.4 所示。

6.2.3 轮胎接触面处的相互作用力

图6.5所示为三维车轮模型竖向变形模型,接触面 x 处竖向变形可以表示为:

$$U_{tzx} = \left\{ z_a + \frac{s_1}{2}\phi_a - [-r_z(x)] + \delta - R(1 - \cos\theta) - z_{bx\_contact} \right\} / \cos\theta \tag{6.1}$$

式中,$\cos\theta = \dfrac{R-\delta}{\sqrt{x^2+(R-\delta)^2}}$。轮胎变形 U_{tzx} 是轴竖向位移 z_a、轴的翻滚位移 ϕ_a、路面不平度 $r_z(x)$、轮胎半径 R、轮胎由于自重的变形 δ 和桥梁在轮胎 x 处位移 $z_{bx\_contact}$ 的函数。

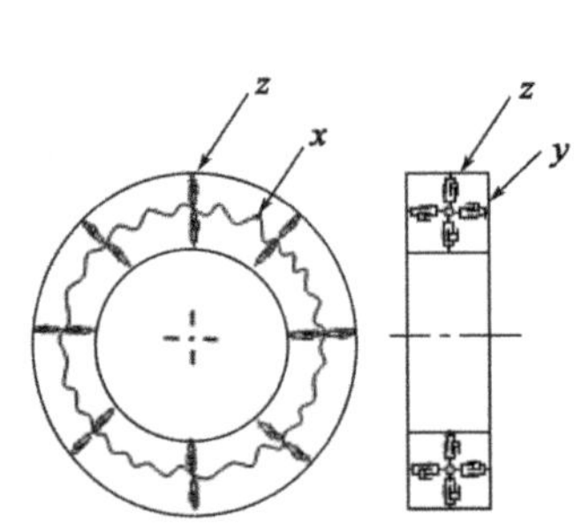

图6.4 三维弹簧轮胎模型
x-纵向轮胎等效弹簧;y-横向轮胎等效弹簧;
z-径向轮胎等效弹簧

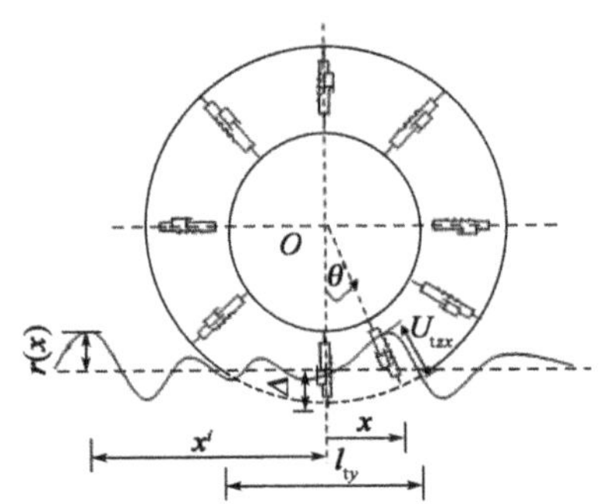

图6.5 轮胎与地面接触处的竖向变形示意图

因此,接触面范围内的竖向相互作用力可以写为:

$$F_{tz} = \int_{-l_{tr}/2}^{l_{tr}/2} k_{tz} U_{tzx} \cos\theta \mathrm{d}x \tag{6.2}$$

$$F_{dtz} = \int_{-l_{tr}/2}^{l_{tr}/2} c_{tz} \dot{U}_{tzx} \cos\theta \mathrm{d}x \tag{6.3}$$

竖向接触力可以表达为:

$$F_{vb} = -F_{tz} - F_{dtz} \tag{6.4}$$

由已有文献[94]~[98]可知,轮胎接触面处的横向力为由轮胎滑移角 α、侧偏角 γ 和轮胎S形运动引起的横向分力组成。这三个分力可以表示为:

由滑移角 α 引起的分力为 $F_{y\alpha}$,由侧偏角 γ 引起的分力为 $F_{y\gamma}$,由轮胎作类似S形运动引起的分力为 F_{ys}。因此,接触面处的横向力可以表示为:

$$F_y = F_{y\alpha} + F_{y\gamma} + F_{ys} \tag{6.5}$$

$$F_{y\alpha} = -\operatorname{sign}(\alpha) \cdot \left[C_\alpha S_\alpha l_n^2 + \left(\mu_y - \frac{C_\gamma S_\gamma}{F_{vb}} \right) F_z (1 - 3l_n^2 + 2l_n^3) \right] \tag{6.6}$$

$$F_{y\gamma} = -\operatorname{sign}(\gamma) \cdot C_\gamma S_\gamma \tag{6.7}$$

式中,C_α 是轮胎的滑移刚度;S_α 是轮胎的滑移率,可以定义为:

$$S_\alpha = \begin{cases} |\tan\alpha|, & \text{制动时} \\ (1-s)|\tan\alpha| \quad (0 < s \leqslant 1), & \text{行驶时} \end{cases}$$

其中,l_n 为一无量纲长度,可以定义为 $l_n = l_\alpha / l_{ty}$。式中的 l_α 是接触面内的车轮与地面的粘附区长度。μ_y是车轮滑移时的横向摩擦系数。F_z是车轮受到的竖向作用力,在车-桥耦合模型中,其等于 $-F_{vb}$,C_γ是产生侧偏角的刚度,$S_\gamma = |\sin\gamma|$。根据文献[94-98],一般轮胎的滑移角取值范围为 $-10° \sim 10°$,侧偏角范围为 $-8° \sim 8°$。

轮胎作S形运动,并与桥梁横向动挠度耦合的横向分力可以写成:

$$F_{ys} = [k_{ty}(y_\alpha + y_{ts} - y_{bx\text{-}contact}) + c_{ty}(\dot{y}_\alpha + \dot{y}_{ts} - \dot{y}_{bx\_contact})] \tag{6.8}$$

式中:k_{ty}、c_{ty}——轮胎横向刚度系数和阻尼系数;

y_α——车轴的横向位移;

y_{ts}——轮胎作S形运动时的横向位移;

$y_{bx\_contact}$——轮胎接触位置 x 处的横向挠度。

由于精确模拟车轮S形轨迹是很难的,在本书模型中该路径轨迹被模拟成具有随机振幅值和随机相位的三角函数,可以表示为:

$$y_{ts}(x) = A_s \sin\left(\frac{2\pi x}{L_s} + \varphi_s\right) \tag{6.9}$$

式中:A_s——随机振幅,幅值服从2.5~5mm之间的均匀随机分布;

L_s——波长,服从6.65~15.7m之间的均匀随机分布;

φ_s——初始相位角,服从0~2π之间的均匀随机分布。

6.2.4 数值计算车辆模型

本书模型采用十二自由度的车辆模型,如图6.6所示,相关的自由度为竖向自由度(z_t)、横向自由度(y_t)、车身的点头运动(θ_t)、车身的摇头运动(ϕ_t)、悬架的竖向位移(分别为 z_a^1、z_a^2、z_a^3 和 z_a^4)、悬架的横向位移(y_a^1、y_a^2、y_a^3 和 y_a^4)。轮胎模拟成三维模型,如图6.4所示。各轴重已经考虑了轮胎质量。

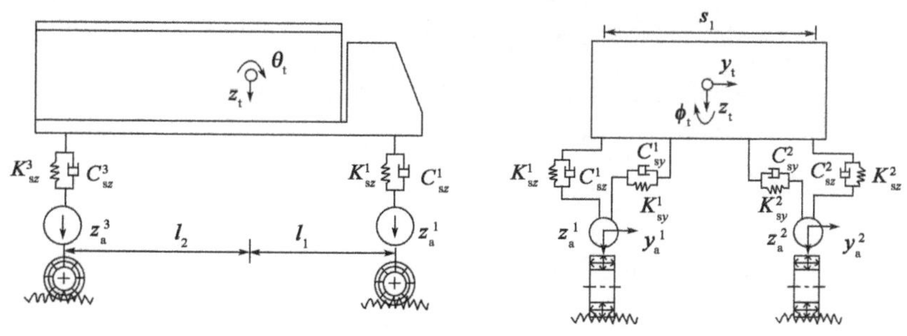

图6.6 三维车辆模型

各轴悬架的竖向位移为：

$$U_{sz}^1 = (z_t - z_a^1) + \frac{s_1}{2}\phi_t + l_1\theta_t \tag{6.10}$$

$$U_{sz}^2 = (z_t - z_a^2) - \frac{s_1}{2}\phi_t + l_1\theta_t \tag{6.11}$$

$$U_{sz}^3 = (z_t - z_a^3) + \frac{s_1}{2}\phi_t - l_2\theta_t \tag{6.12}$$

$$U_{sz}^4 = (z_t - z_a^4) - \frac{s_1}{2}\phi_t - l_2\theta_t \tag{6.13}$$

各轴悬架竖向弹性力和阻尼力可以表示为：

$$F_{sz}^i = K_{sz}^i U_{sz}^i \tag{6.14}$$

$$F_{dsz}^i = C_{sz}^i \dot{U}_{sz}^i \quad (i = 1,2,3,4) \tag{6.15}$$

各轴悬架横向位移为：

$$U_{sy}^i = y_t - y_a^i \quad (i = 1,2,3,4) \tag{6.16}$$

各轴悬架横向力可以表示为：

$$F_{sy}^i = K_{sy}^i \cdot U_{sy}^i \tag{6.17}$$

$$F_{dsy}^i = C_{sy}^i \cdot \dot{U}_{sy}^i \tag{6.18}$$

车辆的运动方程可以表示为：

$$m_t\ddot{z}_t + (F_{sz}^1 + F_{sz}^2 + F_{sz}^3 + F_{sz}^4) + (F_{dsz}^1 + F_{dsz}^2 + F_{dsz}^3 + F_{dsz}^4) = m_t g \tag{6.19}$$

$$m_t\ddot{y}_t + F_{sy}^1 + F_{sy}^2 + F_{sy}^3 + F_{sy}^4 + F_{dsy}^1 + F_{dsy}^2 + F_{dsy}^3 + F_{dsy}^4 = 0 \tag{6.20}$$

$$\begin{aligned} I_{xt}\ddot{\phi}_t &+ \frac{s_1}{2}(F_{sz}^1 - F_{sz}^2) + \frac{s_1}{2}(F_{sz}^3 - F_{sz}^4) + \\ &\frac{s_1}{2}(F_{dsz}^1 - F_{dsz}^2) + \frac{s_1}{2}(F_{dsz}^3 - F_{dsz}^4) = 0 \end{aligned} \tag{6.21}$$

$$\begin{aligned} I_{zt}\ddot{\theta}_t &+ l_1(F_{sz}^1 + F_{sz}^2) - l_2(F_{sz}^3 + F_{sz}^4) + \\ &l_1(F_{dsz}^1 + F_{dsz}^2) - l_2(F_{dsz}^3 + F_{dsz}^4) = 0 \end{aligned} \tag{6.22}$$

$$m_{a1}\ddot{z}_a^1 - F_{sz}^1 + F_{tz}^1 - F_{dsz}^1 + F_{dtz}^1 = m_{a1}g \tag{6.23}$$

$$m_{a1}\ddot{y}_a^1 - F_{dsy}^1 - F_{sy}^1 + F_y^1 = 0 \tag{6.24}$$

$$m_{a1}\ddot{z}_a^2 - F_{sz}^2 + F_{tz}^2 - F_{dsz}^2 + F_{dtz}^2 = m_{a2}g \tag{6.25}$$

$$m_{a2}\ddot{y}_a^2 - F_{dsy}^2 - F_{sy}^2 + F_y^2 = 0 \tag{6.26}$$

$$m_{a3}\ddot{z}_a^3 - F_{sz}^3 + F_{tz}^3 - F_{dsz}^3 + F_{dtz}^3 = m_{a3}g \tag{6.27}$$

$$m_{a3}\ddot{y}_a^3 - F_{dsy}^3 - F_{sy}^3 + F_y^3 = 0 \tag{6.28}$$

$$m_{a4}\ddot{z}_a^4 - F_{sz}^4 + F_{tz}^4 - F_{dsz}^4 + F_{dtz}^4 = m_{a4}g \tag{6.29}$$

$$m_{a4}\ddot{y}_a^4 - F_{dsy}^4 - F_{sy}^4 + F_y^4 = 0 \tag{6.30}$$

式(6.19)~式(6.30)可以表示为矩阵形式：

$$\boldsymbol{M}_v\ddot{\boldsymbol{U}}_v + \boldsymbol{C}_v\dot{\boldsymbol{U}}_v + \boldsymbol{K}_v\boldsymbol{U}_v = \boldsymbol{F}_G + \boldsymbol{F}_{vb} \tag{6.31}$$

式中：$\boldsymbol{M}_v$、$\boldsymbol{C}_v$ 和 $\boldsymbol{K}_v$——分别是车辆的质量矩阵、阻尼矩阵和刚度矩阵；

$\boldsymbol{U}_v$——位移向量；

$\boldsymbol{F}_G$——车身自重力向量；

$\boldsymbol{F}_{vb}$——接触面对车轮的作用力向量。

6.2.5 桥梁运动方程

$$\boldsymbol{M}_b\ddot{\boldsymbol{U}}_b + \boldsymbol{C}_b\dot{\boldsymbol{U}}_b + \boldsymbol{K}_b\boldsymbol{U}_b = \boldsymbol{F}_{bv} \tag{6.32}$$

式中：$\boldsymbol{M}_b$、$\boldsymbol{C}_b$ 和 $\boldsymbol{K}_b$——桥梁的质量矩阵、阻尼矩阵和刚度矩阵；

$\boldsymbol{U}_b$——桥梁的位移向量；

$\boldsymbol{F}_{bv}$——移动车辆作用下的外荷载。

6.3 路面不平度函数

在对桥梁进行动力分析时，路面状况起着重要的作用，它对车辆和桥梁的动力响应都将产生影响。关于路面不平度的研究，各国学者做过大量的测试和分析。本节将路面不平度作为空间频率函数，视为零均值的平稳随机过程。通过傅里叶变换，应用三角级数模拟得到路面不平度函数 $r(x)$：

$$r(x) = \sum_{i=1}^{N}\sqrt{4G_d(n)\Delta n}\cos(2\pi n_i x + \theta_i) \tag{6.33}$$

其中，$G_d(n) = G_d(n_0)n_0^2/n^2$，$n$ 为空间频率，$n_0 = 0.1\text{m}^{-1}$ 是标准空间频率，$G_d(n_0)$ 为路面不平度；θ_i 为 0 ~ 2π 之间均匀分布的随机数。

6.4 车辆与桥梁相互耦合运动方程的建立

运用接触面间的力与位移的相互协调关系，其耦合方程可以建立如下：

$$\begin{bmatrix} M_b & \\ & M_v^N \end{bmatrix}\begin{Bmatrix} \ddot{U}_b \\ \ddot{U}_v \end{Bmatrix} + \begin{bmatrix} C_b + C_{bb} & -C_{bv} \\ -C_{vb} & C_v^N + C_{vv}^N \end{bmatrix}\begin{Bmatrix} \dot{U}_b \\ \dot{U}_v \end{Bmatrix} +$$

$$\begin{bmatrix} K_b + K_{bvb} + K_{bcb} & -K_{bv} \\ -K_{vb} - K_{vcb} & K_v^N + K_{vv}^N \end{bmatrix}\begin{Bmatrix} U_b \\ U_v \end{Bmatrix} = \begin{Bmatrix} F_{br} + F_{bcr} \\ -F_{vr} - F_{vcr} + F_G^N \end{Bmatrix} \tag{6.34}$$

6.5 高墩连续桥测试样本的描述

现在越来越多的高墩连续桥建造在山区。这类桥梁有一个特点——由于高墩的横向振动使其横向刚度相对较弱。因此,在外力的作用下,其横向振动有可能尤其明显。虽然这种横向振动可能不会影响桥梁的安全性,但会给乘客带来不安全的感觉,甚至可能影响行车的舒适性。因此,对这类桥梁在移动车辆作用下的横向振动的研究是有必要的。本节测试样本为炉坪大桥,该桥位于湖南省内,是邵怀高速公路中一座典型高墩连续桥。该桥的侧面图和截面图如图 6.7 所示。

a)炉坪大桥侧面图

b)炉坪大桥横截面图

图 6.7 炉坪大桥(尺寸单位:cm)

6.6 数值分析及验证

6.6.1 面接触尺寸对桥梁振动的影响

为分析面接触对桥梁振动的影响并验证本模型的正确性,图 6.8 给出了一个典型的实例,即一单跨简支梁上作用一移动振动系统。该模型已被大多数学者分析过,如 Yang[14] 等。本书研究的主要区别在于将其轮胎模型修改成二维轮胎模型,轮胎与路面接触为面接触,而不是点接触。该梁的参数为：梁的弹性模量 $E=2.87\text{GPa}$，惯性矩 $I=2.90\text{m}^4$，梁的单位长度密度 $m=2303\text{kg/m}$，跨长 $L=25\text{m}$。

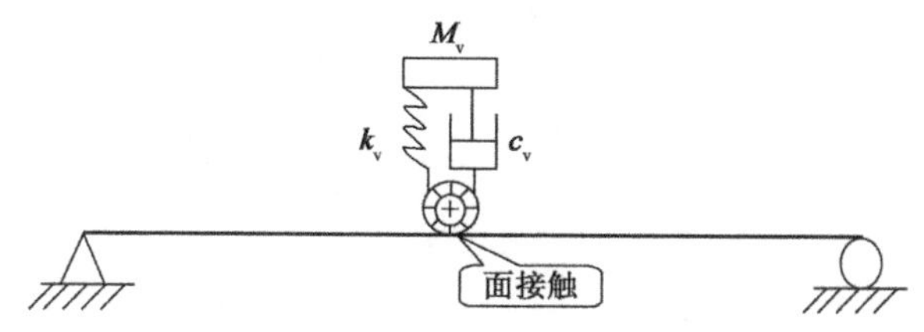

图6.8 移动振动系统作用下的单跨梁模型

由文献[93]可知，接触面尺寸的大小取决于轮胎的类型和车身荷载的大小，并且与轮胎的变形是几何相关的。因此，接触面对跨中挠度的影响也同时反映了轮胎变形对梁跨中挠度的影响。由文献[93]可知，轮胎刚度和阻尼分别为 $k_{ty}=44456\text{N/m}$ 和 $c_{ty}=1100\text{N}\cdot\text{s/m}$。接触面是尺寸为 116mm×235mm 的矩形，其中 116mm 为接触面的长度，235mm 为轮胎的宽度。为对接触面的尺寸进行参数分析，将接触面长度 l_{ty} 分为三种：$l_{ty}=0\text{mm}$、$l_{ty}=116\text{mm}$ 和 $l_{ty}=2\times116\text{mm}$。

图6.9所示为当移动荷载速度 $v=100\text{km/h}$ 时，轮胎与路面接触面尺寸对跨中挠度的影响。由图可见，当 $l_{ty}=0\text{mm}$ 时，梁跨中挠度值与文献[84]中将接触简化为点接触所得到的响应值相同，说明当 $l_{ty}=0\text{mm}$ 时，面接触可以简化为点接触，且本书的计算程序是值得信赖的。比较图6.9a）和图6.9d）发现，当路面比较光滑时，点接触与面接触对梁的振动影响是很小的，此时面接触可以简化为点接触；随着路面由B级变为D级，面接触与点接触对梁跨中挠度的影响就较大，此时面接触就不能简化为点接触，点接触会使梁的挠度值增大，如当路面等级为D级时，面接触（$l_{ty}=116\text{mm}$）对应的挠度最大值为3.67mm，而点接触对应的挠度最大值为4.39mm，是面接触所对应挠度的1.2倍，这也许是已有文献中所得的理论值常常大于试验值的主要原因之一。

6.6.2 轮胎刚度和阻尼对桥梁振动的影响

车辆悬架系统对桥梁动挠度的影响已被很多研究者分析过，但对轮胎刚度和阻尼影响的研究较少。因此，下面通过变化轮胎刚度系数和阻尼系数来分析其对桥梁跨中挠度的影响。图6.10所示为轮胎刚度分别为 $0.2k_{ty}$、k_{ty} 和 $2k_{ty}$ 时，轮胎刚度对桥梁跨中挠度的影响。由图6.10可知，跨中挠度随着轮胎刚度增加有增大的趋势，增加的程度随着路面不平度增大而增大。当轮胎刚度由 $0.2k_{ty}$ 增加到 $2k_{ty}$ 且路面等级由B级变化到D级时，跨中挠度增加的幅度由2.9%变到12.67%。

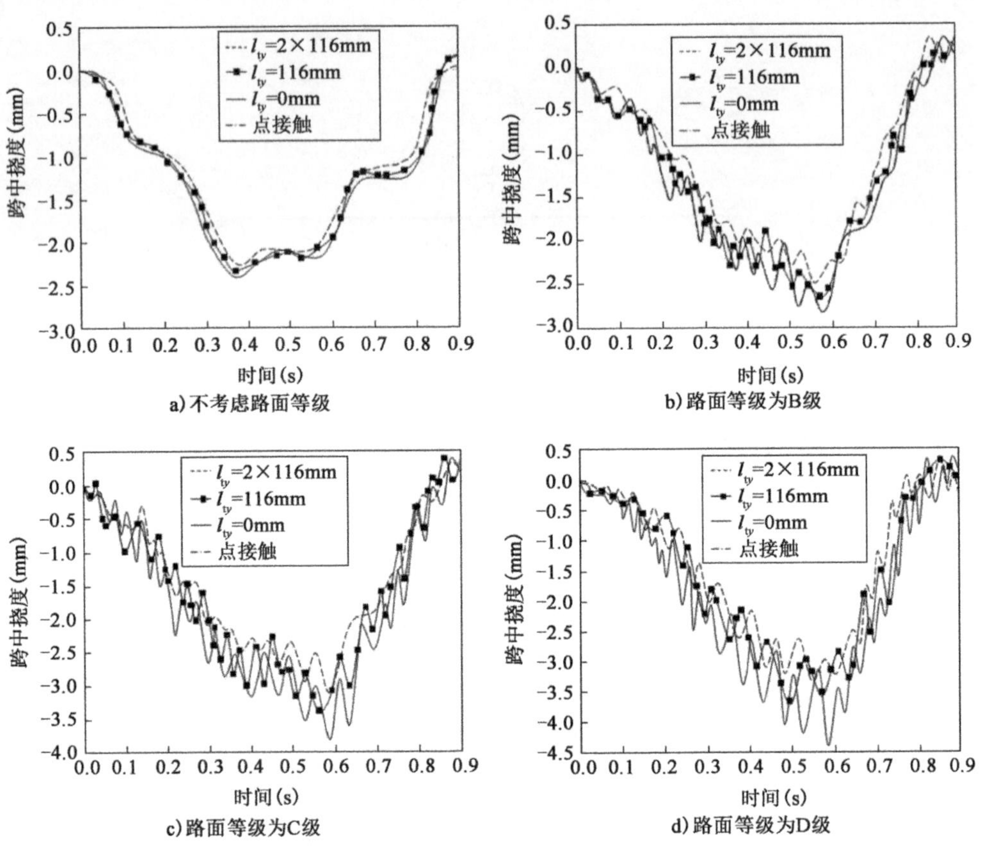

a) 不考虑路面等级

b) 路面等级为B级

c) 路面等级为C级

d) 路面等级为D级

图 6.9 简支梁跨中挠度

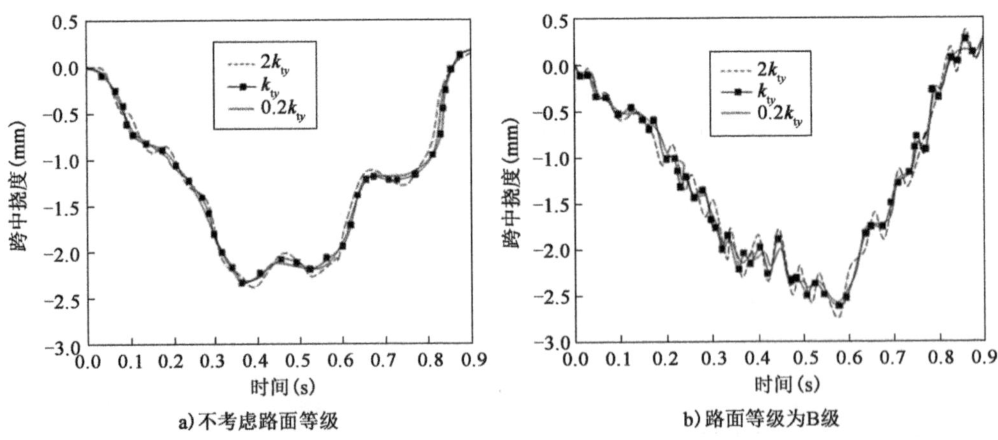

a) 不考虑路面等级

b) 路面等级为B级

图 6.10

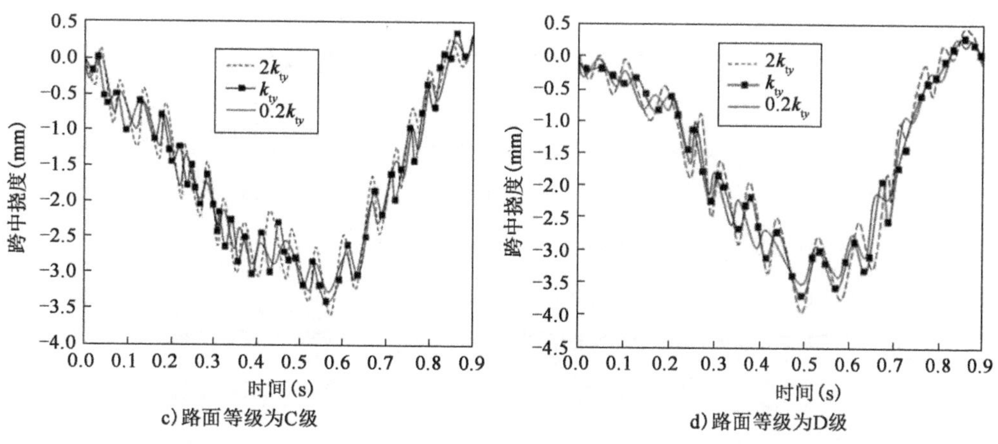

图6.10 轮胎刚度的影响

同样,三种轮胎阻尼系数 $0.2c_{ty}$、c_{ty} 和 $2c_{ty}$ 被用来分析车轮阻尼系数对桥梁跨中挠度的影响。如图6.11所示,梁跨中竖向挠度随轮胎阻尼系数增加而有减小的趋势。当阻尼系数由 $0.2c_{ty}$ 增加到 $2c_{ty}$ 且路面平整度由等级B变化到等级D时,跨中挠度减小的幅度由3.11%变到11.16%。

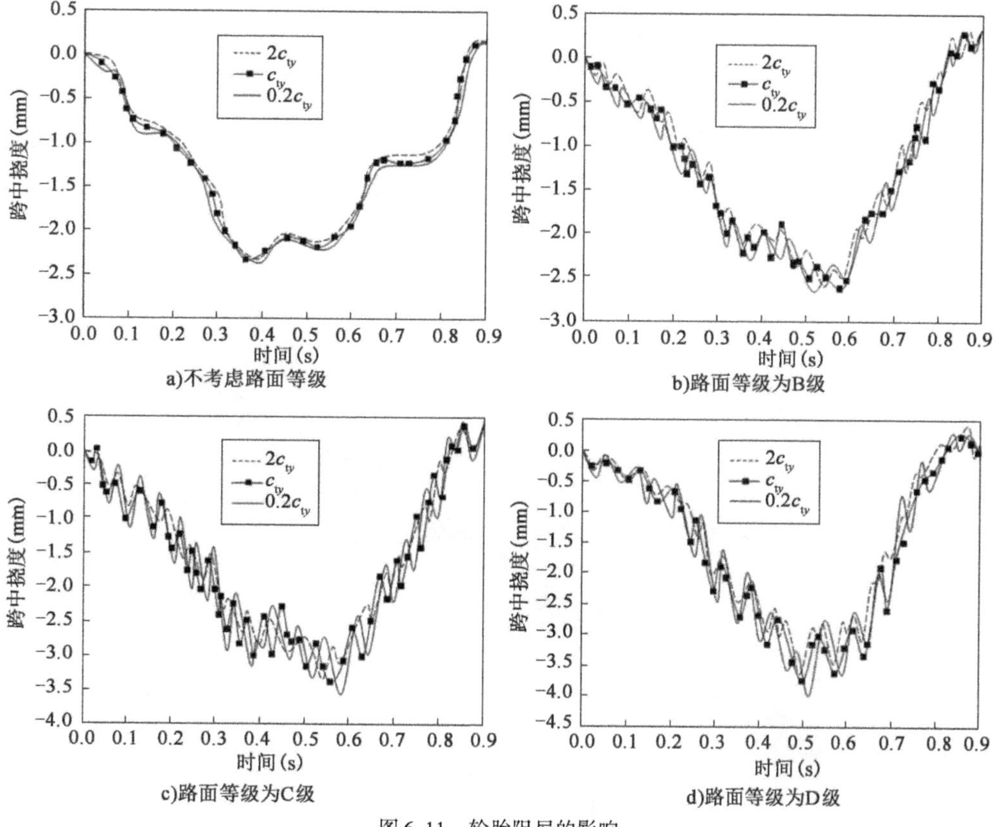

图6.11 轮胎阻尼的影响

6.7 炉坪大桥数值分析及验证

桥梁的动力试验如第5章所述,下面仅作简短说明。炉坪大桥是邵阳到怀化高速公路上的一座高墩连续桥,位于湖南炉坪镇。该桥是7跨刚构连续梁桥,每跨长40m,由5片T梁组成。图6.12所示为该桥的侧面图和横截面。图6.13所示为用有限元软件建立的该桥模型,具体的建立和模型更新方法如第5章所述。

a) 炉坪大桥侧面图

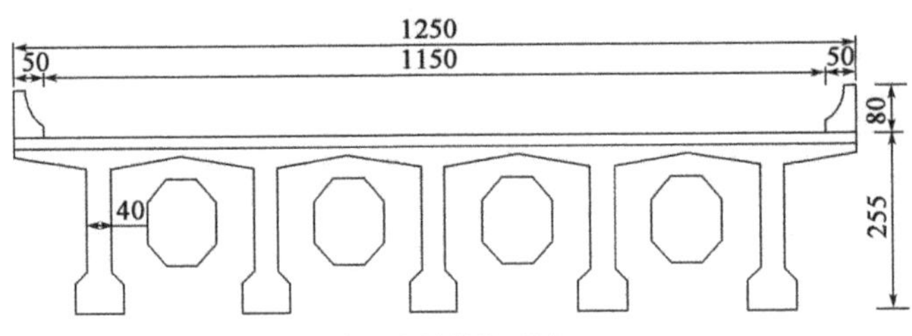

b) 炉坪大桥横截面图

图6.12 炉坪大桥(尺寸单位:cm)

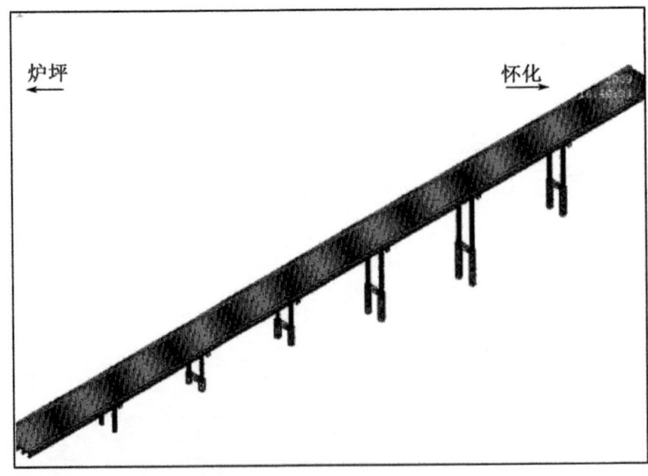

图6.13 炉坪大桥有限元模型

该桥的模态试验采用环境振动测试法，具体的测试方法在第 5 章中已介绍，下面给出模型更新后的竖向振动频率(表 6.1)。

炉坪大桥有限元模型更新后计算的竖向振动频率实测值与计算值的比较 表 6.1

竖向振动频率	第一阶	第二阶	第三阶
实测值(Hz)	3.663	4.689	6.010
计算值(Hz)	3.678	4.775	6.162
差值(%)	-0.408	1.801	2.467

车辆模型参数是理论模拟结果与现场试验结果相差较大的主要原因之一。因此，在试验中测量了试验车辆一些参数，如各轴重、车身及各轴尺寸、车轮与地面接触面积。而车辆悬架系统的弹簧刚度系数和阻尼系数、车轮模型的刚度系数和阻尼系数都是参考已有文献[93](表 6.2)，这是后面本书理论计算结果不能与实际测量结果很好地相符主要原因之一。

车 辆 参 数 表 6.2

车身质量 m_t	28054kg
车身点头运动的惯性量 I_{zt}	172160kg · m^2
车身摇头运动的惯性量 I_{xt}	61496kg · m^2
前轴质量 m_{a1}	1415kg
前轴摇头运动的惯性量 I_{xa1}	2260kg · m^2
后轴质量 m_{a2}	2834kg
后轴摇头运动的惯性量 I_{xa2}	2260kg · m^2
前轴悬架弹性系统的刚度 K_{sy}^1、K_{sy}^2	242604N/m
前轴悬架弹性系统的阻尼 D_{sy}^1、D_{sy}^2	2190N · s/m
后轴悬架弹性系统的刚度 K_{sy}^3、K_{sy}^4	1903172N/m
后轴悬架弹性系统的阻尼 D_{sy}^3、D_{sy}^4	7882N · s/m
轮胎模型径向刚度 k_{ty}	266670N/m
轮胎模型径向阻尼 c_{ty}	1900N · s/m
接触面长度	350mm
接触面宽度	250mm
前后轴间距 l_1	4.85m
前轴与车身质心间距 l_2	3.73m
后轴与车身质心间距 l_3	1.12m
左右轴间距 s_1、s_2	2.40m

6.8 炉坪大桥数值分析与测试结果的比较

6.8.1 不同车速的影响

为测试不同速度对桥梁跨中挠度的影响,下面4种速度被用到:20km/h、40km/h、60km/h和80km/h。图6.14比较了在这4种工况时梁跨中挠度的理论计算值和现场测试值。结果显示,虽然理论值和现场测试值在同一时刻并不是很吻合,但是理论值和测试值随时间变化的趋势是一致的;分别比较面接触和点接触两种模型所对应的计算值与实测值,发现面接触模型更能准确地模拟移动车载作用下的梁跨中挠度响应。理论值与现场测试结果误差产生的主要原因可能为:①虽然本书所用的桥梁模型经合理更新过,但是仍很难和实际的桥梁相匹配;同样,车辆模型中悬架和车轮的刚度和阻尼系数也是带来误差的主要原因之一;②试验控制车轮按所规定的轨迹运行时也会带来一定的误差。

6.8.2 运行车辆数目的影响

通常不止一辆车在桥上运行,为测试这种情形,需用到两辆车且分两种工况:第一种为这两辆车行驶在同一车道,前后相差10m且车辆运行速度为40m/h;第二种工况为这两辆车分别行驶在两个不同的车道,前后也相差10m。图6.15比较了这两种情形下数值模拟结果和试验数据。结果表明,数值模拟结果和试验数据吻合得较好,车辆数目的变化并不会影响数值模拟的精度。

6.8.3 跳车的影响

模拟车辆跳车对桥梁挠度的影响是很复杂的,因为要反映出从跳起到着地的物理过程是很不容易的。根据已有文献[93]可知,如果换一个角度,从路面不平度来考虑该问题,就会比较容易解决。将引起车轮跳起原因的物体尺寸(如木块高度)考虑在路面不平度内,这样就可以近似地模拟车辆跳车对桥梁跨中挠度的影响。本书也用此方法来考虑跳车的影响。此时的路面不平度如图5.16c)和图5.16d)所示。当车速为40km/h时且分别从两种不同高度的木块(25mm和50mm)驶过时,梁跨中挠度曲线的实测值与计算值如图6.16所示。结果显示,点接触比面接触会带来更大的误差。如当木块高度为50mm时,点接触对应最大值为实测值的1.3倍,而面接触对应挠度最大值为实测值的1.06倍,因此本书的模型与实测值吻合得较好。

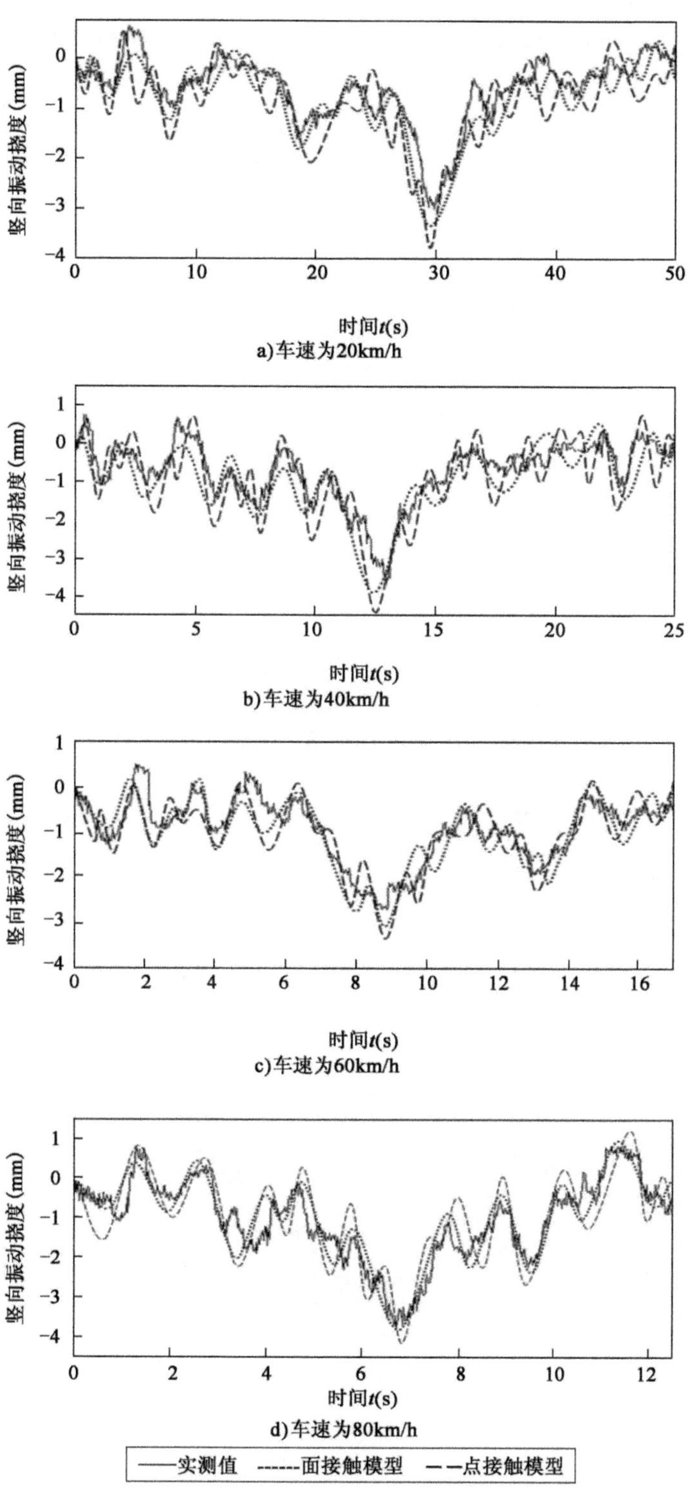

图 6.14 跨中竖向挠度计算值与测量值的比较

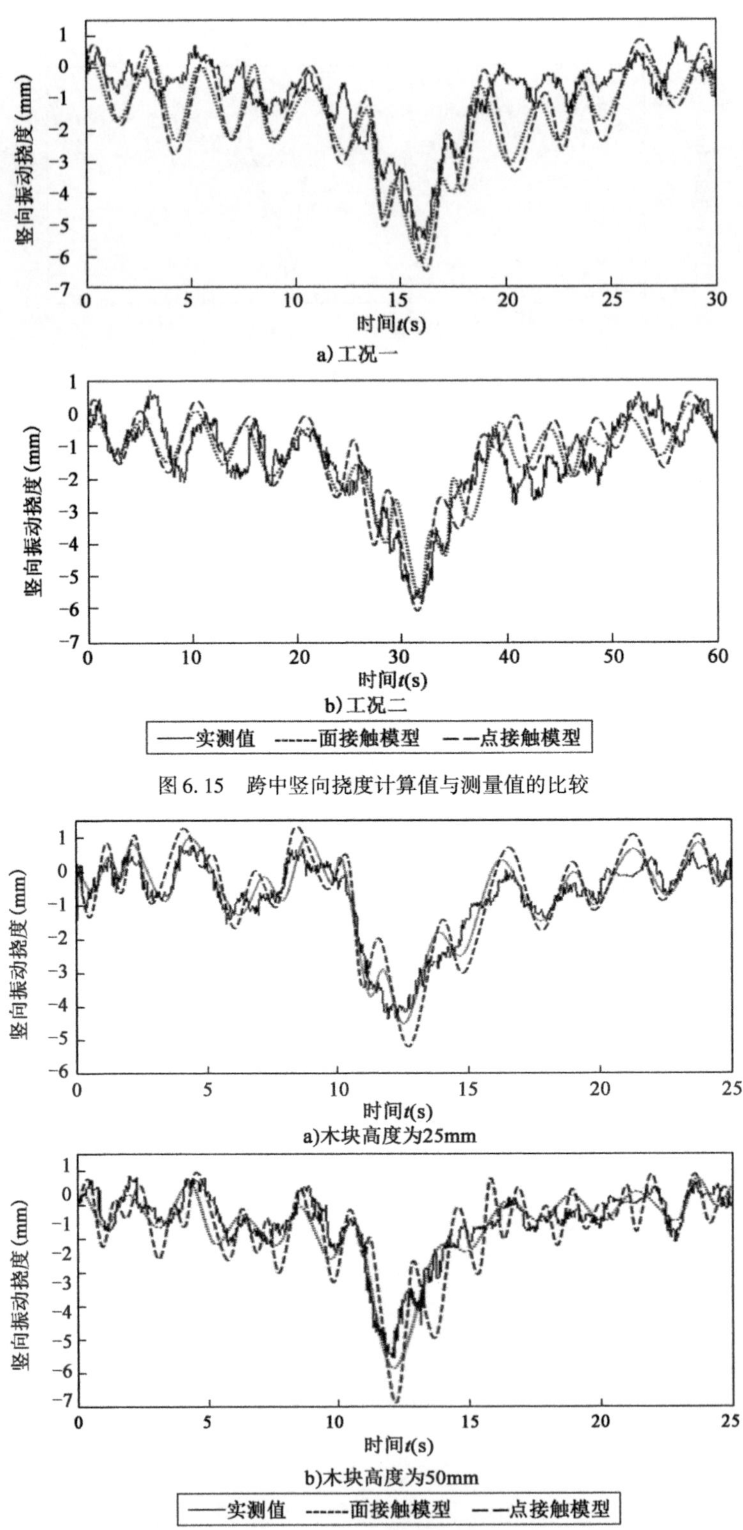

图 6.15 跨中竖向挠度计算值与测量值的比较

图 6.16 跳车作用时跨中竖向挠度计算值与测量值的比较

6.9 炉坪大桥车辆振响应数值分析及与测试结果的比较

6.9.1 炉坪大桥竖向振动响应分析

图 6.17 比较了桥梁动态响应的实测值与计算值。从图中可以看出，桥梁竖向动挠度和加速度时程曲线的计算值和实测值吻合得较好，尽管局部值吻合较差，但整体的变化趋势吻合得很好。局部值差别较大可以解释为：①尽管计算的桥梁模型在第 5 章已经更新，且车辆模型数据采取的是实测值或已有文献的结果，但计算中的桥梁模型与车辆模型很难与实际桥梁和测试车吻合；②在实测桥梁的动力响应时，人为误差和控制车辆的运行路线的不确定性也给试验结果带来了误差。

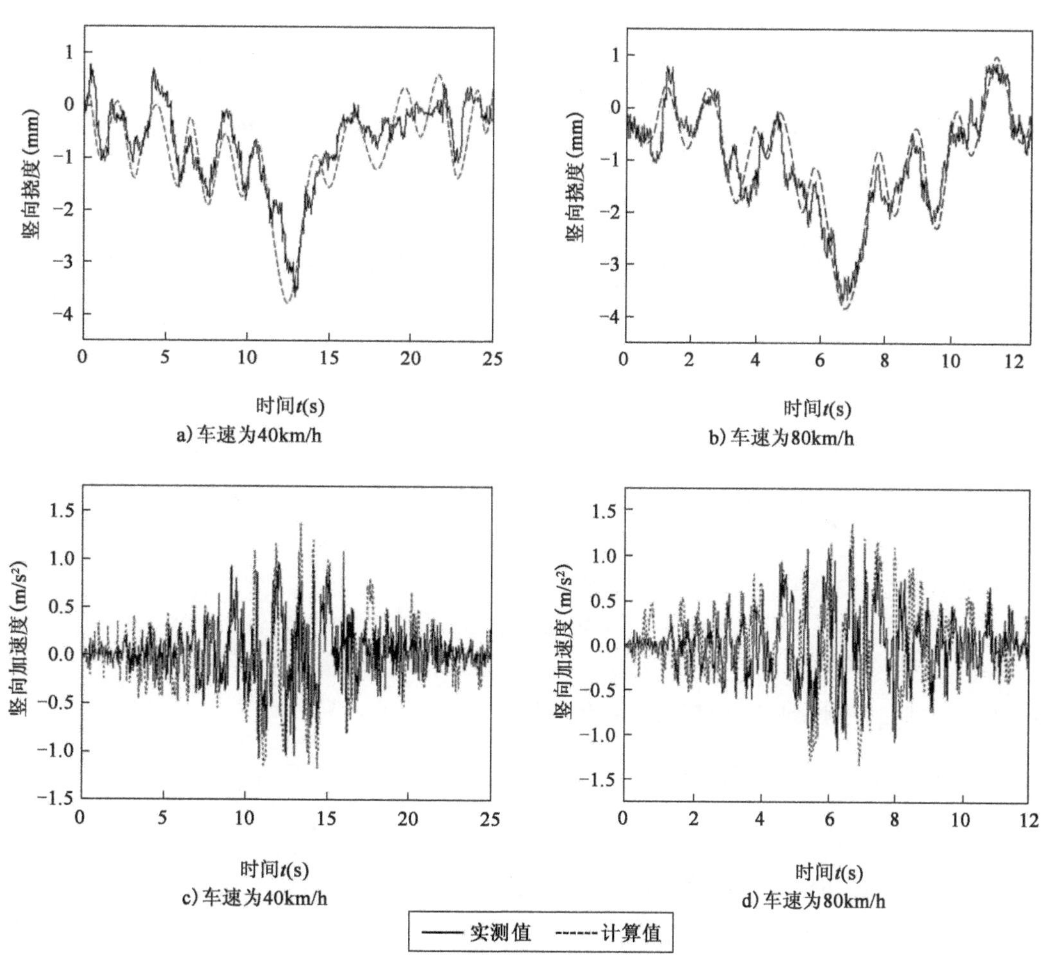

图 6.17 炉坪大桥跨中竖向挠度和加速度测量值与计算值的比较

6.9.2 炉坪大桥横向振动响应分析

图6.18比较了测试跨跨中横向振动挠度与加速度响应的实测值和计算值。从图中可以看出,尽管计算值要大于实测值,但总体随时间变化的趋势吻合得较好;当车速为80km/h时,最大的测试跨跨中挠度和加速度值分别可达到1.26mm和0.48m/s^2。因此,横向振动是不能忽略的。

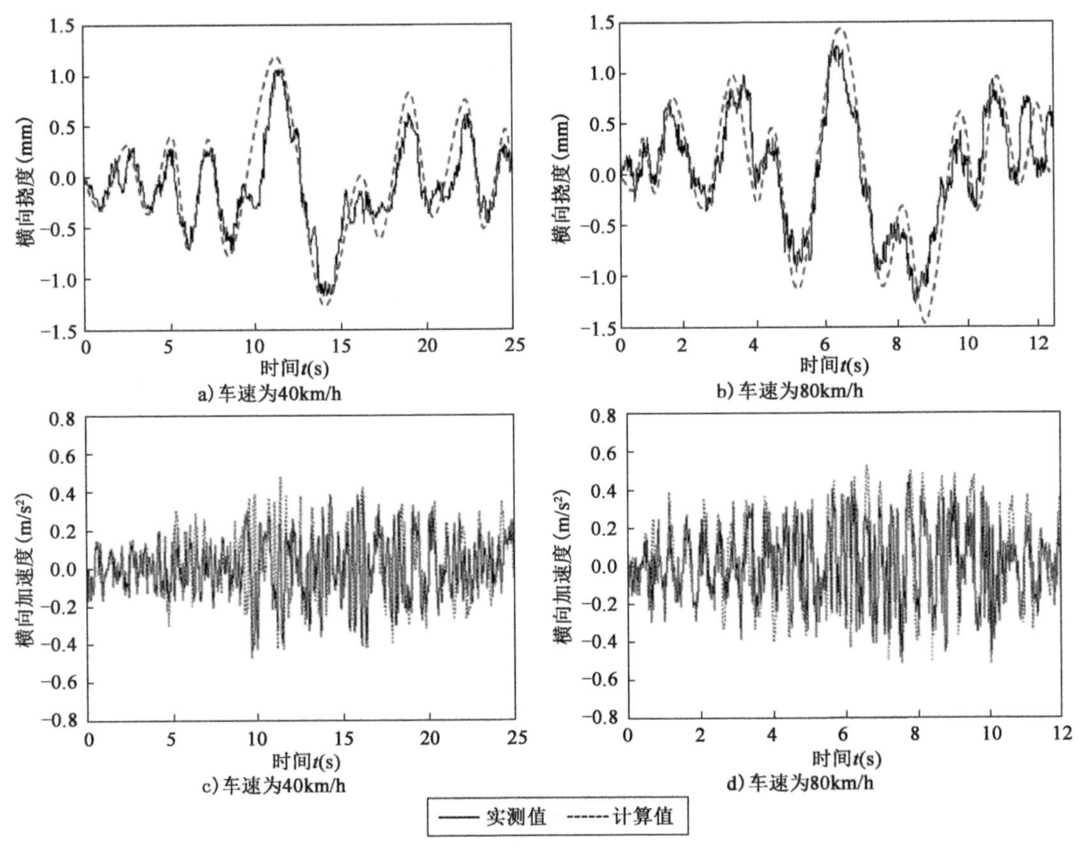

图6.18 炉坪大桥跨中横向挠度和加速度测量值与计算值的比较

6.9.3 跳车时炉坪大桥横向振动分析

为分析跳车时测试跨中的横向挠度的响应问题,将两种不同尺寸的木块(木块-Ⅰ和木块-Ⅱ,具体尺寸见第5章所述)分别置于第3跨的末端。车辆以40km/h的车速通过全桥。图6.19比较了跳车作用下的测试跨跨中横向挠度和加速度值的时程曲线。从图中可以看出,实测值和计算值吻合得较好,计算模型同样可用来模拟桥梁在跳车作用时的动力响应问题。比较图6.19和图6.18a)可以发现,车辆的跳车作用会加大桥梁的横向动力响应。

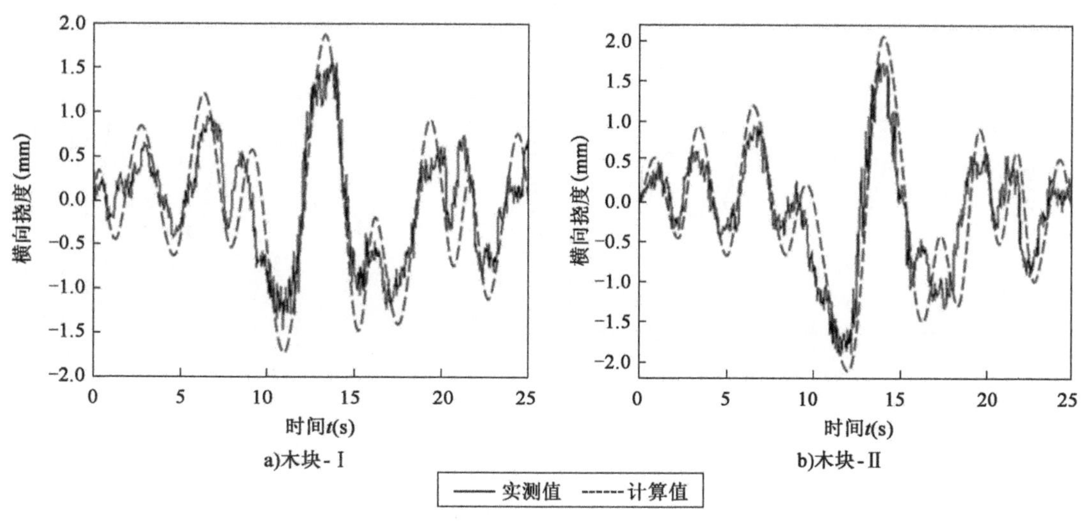

图6.19 跳车作用时跨中横向挠度计算值与测量值的比较

6.10 炉坪大桥在车辆作用下的横向振动分析

6.10.1 轮胎与路面的接触面积对桥梁横向振动挠度的影响

由文献[94]、[99]可知,接触面尺寸大小取决于轮胎类型和车身荷载大小,并且与轮胎的变形是几何相关的。因此,接触面对跨中挠度的影响也同时反映了轮胎变形对梁跨中挠度的影响。车轮与路面接触面的面积实测值约为350mm×250mm,这里350mm为接触面长度,250mm为接触面宽度。为了分析接触面长度尺寸大小对测试跨跨中横向挠度的响应影响,下面选取了三种不同的长度尺寸,分别为 $l_{tr}=0$mm(点接触)、$l_{tr}=350$mm和 $l_{tr}=2\times350$mm。

图6.20所示为不同接触面长度对测试跨跨中横向挠度的影响。由图可以得出,若不考虑桥梁路面不平度的影响,接触面尺寸对桥梁挠度的影响是很小的,可将面接触简化为点接触;当路面不平度等级从B级变化到D级时,接触面尺寸对桥梁振动响应值的影响就很大,此时用点接触模型来模拟面接触就会带来更大的误差。

6.10.2 高墩连续桥在车辆作用下的纵向力时程分析

基于AASHTO规范[100],在考虑桥梁纵向荷载计算移动车辆引起的纵向力时,将车辆竖向力的5%作为桥梁纵向力来考虑。本节比较了几个典型国家的规范(表6.3),发现AASHTO所计算的纵向力是远远小于其他规范值的。表6.3为各国规范计算跨径为30.48m(100ft)的梁桥的纵向力结果。

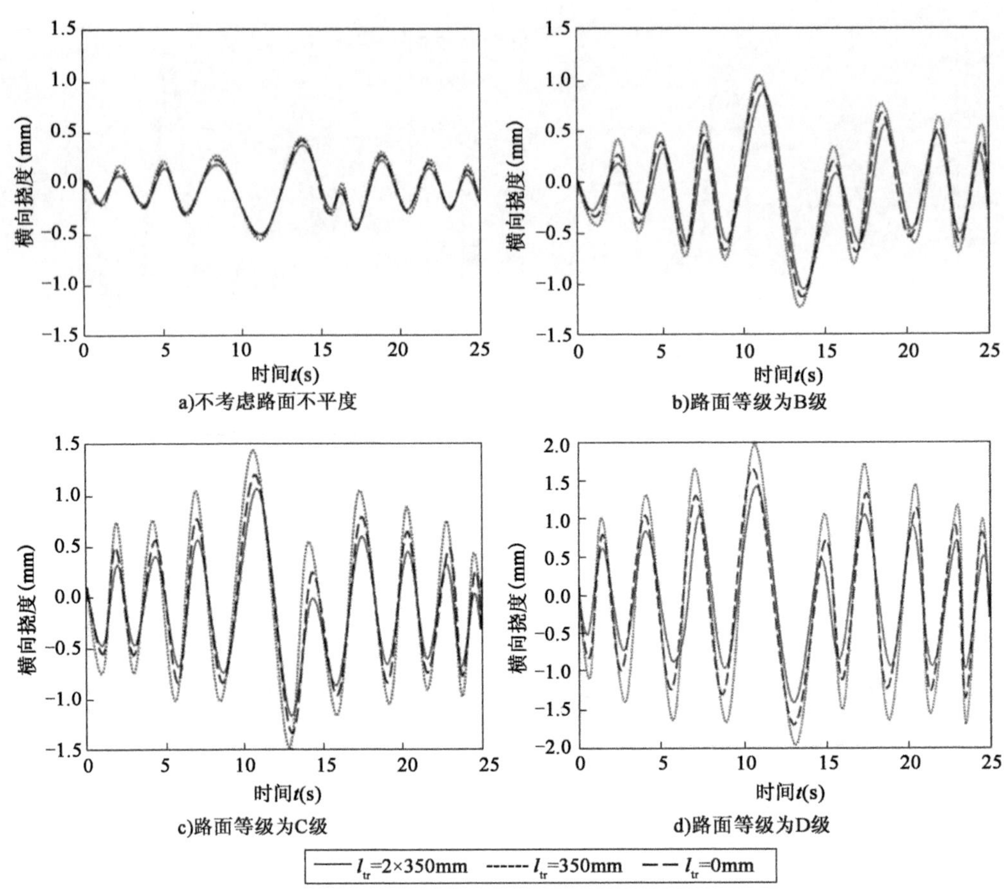

图6.20 梁跨中横向振动挠度

各国规范计算纵向力的比较 表6.3

规范	纵向力	设计车辆
AASHTO	4.5kips(20.016kN)	HS20
British Code	100kips(444.8kN)	HA
Canadian	101kips(449.2kN)	MS250
French	66kips(293.6kN)	Type B
Ontario	23.6kips(105kN)	OHBD truck

就作者所知，现有文献对车辆引起纵向力的理论分析的研究较少。本节试图从理论分析角度来模拟车辆通过高墩连续桥时桥面所受纵向力时程曲线。根据文献[94]、[96]，车辆的纵向力可以等效为一合力，其可以由式(6.35)计算：

$$F_x = -\text{sign}S \cdot [C_S S_S l_n^2 + \mu_x F_z (1 - 3l_n^2 + 2l_n^3)] \tag{6.35}$$

式中：C_S——车辆轮胎的纵向刚度；

S_S——轮胎滑移率的绝对值；

l_n——接触面内的滑移长度；

μ_x——摩擦系数；

F_z——轮胎与接触面的竖向作用力。

利用式(6.34)可计算得到车-桥耦合作用时，桥梁所受车辆的纵向接触力。该桥在运行过程中，其路面不平度会随着不断变差。因此，图6.21分析了当路面不平度由实测路面变化到路面等级D的路面时桥梁纵向力时程曲线。由图6.21可见，桥梁纵向力随着路面不平度的增加而增大。当路面等级为实测值且车辆以40km/h车速行驶时，如图6.21a)所示，最小的纵向力值可达到59.56kN。对于车辆制动来说，当初速度为40km/h、制动剩余时间为1s时，桥梁纵向力时程曲线显示于图6.21c)，该图显示了纵向力可达86.56kN。因此，可以看出，AASHTO规范所规定的车辆纵向力小于实际桥梁所受的纵向力，也小于其他各国所要求的纵向力规范值。

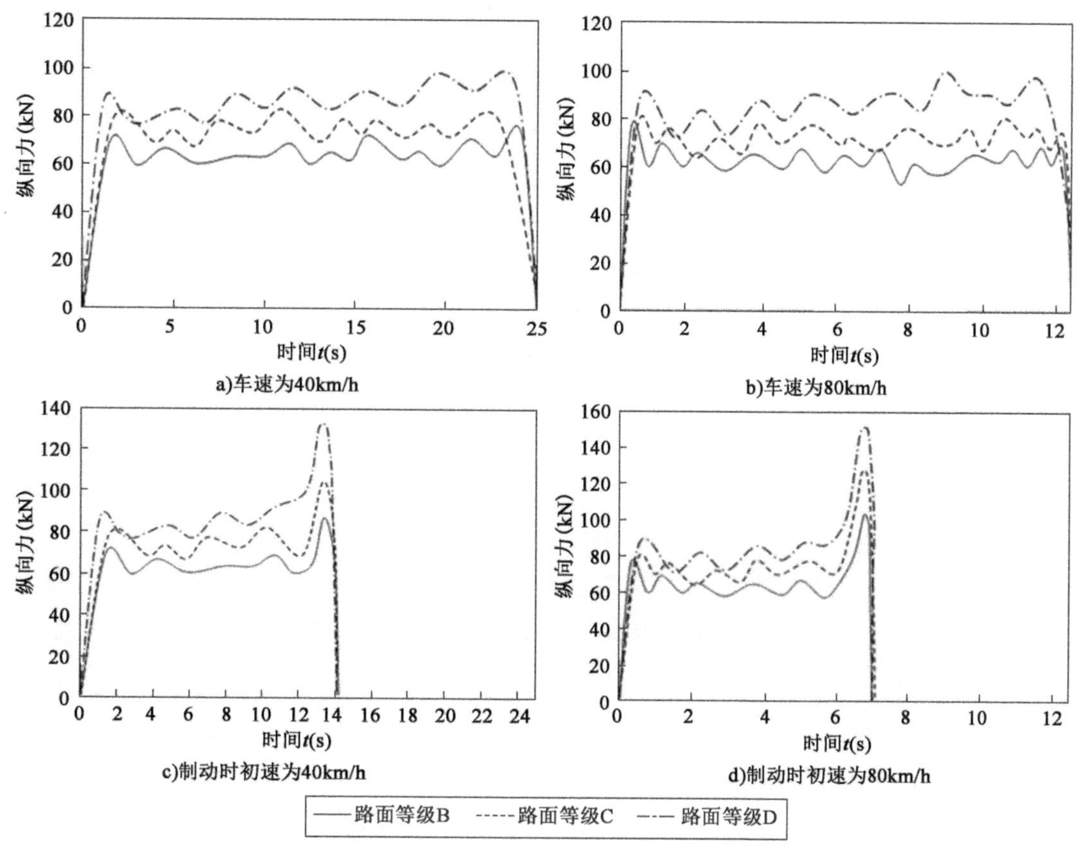

图6.21 不同路面等级对桥梁所受纵向力的影响

6.10.3 高墩连续桥的行车舒适度分析

炉坪大桥在正常使用过程中,行驶在该桥上的乘客常常会感觉到有不舒适的感觉,这也是该桥被选为测试桥的主要原因之一。ISO 2631-1 规范[101]中对行车舒适性规定了以乘客所受加速度的均方值为判断准则。表 6.4 给出了不同加速度均方值与舒适性之间的对应关系。

ISO 2631-1 规范所规定的舒适度与加速度均方值的关系 表 6.4

环境振动加速度均方值 a_w(m/s^2)	行车舒适性
<0.315	没有不舒服
0.315 ~ 0.63	有一点点不舒服
0.5 ~ 1	比较不舒服
0.8 ~ 1.6	不舒服
1.25 ~ 2.5	很不舒服
>2	特别不舒服

基于 ISO 2631-1 规范,由于乘客所受振动不仅仅来自同一个方向,而是来自不同的方向,因此表 6.4 中所规定的加速度值的计算方法为:

$$a_w = (k_x^2 a_{wx}^2 + k_y^2 a_{wy}^2 + k_z^2 a_{wz}^2)^{\frac{1}{2}} \tag{6.36}$$

式中,a_{wx}、a_{wy} 和 a_{wz} 分别是乘客所受 x 方向、y 方向和 z 方向的加速度均方值,其计算方法见式(6.37);k_x、k_y 和 k_z 分别为各自的加权系数。

$$a_{wj}\Big|_{J=x,y,z} = \left[\frac{1}{T}\int_{t=0}^{t=T} a_{wj}^2(t)\Big|_{J=x,y,z}\mathrm{d}t\right]^{\frac{1}{2}} \tag{6.37}$$

其中,$a_{wj}(t)\Big|_{J=x,y,z}$是沿 x、y 和 z 方向的加速度时程值;T 是车辆在桥上运行的时间(s)。

从上面的计算公式可以看出,乘客舒适性与乘客所受各个方向的加速度有关。对高墩连续桥来说,桥梁的横向和竖向振动更容易产生,这种振动加大了在高墩连续桥上行车的舒适性问题。要分析高墩连续桥的行车舒适性问题,必须计算车辆振动时各个方向加速度值。必须注意的是,本节车辆模型可得到车辆的竖向和横向振动加速度时程,但不能得到其纵向加速度时程。因此,为简化计算,本节将测试跨跨中的纵向加速度代替车辆的纵向加速度值。如前所述,该桥路面平整度于 ISO 等级划分中的等级 B 和等级 C 之间。因此,表 6.5 和表 6.6 给出了当车辆以两种不同车速行驶,随着路面状况由等级 B 到等级 D 时,车辆加速度的均方值。比较表 6.5 和表 6.6 发现,对于实测路面不平度来说,乘客会感觉到有点不舒适,且这种不舒适性随着路面状况的变差而增加,同时高墩桥的横向和竖向振动会加大乘客的不舒适性。

车速为 40km/h 时的行车舒适性 表 6.5

路面等级	$a_{wx}(m/s^2)$	$a_{wy}(m/s^2)$	$a_{wz}(m/s^2)$	$a_{w}(m/s^2)$	舒适性
实测值	0.07	0.18	0.23	0.35	有点不舒适
ISO 等级 C	0.15	0.26	0.34	0.54	比较不舒适
ISO 等级 D	0.21	0.35	0.45	0.73	比较不舒适

车速为 80km/h 时的行车舒适性 表 6.6

路面等级	$a_{wx}(m/s^2)$	$a_{wy}(m/s^2)$	$a_{wz}(m/s^2)$	$a_{w}(m/s^2)$	舒适性
实测值	0.12	0.20	0.24	0.41	有点不舒适
ISO 等级 C	0.19	0.27	0.36	0.59	比较不舒适
ISO 等级 D	0.25	0.34	0.47	0.75	比较不舒适

6.10.4 影响高墩桥横向振动响应的参数分析

由于横向力可以等效为由三部分组合的等效力，因此下面分析了各部分所占的分量对桥梁横向振动响应的影响。

定义响应比例如下：

$$\frac{Y_{s,\alpha,\gamma}}{Y_{total}} \times 100\% \tag{6.38}$$

式中，$Y_{s,\alpha,\gamma}$ 为由各自分力所引起的桥梁动态响应值，即由 F_{ys}、$F_{y\alpha}$ 和 $F_{y\gamma}$ 所引起的响应值；Y_{total} 为由合力引起的响应值。表 6.7 是根据该桥测试跨跨中最大挠度值和最大响应值计算的响应比例值。由表 6.7 可以看出，由 S 形引起的横向分力所占的比例随着路面不平度的增加而减少，由滑移角引起的横向分量随路面等级从等级 B 变到等级 D 而增加，由侧偏角引起的横向力分量对横向挠度的影响值影响较小，当路面等级为 D 级时，其影响可忽略。

横向力分量对桥梁横向振动响应的影响 表 6.7

横向分力	路面等级	桥梁横向振动响应	响应比例
F_{ys}	路面光滑	挠度	55.4
		加速度	52.3
	路面等级 B	挠度	33.6
		加速度	31.9
	路面等级 C	挠度	30.8
		加速度	29.7
	路面等级 D	挠度	28.6
		加速度	27.3

续上表

横向分力	路面等级	桥梁横向振动响应	响应比例
$F_{y\alpha}$	路面光滑	挠度	32.1
		加速度	36.0
	路面等级 B	挠度	54.8
		加速度	57.2
	路面等级 C	挠度	60.1
		加速度	62.0
	路面等级 D	挠度	63.8
		加速度	66.4
$F_{y\gamma}$	路面光滑	挠度	12.5
		加速度	11.7
	路面等级 B	挠度	11.6
		加速度	10.9
	路面等级 C	挠度	9.10
		加速度	8.30
	路面等级 D	挠度	7.60
		加速度	6.30

6.10.5 车速对高墩连续桥横向振动的影响

车速是影响桥梁振动和车辆振动响应的一个重要影响因素。许多研究者分析了车速对桥梁竖向挠度的影响,并得出了一些重要的结论。然而车速对桥梁横向挠度的影响分析较少。图6.22显示了桥梁横向挠度位移随车速的变化。从图中可以看出,当路面从光滑到路面等级为D级时,横向挠度随车速的增加而增加,当车速增加到110km/h左右时桥梁横向有减小的趋势。

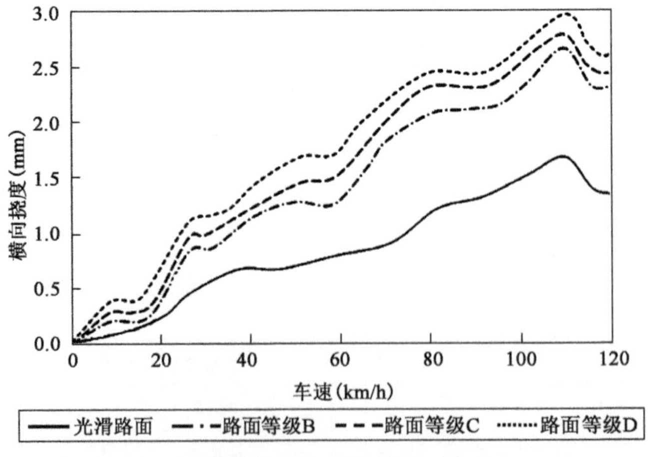

图6.22 车速在不同路面情况时对横向振动的影响

6.11 龙潭河特大桥在车载作用下的竖向振动分析

表6.8是国内已建成或在建的部分桥墩高度在70m以上的连续刚构桥。

国内桥墩高度在75m以上的连续刚构桥(部分)　　表6.8

序　号	桥　名	主跨(m)	墩高(m)
1	龙潭河特大桥	200	178
2	延安洛河特大桥	160	143.5
3	葫芦河特大桥	160	138
4	云南元江大桥	265	123.5
5	魏家州特大桥	200	114
6	内昆铁路李子沟特大桥	128	107
7	老庄河特大桥	170	105
8	清水河特大桥	128	100
9	贵阳小关桥	160	99.83
10	嘉陵江特大桥	160	85
11	南昆铁路乌家坪1号大桥	88	77
12	南昆铁路仁义河特大桥	145	73.5
13	南昆线八渡南盘江特大桥	90	73
14	构皮滩大桥	160	72

上述高墩连续刚构桥结构轻型化的特点使其竖向刚度和横向刚度较弱,尤其由于高墩的横向摆动使其横向刚度相对较弱。因此,在外力的作用下,其横向摆动可能尤其明显。虽然这种横向振动可能不会影响桥梁结构的安全性,但会给乘客带来不安全的感觉,甚至可能影响行车的舒适性。因此,对这类桥梁在移动车辆作用下的振动响应的研究是有必要的。下面以龙潭河特大桥为例,分析其在车载作用下的竖向振动及冲击系数。由于本章车辆模型没有考虑车辆的横向自由度,不能研究桥梁的横向振动与舒适性等问题,故龙潭河特大桥的横向振动和舒适性问题将在第7章中详细研究。

6.11.1 龙潭河特大桥的特点

龙潭河特大桥是沪蓉国道主干线湖北至恩施公路上的一座5跨预应力混凝土连续刚构箱梁桥。该桥主桥墩最高178m,居国内梁式桥之最,跨径布置为106m + 3 × 200m + 106m。桥面总宽度为25m,大桥分左右两幅,单幅箱梁顶面全宽12.5m,底面全宽6.5m,箱梁根部梁高

12m，跨中梁高3.5m，顶板厚28cm，底板厚从跨中至根部由32cm变化为110cm，腹板从跨中至根部分三段，采用40cm、55cm、70cm三种厚度，箱梁高度和底板厚度按1.8次抛物线变化。主桥桥墩墩身采用双肢变截面矩形空心墩，薄壁墩壁厚70cm，纵向每墩双肢外侧均按100：1放坡，横向根据墩高采用分段放坡方式。主梁采用C55混凝土，桥墩采用C50混凝土。龙潭河特大桥实图、总体布置图及梁体截面图如图6.23所示。

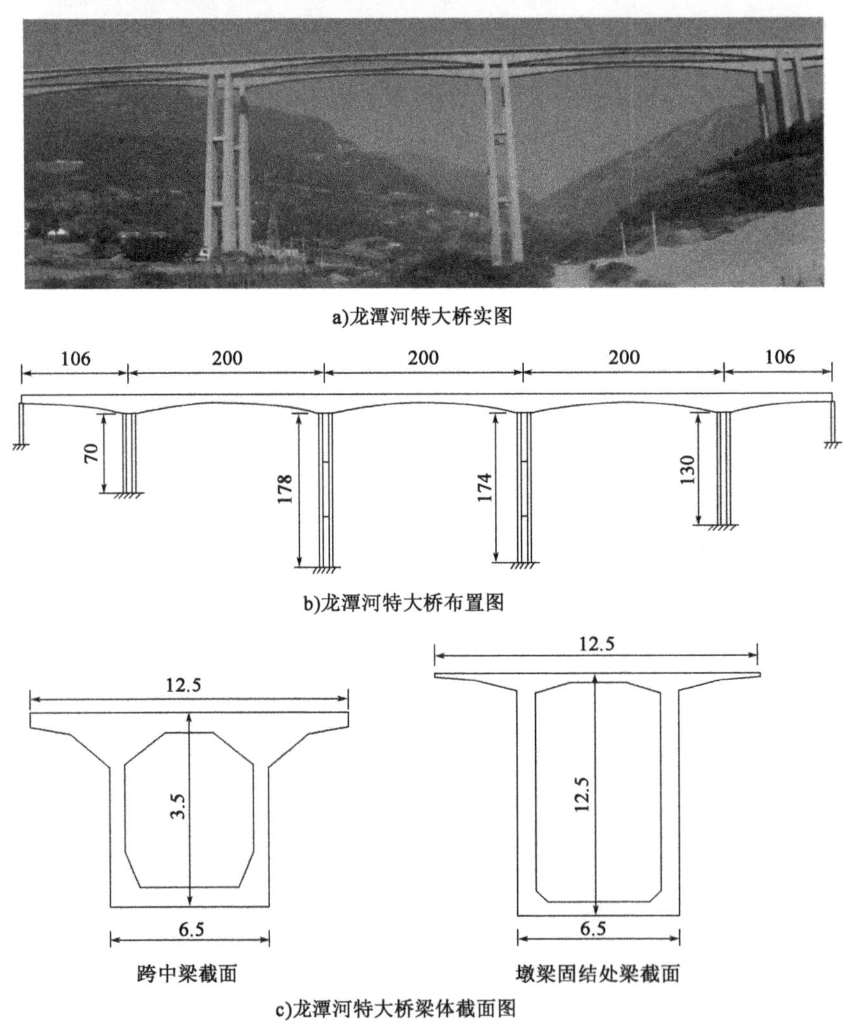

图6.23 龙潭河特大桥(尺寸单位:m)

6.11.2 龙潭河特大桥固有振动分析

根据设计图纸，借助有限元结构分析软件——桥梁专用软件Midasc Civil 2006建立龙潭河特大桥的有限元模型，如图6.24所示。全桥采用空间梁单元，根据截面特性划分为1450个单元。材料属性如下：主梁混凝土弹性模量为3.55×10^4MPa，墩弹性模量为3.45×10^4MPa，混凝土密度为2600kg/m^3，混凝土泊松比为0.1667。

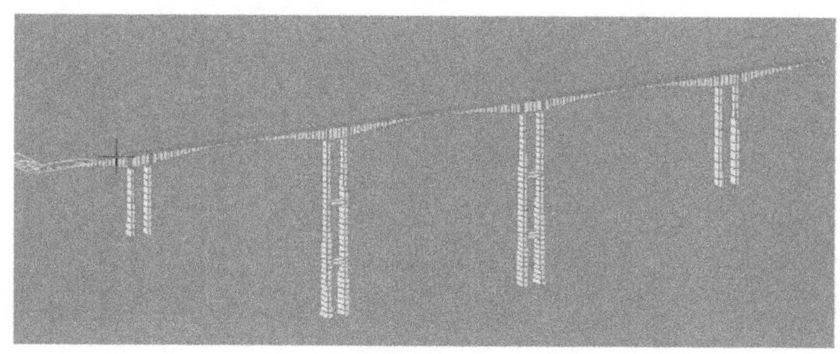

图6.24 龙潭河特大桥有限元模型

结构模态分析是动力分析的基础,也是检验模型的关键环节。在上述龙潭河特大桥计算模型的基础上,使用子空间法计算了该桥动力特性,前10阶振动频率见表6.9。由该桥的振动频率和振型可以看出,该桥的横向刚度和纵向刚度值相对较小,因此其横向振动和纵向振动更容易发生。

计算前10阶模态频率及振型 表6.9

阶数	计算频率(Hz)	振型描述
1	0.1689	一阶对称面外振动
2	0.2342	二阶反对称面外振动
3	0.2778	纵漂
4	0.3648	三阶对称面外振动
5	0.4771	四阶反对称面外振动
6	0.6313	五阶对称面外振动
7	0.7277	墩的面内对称竖弯
8	0.8079	墩的面内反对称竖弯
9	0.9642	梁一阶对称面内竖弯
10	1.0228	梁一阶反对称面内竖弯

6.11.3 龙潭河特大桥在车辆作用下的竖向振动分析

1)车速和路面不平度对竖向挠度的影响

对于车-桥耦合振动来说,车速和路面不平度是两个主要影响桥梁振动响应的因素。由于我国大多数路面等级为B级到D级之间,因此本节计算了当路面等级由B级变化到D级,车速分别为40km/h、60km/h、80km/h和100km/h时,龙潭河特大桥的竖向振动的响应。由图6.25可以看出,当车速为60km/h且路面等级为B级时,第三跨跨中竖向挠度最大可达到

4.78mm；而当路面等级为D级时，其跨中竖向挠度达到5.68mm左右。因此，路面不平度对桥梁竖向挠度的影响较大，对于已经营运的桥梁来说，常对其进行路面的维护是有必要的。

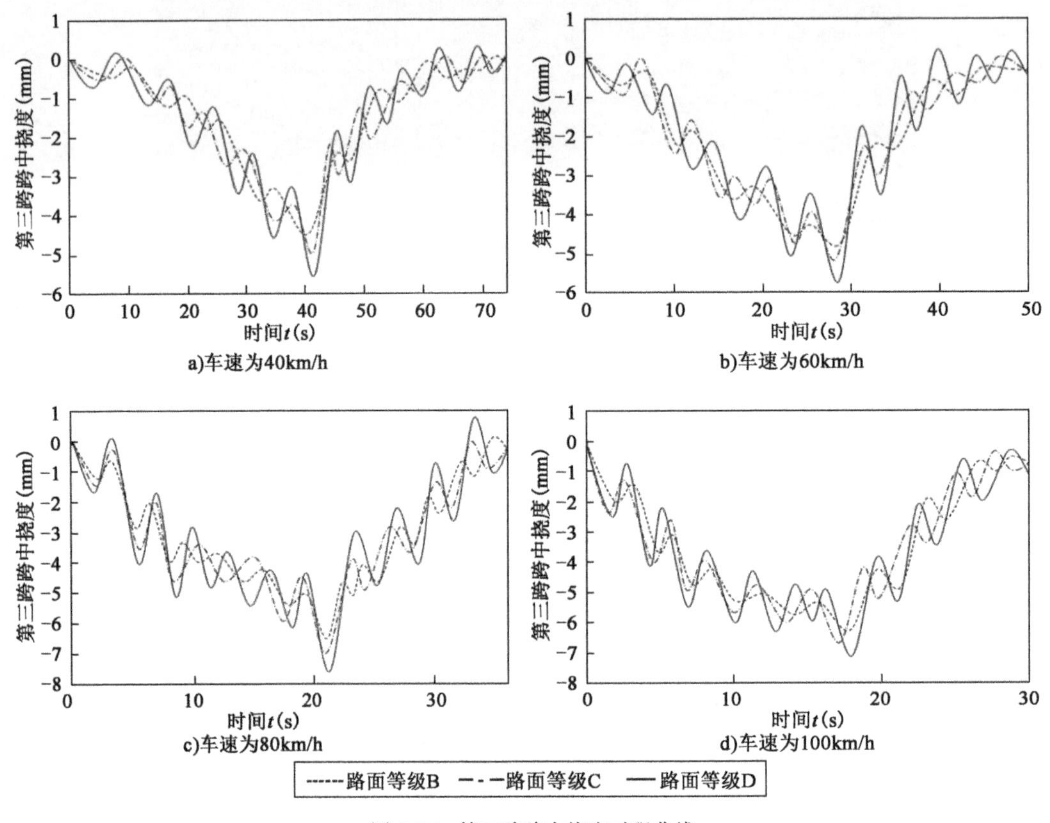

图6.25 第三跨跨中挠度时程曲线

2）多车作用下第三跨跨中挠度分析

两辆车以车速为40km/h的匀速通过该桥时，其行车路径考虑为两种情形：第一种情形为两辆车在同一车道，间隔10m；第二种情形为两辆车分别在两车道上行驶，前后间距为10m。图6.26显示了两辆车在三种不同路面等级时第三跨跨中挠度时程曲线。该图表明，第一种情形下路面等级为B级时，跨中挠度可达到8.16mm；第二种情形下路面等级为B级时，跨中挠度可达到7.73mm。

6.11.4 龙潭河特大桥的动力冲击系数分析

在桥梁设计中，工程师在考虑车辆对桥梁的冲击作用时，主要是以车辆的静荷载乘以冲击系数来考虑。现有的规范中，规定计算桥梁的冲击系数是以桥梁的基频为计算依据，虽然比以往计算冲击系数的方法改进了很多，但是也还有其不足之处。研究表明，即使不考虑路面不平度的影响，现有的计算公式也未能反映桥梁所受车辆的冲击作用。因此，本节分别计算了单车和两辆车同时作用下的第三跨跨中挠度的冲击系数时程曲线。冲击系数定义为：

$$I = \frac{y_{vm}}{y_{sm}} - 1 \tag{6.39}$$

式中，y_{vm} 和 y_{sm} 分别为第三跨跨中动力挠度和静力挠度。

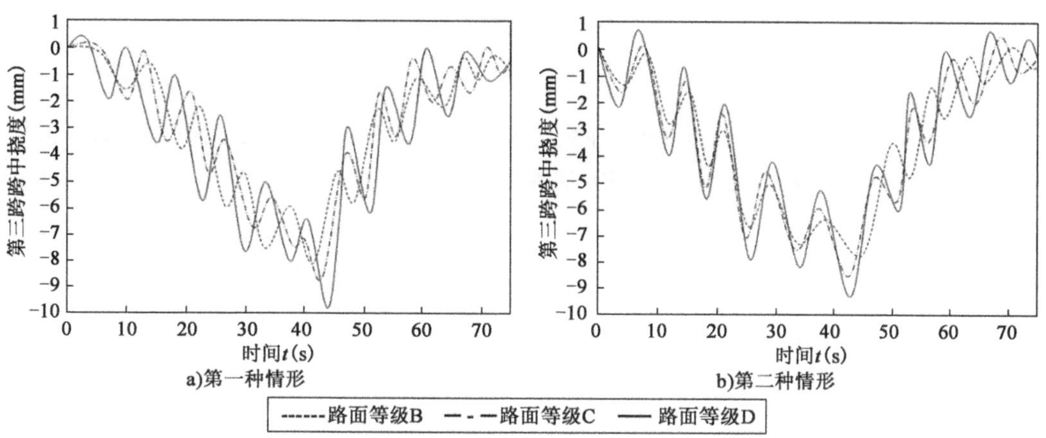

图 6.26　两辆车同时作用在桥上时第三跨跨中挠度时程曲线

图 6.27 所示为第三跨跨中挠度冲击系数随车速变化的时程曲线。从图中可以看出，冲击系数随着车速有增大的趋势。当路面等级为 B 级且车速为 20km/h 时，冲击系数为 0.046；而当车速为 80km/h 时，冲击系数为 0.120。当车速达到 85km/h 左右时，冲击系数值达到最大，随后随着速度的增加冲击系数有减小的趋势，而按规范计算该桥的冲击系数应为 0.05。由图 6.27也可以看出，不同路面等级对冲击系数的影响也是很大的。图 6.18 所示为两辆车同时行驶在桥上同一车道上，前后相差 10m 时第三跨跨中挠度冲击系数随车速变化的时程曲线。比较图 6.27 和图 6.28 发现，两车辆同时作用时的冲击系数要大于一辆车作用时的冲击系数。如当车速为 20km/h 时，两辆车作用时冲击系数为 0.085；而图 6.27 中，当车速为 20km/h 时，单车作用时冲击系数为 0.046。

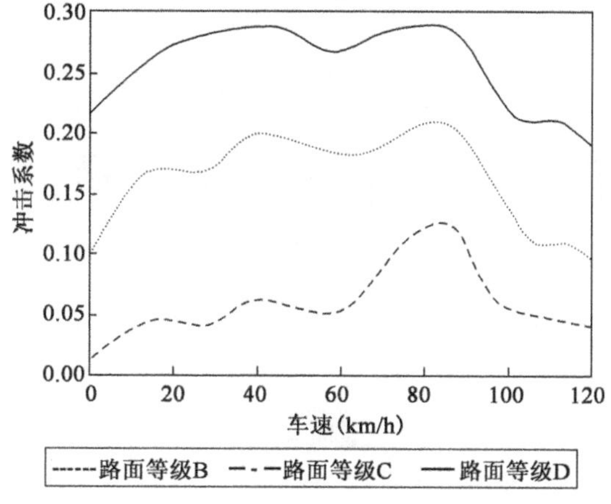

图 6.27　单车作用下冲击系数随车速变化图

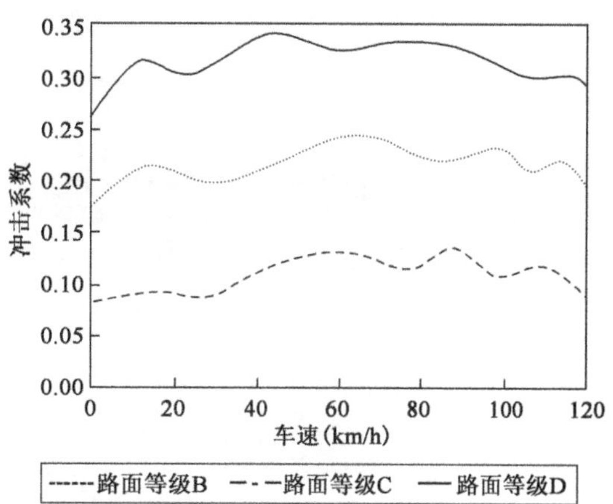

图 6.28　两车作用下冲击系数随车速变化图

6.12 龙潭河特大桥在车辆作用下的横向振动分析

6.12.1 车速对龙潭河特大桥横向振动挠度的影响

车辆作用下高墩大跨桥梁的横向振动是高墩桥的主要特点之一。因为其高墩横向摆动大大减小了桥梁的横向刚度,使其横向振动更容易产生。上一节已详细描述了龙潭河特大桥的概况,此处不再描述,仅给出其在移动车辆作用下的振动响应。图 6.29 所示为当车速分别为 40km/h 和 60km/h 时,第三跨跨中横向振动响应的时程曲线。图 6.29 显示了跨中横向位移随路面不平度等级增加而增大。如当车速为 60km/h 时,路面等级为 B 级时的梁跨中横向位移为 4.4mm,路面等级为 D 级时的梁跨中横向位移为 7.1mm。图 6.30 所示为当路面等级为 B 级时,第三跨跨中横向振动加速度的时程曲线。

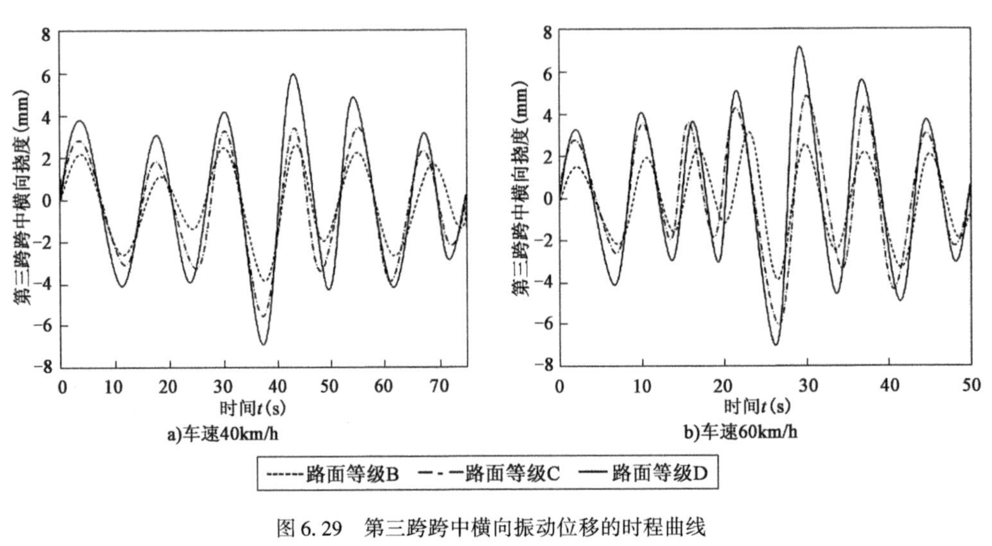

图 6.29　第三跨跨中横向振动位移的时程曲线

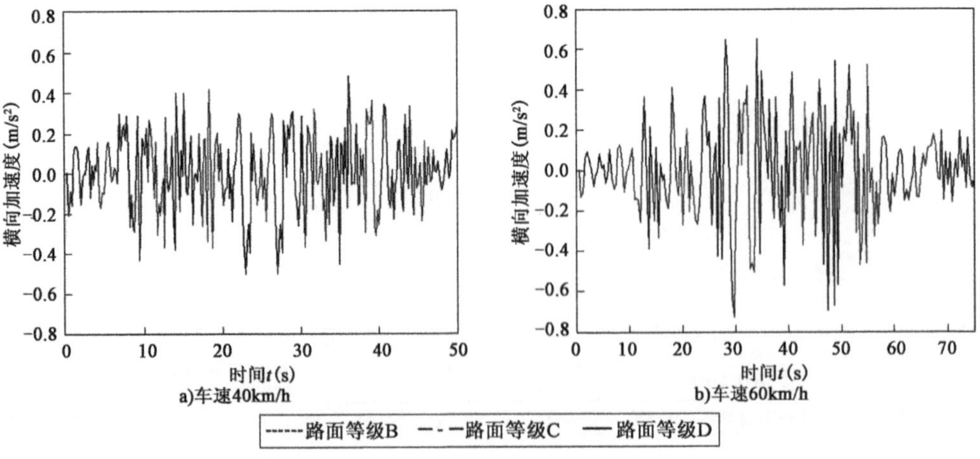

图 6.30　第三跨跨中横向振动加速度的时程曲线

6.12.2 龙潭河特大桥的行车舒适性分析

如前所述,我国路面等级多数位于等级 B 和等级 C 之间。因此,表 6.10和表 6.11 给出了当车辆以两种不同车速行驶时,不同路面等级下车辆加速度的均方值。比较表 6.10 和表 6.11发现,对于路面等级 B 来说,乘客不会感觉到不舒适,但当路面等级为 C 级或 D 级时,乘客就会感觉到有点不舒适。并且这种不舒适性随着路面不平度的变差而增加,同时高墩桥的横向和竖向挠度会加大乘客的不舒适性。

车速为 40km/h 时的行车舒适性 表 6.10

路面平整度等级	a_{wx}(m/s^2)	a_{wy}(m/s^2)	a_{wz}(m/s^2)	a_w(m/s^2)	行车舒适性
B	0.05	0.12	0.15	0.21	没有不舒服
C	0.11	0.19	0.23	0.33	有点不舒服
D	0.13	0.22	0.27	0.39	有点不舒服

车速为 60km/h 时的行车舒适性 表 6.11

路面平整度等级	a_{wx}(m/s^2)	a_{wy}(m/s^2)	a_{wz}(m/s^2)	a_w(m/s^2)	行车舒适性
B	0.09	0.13	0.20	0.26	没有不舒服
C	0.12	0.21	0.26	0.37	有点不舒服
D	0.15	0.24	0.31	0.44	有点不舒服

6.13 小　　结

轮胎由于上部车身和悬架质量等因素的影响,其与路面是通过面接触的。这种由于轮胎变形与路面接触而产生的接触面,在车-桥耦合分析中可以定义为面接触。本章将这种面接触引入车-桥耦合系统模型中,建立一个新的车-桥耦合系统模型。通过接触面间的力与位移协调关系建立系统的耦合方程,比较了面接触与点接触对耦合系统的影响。通过与现场试验数据对比发现:

(1)当路面比较光滑时,点接触与面接触对梁的振动影响是很小的,这时面接触可以简化为点接触;随着路面等级由 B 级变为 D 级,面接触与点接触对梁跨中挠度的影响就较大,此时面接触就不能简化为点接触,点接触会使所得的梁挠度值增大。如当路面等级为 D 级时,面接触(l_{ty} = 116mm)对应的挠度最大值为 3.67mm,而点接触对应的挠度最大值为 4.39mm,是面接触所对应挠度值的 1.2 倍,这也许是已有文献中所得的理论值常常大于试验值的主要原因之一。

(2)若不考虑桥梁路面不平度的影响,接触面的尺寸对桥梁挠度的影响是很小的,可以将面接触简化为点接触；但当路面等级从等级 B 变化到等级 D 时，接触面尺寸对桥梁振动响应值的影响就很大，此时用点接触模型来模拟面接触可能会增大桥梁的动态响应。

(3)与实测数据比较发现，面接触模型比点接触模型更能合理地模拟移动车辆荷载作用下的桥梁动力响应问题，尤其对于跳车情形，点接触会比面接触带来更大的误差。如木块高度为 50mm 时，点接触对应挠度的最大值为实测值的 1.3 倍，而面接触对应挠度的最大值为实测值的 1.06 倍。

(4)车辆行驶时 S 形运动所引起的横向分力所占的比例随着路面不平度增加而减小，由滑移角引起的横向分量随路面不平度等级的增加而变大。由侧偏角引起的横向力分量对横向挠度的影响值影响较小，当路面等级为 D 级时，其影响可以忽略。

第7章 基于路面退化的高墩连续桥车-桥耦合振动分析

本章将基于前面介绍的路面不平度预测模型，对桥梁的路面不平度做出20年的预测，并建立桥梁与车辆模型，运用基于Matlab编制的车-桥耦合分析程序，分析研究桥梁运营时间不断增长的情况下，路面退化对车辆通过桥梁时的竖向挠度及桥梁冲击系数的影响。

7.1 计算模型的建立

7.1.1 桥梁模型

本章将依托某连续刚构桥，分析研究运营时间增长导致路面退化情况下对桥梁振动效应及冲击系数的影响。该桥主桥跨径为105m + 2 × 200m + 105m。桥梁设计荷载等级为公路-Ⅰ级。桥梁的立面布置示意图如图7.1所示。

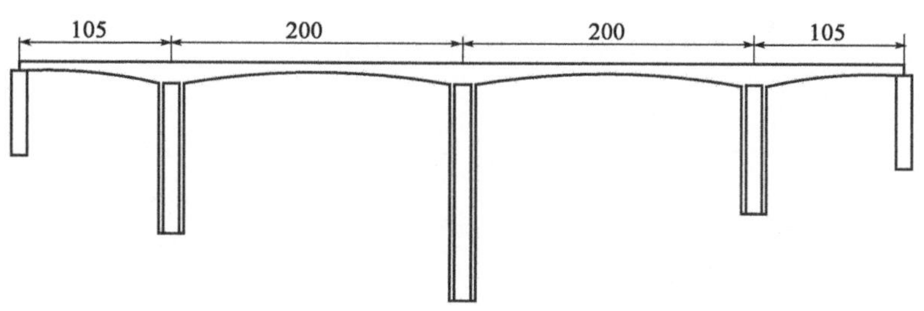

图7.1 桥梁结构形式示意图(尺寸单位:m)

本书采用Midas Civil软件建立该桥的有限元模型(图7.2)，由于本书的计算分析方法是基于模态综合法进行的，因此计算中需要桥梁模型的模态特性信息。由于高阶振型参与系数小，在此只选取其前10阶模态，见表7.1。

其前10阶模态振型图如图7.3所示。

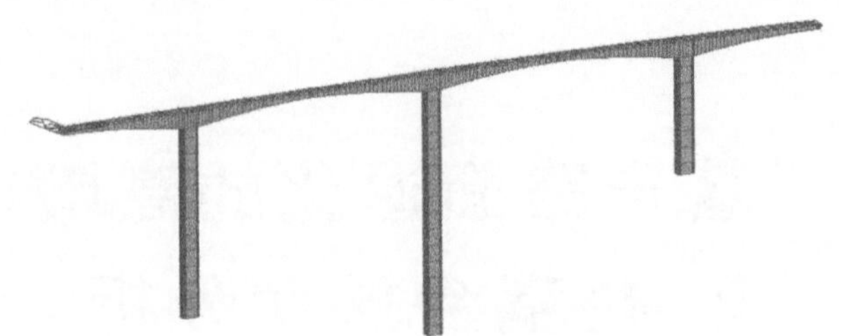

图 7.2 桥梁有限元模型

桥梁结构前 10 阶模态计算结果

表 7.1

模态	频率		周期	模态	频率		周期
	(rad/s)	(cycle/s)	(s)		(rad/s)	(cycle/s)	(s)
1	1.790	0.285	3.511	6	12.433	1.979	0.505
2	2.440	0.388	2.575	7	14.163	2.254	0.444
3	3.404	0.542	1.846	8	18.688	2.974	0.336
4	5.570	0.886	1.128	9	19.220	3.059	0.327
5	7.436	1.183	0.845	10	28.001	4.456	0.224

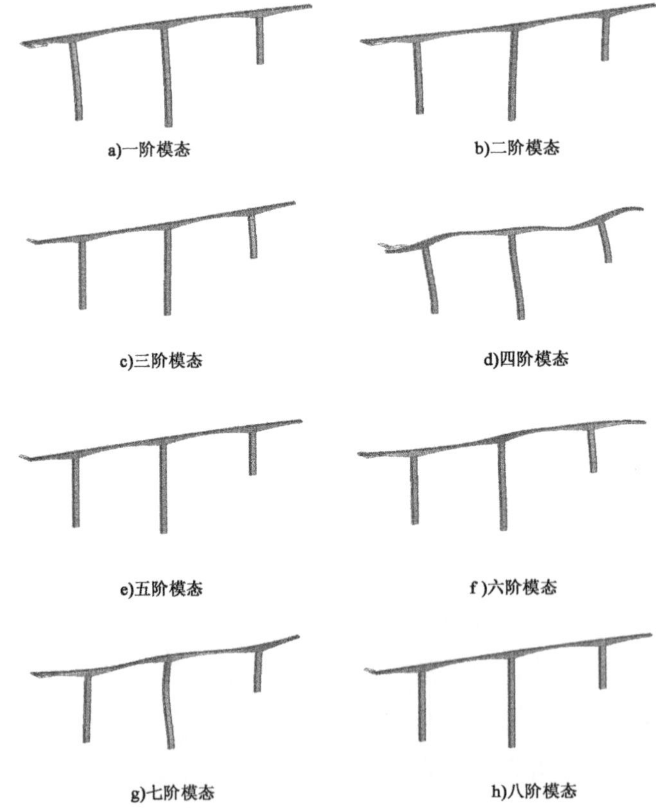

a)一阶模态　b)二阶模态　c)三阶模态　d)四阶模态　e)五阶模态　f)六阶模态　g)七阶模态　h)八阶模态

图 7.3

图 7.3　前 10 阶模态振型图

7.1.2　建立车辆模型

本书选择的车辆模型为某两轴车辆。车辆的具体参数见表 7.2。

某双轴货车参数　　表 7.2

参　数	单　位	数　值	参　数	单　位	数　值
M_t	kg	4480	$c_{uzi}(i=3,4)$	N·s/m	23210
I_{zt}	kg·m^2/rad	5516	$k_{dzi}(i=1,2)$	N/m	399000
I_{xt}	kg·m^2/rad	13490	$k_{dzi}(i=3,4)$	N/m	399000
$m_i(i=1,2)$	N·s/m	710	$c_{dzi}(i=1,2)$	N·s/m	5180
$m_i(i=3,4)$	N·s/m	800	$c_{dzi}(i=3,4)$	N·s/m	5180
$k_{uzi}(i=1,2)$	N/m	351000	b	m	1.1
$k_{uzi}(i=3,4)$	N·s/m	351000	S_1	m	2.6
$c_{uzi}(i=1,2)$	N·s/m	23210	S_2	m	3

表 7.2 中，M_t、m_i 分别为车体质量、前后轴轴重；I_{zt}、I_{xt} 分别为车体俯仰位移转动惯量和水平位移转动惯量；k_{uzi}、c_{uzi}、k_{dzi} 和 c_{dzi} 分别为前悬架系统的刚度、后悬架系统的刚度、前悬架系统的阻尼和后悬架系统的阻尼；S_1、S_2、b 分别为车辆前轴与后轴的水平间距、前轴质心到车体质心的水平间距、后轴质心到车体质心的水平间距。

7.2　路面退化分析及路面不平度模拟

7.2.1　路面不平度随时间变化分析

对于已运营桥梁，可以基于历史记录预估未来的路面条件，参考历史数据计算预测未来的路面不平度情况。在本书的研究分析中，综合分析本书研究所依托的某桥梁实际运营情况、结构特征及环境条件等因素，为了能充分反映桥梁的实际情况以及分析方便，假定初始路面等级为极好（A 级），结构系数一般取 SNC＝4，环境系数一般取 $\eta=0.1$。

根据表7.3所示的设计日交通量，计算出初始100kN年累计当量轴次为15876920次。因为车流分布在两个车道上，在此假定超车道交通量占总交通量的30%，行车道交通量占总交通量的70%，两个车道对应的年累计当量轴载次数初始值分别为4763076次和1113844次。考虑到年交通量平均增长率的影响，分别选取交通量年平均增长率$\gamma=0\%$、$\gamma=3\%$、$\gamma=5\%$进行对比分析。

桥梁设计日交通量 表7.3

汽 车 类 型	前轴重(kN)	后轴重(kN)	后轴数	后轴轮组数	后轴距(m)	日交通量(辆/d)
小客车	11.5	23	1	2	0	2900
中客车 SH130	16.5	23	1	2	0	700
大客车 CA50	28.7	68.2	1	2	0	650
小货车 BJ130	25.75	59.5	1	2	0	1600
中货车 CA50	28.7	69.2	1	2	0	720
中货车 EQ140	23.7	69.2	1	2	0	800
大货车 JN150	49	101.6	1	2	0	700
特大车日野 KB222	50.2	104.3	1	2	0	900
拖挂车五十铃	60	100	3	2	3	88

考虑不同的交通量年平均增长率，代入上述各个参数，分别计算出两条车道20年运营周期的国际平整度指数(IRI)和路面不平度，两者变化趋势分别如图7.4、图7.5所示。从两图中可以看出，交通量年平均增长率分别为$\gamma=0\%$、$\gamma=3\%$、$\gamma=5\%$的情况下，国际平整度指数均大致呈线性变化趋势，且增长率越大，其值变化越快，但不同交通量年平均增长率对国际平整度指数的影响并不突出。同样的，在交通量年平均增长率不超过5%的情况下，不同的交通量年平均增长率对路面不平度影响也很微小。

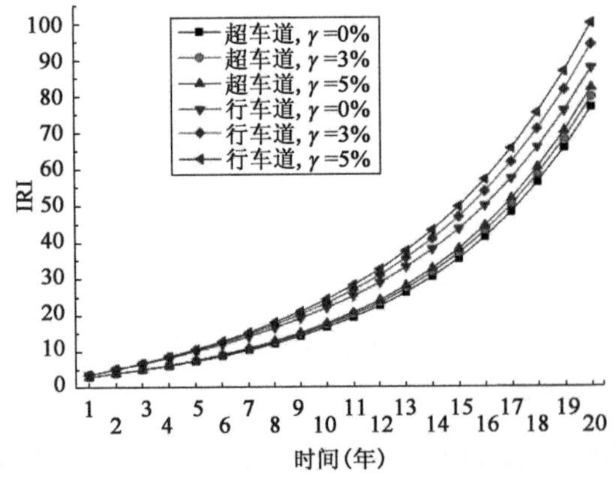

图7.4 国际平整度指数随时间变化趋势

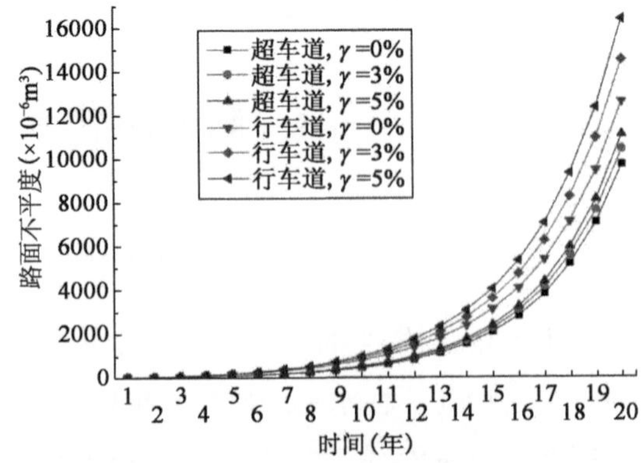

图7.5 路面不平度随时间变化趋势

由以上分析可知,随着桥梁运营时间的增加,国际平整度指数与路面不平度均开始增大,路面等级下降,下降速度也在不断增加。其具体数值见表 7.4。

20 年运营周期内的路面不平度($10^{-6}m^3$)　　表 7.4

时间(年)	超车道			行车道		
	$\gamma=0\%$	$\gamma=3\%$	$\gamma=5\%$	$\gamma=0\%$	$\gamma=3\%$	$\gamma=5\%$
1	16	16	16	22	22	22
2	27	27	27	43	43	44
3	42	42	43	72	74	75
4	62	63	65	113	117	121
5	90	93	95	166	176	183
6	127	132	136	236	254	267
7	176	186	192	327	356	378
8	243	258	269	444	490	526
9	332	355	372	595	665	720
10	452	485	510	791	893	974
11	614	661	698	1044	1189	1307
12	831	897	951	1373	1575	1743
13	1125	1217	1293	1802	2078	2314
14	1524	1650	1757	2365	2738	3063
15	2065	2237	2384	3105	3605	4047
16	2804	3035	3236	4085	4748	5344
17	3814	4122	4396	5388	6259	7057
18	5198	5607	5976	7128	8267	9328
19	7099	7639	8133	9462	10943	12346
20	9717	10425	11085	12606	14524	16370

为了简化分析,将选取一个典型的路面不平度来代表其所在的路面不平度范围。

$$G_d(n_0)_t = \begin{cases} 16\times10^{-6}, & 1\text{ 年}\leqslant t\leqslant 2\text{ 年} \\ 62\times10^{-6}, & 3\text{ 年}\leqslant t\leqslant 6\text{ 年} \\ 243\times10^{-6}, & 7\text{ 年}\leqslant t\leqslant 10\text{ 年} \\ 1125\times10^{-6}, & 11\text{ 年}\leqslant t\leqslant 14\text{ 年} \\ 3814\times10^{-6}, & 15\text{ 年}\leqslant t\leqslant 19\text{ 年} \\ 9717\times10^{-6}, & t=20\text{ 年} \end{cases} \tag{7.1}$$

根据表 7.3,可知超车道交通量年平均增长率 $\gamma=0\%$ 时的路面不平度系数与时间有如式(7.1)所示关系。从中可以看出,对于超车道交通量年平均增长率 $\gamma=0\%$ 的情况而言,第 1 ~2 年路面等级为 A 级,第 3 ~6 年路面等级为 B 级,第 7 ~10 年路面等级为 C 级,第 11 ~14 年路面等级为 D 级,第 15 ~19 年路面等级为 E 级,第 20 年路面等级为 F 级。

可以根据表 7.3 得到行车道交通量年平均增长率 $\gamma = 0\%$ 时的路面不平度与时间的关系式:

$$G_d(n_0)_t = \begin{cases} 22 \times 10^{-6}, & t = 1 \text{ 年} \\ 72 \times 10^{-6}, & 2 \text{ 年} \leqslant t \leqslant 4 \text{ 年} \\ 236 \times 10^{-6}, & 5 \text{ 年} \leqslant t \leqslant 8 \text{ 年} \\ 1044 \times 10^{-6}, & 9 \text{ 年} \leqslant t \leqslant 13 \text{ 年} \\ 4085 \times 10^{-6}, & 14 \text{ 年} \leqslant t \leqslant 18 \text{ 年} \\ 12606 \times 10^{-6}, & 19 \text{ 年} \leqslant t \leqslant 20 \text{ 年} \end{cases} \tag{7.2}$$

从以上关系式可以看出,对于行车道交通量年平均增长率 $\gamma = 0\%$ 的情况而言,第 1 年路面等级为 A 级,第 2 ~4 年路面等级为 B 级,第 5 ~8 年路面等级为 C 级,第 9 ~13 年路面等级为 D 级,第 14 ~18 年路面等级为 E 级,第 19 ~20 年路面等级为 F 级。

同样的,交通量越大,路面不平度增长越快。随着时间的推移,路面等级不断降低,从最初的 A 级路面变为最后的 F 级路面,路面不平度增长的速度也随之加快。

7.2.2 路面不平度样本的模拟

作为与车轮直接接触并受到车轮直接作用力的桥面,其路面不平度是车-桥相互作用最重要的激励源之一。本书引入路面退化模型,采用三角级数法来模拟路面的不平度函数。三角级数法采用的是一系列的正交级数函数之和来模拟生成路面不平度样本,它能很好地模拟具有任何形状的谱密度的平稳随机过程,可得到路面不平度函数 $r(x)$:

$$r(x) = \sum_{i=1}^{N} \sqrt{4\, G_d(n_0)\Delta n} \cos(2\pi\, n_i x + \varphi_i) \tag{7.3}$$

其中,$G_d(n) = G_d(n_0)n_0^2/n^2$,$n$ 为空间频率,$n_0 = 0.1\text{m}^{-1}$ 是标准空间频率,$G_d(n_0)$ 为路面不平度,θ_i 为 0 ~2π 之间均匀分布的随机数。

根据沿桥纵向采样间距和空间频率采样间隔,在此取有效空间频率范围 $n_d = 0.02\text{m}^{-1}$,$n_u = 2\text{m}^{-1}$,参考空间频率 $n_0 = 0.1\text{m}^{-1}$,路面不平度取表 7.4 中不同运营时间下的 $G_d(n_0)_t$ 值,运用式(7.7)来模拟桥面的不平度。为了准确地进行模拟,每个时间桥面不平度 $r(x)$ 取 5 个具有不同随机相位角的桥面不平度样本平均值,以获得具有一定代表性的桥面不平度样本。限于篇幅,在此仅列出超车道年交通量年平均增长率 $\gamma = 0\%$ 时的部分桥面不平度样本曲线图(图 7.6),其他情况下的变化趋势与此类似,因此具有一定的代表性。

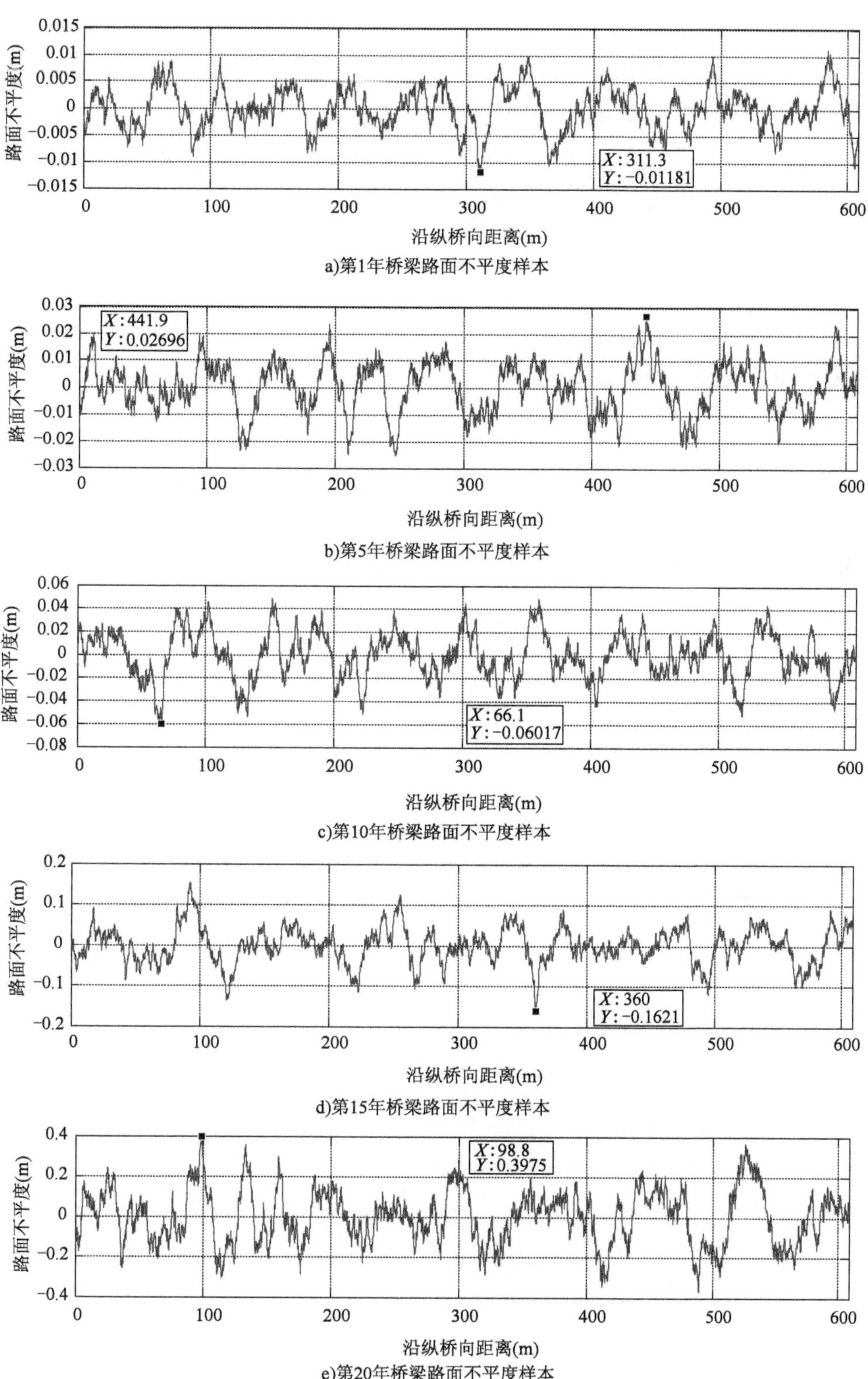

a)第1年桥梁路面不平度样本

b)第5年桥梁路面不平度样本

c)第10年桥梁路面不平度样本

d)第15年桥梁路面不平度样本

e)第20年桥梁路面不平度样本

图 7.6　桥梁路面不平度样本曲线

从图7.6可以看出,随着运营时间的增长,桥面的竖向不规则程度也随之不断增大,路面不平度的状况逐步变差。其中超车道交通量年平均增长率 $\gamma=0\%$ 的情况下,第1年、5年、10年、15年和20年的竖向最大不平度值(绝对值)分别为1.181cm、2.696cm、6.017cm、16.210cm和39.750cm。从中可以看出,桥面不平度的分布较为平稳,均在纵坐标的零值处上下浮动,但随着运营时间的增长,其离散程度也随之增大。

7.3 数值分析

7.3.1 冲击系数的基本理论

车辆在桥上通过时会在路面不平度、车轮缺陷等因素的影响下振动,车辆振动又会引起桥梁结构的振动,从而对桥梁产生比车辆静止时大得多的动力效应,这种车辆运动中产生的动力效应即为冲击效应。影响冲击效应大小的因素有很多,如桥梁结构的固有基频、桥梁跨径、行车速度以及路面不平度等。现在普遍认同的冲击效应大小评价标准为冲击系数,冲击系数本质上是一种车辆行驶时相对于静止状态下效应的增大系数,其可以按式(7.4)来定义。

$$1+\mu=\frac{f_{\mathrm{dmax}}}{f_{\mathrm{jmax}}} \tag{7.4}$$

式中:μ——冲击系数;

f_{dmax}——车辆从桥上通过时的最大动力效应值;

f_{jmax}——车辆从桥上通过时的最大静力效应值。

冲击系数作为车辆行驶时的竖向动力响应增大系数,是公路桥梁设计中重要参考依据之一,将车辆从桥梁通过时对桥梁产生的动力效应纳入设计的考虑因素,将使设计的桥梁更加经济合理、适用可行。

7.3.2 车辆通过桥梁时竖向动力响应分析

随着桥梁运营时间的增加,路面不断退化,作为车-桥振动系统主要激励源的路面不平度随之改变。为了研究冲击系数随着桥梁运营时间增加的变化趋势,本书将考虑20年内不同交通量年平均增长率,分析桥梁运营时间对竖向动力响应的影响。

由于分析所依托的桥梁所在公路为高速公路,因此将车辆行驶速度定为80km/h,并认为车速为3km/h时最大挠度等效于静载挠度,如图7.7所示,其值为0.4885mm。对于桥梁的阻尼比 ξ 来说,实际的精准测量较为困难,但根据已有大量试验分析可以确定在0.02~0.06之间,在本章的计算中取 $\xi=0.05$。计算中不考虑风荷载的影响,因此设风速为0m/s。

选取运营时间为20年,分别考虑在交通量年平均增长率为 $\gamma=0\%$、$\gamma=3\%$、$\gamma=5\%$ 的情况下,对车辆通过超车道与行车道的竖向动力响应分别进行分析。限于篇幅,下面仅列出 $\gamma=$

0% 时的部分动力响应曲线。

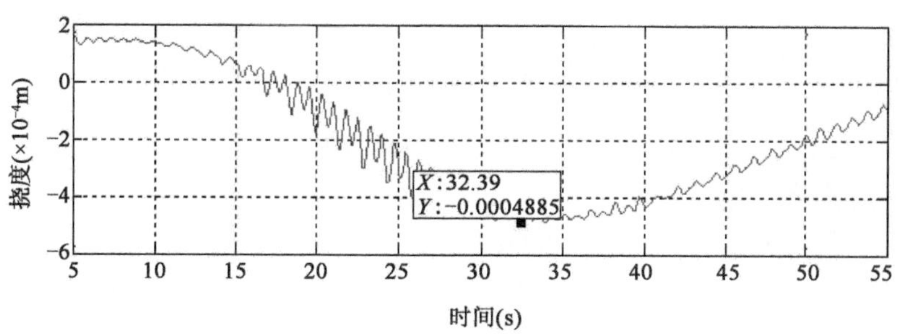

图 7.7　3km/h 等效静载竖向挠度时程曲线

7.3.3　冲击系数的计算分析

图 7.8 ~ 图 7.12 为不同运营时间行车道竖向挠度时程曲线。从图中可以看出,随着运营时间的增长,路面退化加剧,在动载下桥梁中跨跨中挠度不断增长,增长速度的加快也很明显。随着运营时间的增长,路面状况持续恶化。基于冲击系数理论,可以推算出不同交通量年平均增长率下,各不同运营时间的冲击系数,以此分析路面退化对冲击系数的影响。

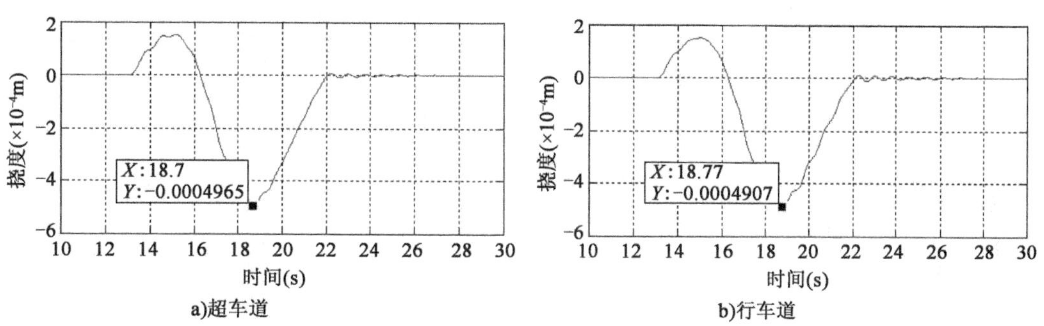

图 7.8　第 1 年超车道、行车道竖向挠度时程曲线

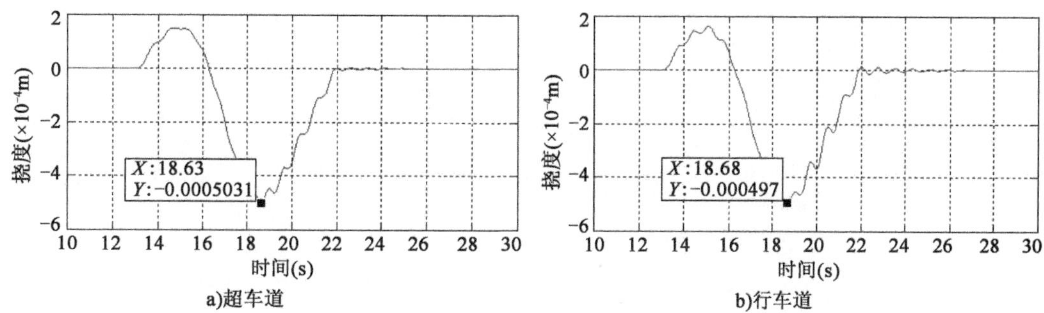

图 7.9　第 5 年超车道、行车道竖向挠度时程曲线

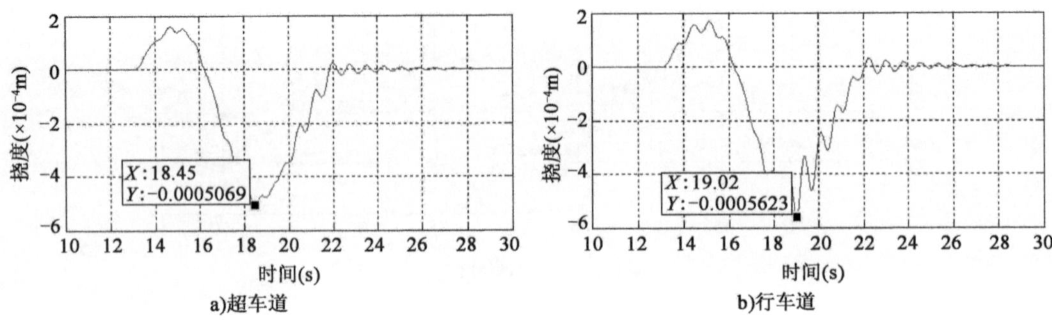

图 7.10 第 10 年超车道、行车道竖向挠度时程曲线

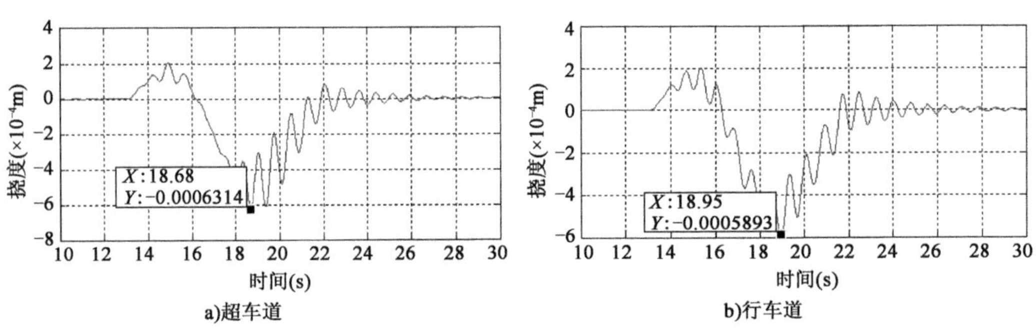

图 7.11 第 15 年超车道、行车道竖向挠度时程曲线

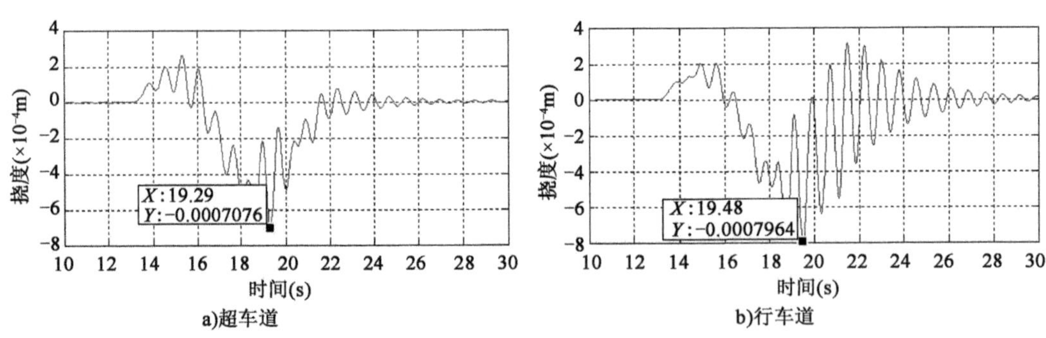

图 7.12 第 20 年超车道、行车道竖向挠度时程曲线

表 7.5 给出了 20 年运营周期内不同交通量年平均增长率下的中跨跨中动挠度最大值，从表中可以看出，桥梁中跨跨中的动挠度会随着运营时间的增长而增大，其增长的幅度也会不断增大，其平均值在第 1 ~ 10 年增大了约 9.2%，在第 11 ~ 20 年增大了约 42.6%，增长速度加快明显。

20 年运营周期内不同交通量年平均增长率下的中跨跨中动挠度　　表 7.5

时间(年)	超车道(mm)			行车道(mm)		
	$\gamma=0\%$	$\gamma=3\%$	$\gamma=5\%$	$\gamma=0\%$	$\gamma=3\%$	$\gamma=5\%$
1	0.4965	0.4967	0.5051	0.4907	0.4932	0.4969
2	0.4956	0.4970	0.5020	0.4959	0.5107	0.5044
3	0.5029	0.4947	0.5008	0.4944	0.5024	0.5089
4	0.5077	0.5030	0.5000	0.5249	0.5112	0.4953
5	0.5031	0.4957	0.4943	0.4970	0.5003	0.5037
6	0.5046	0.5109	0.4968	0.5092	0.5021	0.5113
7	0.5001	0.4964	0.5260	0.4991	0.5279	0.5535
8	0.4990	0.5214	0.5318	0.5387	0.5189	0.5305
9	0.5002	0.4985	0.5079	0.5232	0.5425	0.5784
10	0.5069	0.5337	0.5507	0.5623	0.5400	0.5599
11	0.5047	0.5174	0.5152	0.5344	0.5730	0.5466
12	0.5490	0.5424	0.5599	0.5367	0.6342	0.5559
13	0.5694	0.5814	0.5820	0.6180	0.5811	0.6239
14	0.5369	0.6313	0.5623	0.5580	0.5674	0.6373
15	0.6314	0.5539	0.5839	0.5893	0.6108	0.6241
16	0.6112	0.5476	0.5716	0.5805	0.5640	0.6139
17	0.6647	0.5897	0.6336	0.5926	0.7410	0.6441
18	0.6934	0.5956	0.6296	0.7507	0.8173	0.7426
19	0.7526	0.6321	0.7071	0.7706	0.6991	0.8081
20	0.7076	0.7938	0.7583	0.7964	0.7962	0.8580

运用式(7.4)，结合图7.7所示的等效静载挠度值和表7.5所给出的20年运营周期内的中跨跨中动挠度最大值，计算出不同交通量、不同交通量年平均增长率以及各不同运营时间情况下的桥梁冲击系数，其具体数值见表7.6。

20 年运营周期内不同交通量年平均增长率下的冲击系数 $1+\mu$　　表 7.6

时间(年)	超车道			行车道		
	$\gamma=0\%$	$\gamma=3\%$	$\gamma=5\%$	$\gamma=0\%$	$\gamma=3\%$	$\gamma=5\%$
1	1.016	1.017	1.034	1.005	1.010	1.017
2	1.015	1.017	1.028	1.015	1.045	1.033
3	1.029	1.013	1.025	1.012	1.028	1.042
4	1.039	1.030	1.024	1.075	1.046	1.014
5	1.030	1.015	1.012	1.017	1.024	1.031
6	1.033	1.046	1.017	1.042	1.028	1.047

续上表

时间(年)	超 车 道			行 车 道		
	γ=0%	γ=3%	γ=5%	γ=0%	γ=3%	γ=5%
7	1.024	1.016	1.077	1.022	1.081	1.133
8	1.021	1.067	1.089	1.103	1.062	1.086
9	1.024	1.020	1.040	1.071	1.111	1.184
10	1.038	1.093	1.127	1.151	1.105	1.146
11	1.033	1.059	1.055	1.094	1.173	1.119
12	1.124	1.110	1.146	1.099	1.298	1.138
13	1.166	1.190	1.191	1.265	1.190	1.277
14	1.099	1.292	1.151	1.142	1.162	1.305
15	1.293	1.134	1.195	1.206	1.250	1.278
16	1.251	1.121	1.170	1.188	1.155	1.257
17	1.361	1.207	1.297	1.213	1.517	1.319
18	1.419	1.219	1.289	1.537	1.673	1.520
19	1.541	1.294	1.447	1.577	1.431	1.654
20	1.449	1.625	1.552	1.630	1.630	1.756

同样的,可以根据表7.6中的计算数据得到不同情况下的冲击系数值变化趋势图,如图7.13所示。

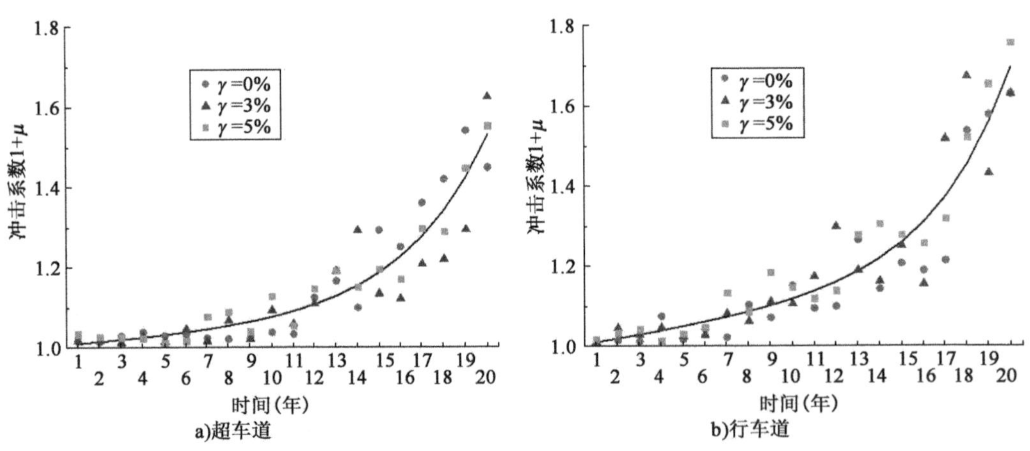

图7.13　20年运营期不同交通量年平均增长率下桥梁冲击系数理论计算值变化趋势图

从图中可以看出,由于路面不平度的模拟具有随机性,所以冲击系数的增长数值也具有相应的随机性,但总体趋势明显。随着运营时间的增长,路面不断退化,冲击系数也随之增长,由于冲击作用会使路面退化进一步加快,进而又导致冲击系数的增长速度加快。同时,也可从图中得出结论,交通量、交通量年平均增长率等因素对冲击系数的增长变化有一定影响,但交通量年平均增长率对其影响微小，这与前面所得结论趋于一致。因此，在交通量年平均增长率小于5%的情况下，其影响基本可忽略不计，即可假定冲击系数的变化与零交通量增长量情况下的变化一样。

7.4　基于桥面退化的桥梁冲击系数修正

桥梁冲击系数本质上是一个竖向动力响应的增大系数，它表示车辆通过桥梁时对桥梁产生的竖向动力效应相较于静止状态下产生的效应的比值，其公式如式(7.4)所示。我国《公路桥涵设计通用规范》(JTG D60—2015)中规定的冲击系数计算公式仅考虑了桥梁结构的基频，但实际上影响桥梁冲击系数大小的因素有很多，如桥梁路面不平度、桥梁跨径以及行车速度等，其中作为车辆与桥梁直接接触的桥面状况是最重要的因素之一。如果仅仅通过考虑结构基频来确定桥梁的冲击系数，对于路面状况较差、受力较为复杂的桥型可能是不合理的。对于在役桥梁来说，其桥面状况会随时间不断退化，路面不平度会持续增长。因此，运营时间不同，桥梁受到的冲击作用效应也会大不相同，研究在役桥梁路面退化对冲击系数的影响并对冲击系数计算公式修正拟合，具有重要的现实意义。

7.4.1　计算分析方法

在实际的桥梁运营当中，车辆是以随机车流的形式随机分布在桥上。多辆车的静载挠度要明显大于单辆车，但多辆车同时从桥上通过时，由于各车对桥梁的激励作用有相位差的存在，会各自相互干涉，使得多辆车的动挠度可能比单辆车的动挠度小。因此，用单辆车的动挠度和静挠度的比值来计算桥梁的冲击系数较为准确可靠。

本节将以某连续刚构桥20年运营周期内的冲击系数作为分析对象，对《公路桥涵设计通用规范》(JTG D60—2015)中冲击系数计算表达式进行修正。由之前的计算分析可知，桥梁的冲击系数随运营时间的增长而增大，同时其增长情况与交通量和交通量年平均增长率等因素也密切相关，但交通量对其影响较小，交通量年平均增长率的影响也可忽略不计。因此，修正系数中只有桥梁运营时间一个参数。同样的，为了与规范中考虑结构基频这点一致，修正后的公式中也应该有桥梁的基频，因此将公式中的修正系数设为：

$$\delta = \frac{\mu_t}{\mu} \tag{7.5}$$

式中：δ——修正系数；

μ_t——考虑路面退化计算的冲击系数；

μ——《公路桥涵设计通用规范》(JTG D60—2015)计算的冲击系数。

本节将用式(7.5)计算出不同运营时间的修正系数，并拟合出修正系数与时间的关系曲线,以此来达到修正的目的。

7.4.2 回归分析基本理论与方法

回归分析是指通过计算分析来找出某条平滑的曲线,以期拟合数据达到最佳状态。在拟合的过程中,并不能要求每一个数据点都要在拟合的曲线上,只需曲线能够准确反映这些离散的数据点在坐标系中的变化趋势,尽可能使各数据点误差的平方和达到最小即可。

以一元线性回归为例,在分析两个变量 x、y 之间的相互关系时,通常可以获得一系列成对的数据 (x_1,y_1)、(x_2,y_2)、…、(x_n,y_n) ,将这些数据描绘到直角坐标系中,如果发现这些数据点在坐标系中大致呈直线分布,即可设这条直线方程为:

$$Y = a + bX \tag{7.6}$$

其中,a 和 b 为任意实数。

接下来就要确定 a 与 b 的值,以此建立直线方程。将已有的值 y_i 与通过方程 $Y = a + bX$ 的计算值 $\hat{y}_i$ ($y_i = a + b X_i$)的离差平方和 $\sum_{i=1}^{n}(y_i - \hat{y}_i)^2$ 最小作为优劣判断依据。

$$\varphi = \sum_{i=1}^{n}(y_i - \hat{y}_i)^2 \tag{7.7}$$

其中, n 为样本容量,即数据点的个数。

把 $\hat{y}_i = a + b x_i$,代入式(7.7)中可得:

$$\varphi = \sum_{i=1}^{n}(y_i - \hat{y}_{ii})^2 = \sum_{i=1}^{n}[y_i - (a + b x_i)]^2 \tag{7.8}$$

当 φ 值最小时,可对 a 、b 求导数,令其等于零:

$$\frac{\partial\varphi}{\partial a} = 0 \frac{\partial\varphi}{\partial b} = 0 \tag{7.9}$$

代入可得:

$$na + b\sum_{i=1}^{n}x_i = \sum_{i=1}^{n}y_i \tag{7.10}$$

$$a\sum_{i=1}^{n}x_i + b\sum_{i=1}^{n}x_i^2 = \sum_{i=1}^{n}x_iy_i \tag{7.11}$$

解出这两个方程组,即可解出 a 和 b。

$$b = \frac{\sum_{i=1}^{n}(x_i - \bar{x})(y_i - \bar{y})}{\sum_{i=1}^{n}(x_i - \bar{x})^2} \tag{7.12}$$

$$a = \bar{y} - b\bar{x} \tag{7.13}$$

将计算得出的 a 和 b 值代入式(7.6)中,即可得到所求的一元线性回归数学方程。运用最小二乘法可使拟合的直线和现有的数据点的距离平方和为最小,所以,可用最小二乘法拟合最合理的直线。

回归分析过程中，拟合的直线不可能完全通过所有的数据点 (x_1, y_1)、(x_2, y_2)、…、(x_n, y_n)，为了判断拟合方程的优劣，可用样本相关系数 R、统计量 F 的临界值，以及样本剩余标准差 S 进行判断。它们的判断标准在本质上是相同的，其中相关系数 R 越趋近于 1 越好，其计算式如下：

$$R = \frac{\sum_{i=1}^{n}(x_i - \bar{x})(y_i - \bar{y})}{\sqrt{\sum_{i=1}^{n}(x_i - \bar{x})^2 \cdot \sum_{i=1}^{n}(x_i - \bar{x})^2}}$$

$$= \frac{n\sum_{i=1}^{n}x_iy_i - \sum_{i=1}^{n}x_i\sum_{i=1}^{n}y_i}{\sqrt{n\sum_{i=1}^{n}x_i^2 - \left(\sum_{i=1}^{n}x_i\right)^2} \cdot \sqrt{n\sum_{i=1}^{n}y_i^2 - \left(\sum_{i=1}^{n}y_i\right)^2}} \tag{7.14}$$

当然，在处理实际问题时，各数据 (x_1, y_1)、(x_2, y_2)、…、(x_n, y_n) 很有可能不能用线性关系来描述，但可以用某条曲线来拟合这些数据点，此时就要运用非线性回归分析方法。此外，还有可能存在多个变量的依存关系，要运用多元线性回归或多元非线性回归分析方法。本章将运用 Matlab 软件中的曲线拟合工具箱，进行一元非线性回归分析。

7.4.3　修正系数分析与曲线拟合

通过计算可以得到桥梁结构的计算基频为 1.183Hz，通过规范可得到桥梁的冲击系数 $\mu = 0.05$。根据不同运营时间的不同 μ_t，其值见表 7.7。

20 年运营周期内不同交通量年平均增长率下的冲击系数 μ_t　　表 7.7

时间(年)	超车道			行车道		
	$\gamma = 0\%$	$\gamma = 3\%$	$\gamma = 5\%$	$\gamma = 0\%$	$\gamma = 3\%$	$\gamma = 5\%$
1	0.016	0.017	0.034	0.005	0.010	0.017
2	0.015	0.017	0.028	0.015	0.045	0.033
3	0.029	0.013	0.025	0.012	0.028	0.042
4	0.039	0.030	0.024	0.075	0.046	0.014
5	0.030	0.015	0.012	0.017	0.024	0.031
6	0.033	0.046	0.017	0.042	0.028	0.047
7	0.024	0.016	0.077	0.022	0.081	0.133
8	0.021	0.067	0.089	0.103	0.062	0.086
9	0.024	0.020	0.040	0.071	0.111	0.184
10	0.038	0.093	0.127	0.151	0.105	0.146
11	0.033	0.059	0.055	0.094	0.173	0.119

续上表

时间(年)	超车道			行车道		
	$\gamma=0\%$	$\gamma=3\%$	$\gamma=5\%$	$\gamma=0\%$	$\gamma=3\%$	$\gamma=5\%$
12	0.124	0.110	0.146	0.099	0.298	0.138
13	0.166	0.190	0.191	0.265	0.190	0.277
14	0.099	0.292	0.151	0.142	0.162	0.305
15	0.293	0.134	0.195	0.206	0.250	0.278
16	0.251	0.121	0.170	0.188	0.155	0.257
17	0.361	0.207	0.297	0.213	0.517	0.319
18	0.419	0.219	0.289	0.537	0.673	0.520
19	0.541	0.294	0.447	0.577	0.431	0.654
20	0.449	0.625	0.552	0.630	0.630	0.756

根据式(7.9)所定义的修正系数δ计算式,可得到20年运营周期内不同情况下的各修正系数值,见表7.8。从表7.7中可以很明显看出,在路况较好时,桥梁的冲击系数是小于《公路桥涵设计通用规范》(JTG D60—2015)中计算出的冲击系数,但随着运营时间的增加,规范中计算的值就不再符合实际情况了,冲击系数会随运营时间持续不断增大,直至最后远远大于规范公式计算值。由此可见,只有对于新建桥梁,规范计算的冲击系数才基本符合实际情况,对于运营中的桥梁来说,其计算值可能会有一定的误差。随着运营时间的增长,其路面状况会不断退化,桥梁实际的冲击系数会持续增大,误差也会越来越大。因此,如果能对冲击系数作出准确的长期预测,对桥梁的设计以及桥梁建成后桥面的养护与维修来说有重要的意义。

20年运营周期内不同交通量年平均增长率下冲击系数的修正系数δ 表7.8

时间(年)	超车道			行车道			δ均值
	$\gamma=0\%$	$\gamma=3\%$	$\gamma=5\%$	$\gamma=0\%$	$\gamma=3\%$	$\gamma=5\%$	
1	0.328	0.336	0.680	0.090	0.192	0.344	0.328
2	0.291	0.348	0.553	0.303	0.909	0.651	0.509
3	0.590	0.254	0.504	0.242	0.569	0.835	0.499
4	0.786	0.594	0.471	1.490	0.929	0.278	0.758
5	0.598	0.295	0.237	0.348	0.483	0.622	0.431
6	0.659	0.917	0.340	0.847	0.557	0.933	0.709
7	0.475	0.323	1.535	0.434	1.613	2.661	1.174
8	0.430	1.347	1.773	2.055	1.245	1.720	1.428
9	0.479	0.409	0.794	1.421	2.211	3.681	1.499
10	0.753	1.851	2.547	3.021	2.108	2.923	2.201
11	0.663	1.183	1.093	1.879	3.460	2.379	1.776

续上表

时间(年)	超车道			行车道			δ均值
	$\gamma=0\%$	$\gamma=3\%$	$\gamma=5\%$	$\gamma=0\%$	$\gamma=3\%$	$\gamma=5\%$	
12	2.477	2.207	2.923	1.973	5.965	2.759	3.051
13	3.312	3.803	3.828	5.302	3.791	5.544	4.263
14	1.982	5.846	3.021	2.845	3.230	6.092	3.836
15	5.851	2.678	3.906	4.127	5.007	5.552	4.520
16	5.024	2.420	3.402	3.767	3.091	5.134	3.806
17	7.214	4.143	5.941	4.262	10.338	6.371	6.378
18	8.389	4.385	5.777	10.735	13.462	10.403	8.858
19	10.813	5.879	8.950	11.550	8.622	13.085	9.816
20	8.970	12.499	11.046	12.606	12.598	15.128	12.141

由前面的分析可知，桥梁的冲击系数随运营时间的增长而增大，同时其增长情况与交通量和交通量年平均增长率等因素也密切相关，但交通量对其影响较小，交通量年平均增长率的影响也可忽略不计。因此，可求出同一时间不同情况下的修正系数算术平均值，然后求出修正系数 δ 与时间 t 的关系式。

为了拟合修正系数与运营时间的关系式，运用 Origin 数据处理软件，得出修正系数均值与运营时间的散点关系图，如图 7.14 所示。从图中可以看出，修正系数与时间呈非线性关系，因此本节将运用 Matlab 软件的曲线拟合工具箱，尝试用正弦函数、二次多项式函数、指数函数和幂函数四种函数模型来拟合两者的关系曲线，并比较它们的相关系数，然后选择最优数学模型。

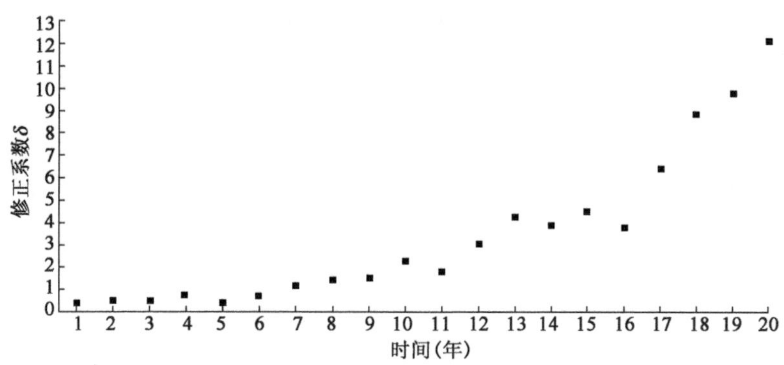

图 7.14　时间与修正系数关系散点图

曲线拟合过程分别如图 7.15 ~ 图 7.18 所示。

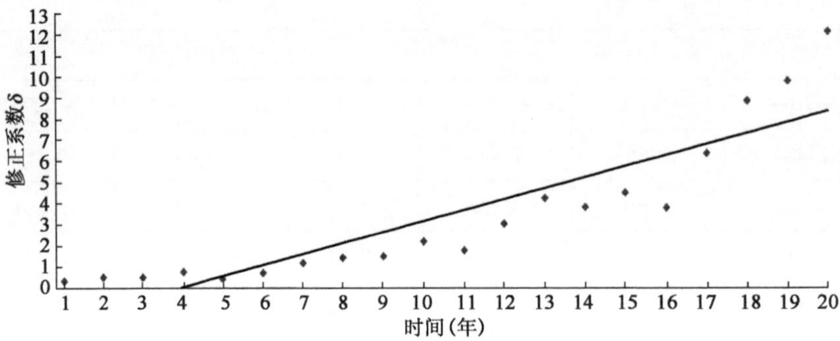

图 7.15　正弦函数曲线拟合

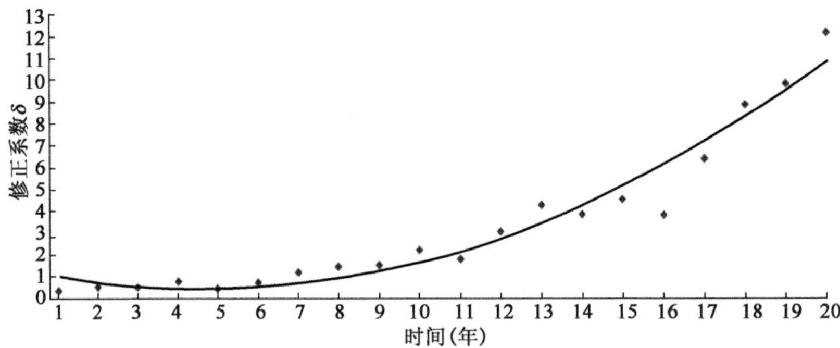

图 7.16　二次多项式函数曲线拟合

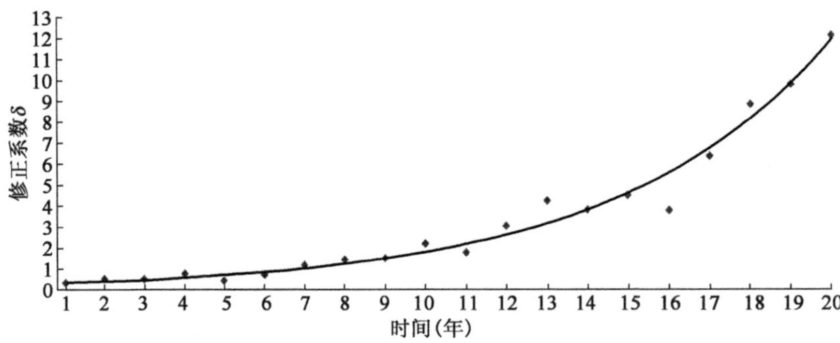

图 7.17　指数函数曲线拟合

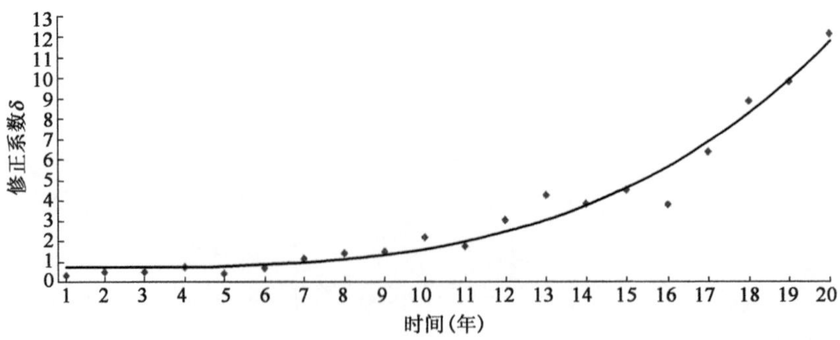

图 7.18　幂函数曲线拟合

正弦线性函数模型拟合的结果为：

$$y = 475.2\sin(0.001098x - 0.004282)$$

相关系数 $R = 0.7963$。

二次多项式函数模型拟合的结果为：

$$y = 0.04449x^2 - 0.4157x + 1.38$$

相关系数 $R = 0.9511$。

指数函数模型拟合的结果为：

$$y = 0.2674e^{0.1899x}$$

相关系数 $R = 0.9743$。

幂函数模型拟合的结果为：

$$y = 0.0002173x^{3.617} + 0.723$$

相关系数 $R = 0.9692$。

从上面的曲线拟合结果来看，指数函数模型的拟合结果最好，其相关系数大于其他三种函数模型，更接近于1。所以在此将选用拟合的指数函数曲线来描述修正系数与时间的关系，即：

$$\delta = 0.2674e^{0.1899t} \tag{7.15}$$

式中：δ——修正系数；

t——桥梁运营时间(年)。

其数据回归分析的方差分析见表7.9。

方差分析表　　表7.9

参数	自由度(df)	离均差平方和(SS)	均方(MS)	F检验值	显著性(Sig)
回归分析	1	390.3696445	390.3696445	107.9289549	8.82548×10^{-9}
残差	18	65.10443472	3.61691304	—	—
总计	19	455.4740792	—	—	—

为了更直观地比较预测值和拟合值的拟合情况，在此列出了回归分析拟合值与预测值的柱状图，如图7.19所示。

由以上分析最终可得到基于路面退化情况下修正的冲击系数计算公式，即：

$$\begin{cases} 当 f < 1.5\text{Hz} 时， & \mu = 0.01337e^{0.1899t} \\ 当 1.5Hz \leqslant f \leqslant 14\text{Hz} 时， & \mu = 0.2674e^{0.1899t}(0.1767\ln f - 0.0157) \\ 当 f > 14\text{Hz} 时， & \mu = 0.12033e^{0.1899t} \end{cases} \tag{7.16}$$

式中：f——桥梁结构的计算基频(Hz)；

t——桥梁运营时间(年)。

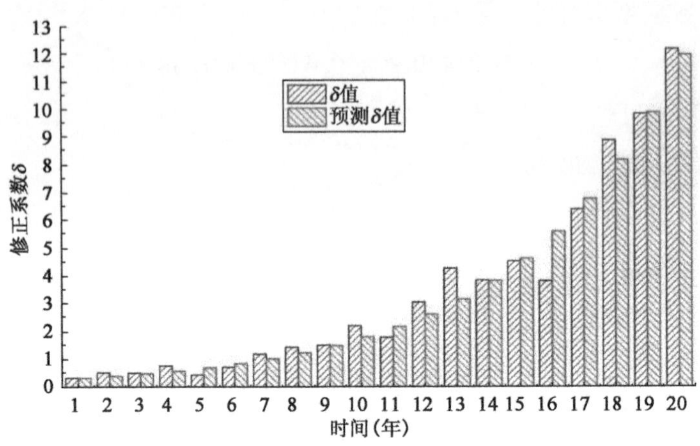

图7.19　修正系数预测值和拟合值

需要说明的是，由于本书所作的研究分析依托的是某连续刚构桥，所以得出的公式也只适用于特定运营情况下的连续刚构桥。

7.5　基于桥面退化的桥梁行车安全性分析

桥面行车安全性问题是一个很复杂的问题，不仅涉及桥梁运营状况、气候环境及路面不平度等因素，还牵涉汽车设计、行驶速度及驾驶控制系统甚至于驾驶员个人行为等方面。本节选取桥面退化因素为研究对象，根据7.4.3节预测的桥梁20年运营期内的路面不平度，通过计算分析来研究桥梁随运营时间的增加，桥面路况变化对行车安全性的影响。

7.5.1　计算方法与评价标准

1)计算模型与方法

本节计算模型选用第3章的桥梁模型与车辆模型，在Vehicle-Bridge-Wind Analysis Program程序基础上，编制了车轮接触力、车辆纵向加速度计算等模块，以用于分析路面状况对行车安全性的影响。

计算中车辆的行驶速度定为80km/h，车辆的初始位置设置在桥前200m。因此，车辆将在第9s左右进入桥面，第36s左右离开桥面。本节的分析只考虑桥面状况退化的影响，为了避免车辆起步加速与桥头跳车等对计算结果造成影响，计算结果只考虑第10～35s之间的值。

2)车辆失稳的评价标准

在以往的研究中,桥梁行车的安全准则基本沿用的是道路路面行车安全准则,其中常用的是 Baker 提出的系统量化标准。发生侧翻失稳的条件为:当突然发生的侧风荷载作用于车辆上 0.5s 的时间内,车辆迎风侧任一车轮的轮触力为零;发生侧滑失稳的条件为:车辆侧向位移大于 0.5m;发生偏转失稳的条件为:车辆的偏转位移大于 0.2rad。

风致车辆出现失稳的情形主要有三类:侧倾、侧滑和侧偏。本节将分析桥梁运营时间引起的路面不平度变化对行车安全性的影响,因此仅分析其中较为极端的侧倾失稳现象,亦即发生翻车事故。在解决车辆侧倾问题时,Baker 将轮下接触力最小的轮的地面反力小于或等于零时作为车辆侧倾的临界状态。这样的假定对于静止的车辆来说可能是精确的,但是对于在路面行驶的车辆来说,在无风环境下,车速很高抑或是路面状况较差时,均可能出现车轮与地面接触力为负值的情况,即轮下脱空现象,而此时的车辆仍然为安全行驶状态,因此,单纯地以某个时刻出现的轮下接触力为零值或负值来作为判定车辆侧倾失稳的标准是不太准确的,也低估了车辆的抗风性能。基于此,有学者提出了一种基于概率分布的折算轮触力的方法。

采用轮触力时程数据的信息统计量,用以下公式来得到折算轮触力:

$$P_{eq} = \bar{P}_{wf} - 1.645\sigma_{wf} \tag{7.17}$$

式中:$\bar{P}_{wf}$——车辆迎风侧车轮与桥面接触力均值,$\bar{P}_{wf} = \frac{1}{T}\int_0^T P_{wf}(t)\,dt$;

σ_{wf}——车辆迎风侧车轮与桥面接触力随时间变化的均方差,$\sigma_{wf} = \sqrt{\frac{1}{T}\int_0^T [P_{wf}(t) - \bar{P}_{wf}]^2 dt}$;

T——车轮与桥面接触总时长,在此取车辆通过桥梁时的总时长。

公式中假定车辆的轮触力随着时间变化是符合正态分布规律的,为了确保 P_{wf} 值大于 $\bar{P}_{wf}$ 的保证率在 95% 以上,在此引入了一个峰值参数因子 1.645。

在此,运用所得的折算轮触力来判定车辆侧倾失稳的标准为折算轮触力小于或等于零,即:

$$P_{eq} \leqslant 0 \tag{7.18}$$

分析车辆在一定条件下,由于桥梁路面不平度随运营时间的变化对车辆行车安全性的影响。

7.5.2　桥面退化对桥梁竖向加速度的影响

桥梁受到行驶车辆的激励,由于桥面状况的不同,同一车辆的激励作用也将产生变化,同时,桥梁由于受到不同的激励,其对车辆的反作用也将发生变化。其中桥梁的竖向加速度直接影响到桥梁的振动特性与疲劳损伤等,并且对车辆自身的竖向加速度也有较大的影响,进而影响到车辆通过桥梁时的行车安全性。

计算中,假定为风速 0m/s 的理想环境,行驶速度为 80km/h,路面不平度系数分别取表7.4中的值,运用式(7.7)生成对应的路面不平度样本,分别考虑超车道与行车道在交通量年平均增长率为 $\gamma=0\%$、$\gamma=3\%$、$\gamma=5\%$ 情况下,车辆通过桥梁时对桥梁中跨跨中的竖向加速度的影响。限于篇幅,下面仅列出 $\gamma=0\%$ 时的部分中跨跨中加速度时程曲线,如图7.20~图7.24所示。

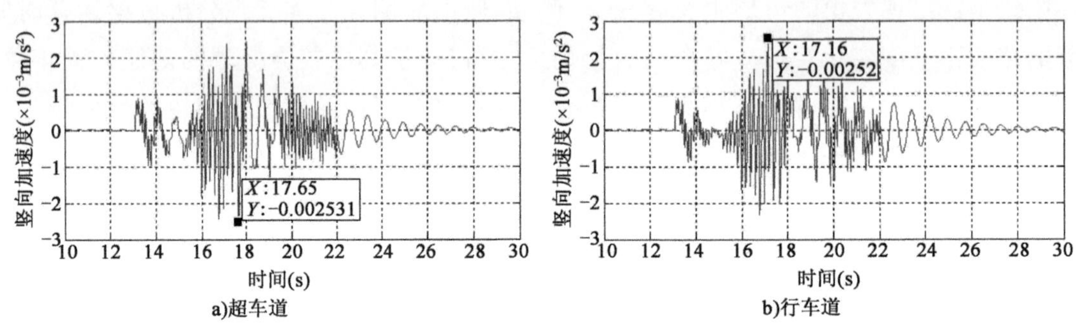

图7.20 第1年桥梁中跨跨中竖向加速度时程曲线

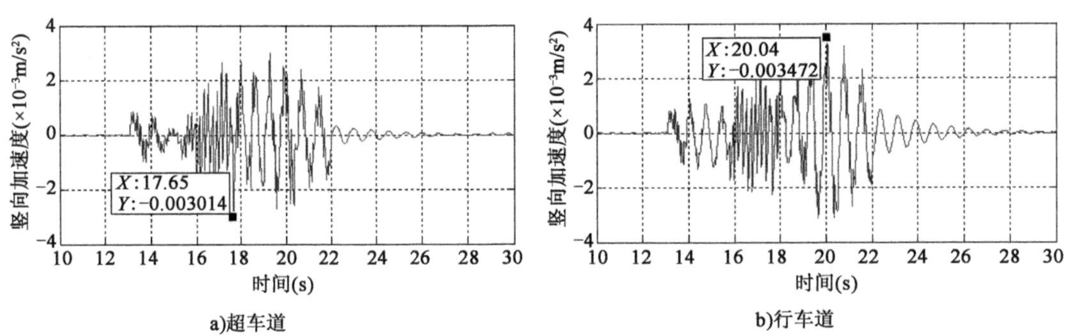

图7.21 第5年桥梁中跨跨中竖向加速度时程曲线

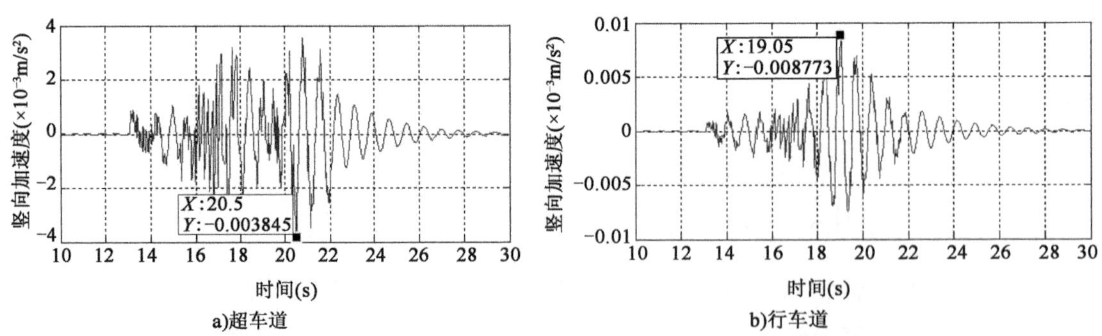

图7.22 第10年桥梁中跨跨中竖向加速度时程曲线

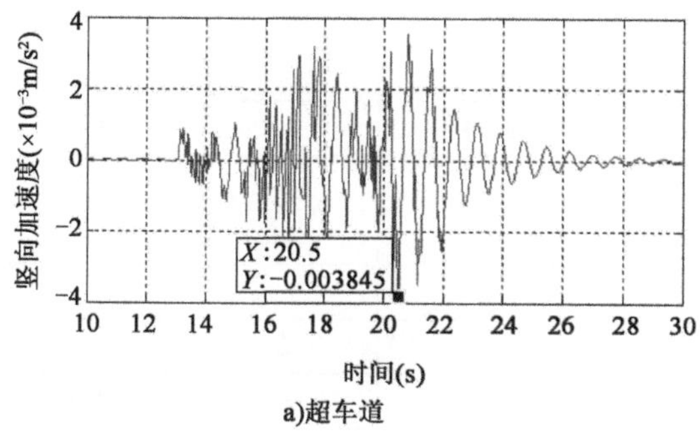

a)超车道

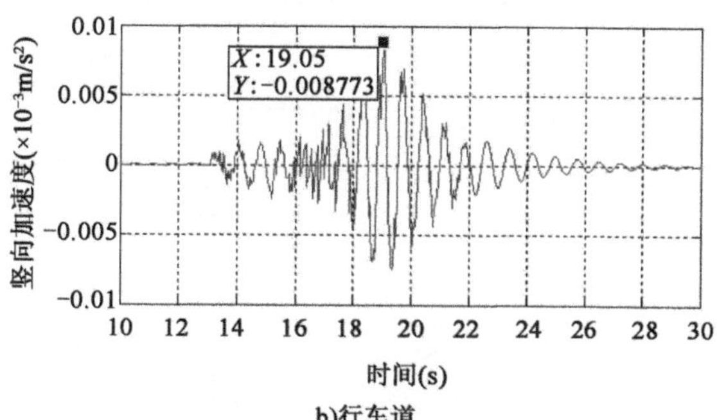

b)行车道

图 7.23　第 15 年桥梁中跨跨中竖向加速度时程曲线

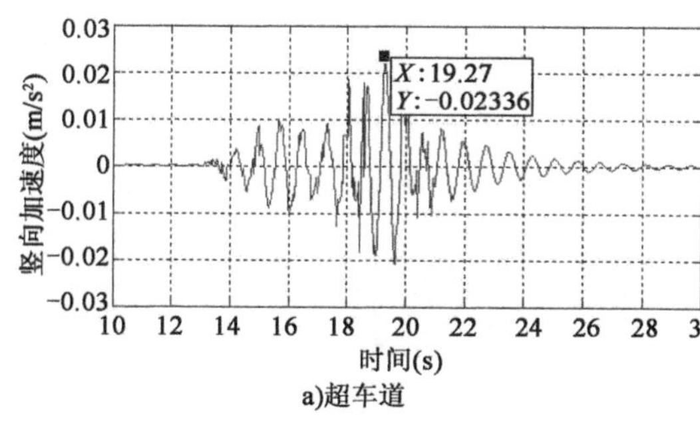

a)超车道

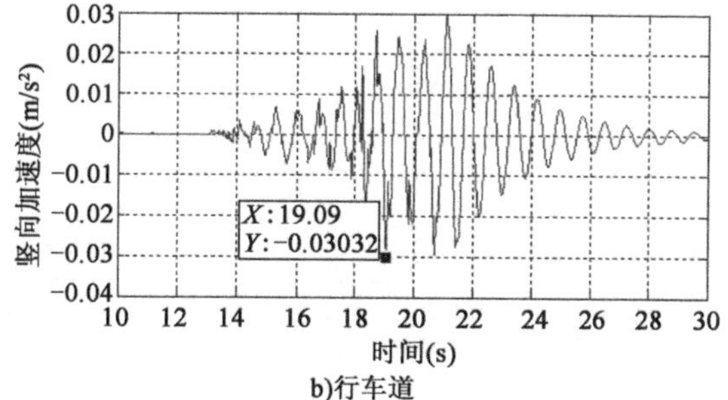

b)行车道

图 7.24　第 20 年桥梁中跨跨中竖向加速度时程曲线

从图 7.20 ~ 图 7.24 中可以看出,虽然有一定的随机性,但动载下桥梁中跨跨中的竖向加速度会随着运营时间的增长而增大,其值增加的幅度也会不断增大。

表 7.10 列出了 20 年运营周期内不同交通量增长率下的中跨跨中加速度值,其变化趋势如图 7.25 所示。从图中也可以看出,其均值在第 1 ~ 10 年增大了不到 2 倍,但在第 11 ~ 20 年却增大了 4 倍多,增长速度的加快也很明显,这就表明桥面状况的变化对桥梁的竖向加速度影响很大。但由于选用的车辆模型的质量相对于桥梁的质量来说很小,且桥梁自身的刚度较大,因此桥梁本身的中跨跨中竖向加速度值很小。

20 年运营周期内不同交通量增长率下的中跨跨中加速度($10^{-3}m/s^2$)　　表 7.10

时间(年)	超　车　道			行　车　道		
	$\gamma=0\%$	$\gamma=3\%$	$\gamma=5\%$	$\gamma=0\%$	$\gamma=3\%$	$\gamma=5\%$
1	2.53	2.61	2.54	2.52	2.73	2.58
2	2.31	2.43	2.71	2.84	3.89	2.53
3	2.29	2.64	2.56	2.24	2.72	3.19
4	2.47	2.57	2.76	3.77	4.25	3.52
5	3.01	2.40	2.53	3.47	3.09	3.31

续上表

时间(年)	超车道			行车道		
	$\gamma=0\%$	$\gamma=3\%$	$\gamma=5\%$	$\gamma=0\%$	$\gamma=3\%$	$\gamma=5\%$
6	3.03	3.57	2.99	3.74	3.38	3.88
7	3.09	3.00	4.13	2.97	5.76	8.88
8	3.10	5.02	4.66	6.74	4.84	5.94
9	4.21	2.71	3.10	5.52	7.23	12.08
10	3.85	6.68	9.62	8.77	6.44	8.10
11	2.91	3.81	4.30	5.75	9.33	8.65
12	7.58	8.46	9.42	8.86	15.06	8.05
13	10.95	9.36	8.28	11.87	10.83	11.08
14	6.87	16.56	11.22	7.02	10.60	14.21
15	14.70	10.71	14.40	9.42	11.56	14.93
16	16.83	8.73	9.82	18.35	9.13	11.42
17	19.08	16.62	19.32	15.99	24.91	17.74
18	18.44	10.78	19.75	20.37	34.56	22.75
19	23.60	18.79	26.03	22.49	20.54	29.15
20	23.36	31.83	28.91	30.32	26.36	37.72

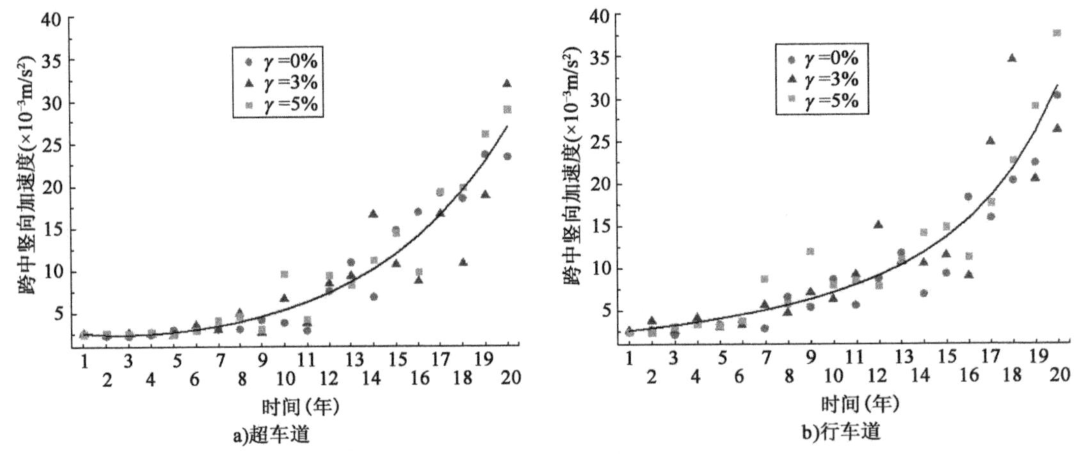

图 7.25　20 年运营期桥梁中跨跨中竖向加速度变化趋势图

7.5.3　基于桥面退化的行车安全性分析

车辆侧倾失稳是车辆事故中较为严重的一种，它表明车辆已经发生侧翻事故，对车辆的损害较大，对乘客或驾驶员的人身安全威胁也最大。本节将计算桥梁 20 年运营期内不同的路面条件下最小轮触力的折算值，用以评价车辆通过桥梁时的行车安全性。

一般来说,根据风的等级划分,8 级以上风(风速 17.2 ~ 20.7m/s)对车辆行驶的影响较为明显,因此,计算中风速设定为 20m/s,其他条件与 7.5.2 节一致。限于篇幅,下面仅列出 $\gamma=0\%$ 时的部分车轮与桥梁接触力的时程曲线,如图 7.26 ~ 图 7.30 所示。

由图 7.26 ~ 图 7.30 可以很明显看出,随着桥梁运营时间的增加,桥梁路面的退化、车辆与桥面的轮触力逐步变小,由最初的正值到后面出现零值或直至负值,这时的车轮已与桥面脱离接触,即发生了轮下脱空和跳车现象。其中,行车道由于交通量大,桥面退化较快,出现负值的时间比超车道要提前。同样的,不同的交通量年平均增长率轮触力出现负值的时间也不相同。总的来说,桥面退化越快,出现轮下脱空和跳车现象的时间越早,这也与实际情形相符。但是车轮与桥面短暂的脱离并不一定会引发事故。

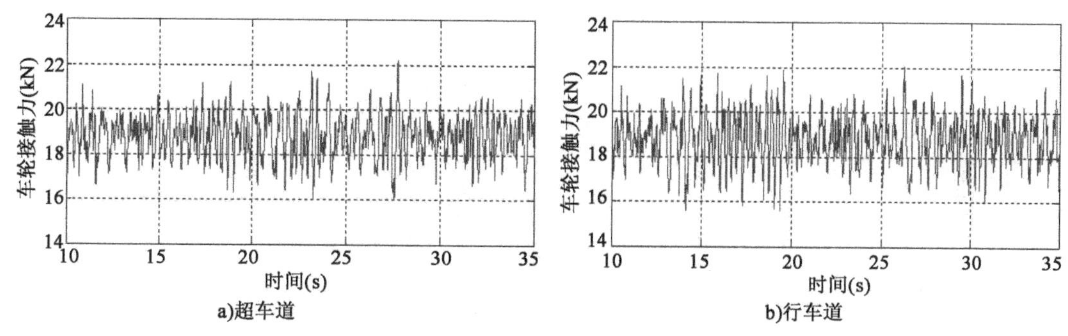

图 7.26　第 1 年车轮与桥面接触力时程曲线

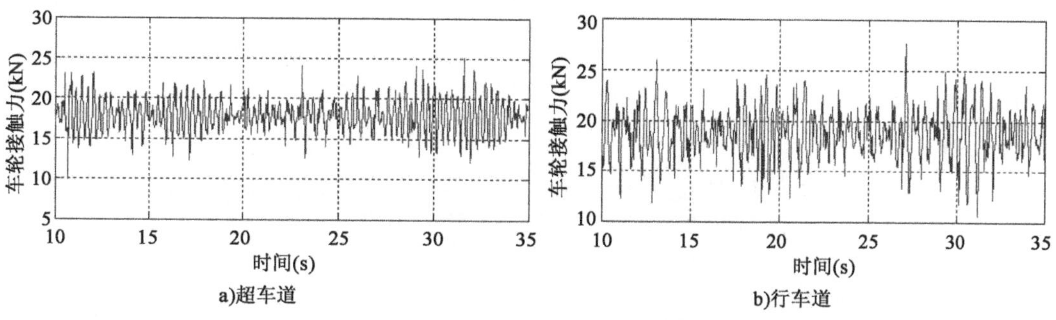

图 7.27　第 5 年车轮与桥面接触力时程曲线

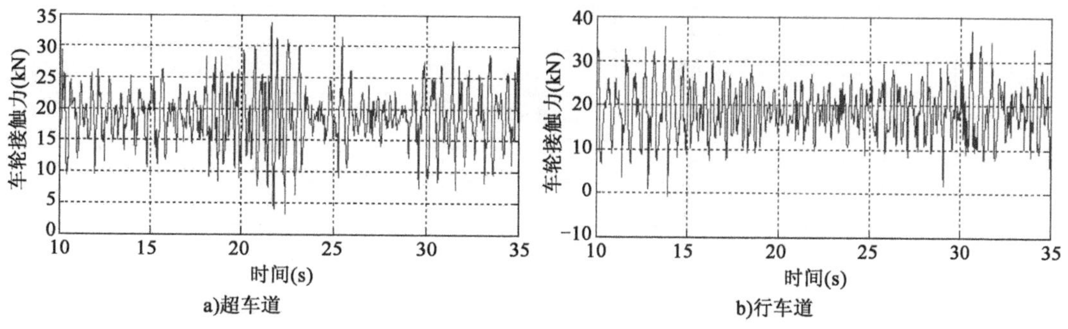

图 7.28　第 10 年车轮与桥面接触力时程曲线

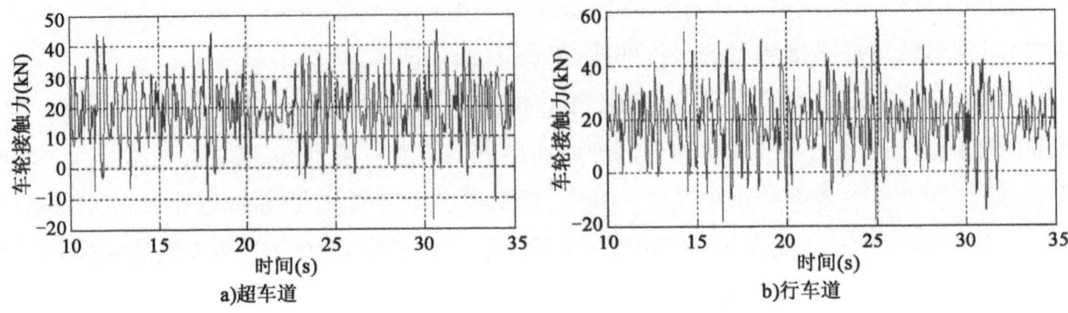

图 7.29　第 15 年车轮与桥面接触力时程曲线

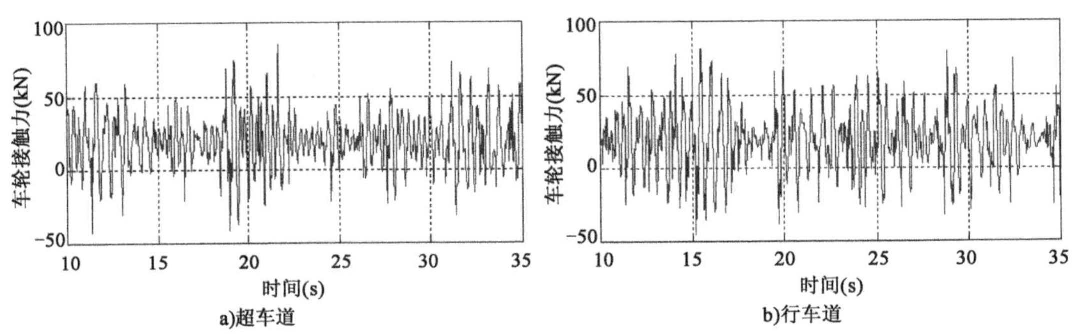

图 7.30　第 20 年车轮与桥面接触力时程曲线

根据车轮与桥面的轮触力折算公式，结合理论计算所得到的轮触力时程统计量，计算出不同交通量、不同交通量年平均增长率以及各不同运营时间情况下的轮触力折算力，其具体数值见表 7.11。

20 年运营周期内不同交通量年平均增长率下车轮与桥面折算轮触力(kN)　　表 7.11

时间(年)	超车道			行车道		
	$\gamma=0\%$	$\gamma=3\%$	$\gamma=5\%$	$\gamma=0\%$	$\gamma=3\%$	$\gamma=5\%$
1	16.449	16.504	16.480	16.323	16.010	16.227
2	16.154	16.088	16.106	15.356	15.963	15.767
3	15.299	16.615	16.561	14.993	14.855	15.422
4	15.543	15.076	15.016	15.325	14.196	13.972
5	14.687	14.449	14.898	13.986	13.942	13.316
6	15.443	14.318	14.149	13.757	11.668	12.817
7	13.145	11.579	13.319	11.920	11.687	11.659
8	12.362	12.244	14.241	10.441	10.456	10.802
9	11.896	12.420	12.254	7.885	9.726	9.427
10	9.842	9.022	10.749	8.370	8.147	8.475

续上表

时间(年)	超车道			行车道		
	γ=0%	γ=3%	γ=5%	γ=0%	γ=3%	γ=5%
11	9.678	8.543	8.748	7.472	6.959	5.822
12	9.433	8.144	6.453	5.107	3.100	1.900
13	7.560	6.875	5.071	4.081	2.002	1.758
14	6.139	3.497	2.865	1.652	<0	<0
15	1.091	0.589	<0	<0	<0	<0
16	<0	<0	<0	<0	<0	<0
17	<0	<0	<0	<0	<0	<0
18	<0	<0	<0	<0	<0	<0
19	<0	<0	<0	<0	<0	<0
20	<0	<0	<0	<0	<0	<0

注:"<0"表示折算轮触力出现负值。

从表7.11中可以看出,折算轮触力随着桥面的退化,其值也在不断减小,直至出现负值。为直观地分析折算轮触力,图7.31给出了轮触力的变化趋势图。从图中可以看出,虽然有一定的随机性,但是总体趋势明显,交通量和交通量年平均增长率越小,折算轮触力减小的也越缓慢,减小的速度也越小,但是对减小的趋势影响有限。

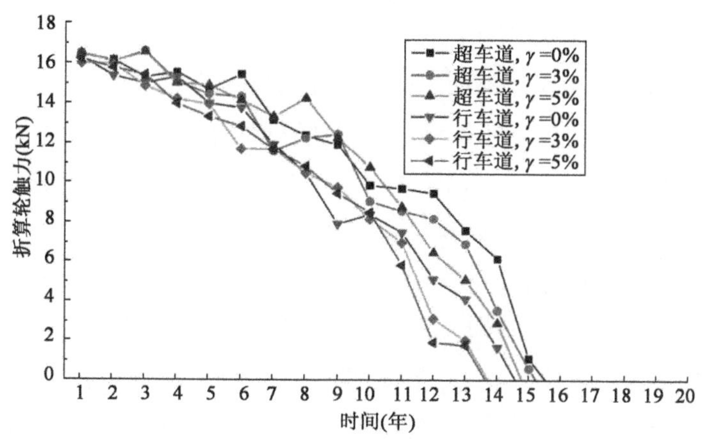

图7.31　20年运营期车轮与桥面折算接触力变化趋势图

根据车辆侧倾失稳临界条件可知,当折算接触力小于或等于零时,车辆即会发生侧翻事故。根据这个标准容易看出,在最不利的情况下,理论上桥梁运营13年之后即会出现车辆侧倾失稳现象。因此,桥面的维修与养护是很有必要的。

根据计算的理论值,结合临界标准,表7.12列出了车辆在一定条件下出现侧倾失稳的理论桥梁运营年限。

车辆出现侧倾失稳理论运营时间(年)　　表 7.12

车　　道	$\gamma=0\%$	$\gamma=3\%$	$\gamma=5\%$
超车道	16	16	15
行车道	15	14	14

7.6 小　　结

本章以在役的某连续刚构桥为分析对象,在车-桥耦合振动分析理论的基础上,建立了七自由度三维空间车辆模型,运用数值软件建立了桥梁有限元模型,得出了桥梁 20 年运营周期内车辆过桥时桥梁的动力响应时程信息以及冲击系数,分析了时间与桥面退化的关系、桥面退化情况对桥梁振动响应及冲击系数的影响。并进一步分析了时间与冲击系数的关系,得出了修正后的冲击系数计算公式。还结合引入一种车辆失稳评价标准,分析了由于路况变化对车辆通过桥梁时的行车安全性影响。经过分析得到如下结论:

(1)桥梁在运营过程中,由于荷载、腐蚀与冲击效应等因素的影响,桥面会出现退化,路面等级从最初的 A 级变为 F 级,进而使国际平整度指数与路面不平度相应增大,其增长速度也会随运营时间增长而加快。其中超车道交通量年平均增长率 $\gamma=0\%$ 的情况下,第 1 年、5 年、10 年、15 年和 20 年的竖向最大路面不平度值(绝对值)分别为 1.151cm、2.696cm、6.017cm、16.210cm 和 39.750cm,增长速度变化明显。

(2)在一定的运营环境下,由于路面退化导致路面状况变化,从而引起车-桥振动效应发生变化。桥梁中跨跨中的竖向挠度会随着运营时间的增长而增大,其增长的幅度也会不断增大,其平均值在第 1~10 年增大了约 9.2%,在第 11~20 年增大了约 42.6%,增长速度加快明显。

(3)交通量、交通量年平均增长率等因素会对路面退化产生一定影响,但影响较小,同一时间内,交通量对动挠度的影响不超过 11%,交通量年平均增长率对动挠度与冲击系数的影响不超过 6%。可见,交通量年平均增长率 γ 小于或等于 5% 时,其影响基本可以忽略不计。

(4)运用拟合的数学函数关系公式,在《公路桥涵设计通用规范》(JTG D60—2015)中规定的冲击系数计算公式的基础上引入了时间参数。新得出的公式只适合特定运营情况下的连续刚构桥。

(5)桥梁路面退化对桥梁中跨跨中竖向加速度影响较大,其均值在第 1~10 年增大了不到 2 倍,但在第 11~20 年却增大了 4 倍多,增幅与增速加快明显。但由于选用的车辆模型的质量相对于桥梁的质量来说很小,且桥梁自身的刚度较大,因此桥梁本身的中跨跨中竖向加速度值很小。

第 8 章　随机车流-大跨径斜拉桥耦合系统振动分析

8.1 引　　言

本章以大跨径斜拉桥为例,运用 Matlab 程序对实测的车流数据进行 *K-S* 检验处理,从而获得在常见分布函数中最为吻合的函数参数,通过蒙特卡罗原理对各类数据进行随机抽样,从而获得相对真实的随机车流模型。根据不同的时间段生成稀疏随机车流样本、正常随机车流样本和密集随机车流样本,随后通过合理的数据筛选,对各类随机车流样本进行截取,与此同时,将桥梁路面不平度以激励的形式作用于系统上,对车流在桥上行驶的过程进行模拟,并对其振动响应进行分析,将程序所得的冲击系数与规范中的冲击系数进行比较,为以后斜拉桥的移动荷载分析提供参照。

8.2 斜拉桥-车辆耦合振动模型

8.2.1 计算车辆模型

第 6 章得出了较精确的数值计算车辆模型,即十二自由度的车辆模型,如图 8.1 所示。相关的自由度为竖向自由度(z_t)、横向自由度(y_t)、车身的点头运动(θ_t)、车身的摇头运动(k_p、k_f、k_{rt})、悬架的竖向位移(分别为 z_a^1、z_a^2、z_a^3 和 z_a^4)悬架的横向位移(分别为 y_a^1、y_a^2、y_a^3 和 y_a^4)。轮胎模拟成三维模型,如图 8.2 所示。各轴重的质量已经考虑了轮胎质量。详细的车辆运动方程的推导已在第 6 章和第 7 章中给出,此处仅给出其矩阵形式的运动方程。

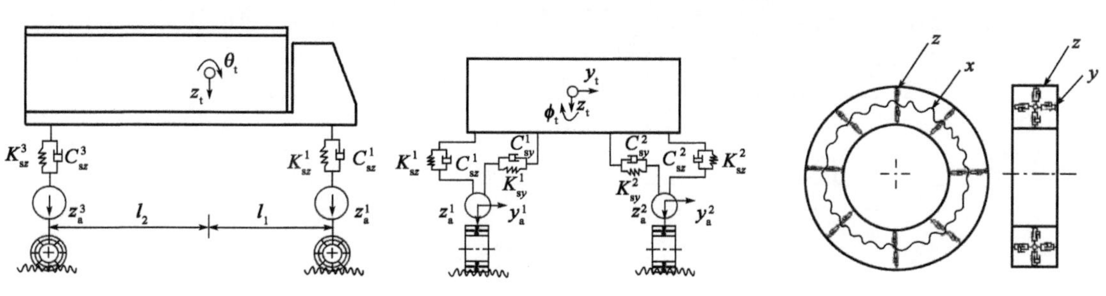

图 8.1　整车模型　　　　图 8.2　三维轮胎模型

$$\boldsymbol{M}_{\mathrm{v}}\ddot{\boldsymbol{y}}_{\mathrm{v}} + \boldsymbol{C}_{\mathrm{v}}\dot{\boldsymbol{y}}_{\mathrm{v}} + \boldsymbol{K}_{\mathrm{v}}\boldsymbol{y}_{\mathrm{v}} = \boldsymbol{F}_{\mathrm{G}} + \boldsymbol{F}_{\mathrm{vb}} \tag{8.1}$$

式中：$\boldsymbol{M}_{\mathrm{v}}$、$\boldsymbol{C}_{\mathrm{v}}$、$\boldsymbol{K}_{\mathrm{v}}$——分别是质量矩阵、阻尼矩阵和刚度矩阵；

$\boldsymbol{y}_{\mathrm{v}}$——未知向量；

$\boldsymbol{F}_{\mathrm{G}}$——车辆自重向量；

$\boldsymbol{F}_{\mathrm{vb}}$——车-桥耦合作用力向量。

8.2.2 某桥概况

以某桥为例，其主桥为双塔三跨双索面半漂浮体系的混合梁斜拉桥。斜拉桥桥跨布置为100m + 298m + 816m + 80m + 75m + 75m，在两个边跨内设置辅助墩，桥面宽38.5m，主塔选用简洁的双柱式桥塔，主桥立面布置如图8.3所示。

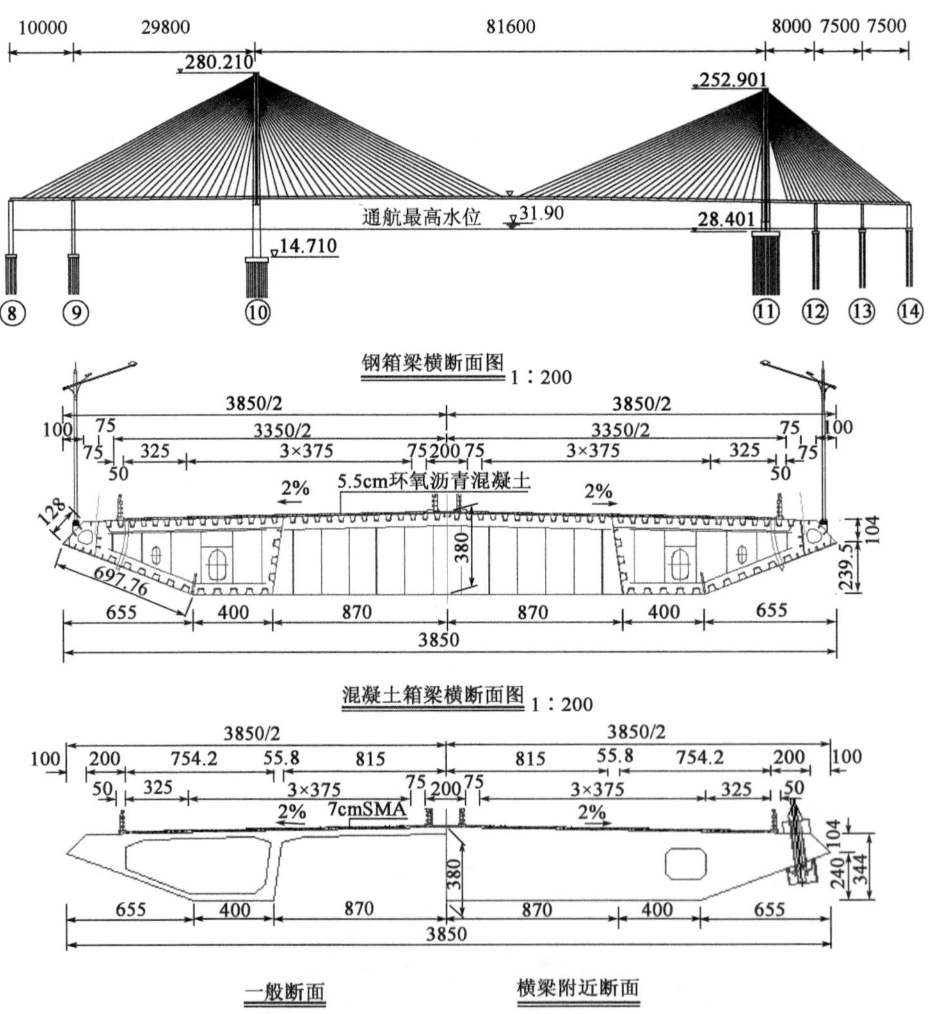

图8.3 某桥桥型布置图(尺寸和高程单位：m)

据其结构的总体布置及特点，本节建立了主桥的三维有限元总体模型，模型中采用传统的单主梁模式，桥塔、边墩以及交界墩采用 BEAM188 单元进行离散，基础弹簧采用释放抗弯刚度而只有抗拉压与抗扭转刚度的梁单元模拟，拉杆采用空间杆单元 LINK10 进行离散，桥面采用单主梁模式的 BEAM4 单元模拟，某桥有限元模型如图 8.4 所示。表 8.1 给出了主跨为 816m 的斜拉桥前 10 阶模态的自振频率及振型。图 8.5 给出了主跨的前 8 阶振型图。

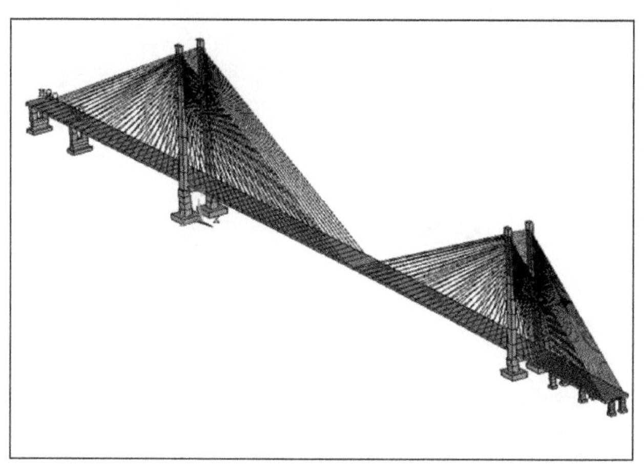

图 8.4　某桥有限元模型

某桥的前 10 阶自振频率　　表 8.1

模态阶次	频率(Hz)	振型描述	模态阶次	频率(Hz)	振型描述
1	0.0821	纵飘	6	0.3132	主梁竖弯
2	0.2104	主梁一阶侧弯	7	0.4301	主梁竖弯
3	0.2305	主塔侧弯	8	0.4357	主梁一阶扭转
4	0.2432	主梁一阶竖弯	9	0.4431	主塔侧弯
5	0.2839	主塔侧弯	10	0.4482	主塔侧弯

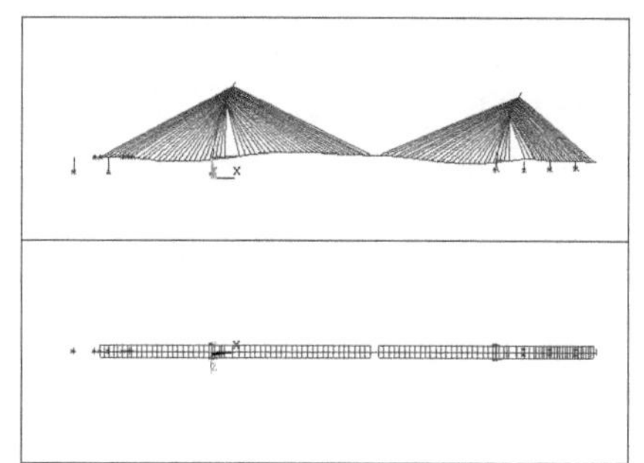

a)第1阶振型图(纵漂)

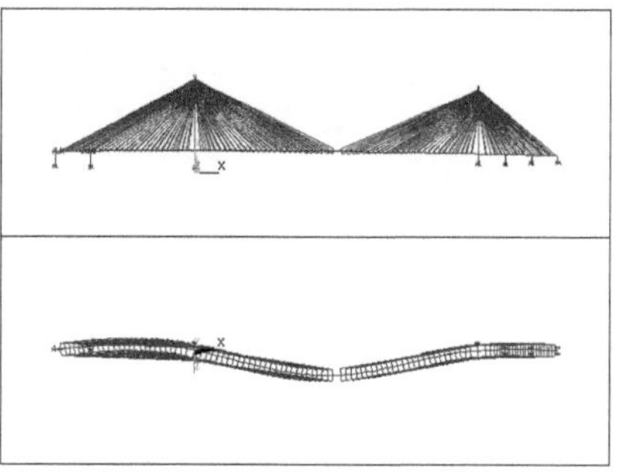

b)第2阶振型图(主梁一阶侧弯)

图　8.5

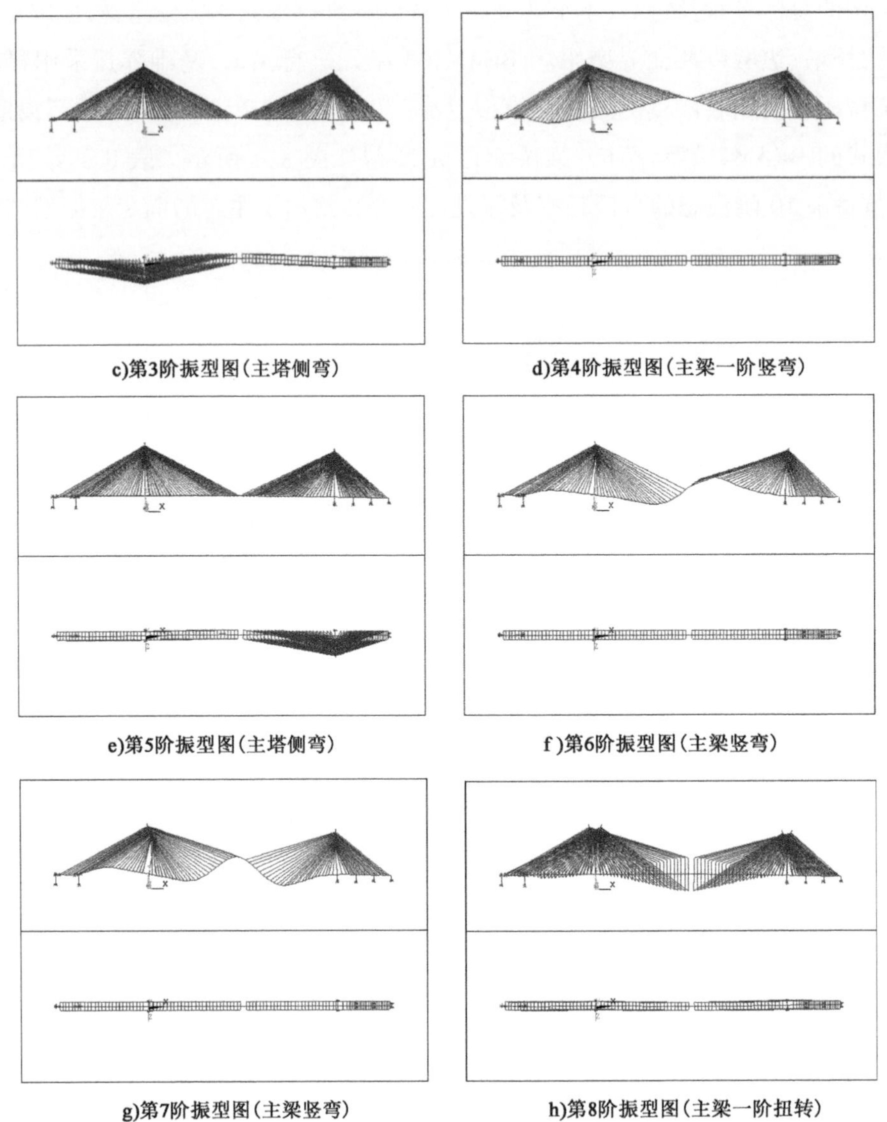

c)第3阶振型图(主塔侧弯)　d)第4阶振型图(主梁一阶竖弯)

e)第5阶振型图(主塔侧弯)　f)第6阶振型图(主梁竖弯)

g)第7阶振型图(主梁竖弯)　h)第8阶振型图(主梁一阶扭转)

图 8.5　某桥的前 8 阶振型图

8.3　路面激励样本的统计分析

如前所述,路面不平度为车-桥系统的主要激励源。由于路面不平度具有随机性,车-桥耦合系统的振动必然也具有随机性。因此,本节利用统计分析方法分析路面激励样本数对桥梁振动的影响。根据数理统计方法,n 个样本值 $Y_1, Y_2, \cdots, Y_n$ 的平均值为 $Y_y = \frac{1}{n}\sum_{k=1}^{n} Y_n$。

假设车辆进入该斜拉桥时开始计算,图 8.6 为车速为 20m/s 时不同样本数对应的跨中竖向挠度平均值。图 8.6a)显示了路面激励样本数分别为 10、15、20 时,跨中竖向挠度的统计特征。从图中可以看出,样本数分别为10、15和20时结果基本趋于一致,因此10～20个样本数目对于计算大跨桥梁的跨中竖向挠度是合适的;而图8.6b)显示了20～30个样本数对于计算大跨桥梁的跨中横向挠度是合适的。因此,计算跨中竖向挠度和横向挠度所需样本数是不同的,要得到桥梁结构在车辆作用下的动态响应,应先进行路面激励样本数对桥梁振动响应的参数分析,以确定合理的样本数。就本桥来说,计算竖向挠度时取样本数可为15,横向挠度时取样本数可为25。横向挠度所取样本数大于竖向挠度所需样本数,其原因也许是因为与竖向激励源相比,桥梁所受的横向激励主要来自轮胎与桥面间的摩擦。

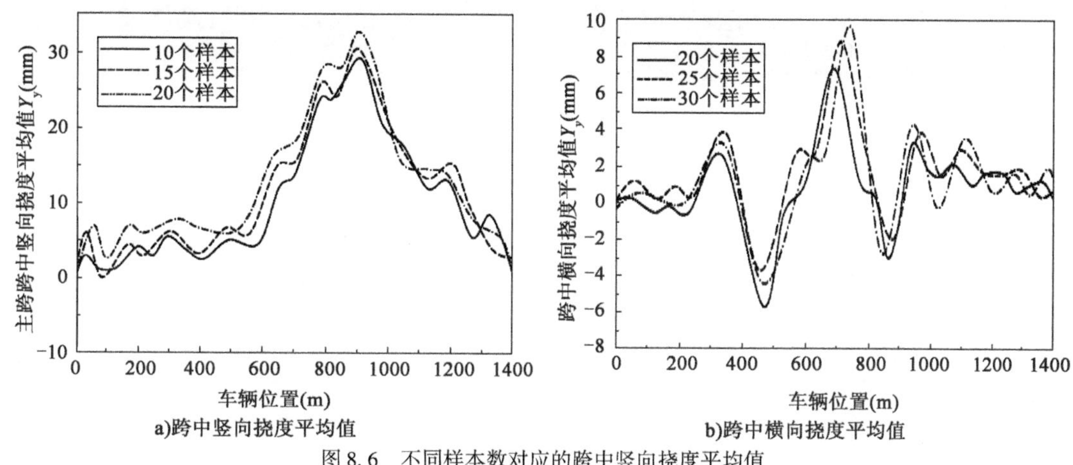

a)跨中竖向挠度平均值　　b)跨中横向挠度平均值

图8.6　不同样本数对应的跨中竖向挠度平均值

8.4　车辆作用下桥梁结构的振动响应分析

图8.7所示为车速20m/s时车辆作用下主桥结构的动力响应。由图8.7可以看出,当车辆驶过全桥时最大竖向挠度和横向挠度值并不发生在同一个位置处。当车辆行驶至900m左右处时竖向挠度值出现最大值,为32.7mm,而当车辆行驶至715m处时横向挠度值出现最大值,为7.34mm;跨中的最大竖向和横向加速度值分别为1.45m/s^{2}和0.48m/s^2。

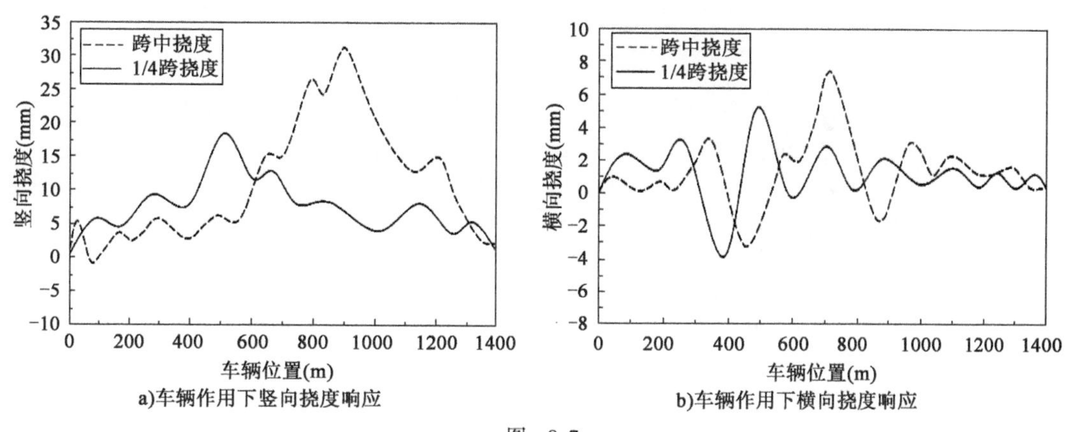

a)车辆作用下竖向挠度响应　　b)车辆作用下横向挠度响应

图　8.7

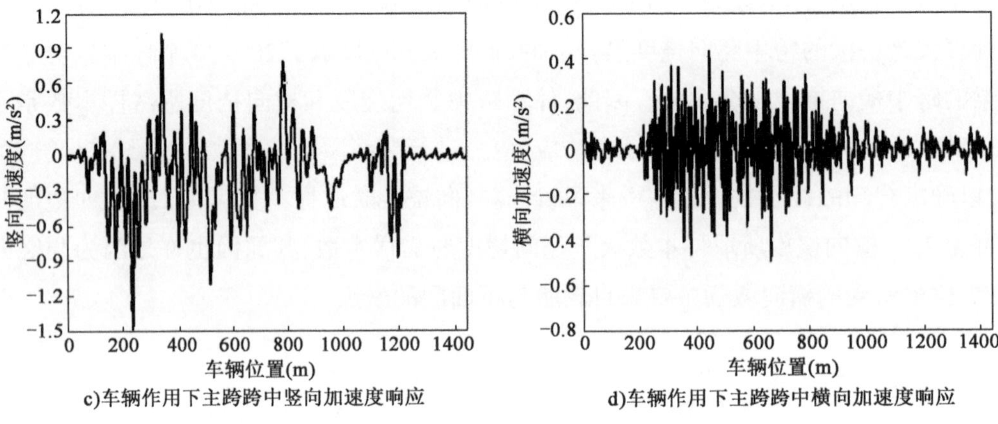

c)车辆作用下主跨跨中竖向加速度响应

d)车辆作用下主跨跨中横向加速度响应

图 8.7 车辆作用下的主桥结构的动力响应分析

8.5 车辆作用下桥梁结构的冲击系数

桥梁结构的冲击系数根据结构动位移与静位移的比值计算得到,冲击系数定义为:

$$I = \frac{y_{vm}}{y_{sm}} - 1 \tag{8.2}$$

式中:y_{vm}、y_{sm}——分别为动力响应和静力响应。

由于结构振动位移与作用在结构上的动荷载不成正比,特别是对于大跨径斜拉桥这样的复杂结构,构件之间的动力特性相差较大,因此上述公式计算得到的冲击系数与选择的响应点有关。为比较不同位置处的动力冲击系数差异,图 8.8 显示了跨中、1/4 跨处梁动挠度的动力系数随速度的变化图。

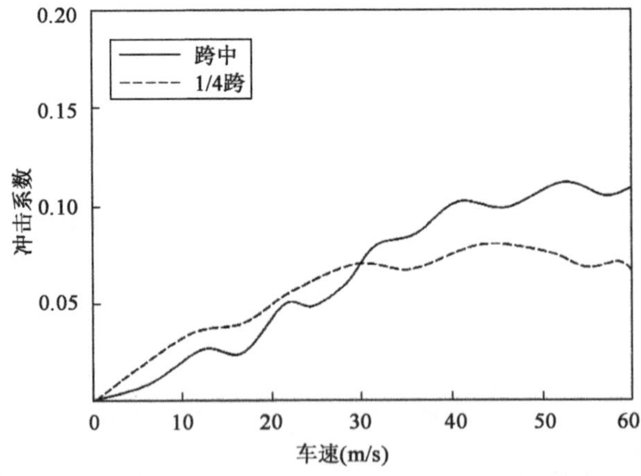

图 8.8 跨中和 1/4 跨的动力系数随速度的变化图

由图 8.8 可以看出，各截面处冲击系数的变化规律不一样，跨中的冲击系数并非都大于 1/4 跨处的冲击系数。因此，对于大跨径斜拉桥这样的复杂结构，构件之间的动力特性相差较大，复杂结构设计时应尽量计算不同构件的动力特性，而并非仅仅考虑单一截面的动力特性。表 8.2 比较了不同行车工况时，1/4 跨和跨中截面处的冲击系数。值得注意的是，表中考虑加速影响时，车辆均为加速到 120km/h 后匀速驶过全桥；而计算双车影响时则为两车前后间隔为 10m 且车速相同。比较表 8.2 中数据可知，当加速度为 0 时，双车作用下的各截面冲击系数要大于单车情形时的冲击系数。如当车辆初速度为20m/s且加速度为6m/s^2时，双车作用下跨中和 1/4 跨处截面冲击系数分别为单车的 1.48 倍和 1.28 倍。因此，对于大跨径斜拉桥来说，车辆匀速行驶时，冲击系数随车辆数增加有增加的趋势，且当车辆加速行驶时该趋势增加的幅度变大。

不同车况时各个截面处冲击系数的比较　　表 8.2

车数	行车工况		冲击系数	
	初速度	加速度	跨中	1/4 跨
单车	10m/s	0m/s^2	0.020	0.031
		2m/s^2	0.036	0.042
		4m/s^2	0.047	0.062
		6m/s^2	0.051	0.088
	20m/s	0m/s^2	0.041	0.050
		2m/s^2	0.056	0.082
		4m/s^2	0.079	0.134
		6m/s^2	0.111	0.178
双车	10m/s	0m/s^2	0.024	0.033
		2m/s^2	0.045	0.048
		4m/s^2	0.061	0.078
		6m/s^2	0.084	0.097
	20m/s	0m/s^2	0.046	0.053
		2m/s^2	0.085	0.132
		4m/s^2	0.111	0.151
		6m/s^2	0.148	0.197

图 8.9 为当初速度为 5m/s 时不同等级路面对冲击系数的影响。表 8.3 为不同路面等级对各个截面处冲击系数的比较。值得注意的是，当车速增加到 120km/h 后，车辆保持匀速行驶。由图 8.9 可以看出，冲击系数并不总是随加速度的增大而单调增大，而是出现局部极值，其原因可能是由于路面不平度的随机性所致；路面不平度等级越高，所对应的冲击系数越大。按照规范计算，该桥的冲击系数应为 0.05。比较图 8.9和表 8.3 中冲击系数发现，只有当车速小于 10m/s 左右时，跨中和 1/4 跨处挠度冲击系数才小于 0.05，而对于其余大部分情形，冲击系数都大于 0.05，因此规范值要远小于该桥实际所受的车辆冲击作用。

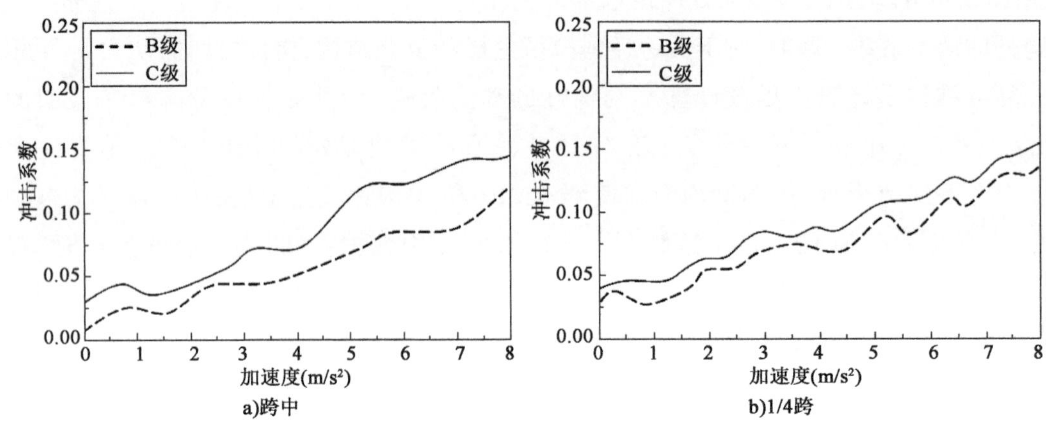

图 8.9 不同路面等级对冲击系数的影响

不同桥面等级对各个截面处冲击数的比较 表 8.3

路面等级	行车工况		冲击系数	
	初速度	加速度	跨中	1/4 跨
等级 B	10m/s	0m/s²	0.020	0.031
		2m/s²	0.036	0.042
		4m/s²	0.047	0.062
		6m/s²	0.051	0.088
	20m/s	0m/s²	0.041	0.050
		2m/s²	0.056	0.082
		4m/s²	0.079	0.134
		6m/s²	0.111	0.178
等级 C	10m/s	0m/s²	0.041	0.053
		2m/s²	0.062	0.083
		4m/s²	0.078	0.089
		6m/s²	0.099	0.117
	20m/s	0m/s²	0.047	0.059
		2m/s²	0.085	0.132
		4m/s²	0.123	0.162
		6m/s²	0.164	0.227

8.6 随机车流作用下桥梁结构响应分析

斜拉桥的受力可以看成用高强钢材制成的斜拉索将主梁多点吊起,主梁恒载及作用在主梁上的活载通过斜拉索传递到塔柱,再通过塔柱基础传递到地基。这样大跨径斜拉桥的主梁就像一根多点弹性支承的连续梁一样工作,随着密索体系的不断发展,斜拉桥的跨径随之增大,拉索逐渐增多,支承条件相应增加。因此,研究斜拉桥的动力响应也变得更为复杂。由于考虑到规范的通用性,我国仅对斜拉桥的冲击系数作出了简单的规定,与实际情况有一定的差距。下面以我国某桥为例进行研究。

8.7 桥梁概况

某桥主桥为塔梁固结体系,主桥上部结构为 210m + 420m + 210m 双塔斜拉桥,预应力混凝土主梁,H 形索塔,钻孔灌注桩基础,桥型布置如图 8.10 所示。

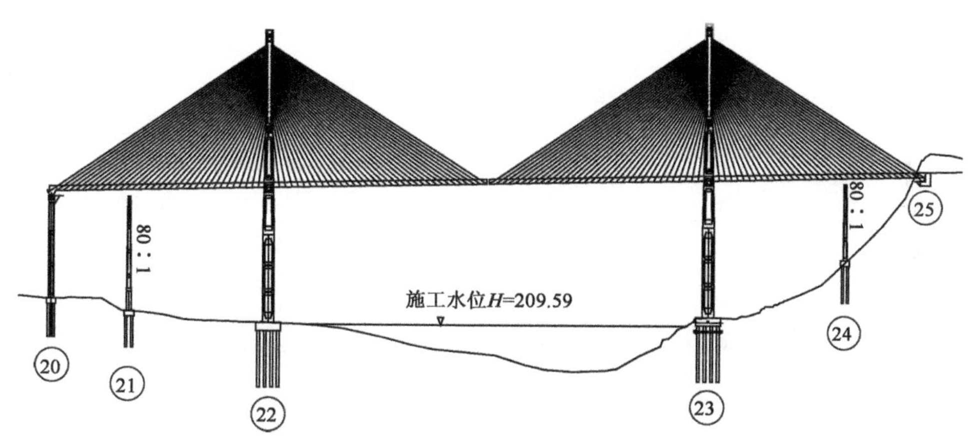

图 8.10 某桥桥型布置

8.8 桥梁有限元模型的建立

采用 Midas Civil 对桥梁进行建模,全桥结构分为主塔、主梁、斜拉索、桥墩、辅助墩、基础六大部分。桥面铺装荷载在建模时以均布荷载代替,计算结构振型时将该荷载转化为质量施加在桥面。斜拉索在主塔上的连接以刚性连接进行模拟,主梁上为了更好地模拟车辆荷载,结构中选择以无重量以及刚度无穷大的虚拟梁进行连接。全桥共划分为 1309 个节点,1252 个单元,具体如图 8.11 所示。

本节选用模态综合法进行车-桥系统研究,考虑到斜拉桥的结构复杂性和振型参与质量大于 90% 的原则,选取了前 30 阶模态,限于篇幅,振型 1、10、20、30 如图 8.12 所示,其中桥梁结构的前 30 阶频率参数见表 8.4。

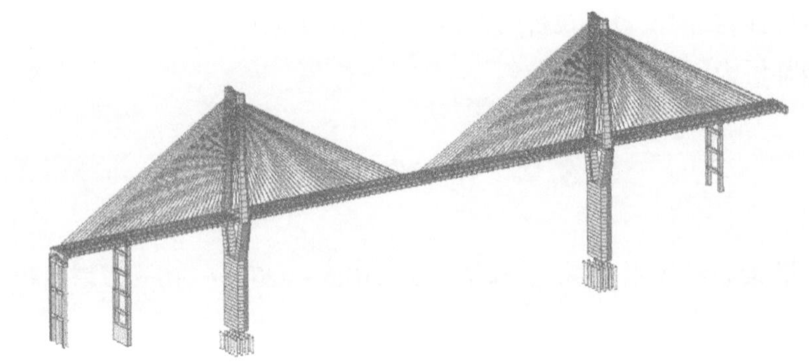

图 8.11　计算模型

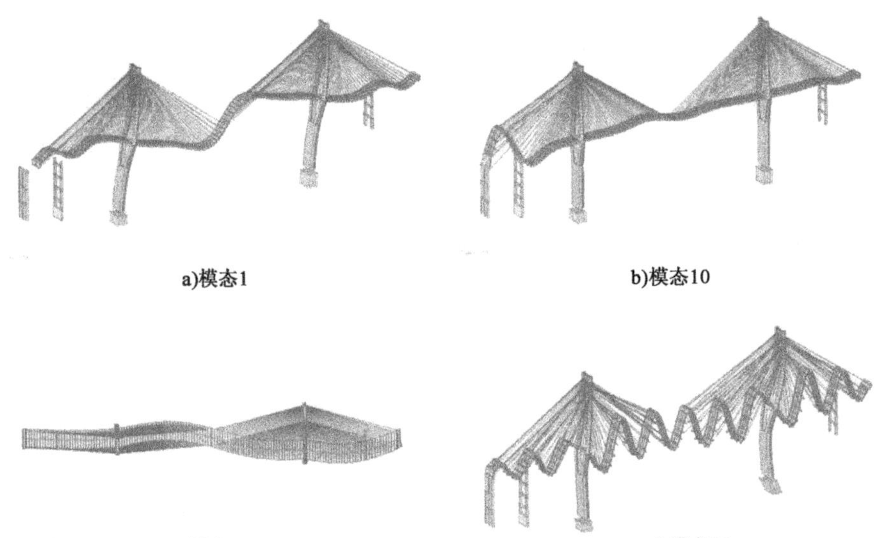

a)模态1　b)模态10

c)模态20　d)模态30

图 8.12　模态形状示例

某桥频率计算结果　表 8.4

模　态　号	频率(cycle/s)	模态号	频率(cycle/s)	模　态　号	频率(cycle/s)
1	0.261836	5	0.398047	9	0.556057
2	0.301331	6	0.495173	10	0.64415
3	0.323035	7	0.503223	11	0.649032
4	0.397289	8	0.519054	12	0.687243

续上表

模态号	频率(cycle/s)	模态号	频率(cycle/s)	模态号	频率(cycle/s)
13	0.706287	19	1.030569	25	1.271993
14	0.754343	20	1.047157	26	1.277686
15	0.771343	21	1.140976	27	1.278375
16	0.799759	22	1.169462	28	1.373281
17	0.831435	23	1.180084	29	1.42812
18	0.91031	24	1.212324	30	1.505851

在规范的动力响应分析中，均将车辆荷载行驶于桥梁结构时，桥梁结构的振动认为是一种确定性的振动。然而车辆荷载本身具有随机性，桥梁的振动也会因为各自的情况不同而有较大的差距。

斜拉桥主梁受到斜拉索的多点吊起，主梁类似于一根多点弹性支承的连续梁一样工作。该桥属于塔梁固结的密索体系，其主梁上设置的斜拉索密且多，从而超静定次数较高。考虑到该桥结构的复杂性，下一节将对冲击系数进行计算，并与规范结果进行对比分析。

8.9　随机车流作用下车-桥耦合软件编制

Matlab 软件功能强大，集数值计算、符号运算和图形处理等多种功能于一体，同时还包括许多专用工具箱，可以满足不同专业的用户要求。本节随机车流模拟以及车-桥耦合中主要用到 Matlab 软件科学计算、图形处理、数据统计功能，并编制了随机车流作用下车-桥耦合振动分析程序——Vehicle Bridge Vibration Dynamic Analysis under Random Traffic Flow（VBDARTF）。

8.9.1　VBDARTF 程序运行流程

作者团队长期致力于风-车-桥耦合振动研究，已做出可靠实用的车-桥耦合系统分析软件（Vehicle-Bridge-Wind analysis program），该程序主要用于研究风-车-桥三者之间的耦合振动分析。在此基础上，作者进一步研究，开发了随机车流作用下车-桥耦合振动分析程序。该程序共有四个部分：第一部分为输入部分，其中包括空间车辆模型参数、桥梁几何参数、桥梁路面不平度及振型参数等，其中车辆模型包含较为全面的车型，使得随机车流的研究成为可能，振型参数可借助其他有限元分析软件获得；第二部分为前处理部分，主要用于车-桥耦合设置；第三部分为求解器，主要用于对车-桥耦合系统方程进行求解；第四部分为后处理器，主要用于输出数据结果以及图片结果。程序运行流程如图 8.13 所示。

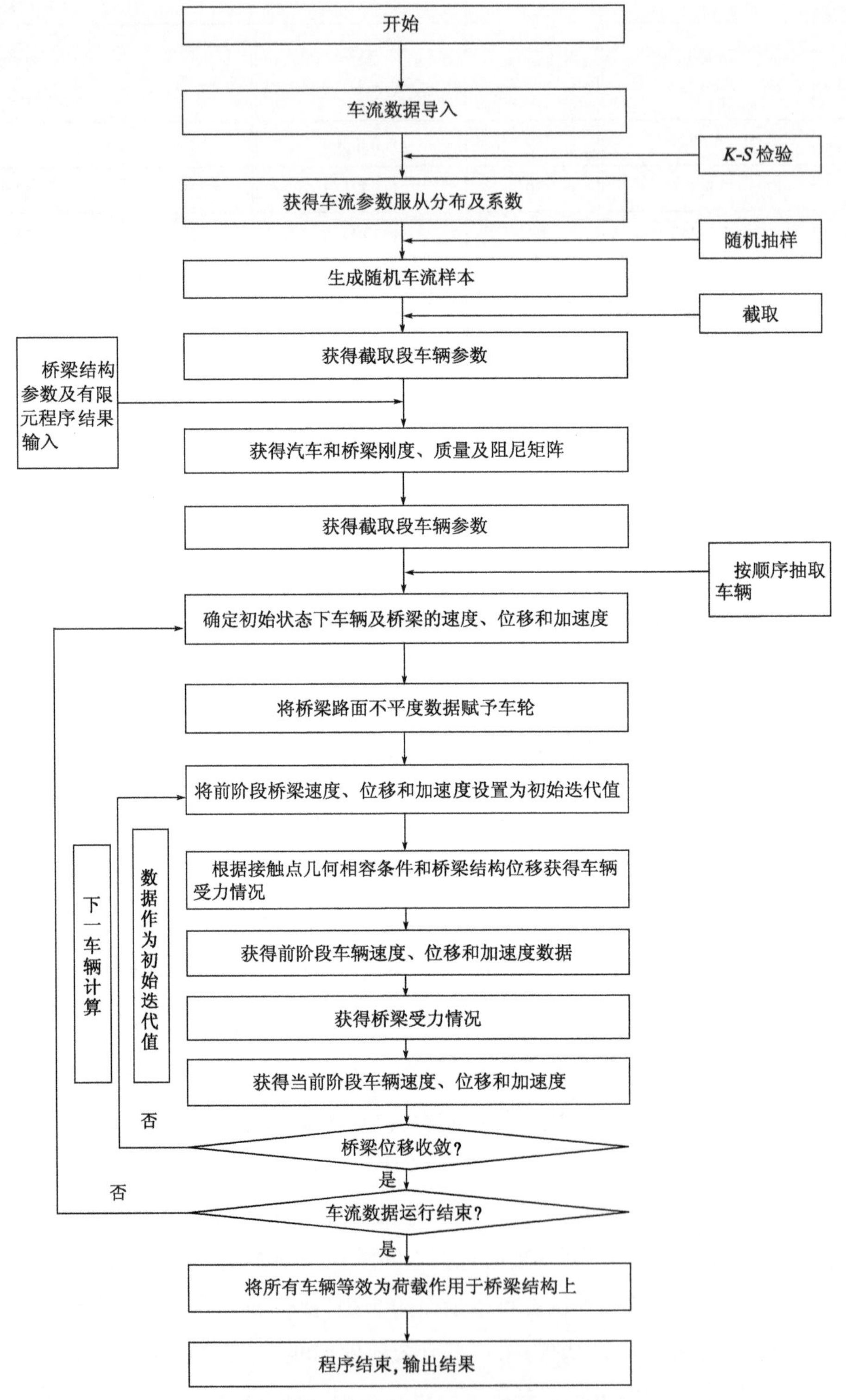

图 8.13　程序运行流程示意图

8.9.2　VBDARTF 程序简介

1)操作键及其功能

操作键及其功能如图 8.14 所示。

操作键名称	功能说明
导入	◆按下此键，将准备的参数导入。导入为.mat格式，数据存储为(1×*n*)形式
截取车辆位置	◆选择随机车流模型的一部分，默认为对超车道上车流进行截取
获取车辆属性	◆获取截取部分车辆数据，包括车型、总质量、车速、车间距
车型1	◆车型选择键，包含12种车型
正态分布	◆函数分布选择，其中包含正态分布、极值Ⅰ型分布、伽马分布、威布尔分布、对数正态分布5种
导入路面不平度	◆将路面不平度以激励的方式导入
模态横向参数导入	◆将模态的振型横向向量导入
模态纵向参数导入	◆将模态的振型纵向向量导入
模态竖向参数导入	◆将模态的振型竖向向量导入
计算	◆差数输入完毕之后对程序进行计算

图 8.14　操作键及其功能

2)界面说明及使用步骤

程序界面如图 8.15 所示。

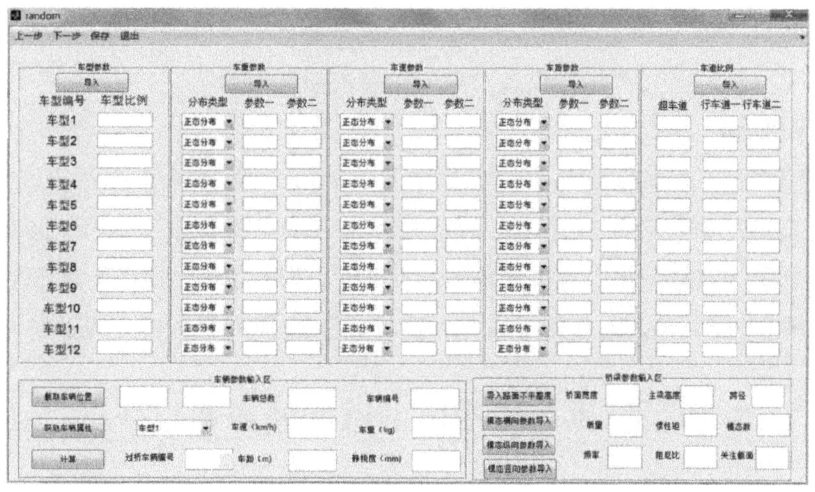

图 8.15　程序界面示意图

(1)输入车型参数

该部分数据可以采用导入或者手动输入,由图 8.15 可知,车辆分为 12 种。车型比例项为所选车流中各类车型所占比例。

(2)输入车重参数

该部分数据可以采用导入或者手动输入,每一类车的总质量数据存储方式为 $1 \times n$ 行向量。程序将自动对数据进行 *K-S* 检验,根据吻合程度选取分布类型,分布参数显示在界面右侧小格中。

(3)输入车速参数

该部分数据可以采用导入或者手动输入,每一类车的车速数据存储方式为 $1 \times n$ 行向量。程序将自动对数据进行 *K-S* 检验,根据吻合程度选取分布类型,分布参数显示在界面右侧小格中。

(4)输入车距参数

该部分数据可以采用导入或者手动输入,每一类车的车距数据存储方式为 $1 \times n$ 行向量。程序将自动对数据进行 *K-S* 检验,根据吻合程度选取分布类型,分布参数显示在界面右侧小格中。

(5)输入车道参数

该部分数据可以采用导入或者手动输入,对每一类车分别在超车道、行车道一、行车道二的数量进行存储,存储方式为 1×3 行向量。程序将自动对数据进行计算,将对该车型在各车道中的占有率进行计算,参数显示在界面右侧小格中。

(6)输入桥梁参数

需要研究桥梁的桥面宽度(m)、主梁高度(m)、总跨径(m)、惯性矩($kg \cdot m^2/m$)、考虑的模态数、每一个模态所对应的频率、阻尼比、需要关注和考虑的截面位置(如 1/16 跨、1/8 跨、1/4 跨、1/2 跨等到截面,建议适当地多选取)等。模态参数的计算需要用到其他软件,如Midas Civil、Midas FEA、ANSYS 等,再将各模态对应的模态向量数据导入。

(7)输入车辆参数

"截取车辆位置"选择的是随机车流模型中 $x_1 \sim x_2$(m)段,输入数据后点击"截取车辆位置"键,程序将自动计算超车道中车辆的总数。点击"获取车辆属性",则可获知某一编号车辆的车型、车速、总质量数据。输入过桥车辆编号 $n_1 \sim n_2$,程序将自动显示车辆间距,输入事先计算好的静挠度值,当桥梁参数输入完毕后,点击"计算"键,则可获得相应的参数及成果图。

8.10 随机车流作用下桥梁冲击系数分析

由于随机车流本身存在较大的不确定性,使得冲击系数的研究较为困难,主要表现在两个方面:第一,由于多车道、多向行驶以及各个车辆的行驶速度不同,导致车辆间的相对位置不断变换,使得最大静挠度的确定十分困难;第二,随机车流中车辆数较多且类型复杂,如车辆均采用三维模型模拟,计算最大动挠度时,计算量将较大。本节提出了简便且实用的随机车流下桥梁结构冲击系数计算方法：首先，根据响应面分析方法，拟合影响面的函数表达式，将确定最大静位移时随机车流布载位置的问题转变为求函数的最大值问题，从而获得随机车流作用下桥梁结构最大静挠度；其次，在计算最大动挠度时，根据已编制的车-桥耦合振动分析程序和随机车流中各类车型的三维模型，获得各类车型单独作用下车-桥耦合接触力，并等效代替各类车辆三维模型作用在桥梁结构上，这样便可将三维车辆模型作用等效转化为随机接触力作用在桥梁结构上，从而获得随机车流作用下桥梁结构的动力效应，基于统计分析，求得随机车流作用下桥梁结构冲击系数。

8.10.1 随机车流模拟

1）公路桥梁随机车流分类

按照全国高速公路管理部门制定的收费标准，根据车辆装载货物或乘载乘客的能力大小将所现有车辆划分为12小类。

2）数据分析

本次调查历时24h，共采集到13874辆的车流数据，将实测车流数据按本节的车型分类并进行分类统计，具体数据见表8.5。

车型占有率 表8.5

车型	车流量	占有率(%)	车型	车流量	占有率(%)
C1	4601	33.16	C7	174	1.25
C2	1382	9.96	C8	732	5.28
C3	1133	8.17	C9	507	3.65
C4	441	3.18	C10	368	2.65
C5	3184	22.95	C11	85	0.61
C6	1247	8.99	C12	20	0.14

车辆作用在桥梁横向上的不同位置会得到不同的动力荷载效应，所以很有必要考虑车流在车道上的分布。根据实际测量的数据，选取某一时刻下C1～C12车型在超车道、第一行车道、第二行车道上的分布比例，进行分类统计，如图8.16所示。

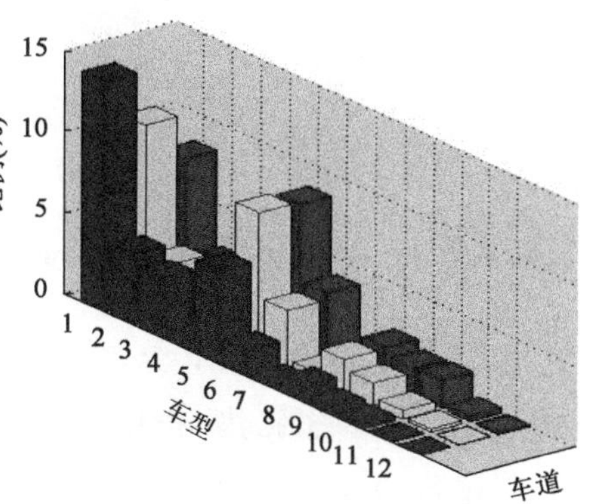

图8.16 24h C1～C12车型车道比例

限于篇幅，仅对C1车型9:00～10:00在不同车道下的车辆总质量数据进行分析。通过桥梁动态测试仪，利用车-桥耦合程序对实际车辆总质量进行识别，结合分类后的车型进行数据的筛选。通过*K-S*检验法,统计所得结果,对常见的几类分布函数进行判别,结果如图 8.17 和图 8.18 所示。从上述数据可知,C1 车型的车辆总质量在各车道下服从极值 I 型分布。

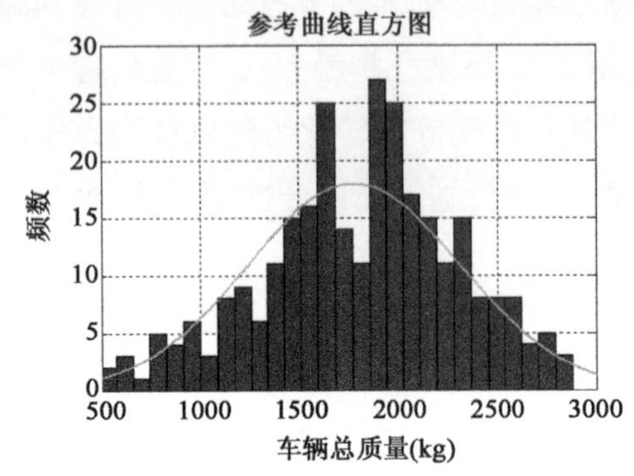

图 8.17　C1 车型在超车道时车辆总质量分析

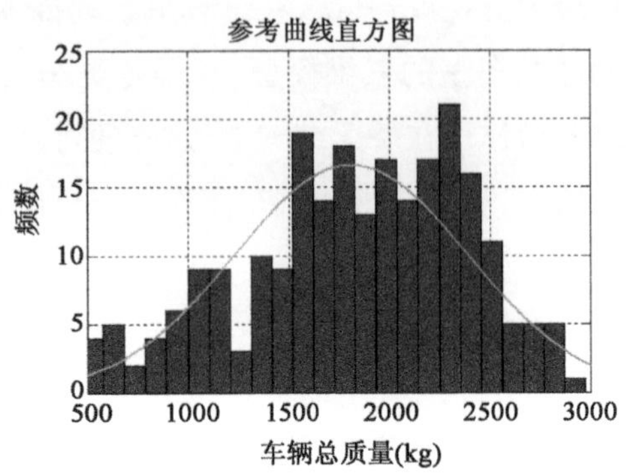

图 8.18　C1 车型在行车道时车辆总质量分析

3)随机车流模拟

通过 Matlab 软件编写随机车流程序,分析并进行抽样,即可获得如图 8.19 所示的随机车流模型。图 8.19 中不同图例代表不同车型,x 坐标表示纵向位置,y 坐标表示车道,z 坐标表示车重,每点上的数值表示车速。

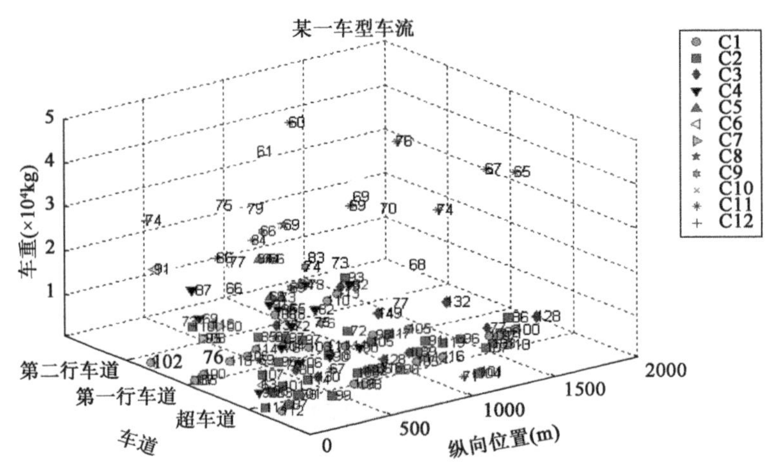

图 8.19　随机车流模型

8.10.2　随机车流作用下最大静挠度分析

求解随机车流作用下最大静挠度问题的关键在于怎样获得最大静挠度对应下车辆的布载情况。主要思路为:根据响应面分析方法,拟合影响面的函数表达式,将确定随机车流布载位置的问题转化为求对应函数表达式的最大值问题。下面以斜拉桥为例,详细说明其过程。

1)有限元软件建模及影响面求解

本节选取某斜拉桥为研究对象,该桥全长840(=210 +420 +210)m。桥梁模型如图8.20所示。

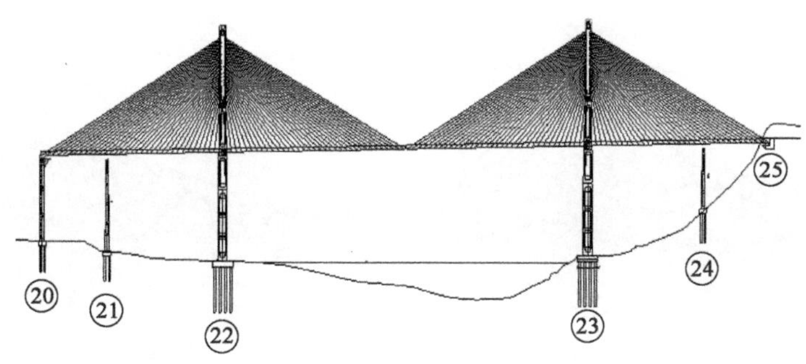

图8.20　桥梁模型

采用机动法进行影响面的求解,选择跨中截面点作为研究对象,将包含位置节点在内的单元作为强迫应变盒[10],对单元上的4个节点各施加竖直向上的单位强制位移,为了突出竖向变形形状,将显示比例调整到25倍,形成了如图8.21所示的曲面图形。由图8.22可知,竖向最大位移为1.025m,出现在强制位移处,由于受到桥梁支座约束的影响,最小位移为 -0.177m,出现在边跨跨中位置。将相应强迫应变产生的节点反力反向施加在对应的节点上,形成了如图8.22所示的变形曲面。对比两图的形状以及数据可知,变形形状十分接近,最大值相差0.001,仅为变形量的0.975%,最小值相差则完全吻合。

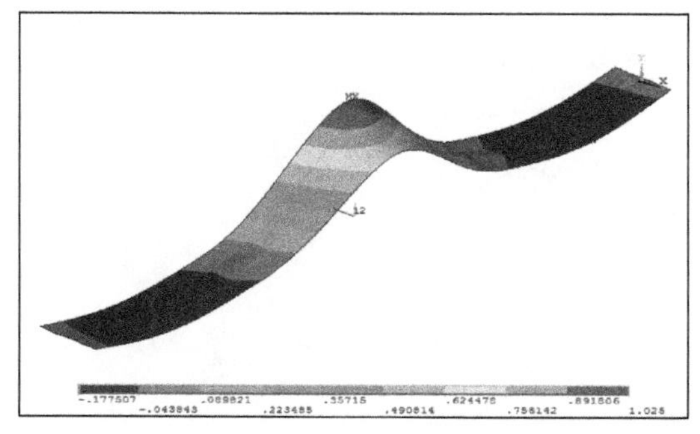

图8.21　强制位移

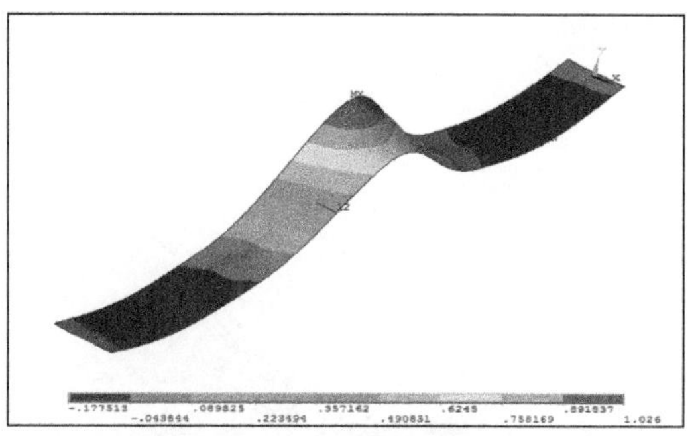

图8.22　等效荷载位移

2)影响面的拟合

本节选择采用多项式拟合法进行拟合。在多项式拟合中,其正规方程组往往是病态方程组,而且正规方程组系数矩阵的阶数越高,病态越严重;拟合节点分布的区间$[x_0, x_m]$偏离原点越远,病态越严重;$x_i(i=0,1,\cdots,m)$的数量级相差越大,病态越严重。针对上述问题,对模型数据作出以下调整:将纵、横桥向坐标进行平移处理;根据影响面的形状特点,将桥梁结构划分成50m + 23m + 24m + 23m + 50m 五个区段；x、y 均选择为二阶函数进行拟合。利用 Matlab 软件分段拟合，结果如图 8.23 ~ 图 8.28 所示。拟合公式如下：

$$f(x,y) = a_1 + a_2x + a_3y + a_4x^2 + a_5xy + a_6y^2 \tag{8.3}$$

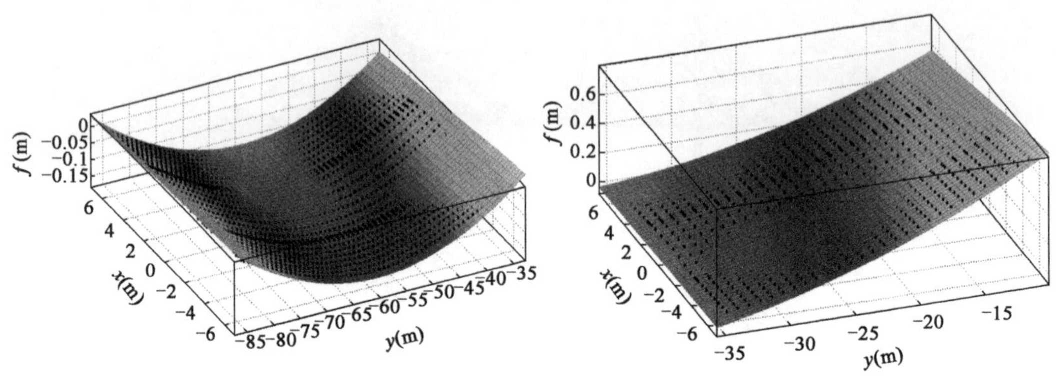

图 8.23　第一部分拟合曲面

图 8.24　第二部分拟合曲面

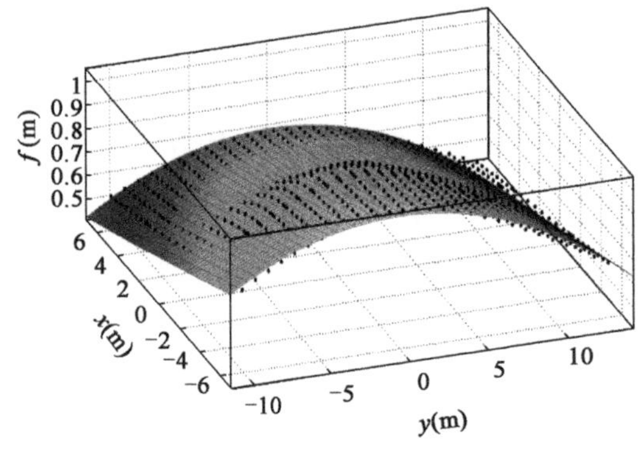

图 8.25　第三部分拟合曲面

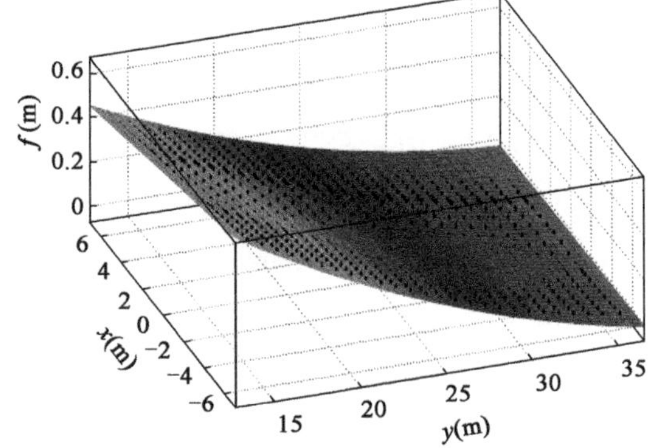

图 8.26　第四部分拟合曲面

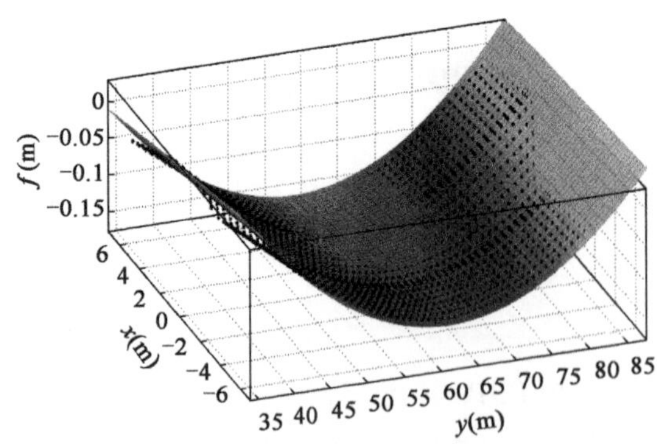

图 8.27　第五部分拟合曲面

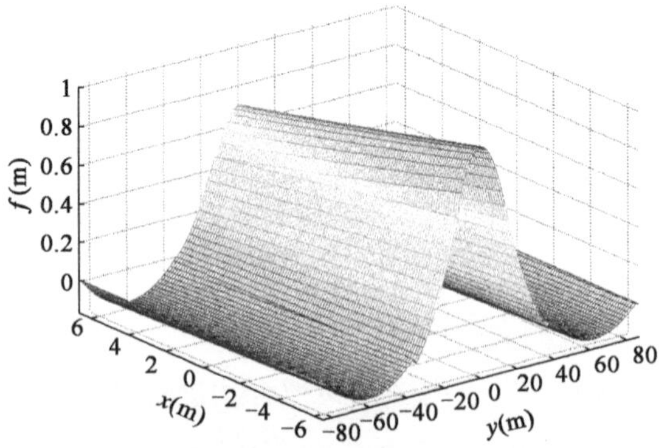

图 8.28　分段函数图形

由图8.28可知，桥面节点与拟合后曲面吻合得较好。由确定系数可知，所有拟合曲面都大于0.96，部分曲面甚至达到0.99，所以认为拟合效果能够满足计算精度的要求。

3)最大静挠度求解

通过上述拟合处理获得影响面表达式，布载位置的确定就转变为函数求解最大值的问题，从而使得复杂的问题简单明了。挠度 f 的表达式推导如下。

(1) t 时刻第 i 辆车的第 j 轮对应的 $f(x,y)$ 值表达如下：

$$f_{ij}(x_{ij},y_{ij}) = f_{ij}[x_{ij},t_{\text{Ⅳ}i} - (L_1 + L_2 + \cdots + L_{i-1})] \tag{8.4}$$

其中，L_i 为第 $i+1$ 辆车与第 i 辆车之间的间距。

(2) t 时刻第 i 辆车对影响面点的位移效应值如下式：

$$f_i = \sum_{j=1}^{2k} F_j \times f_{ij}(x_{ij},y_{ij}) f_{i1}(x_{ij},y_{ij}) \tag{8.5}$$

其中，k 为 i 车的车轴数；F_j 为第 i 辆车对应的轮重。F_j 通过随机生成的车重数据，按照车重对车轴的分配比率分配到各个轴，然后将轴重平均值赋予对应位置的轮胎重力 F_j。

$$\begin{aligned} f_i = {} & F_1 \times f_{i1}(x_{ij},y_{ij}) + F_2 \times f_{i2}(x_{ij} + L_1,y_{ij}) + F_3 \times f_{i3}(x_{ij},y_{ij} + L_z) + \\ & F_4 \times f_{i4}(x_{ij} + L_1,y_{ij} + L_z) \end{aligned} \tag{8.6}$$

其中，L_1 为车轮间距；L_z 为车轴间距；$F_1 = F_2$，$F_3 = F_4$。t 时刻，桥梁某车道上车辆对影响面点的效应之和为：

$$T = \sum_{i=1}^{n} f_i = f_1(x_1,y_1) + f_2(x_2,y_2) + f_3(x_3,y_3) + \cdots + f_n(x_n,y_n) \tag{8.7}$$

考虑到实际桥梁结构上存在车辆多向行驶的问题，需要对式(8.6)进行调整，当某一车道上车辆为顺桥向行驶时，$y_i = v_i \times t_i - \sum_{2}^{i} L_{i-1}$；当车辆为逆桥向行驶时，$y_i = S - (v_i \times t_i - \sum_{2}^{i} L_{i-1})$。这样就可以解决桥梁结构上双向行驶的问题，而且不受车道数的影响，可以逐个累加。其中，S 为桥梁跨径；v_i 为第 i 辆车的速度。则 t 时刻桥梁上车辆对影响面点的效应之和可以写为：

$$P = \sum_{i=1}^{n_1} T_i + \sum_{j=1}^{n_2} T'_j \tag{8.8}$$

通过 Matlab 对 P 值进行循环计算，计算步长 $\Delta t = 0.1\text{s}$，然后对所求的 P 值进行筛选，即可获得 $P_{\max}$。

8.10.3　随机车流作用下的车-桥耦合振动分析程序实现

本书考虑随机车流中车辆数较多，如果所有车辆均模拟成三维车辆模型，程序的计算过程及计算难度会大大增加。为简化计算过程，可分两步进行：先得到车流样本中各类型车辆各自单独作用下与桥梁耦合振动的接触力；然后在随机车流桥梁振动分析时，将各自振动接触力代替各类型车辆作用在桥上。鉴于篇幅原因，下面仅以总质量20t的双轴载货汽车为例，介绍得到单一车辆作用下与桥梁耦合振动的接触力时程的计算过程。

1)单一车辆模型及其运动方程

采用七自由度两轴汽车的空间整车模型模拟20t的大型双轴载货汽车，自由度包括车体的竖向挠度、点头及翻滚转动，前、后车轴的竖向挠度及翻滚转动。该车辆模型虽然为最简单的整车模型，但是却能全面地分析车辆与桥梁的耦合振动特性，能比较真实地模拟实际车辆的动力特性。图8.29所示为整车模型的正视图和侧视图。

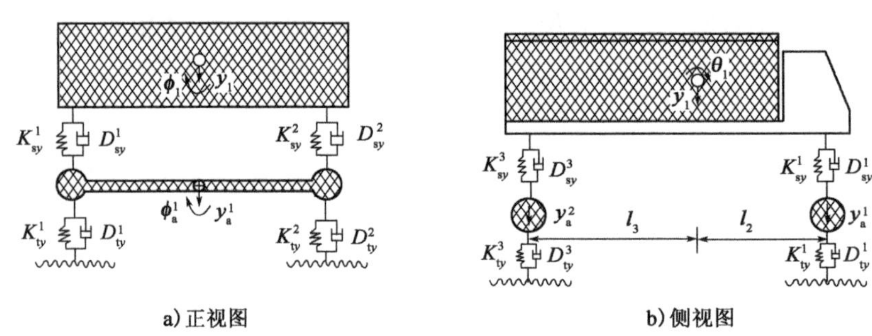

图8.29　整车模型

该车辆模型的运动微分方程矩阵形式为：

$$\boldsymbol{M}_{\mathrm{v}}\ddot{\boldsymbol{Y}}_{\mathrm{v}}+\boldsymbol{C}_{\mathrm{v}}\dot{\boldsymbol{Y}}_{\mathrm{v}}+\boldsymbol{K}_{\mathrm{v}}\boldsymbol{Y}_{\mathrm{v}}=\boldsymbol{F}_{\mathrm{G}}+\boldsymbol{F}_{\mathrm{vb}} \tag{8.9}$$

式中：$\boldsymbol{M}_{\mathrm{v}}$、$\boldsymbol{C}_{\mathrm{v}}$、$\boldsymbol{K}_{\mathrm{v}}$——分别为车辆的质量矩阵、阻尼矩阵和刚度矩阵；

$\boldsymbol{Y}_{\mathrm{v}}$——车辆的位移向量；

$\boldsymbol{F}_{\mathrm{G}}$——车辆的重力向量；

$\boldsymbol{F}_{\mathrm{vb}}$——车轮与路面接触面作用于车轮的反力。

2)桥梁运动方程

桥梁的运动方程可以表示为：

$$\boldsymbol{M}_{\mathrm{b}}\ddot{\boldsymbol{Y}}_{\mathrm{b}}+\boldsymbol{C}_{\mathrm{b}}\dot{\boldsymbol{Y}}_{\mathrm{b}}+\boldsymbol{K}_{\mathrm{b}}\boldsymbol{Y}_{\mathrm{b}}=\boldsymbol{F}_{\mathrm{vb}} \tag{8.10}$$

式中：$\boldsymbol{M}_{\mathrm{b}}$、$\boldsymbol{C}_{\mathrm{b}}$、$\boldsymbol{K}_{\mathrm{b}}$——分别表示桥梁的质量矩阵、阻尼矩阵和刚度矩阵；

$\boldsymbol{Y}_{\mathrm{b}}$——桥梁全部自由度的位移向量；

$\dot{\boldsymbol{Y}}_{\mathrm{b}}$、$\ddot{\boldsymbol{Y}}_{\mathrm{b}}$——分别表示$\boldsymbol{Y}_{\mathrm{b}}$关于时间的一阶和二阶导数；

$\boldsymbol{F}_{\mathrm{vb}}$——作用于桥梁的所有外力向量。

一般将路面不平度$G_{\mathrm{d}}(n_0)$看作空间频率函数，视为零均值的平稳随机过程，通过傅里叶变换，由路面功率谱密度函数$G_{\mathrm{d}}(n)$应用三角级数模拟得到路面不平度函数$r(x)$：

$$r(x) = \sum_{i=1}^{N} \sqrt{2G_{\mathrm{d}}(n)\Delta n}\cos(2\pi n_i x + \theta_i) \tag{8.11}$$

其中,$G_{\mathrm{d}}(n) = G_{\mathrm{d}}(n_0)n_0^2/n^2$,$n$ 为空间频率,$n_0 = 0.1\mathrm{m}^{-1}$是标准空间频率,$G_{\mathrm{d}}(n_0)$为路面不平度,θ_i 为 $0 \sim 2\pi$ 之间均匀分布的随机数。

3)单一车辆作用下桥梁振动响应分析

以第三类Ⅵ型为例,总质量为 20t 的双轴载货汽车距离桥头 15m 以速度 10m/s 行驶通过该桥。通过车-桥耦合程序,得到车辆通过桥梁时桥梁的振动响应。

由图 8.30 可知,车辆上桥后行驶在边跨位置时,跨中挠度仅出现较小的波动,15s 后逐渐增加。在 22.88s,即车辆行驶在跨中位置时,位移达到最大值 −4.09cm,随着车辆离开跨中位置,竖向挠度逐渐减小,44s 时车辆离开桥梁,跨中挠度仍然在小范围内发生波动。

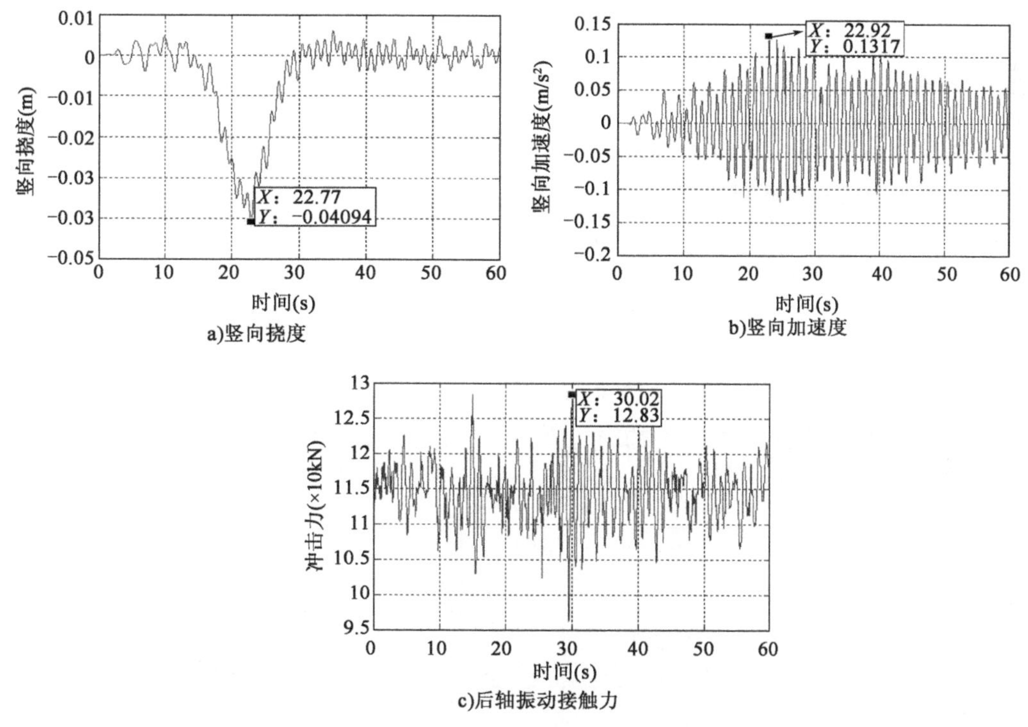

图 8.30　单车作用下车-桥耦合系统振动响应

跨中截面竖向加速度则随着车辆上桥逐渐增大。行驶到 22.92s,竖向加速度达到最大值 $0.1317\mathrm{m/s^2}$。随着车辆离开跨中位置,竖向加速度逐渐减小。经计算得后轴重为 12.1t,在车-桥耦合作用下,后轴的接触力如图 8.30c)所示,最大值出现在 30.02s,达到12.83 ×10kN。

4)随机车流作用下桥梁振动响应分析

如图 8.30c)所示,基于车-桥耦合程序获得考虑单车-桥耦合振动效应后的单车作用在桥梁时车轴接触力时程数据值。在随机车流桥梁振动分析时,为简化计算过程,可将各类车辆单独作用在桥上时所得时程接触力数据值代替三维车辆模型直接作用在桥梁结构上。为与单车作用下桥梁振动对比研究，车流样本作用下的振动响应如图 8.31 所示。

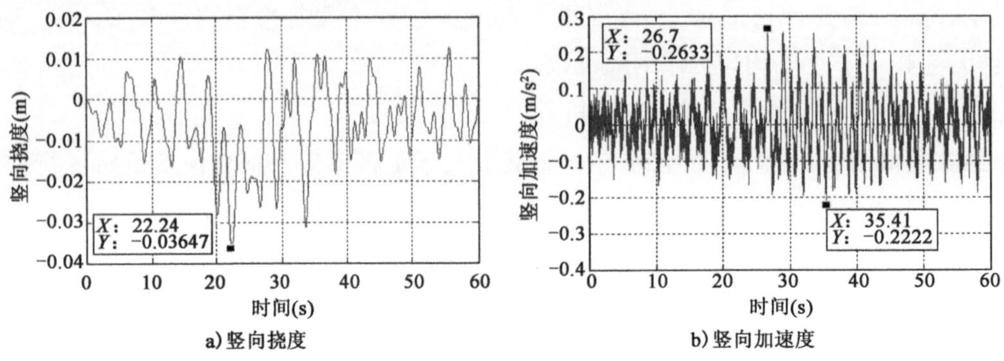

图 8.31　车流样本作用下桥梁振动响应

跨中竖向挠度在 1～10s 期间有较明显的增加趋势，由于受车流影响，竖向挠度与单一车辆相比规律性不明显。在考虑 60s 内的竖向挠度时，最大挠度为 3.647cm，发生在 22.24s；对比单车作用下最大挠度值可知，车流作用下最大挠度值要小，这可能是由于多车同时在不同位置处对跨中最大挠度相互抵消所致。

8.10.4　随机车流作用下桥梁的冲击系数统计分析

本书选择通过大量的计算获得一系列分散数据，再对数据进行统计分析，从而获得对应的分布函数和统计参数。借助 Matlab 工作平台，采用 *K-S* 检验法对数据进行常规的五种分布函数检验。如果分布函数与经验函数差值的绝对值的最大值小于临界值，则表示假设成立。由表 8.6 可知，经过 *K-S* 检验得出其服从极值Ⅰ型分布和正态分布，但是比较观测值和临界值可以发现，数据与极值Ⅰ型分布的吻合程度要高于正态分布，所以认为冲击系数服从极值Ⅰ型分布。

冲击系数检验　　表 8.6

K-S 检验	对数正态分布		伽马分布		极值Ⅰ型分布		威布尔分布		正态分布	
参数	-2.2929	0.4962	5.2792	0.0211	0.1313	0.0362	0.1245	3.0128	0.1113	0.0415
观测值	0.1640		0.1394		0.0552		0.0893		0.0754	
临界值	0.0881		0.0881		0.0881		0.0881		0.0881	
检验结果	假设不成立		假设不成立		假设成立		假设不成立		假设成立	

本书根据参考文献[10]得到冲击系数拟合图(图 8.32)，由拟合图可得 0.9 分位数的冲击系数值为 0.1615。与按照《公路桥涵设计通用规范》(JTG D60—2015)求解得到的冲击系数值 0.149 相比，随机车流作用下所得冲击系数要大 8.38%，虽然《公路桥涵设计通用规范》(JTG D60—2015)与本书计算值有差别，但若从工程设计角度出发，《公路桥涵设计通用规范》(JTG D60—2015)还是可以运用到斜拉桥的设计中的。

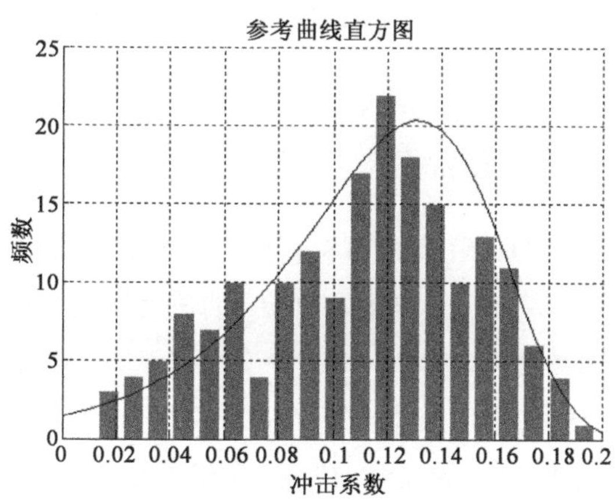

图 8.32 冲击系数拟合图

8.11 随机车流作用下某桥冲击系数计算

8.11.1 冲击系数概述

车辆在一定速度以上行驶通过桥梁时,会因为车轮变形不圆、桥梁表面不平整以及汽车发动机振动等因素,使得桥梁结构随之引起振动,这种振动产生的动力效应被称为冲击作用。冲击作用会因为结构的不同、路面平整度的不同、车辆行驶速度和车辆荷载等的不同而大小各异。为此,根据作用效应的不同,以冲击系数来衡量汽车行驶过桥时对桥梁结构造成的冲击作用的增强系数,目前常采用以下方式进行定义:

$$1+\mu = \frac{N_{\mathrm{dmax}}}{N_{\mathrm{jmax}}} \tag{8.12}$$

式中:μ——冲击系数;

N_{jmax}——在汽车行驶过桥过程中获得的效应时程曲线中,最大静力效应对应的数值;

N_{dmax}——在汽车行驶过桥过程中获得的效应时程曲线中,最大静力效应位置所对应的最大动力效应值。

本书通过随机车流模型程序获得随机车流数据,由于数据随机性强,在选取时截取了较具代表性的三者情况:车流稀疏行驶状态、车流正常行驶状态和车流密集行驶状态。

考虑到车流模型中车辆参数繁杂,如果将所有的车辆均模拟成三维车辆模型,程序的计算过程及计算难度会大大增加。为简化,计算过程分两步:先将划分好的 3 种工况下所有车辆进行分离,计算各自在单独作用下与桥梁耦合振动冲击力;然后在随机车流桥梁振动分析时,将各自振动冲击力代替同类车型车辆作用在桥上。

鉴于篇幅原因，下面根据高速公路交通荷载调查车型分类原则，仅选择随机车流模型中Ⅰ~Ⅴ类车型各一辆进行举例，介绍得到单一车型作用下与桥梁耦合振动的冲击力时程计算过程。

8.11.2 单一车型作用下某桥振动响应分析

以第Ⅰ类车型为例，前轴为1t、后轴为0.8t、总质量为1.8t的双轴载货汽车前、后轴轴距为2.5m，车头距桥梁结构最左端50m，车辆以20m/s的速度行驶经过某桥。通过车-桥耦合程序，获得车辆通过桥梁时桥梁的振动响应。

由图8.33可知，车辆上桥先由边跨位置逐渐向跨中位置行驶，由于受到辅助墩以及端部斜拉索的影响，跨中位移仅出现较小的波动，13s后车辆开始进入中跨，跨中截面竖向挠度逐步增加。在23.45s，车辆行驶刚通过跨中位置，此时跨中截面竖向挠度达到最大值 -9.55mm。随着车辆离开跨中位置，跨中截面竖向挠度逐渐减小。44s后车辆离开桥梁，跨中位移仍然波动，但波动逐渐减小。

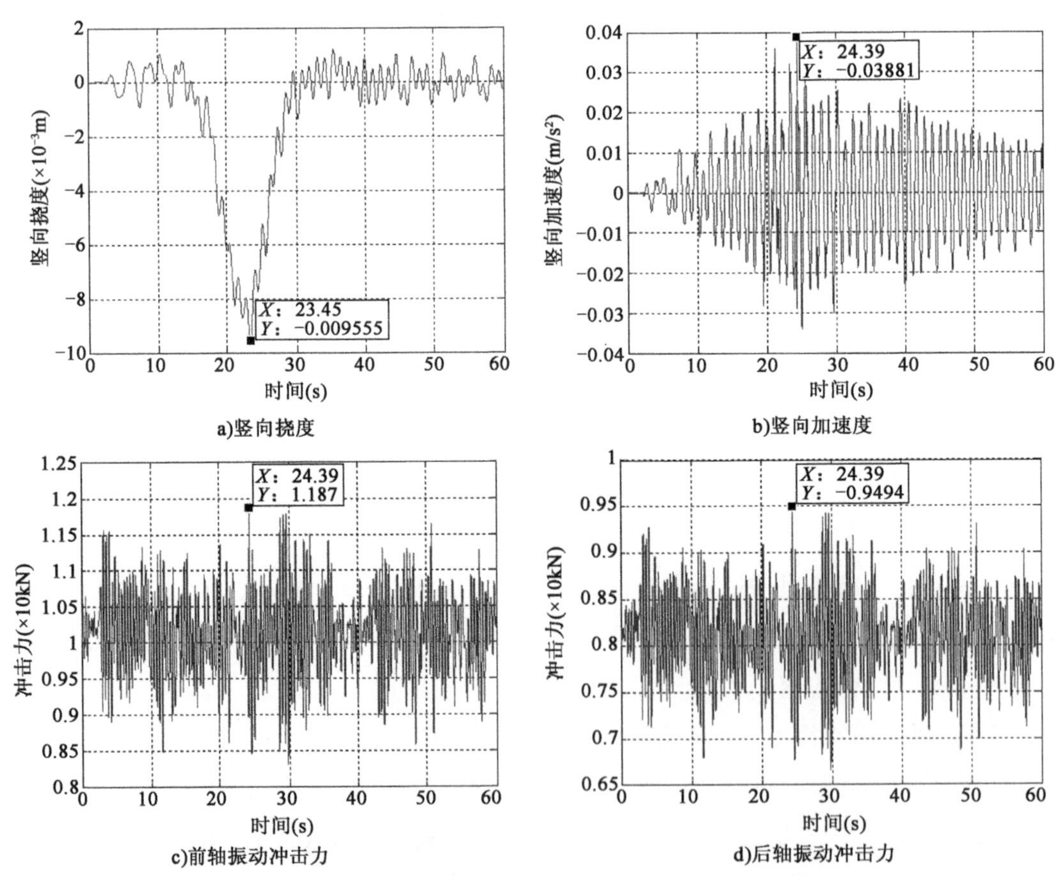

图8.33 单车作用下车-桥耦合系统振动响应

桥梁跨中竖向加速度随着车辆上桥波动幅度逐渐增大，在24.39s加速度绝对值达到最大值0.0388m/s^2。随着车辆逐渐行驶到边跨，跨中截面竖向加速度波动幅度减小，在41s附近有较小幅度的增加。44s后车辆离开桥梁不再对结构产生直接作用，由于受到惯性作用的影响，跨中截面竖向加速度继续发生衰减波动。

在冲击力的研究中，本书主要考虑车轴的振动冲击力，选择的Ⅰ型车为两轴车型，前、后轴静力荷载之和为1.8×10kN。由图8.33可知，前、后轴跨中截面冲击力波动曲线十分相似，在24.39s前、后轴冲击力皆达到最大值，分别为1.187×10kN和0.949×10kN。

以第Ⅱ、Ⅲ类车型为例，前轴为2.7t、后轴为4.8t、总质量为7.5t的双轴载货汽车前、后轴轴距为3.7m，车头距桥梁结构最左端50m，车辆以20m/s的速度行驶经过某桥。通过车-桥耦合程序，获得车辆通过桥梁时桥梁的振动响应。

由图8.34可知，车辆上桥先由边跨位置逐渐向跨中位置行驶，跨中位移波动较为明显，但是由于边跨设置了辅助墩以及端部索锚固在桥墩上，跨中位移数值仅在±4mm范围内波动，13s后车辆开始进入中跨，跨中截面竖向挠度逐步增加。在22.24s，车辆位置距中跨跨中截面25m，此时跨中截面竖向挠度达到最大值－19.7mm。随后跨中截面竖向挠度逐渐减小。44s后车辆离开桥梁，跨中位移仍然在一定范围内波动。

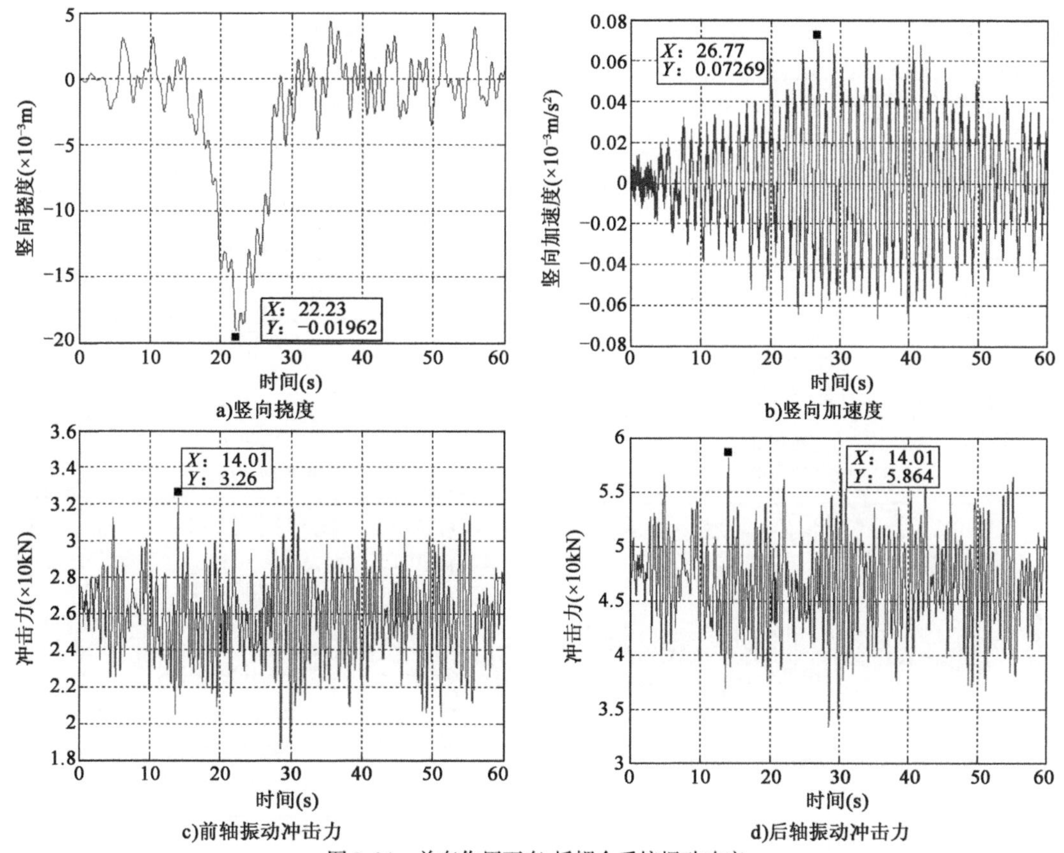

图8.34　单车作用下车-桥耦合系统振动响应

桥梁跨中竖向加速度随着车辆上桥波动幅度逐渐增大，在26.77s加速度绝对值达到最大值0.0727m/s²。随着车辆逐渐行驶到边跨，跨中截面竖向加速度波动幅度减小，在41s附近有较小幅度的增加。44s 后车辆离开桥梁,不再对结构产生直接作用。由于受到惯性作用的影响,跨中截面竖向加速度继续发生衰减波动,整个过程生成的曲线类似两个锥形相连。

在冲击力的研究中,本书主要考虑车轴的振动冲击力,选择的Ⅱ、Ⅲ型车为两轴车型,前、后轴静力荷载之和为 7.5 ×10kN。由图 8.34 可知,前、后轴跨中截面冲击力波动曲线十分相似,在 14.01s 前、后轴冲击力皆达到最大值,分别为 3.26 ×10kN 和 5.864 ×10kN。

以第Ⅲ类车型为例,前轴为 6.5t、后轴为 10.5t 总重为 17t 的双轴载货汽车前、后轴轴距为 5m,车头距桥梁结构最左端 50m,车辆以 20m/s 的速度行驶经过某桥。通过车-桥耦合程序,获得车辆通过桥梁时桥梁的振动响应。

由图 8.35 可知,车辆上桥先由边跨位置逐渐向跨中位置行驶,在 2.5s 的短暂稳定后车辆开始上桥,跨中位移开始波动,由于受边跨辅助墩的设置以及端部索锚固在桥墩上的影响,跨中位移数值仅在 ±10mm 范围内波动,并未完全因为车辆荷载的增加而按照比例增加,13s 后车辆开始进入桥梁中跨,跨中截面竖向挠度逐步增加。在 22.32s,车辆位置距中跨跨中截面 22m,此时跨中截面竖向挠度达到最大值 -49.9mm,随后车辆驶离跨中,跨中截面竖向挠度逐渐减小。44s 后车辆离开桥梁,跨中位移在一定范围内波动并随即变弱。

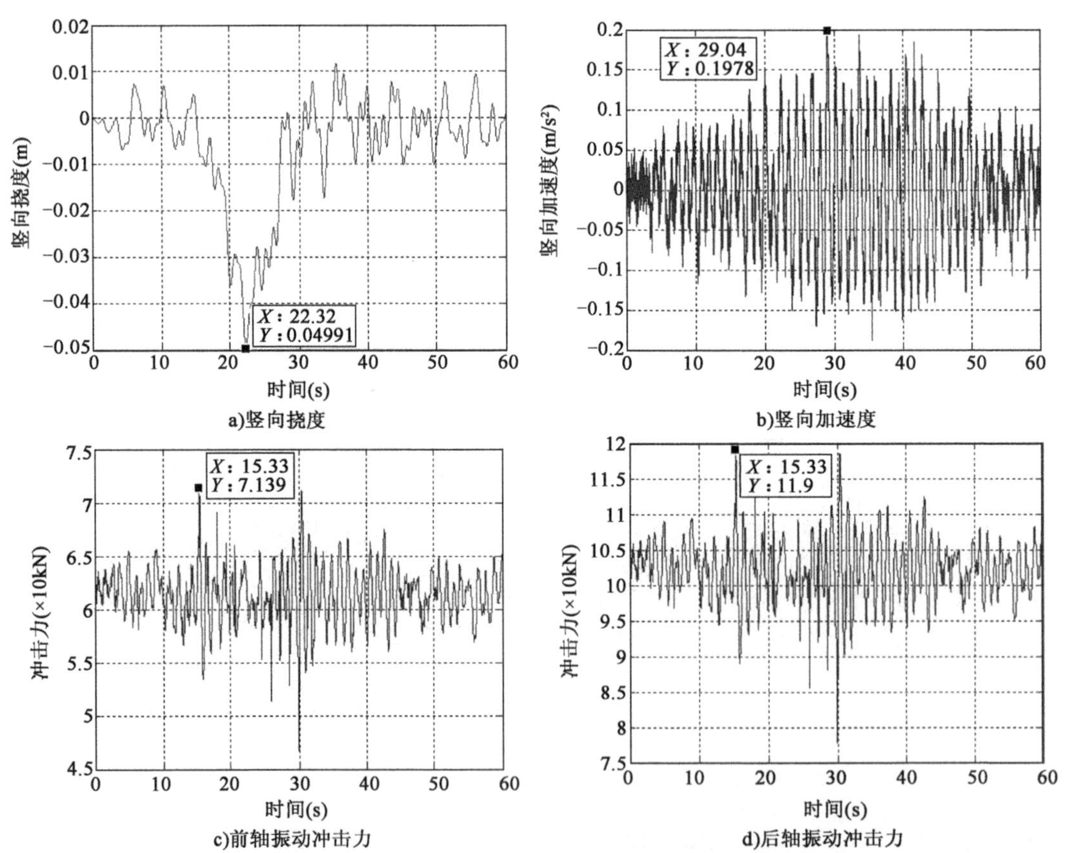

图 8.35 单车作用下车-桥耦合系统振动响应

桥梁跨中竖向加速度随着车辆上桥波动幅度逐渐增大，在26.74s加速度绝对值达到最大值0.1978m/s^2。随着车辆逐渐向边跨行驶，跨中截面竖向加速度有较小幅度的下降，在41s附近则出现了较小幅度的增加。44s后车辆离开桥梁，不再对结构产生直接作用，竖向加速度以较快的速度减小，但是受到惯性作用的影响，跨中截面竖向加速度仍然存在，后期加速度曲线形如锥形完成衰减。

在冲击力的研究中，本书主要考虑车轴的振动冲击力，选择的Ⅲ型车为两轴车型，前、后轴静力荷载之和为17×10kN。由图8.35可知，前、后轴跨中截面冲击力波动曲线十分相似，在15.33s前、后轴冲击力皆达到最大值，分别为7.139×10kN和11.9×10kN。

以第Ⅳ类车型为例，前轴为7.3t、中轴为7.7t、后轴为15.5t、总重为30.5t的三轴载货汽车，前、中轴轴距1.9m，中、后轴轴距5.26m，以7.3m进行近似的模拟，假设车头距桥梁结构最左端50m，车辆以20m/s的速度行驶经过某桥。通过车-桥耦合程序，获得车辆通过桥梁时桥梁的振动响应。

由图8.36可知，车辆上桥先由边跨位置逐渐向跨中位置行驶，在2.5s的短暂稳定后车辆开始上桥，跨中位移开始出现波动，由于受边跨辅助墩的设置以及端部索锚固在桥墩上的影响，跨中位移数值仅在±10mm范围内波动，并未完全因为车辆荷载的增加而按照比率增加，13s后车辆开始进入桥梁中跨，跨中截面竖向挠度逐步增加。在22.41s，车辆位置距中跨跨中截面22m，此时跨中截面竖向挠度达到最大值-55.8mm，随后车辆驶离跨中，跨中截面竖向挠度逐渐减小。44s后车辆离开桥梁，跨中位移在一定范围内波动并随即变弱。

桥梁跨中竖向加速度随着车辆上桥波动幅度逐渐增大，在26.73s加速度绝对值达到最大值0.1716m/s^2，较Ⅲ型车(17t)所对应的加速度小，可见桥梁结构的竖向加速度并不完全与车辆荷载相关。随着车辆逐渐向边跨行驶，跨中截面竖向加速度有较小幅度的下降，在41s附近则出现了较小幅度的增加。44s后车辆离开桥梁不再对结构产生直接作用，竖向加速度以较快的速度减小，但是受到惯性作用的影响跨中截面竖向加速度仍然存在，后期加速度曲线形如锥形完成衰减。

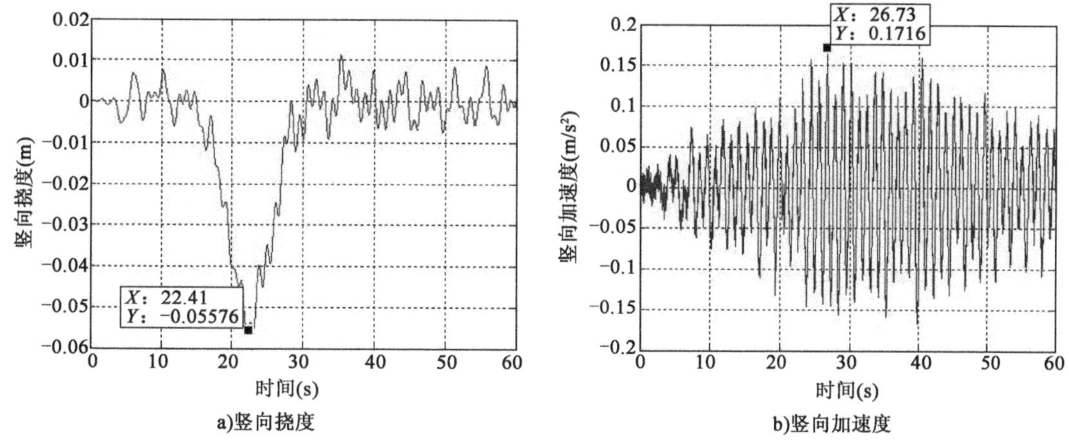

a)竖向挠度　　b)竖向加速度

图　8.36

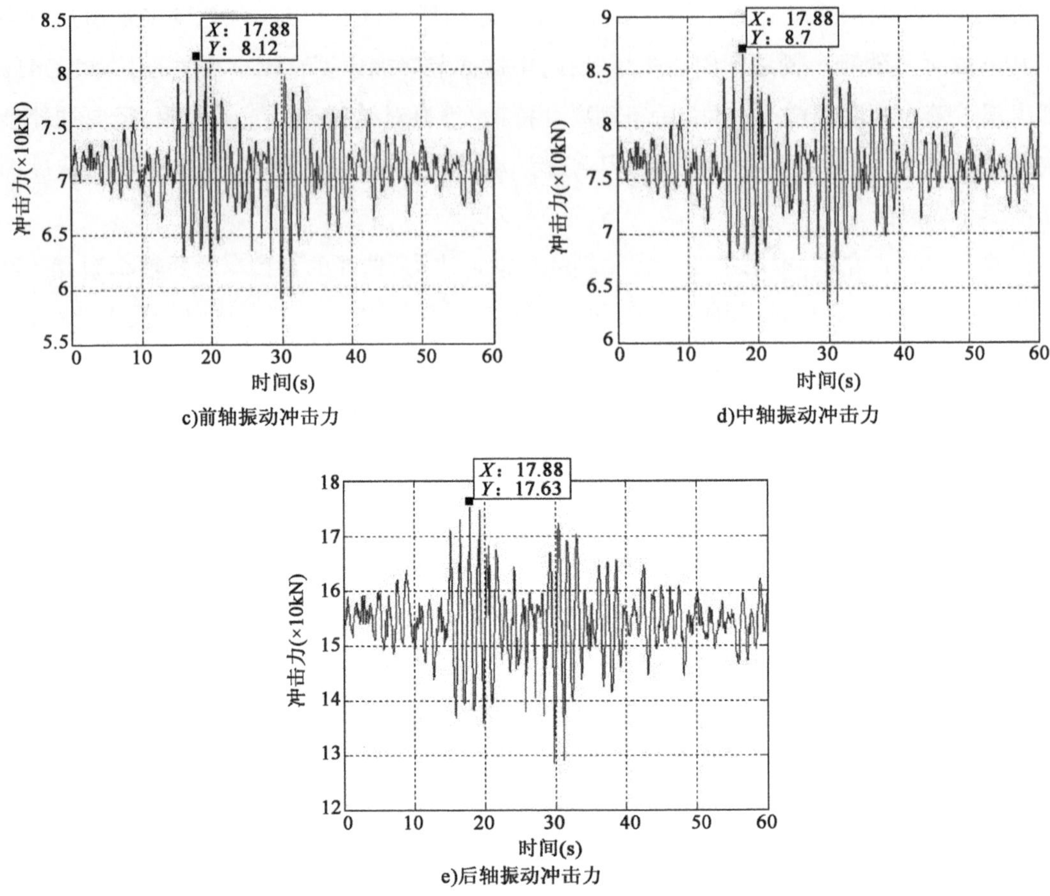

c)前轴振动冲击力

d)中轴振动冲击力

e)后轴振动冲击力

图 8.36 单车作用下车-桥耦合系统振动响应

在冲击力的研究中，本书主要考虑车轴的振动冲击力，选择的Ⅲ型车为两轴车型，前、中、后轴重为 30.5t。由图 8.36 可知，前、中、后三轴跨中截面冲击力波动曲线依然十分相似，在 17.88s 前、后轴冲击力皆达到最大值，分别为 8.12×10kN、8.7×10kN 和 17.63×10kN。

以第Ⅴ类车型为例，前轴重为 7.5t、中一轴轴重为 13.5t、中二轴轴重为 10.5t、后轴重为 10.5t、总质量为 42t 的三轴载货汽车，前轴、中一轴轴距 3.8m，中一轴、中二轴轴距 8.6m，中二轴、后轴轴距 1.3m，以 13.7m 进行近似的模拟，假设车头距桥梁结构最左端 50m，车辆以 20m/s 的速度行驶经过某桥。通过车-桥耦合程序，获得车辆通过桥梁时桥梁的振动响应。

由图 8.37 可知，车辆上桥先由边跨逐渐向跨中方向行驶，在 2.5s 之前车辆并未上桥，短暂稳定后车辆的前车轮开始上桥，跨中位移开始出现波动，由于受边跨辅助墩的设置以及端部索锚固在桥墩上的影响，加之车辆自重大，跨中位移数值在 ±15mm 范围内波动较之前有所上升，但并未完全因为车辆荷载的增加而按照比率增加，13s 后车辆开始进入桥梁中跨，跨中截面竖向挠度逐步增加。在 22.92s，车辆位置距中跨跨中截面 12m，此时跨中截面竖向挠度达到最大值 −55.8mm，随后车辆驶离跨中，跨中截面竖向挠度逐渐减小。44s 后车辆离开桥梁，跨中位移在一定范围内波动并随即变弱。

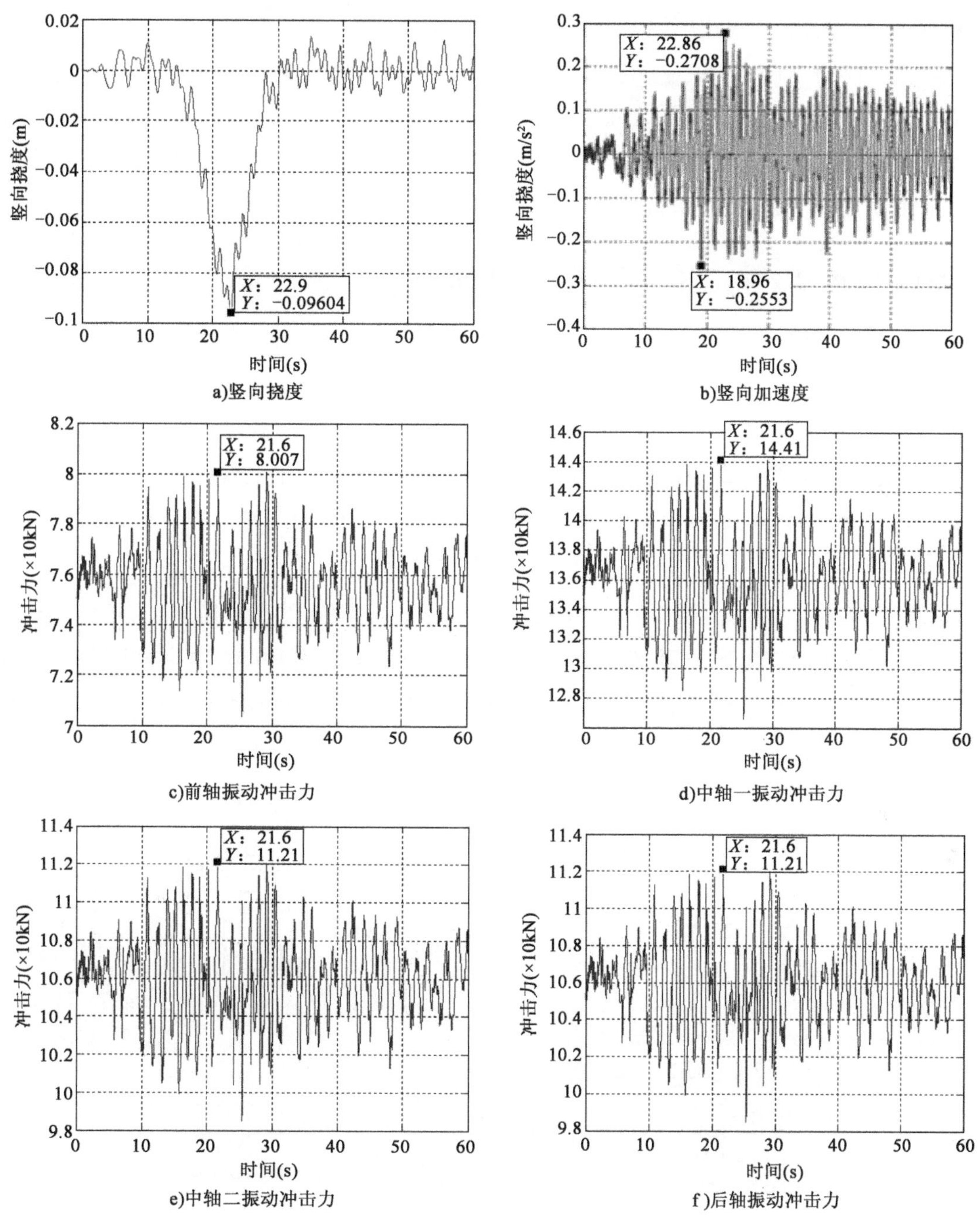

图 8.37　单车作用下车-桥耦合系统振动响应

桥梁跨中竖向加速度随着车辆上桥波动幅度逐渐增大，在 22.86s 加速度绝对值达到最大值 0.2766m/s^2，较Ⅳ型车(30.5t)所对应的加速度要大。随着车辆逐渐向边跨行驶，跨中截面竖向加速度有较小幅度的下降，在40s附近则出现了较小幅度的增加。44s后车辆离开桥梁不再对结构产生直接作用，竖向加速度以较快的速度减小，但是受到惯性作用的影响跨中截面竖向加速度仍然存在，后期加速度曲线形如锥形完成衰减。

在冲击力的研究中，本书主要考虑车轴的振动冲击力，选择的Ⅳ型车为两轴车型，前、中、后三轴静力荷载之和为 42×10kN。由图8.37可知，前、中、后三轴跨中截面冲击力波动曲线依然十分相似，在21.6s前、后轴冲击力皆达到最大值，分别为 8.007×10kN、14.41×10kN、11.21×10kN 和 11.21×10kN。

8.11.3 稀疏车流作用下某桥振动响应分析

考虑到时间段的不同车流量的大小以及各类参数也会有所差异，以2:00—5:00以及15:00—17:00为例，此时的车流量较小，车速相对较快，车距相对较大，与此同时由于大型货车也通常选择在晚间行车，此时的车型比例也有较大的变动。基于上一节中随机车流的分析程序，本节选择3:00的参数随机生成稀疏随机车流样本。截取随机车流模型样本中的车辆参数之后，按照每辆车的具体情况获得车型单独行驶通过某桥的冲击荷载曲线，考虑到车流量样本较大而文章篇幅有限，这里不再一一列举出冲击荷载曲线。根据 $T=S/V$，其中，T 为施加冲击荷载的时间间隔，S 为两辆相邻车辆之间的距离，V 为后一辆车的行驶速度。本书不考虑第三辆车在上桥前对第二辆车或第一辆车的超车情况。获得相邻车辆的加载时间间隔后，将车辆冲击荷载按照相应的时间间隔逐次地施加到桥梁结构上。程序计算获得的随机车流作用下桥梁的振动响应如图8.38所示。

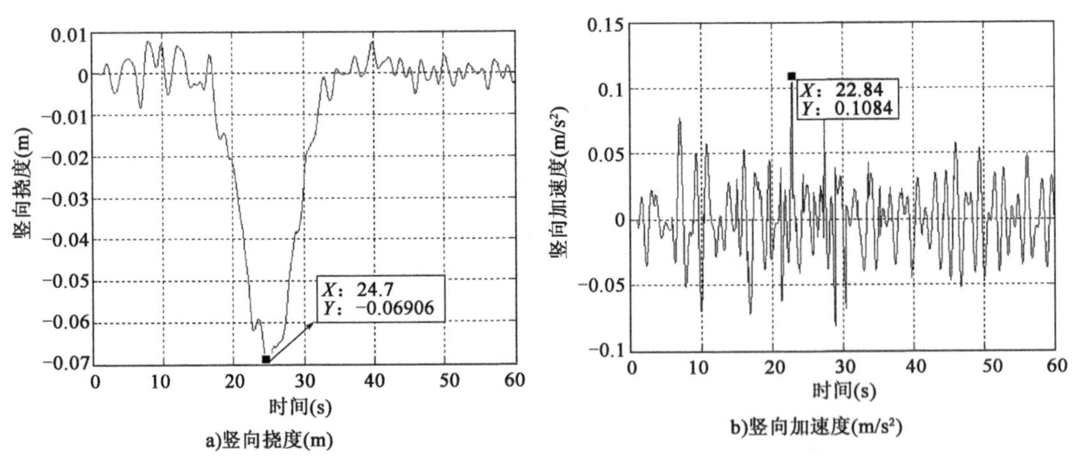

图8.38 稀疏状态车流作用下桥梁振动响应

由图8.38可知，车流逐渐上桥行驶在边跨范围内，由于边跨辅助墩以及最外围拉索锚固于桥墩上使得边跨结构刚度较大，导致跨中竖向挠度波动并不十分明显，但同单一车型行驶于桥上的作用效应相比要明显得多。随着部分车辆逐步行驶到中跨，跨中截面的竖向挠度也随之增大。虽然车流较为稀疏,远距离车辆对桥梁跨中的影响较小,但是边跨车辆依然会对跨中截面产生一定的影响。由图 8.38a)可知,竖向挠度并不是一味地递增,局部时刻竖向挠度有 4 ~5mm 的波动。在 24.7s,跨中截面竖向挠度达到最大值 -6.906cm。随着车流中部分车辆行驶离开跨中截面并且逐渐有车辆离开桥梁结构,跨中截面的竖向挠度逐渐减小,由于车辆相互之间的作用抵消的关系,后期跨中竖向挠度的波动程度较上桥时段的要小。

由于受到多车的干扰,跨中截面竖向加速度的形状较为混乱,与单一车型上桥的跨中竖向加速度相比,该样本车流在行驶的整个过程没有明显的递增时段或者递减时段。仅在样本车流上桥后桥梁跨中截面竖向加速度有一个短暂的增加过程,甚至在部分车辆下桥后也并未出现较为明显的波动递减段。跨中截面竖向加速度在车流上桥后的 22.84s 达到最大值 0.1084m/s^2,其他时刻的位移加速度较为均匀。

8.11.4　正常车流作用下某桥振动响应分析

考虑到时间段的不同车流量的大小以及各类参数也会有所差异,以 6:00—7:00、13:00—15:00 和 23:00—24:00 为例,此时的车流量比较均衡,车速在一定程度上受到前行车辆的约束相对较慢,车距相对较小,与此同时,车型的种类较多且各类车型的数量差距并不太明显,此时的车型比例较稀疏样本的有明显不同。基于上一节中随机车流的分析程序,本节选择 13:00—14:00 时段的车型、车距、车重、车速以及车道分布参数,随机生成正常随机车流下的样本。截取随机车流模型样本中的车辆参数之后,分别根据每辆车的实际情况定义车辆参数,并通过程序模拟车辆按照车辆参数中的既定车速行驶过桥。获得相邻车辆的加载时间间隔后,将车辆冲击荷载按照相应的时间间隔逐次地施加到桥梁结构上。程序计算获得的随机车流作用下桥梁的振动响应如图 8.39所示。

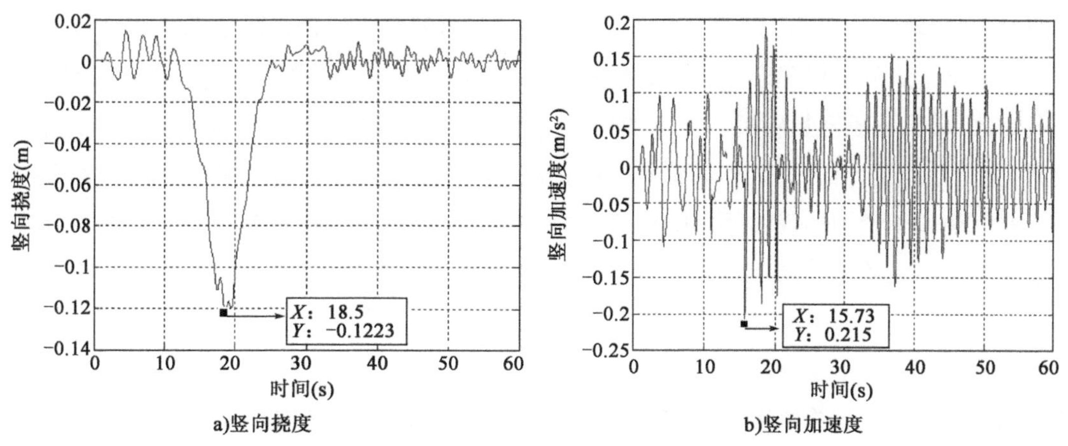

a)竖向挠度　　b)竖向加速度

图 8.39　正常状态车流作用下桥梁振动响应

由图 8.39 可知,车流逐渐上桥行驶在边跨范围内,在边跨辅助墩以及端拉索锚固于桥墩上的影响下使得桥梁结构刚度较大,跨中竖向挠度仅在 ±2cm 范围内波动。随着部分车辆逐步行驶到中跨,跨中截面的竖向挠度也随之增大。在此样本车辆作用下跨中截面位置的竖向挠度增长明显,位移曲线呈深 V 状,仅在局部时刻竖向挠度有 2 ~ 3mm 的波动。由此可知,该样本下的车辆相互作用叠加程度比抵消程度要高,与稀疏车流样本相比,跨中截面的动力效应增长更为迅速以及明显。虽然在 18.5s 车辆大部分仍未到达跨中截面,跨中截面的竖向挠度已经达到了最大值 -12.23cm。之后车流中部分车辆行驶到达以及离开跨中截面,跨中截面竖向挠度并未再继续增加,就车流数据进行分析发现,该现象主要是由于车流前段以及车流后段车辆的自重相对于中段车流自重较大,开始上桥后作用效应就较为明显,并且在中跨行驶过程中跨中竖向挠度增加迅速,但是随着后端重车的进入使得边跨结构呈下降趋势而中跨相应上升,从而跨中位移不再增加。后期部分车辆逐渐离开结构,同时车辆相互之间造成作用抵消的影响,跨中竖向挠度的波动程度较上桥时段的要小。

由于受到多车的干扰,跨中截面竖向加速度的形状极为混乱,与单一车型以及稀疏车流上桥的跨中竖向加速度相比,该样本车流在行驶的整个过程出现了明显的突变段。在样本车流上桥后桥梁跨中截面竖向加速度较为稳定,但是在 15.73s 的位置出现了加速的突然增大的现象,加速度波动较大的状态持续了 4s,在 20s 加速度恢复到一个较小的范围内波动,在 30s 加速度仅在 $\pm 0.05\mathrm{m/s^2}$ 范围内波动,35s 之后竖向加速度的波动逐渐减小。位移的不稳定主要是由于车辆间的相互作用,其关系十分复杂,仔细比较可发现,10 ~ 18s 范围内加速度呈现增大的趋势,而 18 ~ 33s 范围内则呈现下降的趋势,与位移曲线的关系相对应。

8.11.5 密集车流作用下某桥振动响应分析

以 8:00—11:00 及 18:00—20:00 为例,此时的车流量大,车速相对较慢,车距相对较小,与此同时,车型较为简单,以Ⅰ、Ⅱ、Ⅲ、Ⅲ型车为主,此时的车型比例也随之发生变动。基于之前章节中随机车流的分析程序,本节选择 19:00—20:00 时段的车型、车距、车重、车速以及车道分布参数,随机生成密集随机车流下的样本。截取随机车流模型样本中的车辆参数之后,分别根据每辆车的实际情况定义车辆参数,并通过程序模拟车辆以车辆参数中的既定车速行驶过桥。获得相邻车辆的加载时间间隔后,借助车-桥耦合程序将车辆冲击荷载按照相应的时间间隔逐次的施加到桥梁结构上。程序计算获得的随机车流作用下桥梁的振动响应如图 8.40 所示。

由图 8.40 可知,车流逐渐上桥行驶在边跨范围内,在边跨辅助墩以及端拉索锚固于桥墩上的影响下使得桥梁结构刚度较大,跨中竖向挠度仅在 ±2cm 范围内波动。随着部分车辆逐步行驶到中跨,跨中截面的竖向挠度也随之增大。在此样本作用下的位移曲线存在多处波动,其中最大的波动可达到 1.3cm,与之前的两个样本车流相比波动明显。由此可知,该样本下的车辆相互作用叠加程度与抵消程度较为接近，呈“此起彼伏”关系，但跨中截面的竖向挠度整体趋势是增大的。在27.66s较大部车辆已经到达跨中截面，此时跨中截面的竖向挠度达到了最大值-10.57cm。之后车流中部分车辆行驶继续到达以及离开跨中截面，竖向挠度逐渐减小，最后在±2cm范围内轻微波动。就车流数据进行分析发现，该现象主要是由于车流较为密集且车速较慢而导致的。车流密集在一定程度上增加了桥梁结构的荷载，使得跨中截面的竖向变形较大。但是由于车辆间的速度受到影响，无法快速行驶，在此样本中使得冲击效应并不明显，与正常车流样本相比，竖向挠度较小。同时，由于该样本中车型较为集中，车辆自重都较为接近，在此条件下使得车辆间的叠加效应和抵消效应能力比较均衡，从而位移曲线全程呈现为波动状态。

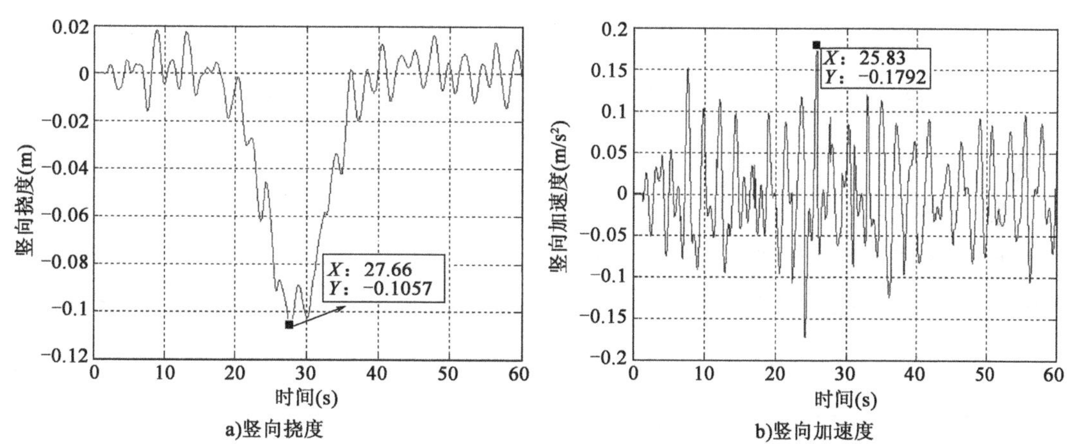

图8.40　密集状态车流作用下桥梁振动响应

虽然同样受到多车的影响，但该样本车流在行驶的整个过程中除部分位置出现了明显的突变外，跨中截面竖向加速度的形状较为稳定。在样本车流上桥后，桥梁跨中截面竖向加速度出现了较短的一段递增段，在25.83s加速度达到最大值0.1792m/s^2，之后竖向加速度的波动依然保持在一个较为稳定的区间内波动。形成此类曲线的原因与位移曲线的原因一致，皆是由于车辆较多及车速较低导致跨中截面竖向加速度波动相对稳定。

8.11.6　随机车流作用下静挠度计算方法简介

在随机车流模拟情况下，车速和车距参数都是随机值，由于各辆车的车速不一致，导致在桥梁结构行驶的过程中出现超车现象，从而使车距的数据会产生较大的变化。如果以《公路桥涵设计通用规范》(JTG D60—2004)计算冲击系数，则无法很好地确定车辆的布置，也就无法求出正确的冲击系数。本节选择通过采用统计分析法对冲击系数进行求解。

首先将实际振动响应划分成两部分，一部分为动荷载引起的 $y_s(x,t)$ ，另一部分为静荷载引起的 $y_{dr}(x,t)$ 。实际中的振动响应表示如下：

$$Y_d(x,t) = Y_j(x,t) + Y_{dr}(x,t) \tag{8.13}$$

由式(8.12)可知:

$$\mu = \frac{Y_{\mathrm{dmax}}}{Y_{\mathrm{jmax}}} - 1 \tag{8.14}$$

由式(8.13)可知:

$$Y_{\mathrm{dmax}}(x,t) = Y_{\mathrm{jmax}}(x,t) + Y_{\mathrm{dr}}(x,t) \tag{8.15}$$

在一定的位置和时间下

$$Y_{\mathrm{dmax}} = Y_{\mathrm{jmax}} + Y_{\mathrm{dr}} = Y_{\mathrm{jmax}} + n\sigma \tag{8.16}$$

所以冲击系数又可以表示为:

$$\mu = \frac{Y_{\mathrm{dmax}}}{Y_{\mathrm{jmax}}} - 1 = \frac{n\sigma}{Y_{\mathrm{jmax}}} \tag{8.17}$$

其中,σ 为动态响应 y_{dr} 对应的均方差:

$$\sigma = \sqrt{\frac{\sum_{i=0}^{k}(Y_{\mathrm{dri}})^2}{k-1}} \tag{8.18}$$

式中,n 为待定参数,可根据效应情况的不同而选定。当 n 值为 2 或 3 时,分别可保证动态分量 Y_{dri} 的数值落在区间 $[Y_{\mathrm{j}}(x,t) - n\sigma Y_{\mathrm{dr}}(x,t), Y_{\mathrm{j}}(x,t) + n\sigma Y_{\mathrm{dr}}(x,t)]$ 上的概率为 95.45%和99.73%。

8.11.7 某桥冲击系数计算及分析

由表8.7可知,正常样本的冲击系数最大,密集样本其次,稀疏样本最小。根据待定系数n的不同,冲击系数差别较大。当n=2时,冲击系数最大为0.058,最小为0.037;当n=3时,冲击系数最大为0.087,最小为0.0555。与《公路桥涵设计通用规范》(JTG D60—2004)冲击系数相比,当n=2时,最大偏差(绝对值)在稀疏样本中达到-26%,最小偏差在密集车流样本中达到-14%;当n=3时,最大偏差在正常样本中达到74%,最小偏差出现在稀疏样本中,达到11%。考虑到n=3时有99.73%的保证率,对于设计来说过于保守,所以选择以n=2时的数据进行对比:在正常样本作用下即使是在设计中偏保守的冲击系数值仍然偏小,而在稀疏样本和密集样本中的冲击系数较规范小且差距不大。

冲击系数分析 表8.7

工况	待定参数 n	σ(cm)	最大静挠度(cm)	冲击系数	规范冲击系数	差距(%)
稀疏样本	$n=2$	0.120472	6.512	0.037	0.05	-26
	$n=3$			0.0555		11
正常样本	$n=2$	0.339648	11.712	0.058		16
	$n=3$			0.087		74
密集样本	$n=2$	0.2053075	10.015	0.041		-14
	$n=3$			0.0615		23

8.12 小　　结

本章建立了大跨径斜拉桥在车辆作用下的运动方程，用统计方法得出计算大跨径斜拉桥所需要的随机路面样本数，分析其不同构件在车载作用下的振动响应和冲击系数，为设计大跨径斜拉桥提供了理论依据，并通过有限元程序 Midas Civil 对结构进行建模分析，从而获得相应的模态数据，然后用随机车流程序按照采集到的不同时间段参数分别获得稀疏车流样本、正常车流样本及密集车流样本，对样本进行合理的截取后获得随机车流中各车辆的参数，然后通过车-桥耦合程序在研究随机车流同桥梁结构耦合作用的同时引入路面不平整的激励作用，得到结构的动力响应，最后通过统计方法分析得到桥梁结构的冲击系数，并同规范的结果进行比较分析。通过研究，可以获得如下结论：

(1)计算竖向挠度时取随机路面样本数可为 15，横向挠度时取随机路面样本数可为 25。横向挠度所取样本数大于竖向挠度所需样本数，其原因也许是因为与竖向激励源相比，桥梁所受的横向激励主要来自轮胎与桥面间的摩擦。

(2)当车辆驶过全桥时，最大竖向挠度和横向挠度值并不发生在同一个位置处。当车辆行驶至 900m 左右处时竖向挠度值出现最大，为 32.7mm，而当车辆行驶至 715m 处时横向挠度值出现最大，为 7.34mm。

(3)各截面处的冲击系数随车速的变化规律不一样，大跨径斜拉桥这样的复杂结构，构件之间的动力特性相差较大，复杂结构设计时应尽量计算不同构件的动力特性。

(4)冲击系数并不总随加速度的增大而单调增大，而是出现局部极值，可能是由于路面的随机性所引起的；按照规范计算某桥主桥的冲击系数应为 0.05，对参数进行分析发现，只有当车速小于 10m/s 左右时，跨中和 1/4 跨处挠度冲击系数才小于 0.05，而其他大部分情形冲击系数都大于 0.05，因此规范值要小于该桥实际所受的车辆动力作用。

(5)由于车流的随机性、桥梁结构的多变性以及路面状况的不定性等因素影响，使得冲击系数的取值极其困难，就规范中定义的斜拉桥冲击系数求解方法而言，无法满足此类桥型日益精准的设计要求。

(6)在随机生成的不同行车路况下对某桥进行研究，结果表明，稀疏状态下的车辆行驶速度快，但是由于车距较大，车辆间的相互影响并不明显，从而冲击系数仅为 0.037，比规范值小 26%；正常状态下的车辆速度较快且车辆间距较小，车辆间的相互影响十分明显，从而冲击系数较大，达到了 0.058，比规范计算值大 16%；密集状态下的车辆间距最小，但是车辆速度较慢，冲击效应不明显，从而冲击系数大小居中，达到 0.041，比规范计算值小 14%。

第9章　风与车流联合作用下的桥梁振动研究

9.1　引　　言

行车舒适性问题的研究重点是车体振动,尤其是当汽车行驶在风荷载环境下的大跨径桥梁上时,振动更为明显。现有行车舒适性研究中常采用忽略座椅振动的整车振动模型,实际上这种忽略座椅振动的简化模型虽然大大降低了计算和模拟过程的复杂性,但却给计算结果的精确性带来了问题。因此,本章提出了包括悬架座椅模型及车辆纵向振动的二十四自由度空间车辆模型,并引入可考虑前面邻近车辆及次近邻车辆相互影响的改进元胞自动机模型和路面等级退化模型,考虑车流随机性和桥面等级退化因素,研究风-车流-桥耦合振动系统中大跨径桥梁行车舒适性。

9.2　风-车流-桥梁相互作用分析方法

9.2.1　风-车流-桥梁系统的三维模型

在风-车流-桥梁耦合系统间的相互作用研究中,大多数的车辆模型不考虑驾驶员座椅振动和车辆的纵向振动,然而二者对行车舒适性有着不容忽视的影响。

1)包含驾驶员座椅振动的车辆三维模型运动方程

在已有十二自由度的车辆三维模型的基础上建立一个包括驾驶员座椅振动和车辆的纵向振动的二十四自由度车辆模型(图9.1、图9.2)。自由度包括车身纵向位移(x_t)、垂直位移(z_t)、横向位移(y_t)、俯仰旋转(θ_t)、轴位移(φ_t)和偏航角(φ_t),以及车辆的第一至第四轴纵向位移(x_a^1、x_a^2、x_a^3 和 x_a^4)、垂直位移(z_a^1、z_a^2、z_a^3 和 z_a^4)和横向位移(y_a^1、y_a^2、y_a^3 和 y_a^4);z_{su}(x_{su}、y_{su})和 z_{ss}(x_{ss}、y_{ss})分别代表驾驶员座椅 m_{su} 和座椅悬架 m_{ss} 的垂直(纵向、横向)位移。悬架弹性和阻尼力可以写成:

$$F_{szi} = K_{szi} U_{szi} \tag{9.1}$$

$$F_{dszi} = C_{szi} \dot{U}_{szi} \quad (i = 1,2,3,4) \tag{9.2}$$

式(9.2)中,U_{szi} 为悬架弹簧的竖向位移;K_{szi}、C_{szi} 分别为悬架弹簧的竖向刚度和阻尼。悬架横向、纵向的弹性和阻尼力可以写成：

$$\begin{cases} F_{syi} = K_{syi} \cdot U_{syi} F_{dsyi} = C_{syi} \cdot \dot{U}_{syi} \\ F_{sxi} = K_{sxi} \cdot U_{sxi} F_{dsxi} = C_{sxi} \cdot \dot{U}_{sxi} \end{cases} \tag{9.3}$$

其中，U_{syi}、U_{sxi} 分别为悬架弹簧的横、纵向位移；K_{syi}、K_{sxi} 、C_{syi}、C_{sxi} 分别为悬架弹簧横、纵向刚度和阻尼。

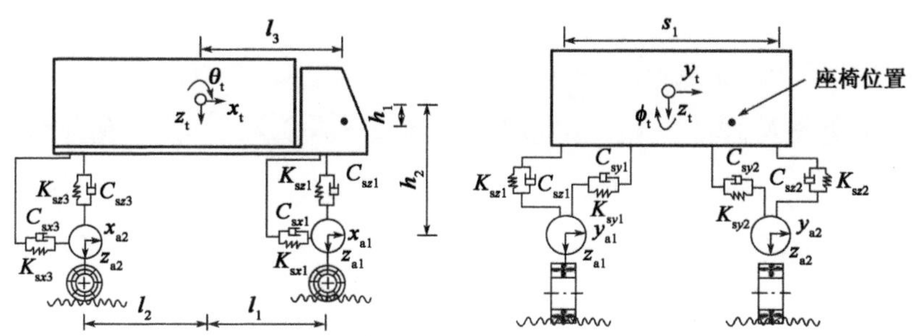

图9.1　三维车辆模型

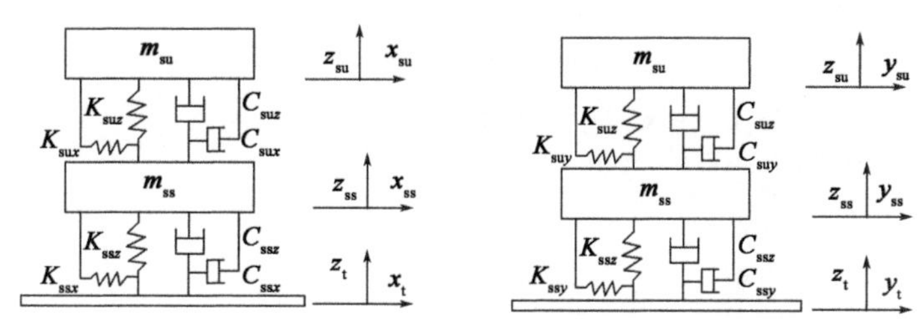

图9.2　三维座椅模型

整车的运动方程式根据拉格朗日公式可表示为：

$$m_t \ddot{z}_t + F_{sz1} + F_{sz2} + F_{sz3} + F_{sz4} + F_{sz1} + F_{dsz1} + F_{dsz2} + F_{dsz3} + F_{dsz4} = m_t g + F_{zw} \tag{9.4}$$

$$m_t \ddot{y}_t + F_{sy1} + F_{sy2} + F_{sy3} + F_{sy4} + F_{sy1} + F_{dsy1} + F_{dsy2} + F_{dsy3} + F_{dsy4} = F_{yw} \tag{9.5}$$

$$m_t \ddot{x}_t + F_{sx1} + F_{sx2} + F_{sx3} + F_{sx4} + F_{sx1} + F_{dsx1} + F_{dsx2} + F_{dsx3} + F_{dsx4} = F_{xw} \tag{9.6}$$

$$\begin{aligned} & I_{xt} \ddot{\varphi}_t + \frac{s_1}{2}(F_{sz1} - F_{sz2}) + \frac{s_2}{2}(F_{sz3} - F_{sz4}) + \\ & \frac{s_1}{2}(F_{dsz1} - F_{dsz2}) + \frac{s_2}{2}(F_{dsz3} - F_{dsz4}) = M_{xw} \end{aligned} \tag{9.7}$$

$$\begin{aligned} & I_{zt} \ddot{\theta}_t + l_1(F_{sz1} + F_{sz2}) - l_2(F_{sz3} + F_{sz4}) + \\ & l_1(F_{dsz1} + F_{dsz2}) - l_2(F_{dsz3} + F_{dsz4}) = M_{zw} \end{aligned} \tag{9.8}$$

$$I_{yt} \ddot{\theta}_t + l_1(F_{sy1} + F_{sy2}) - l_2(F_{sy3} + F_{sy4}) +$$

$$l_1(F_{dsy1}+F_{dsy2})-l_2(F_{dsy3}+F_{dsy4})=M_{yw} \tag{9.9}$$

$$m_{ai}\ddot{z}_{ai}-F_{szi}+F_{tzi}-F_{dszi}+F_{dtzi}=m_{ai}g \quad (i=1,2,3,4) \tag{9.10}$$

$$m_{ai}\ddot{y}_a^i-F_{dsy}^i-F_{sy}^i+F_y^i=0 \quad (i=1,2,3,4) \tag{9.11}$$

$$m_{ai}\ddot{x}_{ai}-F_{dsxi}-F_{sxi}+F_{xi}=0 \quad (i=1,2,3,4) \tag{9.12}$$

其中，m_t、m_{ai} 分别为车身的质量和第 i 个车轴的质量。

如图 9.2 所示，通常用六自由度的三维座椅模型来研究座椅的振动以及关于悬挂式座椅的运动方程：

$$m_{su}\ddot{z}_{su}=m_{su}g-K_{suz}(z_{su}-z_{ss})-C_{suz}(\dot{z}_{su}-\dot{z}_{ss}) \tag{9.13}$$

$$m_{ss}\ddot{z}_{ss}=m_{ss}g+K_{suz}(z_{su}-z_{ss})+C_{suz}(\dot{z}_{su}-\dot{z}_{ss})-K_{ssz}(z_{ss}-z_t)-C_{ssz}(\dot{z}_{ss}-\dot{z}_t) \tag{9.14}$$

$$m_{su}\ddot{x}_{su}=K_{sux}(x_{su}-x_{ss})+C_{sux}(\dot{x}_{su}-\dot{x}_{ss}) \tag{9.15}$$

$$m_{ss}\ddot{x}_{ss}=K_{sux}(x_{su}-x_{ss})+C_{sux}(\dot{x}_{su}-\dot{x}_{ss})-K_{ssx}(x_{ss}-x_t)-C_{ssx}(\dot{x}_{ss}-\dot{x}_t) \tag{9.16}$$

$$m_{su}\ddot{y}_{su}=K_{suy}(y_{su}-y_{ss})+C_{suy}(\dot{y}_{su}-\dot{y}_{ss}) \tag{9.17}$$

$$m_{ss}\ddot{y}_{ss}=K_{suy}(y_{su}-y_{ss})+C_{suy}(\dot{x}_{su}-\dot{y}_{ss})-K_{ssx}(y_{ss}-x_t)-C_{ssx}(\dot{y}_{ss}-\dot{x}_t) \tag{9.18}$$

其中，$z_{su}(x_{su},y_{su})$ 和 $z_{ss}(x_{ss},y_{ss})$ 分别为乘员质量 m_{su} 和座椅质量 m_{ss} 的垂直（纵向、横向）位移。而 $K_{sux}(K_{suy},K_{suz})$ 和 $C_{sux}(C_{suy},C_{suz})$ 分别为乘员的阻尼质量 m_{su} 和座椅质量 m_{ss} 的垂直（纵向、横向）位移。式(9.13)～式(9.18)可用矩阵形式表示为：

$$\boldsymbol{M}_v\ddot{\boldsymbol{U}}_v+\boldsymbol{C}_v\dot{\boldsymbol{U}}_v+\boldsymbol{K}_v\boldsymbol{U}_v=\boldsymbol{F}_G+\boldsymbol{F}_{vb}+\boldsymbol{F}_{vw} \tag{9.19}$$

式中：$\boldsymbol{M}_v$、$\boldsymbol{C}_v$、$\boldsymbol{K}_v$ ——分别为车辆的质量、阻尼和刚度矩阵；

$\boldsymbol{U}_v$ ——车辆位移；

$\boldsymbol{F}_G$ ——车辆的重力；

$\boldsymbol{F}_{vb}$ ——作用于车辆的路面接触力；

$\boldsymbol{F}_{vw}$ ——作用于车辆的风力。

2）空间车辆模型的准定常风力

风对车辆的准定常风力可表示为：

$$\begin{cases} F_{xw}=\frac{1}{2}\rho_\alpha AU_R^2C_D(\psi) \\ F_{zw}=\frac{1}{2}\rho_\alpha AU_R^2C_S(\psi) \\ F_{yw}=\frac{1}{2}\rho_\alpha AU_R^2C_L(\psi) \\ M_{xw}=\frac{1}{2}\rho_\alpha Ah_vU_R^2C_R(\psi) \\ M_{yw}=\frac{1}{2}\rho_\alpha Ah_vU_R^2C_P(\psi) \\ M_{zw}=\frac{1}{2}\rho_\alpha Ah_vU_R^2C_Y(\psi) \end{cases} \tag{9.20}$$

式中：F_{xw}、F_{yw}、F_{zw}、M_{xw}、M_{yw}、M_{zw}——分别为作用于车辆上的牵引力、侧向力、升力、滚动力矩、俯仰力矩和偏转力矩；

ρ_{α}——密度；

C_D、C_S、C_L、C_R、C_P、C_Y——分别为车辆的牵引力、侧向力、升力、滚动力矩、俯仰力矩和偏转力矩；

A——车辆的前部区域；

h_v——车辆的重心到路面的距离；

U_R——车辆的相对风速，见式(9.21)。

$$\begin{cases}U_R^2 = [(U + u(x,t)\cos\beta + \ddot{S}]^2 + \{[U + u(x,t)]\sin\beta\}^2 \\ \tan\psi = \dfrac{[U + u(x,t)]\sin\beta}{[U + u(x,t)]\cos\beta + \ddot{S}}\end{cases} \tag{9.21}$$

其中，$\ddot{S}$ 代表车辆的行驶速度；U 和 $u(x,t)$ 分别代表车辆行驶过程中的平均风速和稳流风速；β 是车辆在行驶方向与风向之间的角度；ψ 的取值范围为 $0 \sim \pi$。

3)桥梁风力荷载的模态分析

桥梁纵向、横向和扭转运动用模态叠加法表达为：

$$\begin{cases}m(x)\ddot{h}_b(x,t) + 2\zeta_h\omega_h\dot{h}_b(x,t) + \omega_h{}^2h_b(x,t) = L_w^b(x,t) \\ I(x)\ddot{\alpha}_b(x,t) + 2\zeta_\alpha\omega_\alpha\dot{\alpha}_b(x,t) + \omega_\alpha{}^2\alpha_b(x,t) = M_w^b(x,t) \\ m(x)\ddot{p}_b(x,t) + 2\zeta_p\omega_p\dot{p}_b(x,t) + \omega_p{}^2p_b(x,t) = D_w^b(x,t)\end{cases} \tag{9.22}$$

$$\begin{cases}h_b(x,t) = \sum\limits_{i=1}^{n} h_i(x)\xi_i(t) \\ p_b(x,t) = \sum\limits_{i=1}^{n} p_i(x)\zeta_i(t) \\ \alpha_b(x,t) = \sum\limits_{i=1}^{n} \alpha_i(x)\gamma_i(t)\end{cases} \tag{9.23}$$

式中：　$m(x)$、$I(x)$——分别为单元的广义质量和广义惯性矩；

$h_i(x)$、$p_i(x)$、$\alpha_i(x)$——分别为结构纵向、横向扭转模态；

$\xi_i(t)$、$\zeta_i(t)$、$\gamma_i(t)$——分别为桥梁在广义坐标下纵向、横向和扭转的方向；

ζ_h、ζ_p、ζ_α——结构纵向、横向和扭转运动的阻尼比；

ω_h、ω_p、ω_α——各向运动频率；

n——所考虑的桥梁运动模式的总数；

L_w^b、D_w^b、M_w^b——气动力。

式(9.22)写成矩阵形式为：

$$\boldsymbol{M}_b\ddot{\boldsymbol{U}}_b + \boldsymbol{C}_b\dot{\boldsymbol{U}}_b + \boldsymbol{K}_b\boldsymbol{U}_b = \boldsymbol{F}_{bw} \tag{9.24}$$

式中：$\boldsymbol{M}_{\mathrm{b}}$、$\boldsymbol{C}_{\mathrm{b}}$、$\boldsymbol{K}_{\mathrm{b}}$——分别为桥梁的质量、阻尼和刚度矩阵；

$\boldsymbol{U}_{\mathrm{b}}$——桥梁所有自由度的位移矢量；

$\dot{\boldsymbol{U}}_{\mathrm{b}}$、$\ddot{\boldsymbol{U}}_{\mathrm{b}}$——分别为 $\boldsymbol{U}_{\mathrm{b}}$ 对时间的一、二阶导数；

$\boldsymbol{F}_{\mathrm{bw}}$——作用在桥梁上的风荷载。

4)考虑邻近车辆影响的车流模拟

元胞自动机交通仿真模型可以模拟车辆间跟驶和换道、速度变化等车辆行驶情况，可真实模拟实际交通状况。本节采用一种可考虑邻近车辆相互作用的改进元胞自动机模型来模拟交通流。在跟车模型中，大多数研究人员通常将车辆用下列方程表示：

$$\ddot{x}_n(t+T) = \lambda(\dot{x}_{n+1} - \dot{x}_n) \tag{9.25}$$

式中：T——响应时间滞后值；

λ——敏感系数；

$\ddot{x}_n$——车辆的加速度；

$\dot{x}_n$——车辆的速度。

考虑前面邻近车辆间的影响，式(9.25)变为：

$$\ddot{x}_n = \lambda_1(\dot{x}_{n+1} - \dot{x}_n)_{t-T_1} + \lambda_2(\dot{x}_{n+2} - \dot{x}_n)_{t-T_2} \tag{9.26}$$

式中：T_1——紧前车辆反应时间滞后值；

T_2——次紧前车辆反应时间滞后值；

λ_1、λ_2——各自敏感性系数，取值范围都是0~1。

根据式(9.26)，假设最近和次邻近车辆的敏感度系数分别是 λ_1 和 λ_2，且 $\lambda_1 > \lambda_2$。车辆的加速度可表示为：

$$\ddot{x}_n(t+1) = \overline{\lambda}[\Delta\dot{x}_{n+1}(t), \Delta\dot{x}_{n+2}(t-1)] \tag{9.27}$$

式中，$\overline{\lambda} = \lambda_1[\dot{x}_{n+1}(t) - \dot{x}_n(t)] + \lambda_2[\dot{x}_{n+2}(t-1) - \dot{x}_n(t-1)]$，由式(9.27)可模拟车流中车辆的速度变化。

5)风-车流-桥梁耦合系统组成

利用位移关系和接触面作用力的相互关系，可以得到车-桥耦合系统的运动方程如下：

$$\begin{bmatrix} \boldsymbol{M}_{\mathrm{b}} & \\ & \boldsymbol{M}_{\mathrm{v}}^N \end{bmatrix}\begin{Bmatrix} \ddot{\boldsymbol{U}}_{\mathrm{b}} \\ \ddot{\boldsymbol{U}}_{\mathrm{v}} \end{Bmatrix} + \begin{bmatrix} \boldsymbol{C}_{\mathrm{b}} + \boldsymbol{C}_{\mathrm{bb}} & -\boldsymbol{C}_{\mathrm{bv}} \\ -\boldsymbol{C}_{\mathrm{vb}} & \boldsymbol{C}_{\mathrm{v}}^N + \boldsymbol{C}_{\mathrm{vv}}^N \end{bmatrix}\begin{Bmatrix} \dot{\boldsymbol{U}}_{\mathrm{b}} \\ \dot{\boldsymbol{U}}_{\mathrm{v}} \end{Bmatrix} +$$

$$\begin{bmatrix} \boldsymbol{K}_{\mathrm{b}} + \boldsymbol{K}_{\mathrm{bvb}} + \boldsymbol{K}_{\mathrm{bcb}} & -\boldsymbol{K}_{\mathrm{bv}} \\ -\boldsymbol{K}_{\mathrm{vb}} - \boldsymbol{K}_{\mathrm{vcb}} & \boldsymbol{K}_{\mathrm{v}}^N + \boldsymbol{K}_{\mathrm{vv}}^N \end{bmatrix}\begin{Bmatrix} \boldsymbol{U}_{\mathrm{b}} \\ \boldsymbol{U}_{\mathrm{v}} \end{Bmatrix} = \begin{Bmatrix} \boldsymbol{F}_{\mathrm{br}} + \boldsymbol{F}_{\mathrm{bcr}} + \boldsymbol{F}_{\mathrm{vw}} \\ -\boldsymbol{F}_{\mathrm{vr}} - \boldsymbol{F}_{\mathrm{vcr}} + \boldsymbol{F}_{\mathrm{G}}^N + \boldsymbol{F}_{\mathrm{bw}} \end{Bmatrix} \tag{9.28}$$

式中：$\boldsymbol{M}_{\mathrm{v}}^N$、$\boldsymbol{C}_{\mathrm{v}}^N$、$\boldsymbol{K}_{\mathrm{v}}^N$——分别为车体的质量、阻尼和刚度矩阵；

$\boldsymbol{C}_{\mathrm{vv}}^N$、$\boldsymbol{K}_{\mathrm{vv}}^N$——$N$ 辆车相互耦合作用导致的阻尼和刚度矩阵；

$C_{bv}(C_{vb})$、$K_{bv}(K_{vb})$——分别为由车辆与桥梁间耦合作用导致的阻尼和刚度矩阵；

K_{bcb}、K_{vcb}——分别为作用在桥上及车辆上由桥梁单元间振动导致的刚度矩阵；

K_{bvb}——车轮模型与桥梁单元相互作用导致的刚度矩阵；

F_{br}、F_{vr}——分别为作用在桥上及车辆上由路面不平度导致的接触力；

F_{bcr}、F_{vcr}——桥梁单元间振动导致作用在桥上及车辆上的荷载；

F_{vw}、F_{bw}——分别为作用在车辆和桥梁上的风荷载；

F_G^N——N 辆车的重力。

汽车行驶在桥上时，接触面的位置以及接触力是不断变化的，式(9.28)可以通过Newmark-β 时域法求解。

9.2.2　路面退化模拟

路面状况是影响桥梁和车辆动力响应的重要因素。设路面不平度函数 $r(x)$ 为：

$$r(x) = \sum_{k=1}^{N} \sqrt{2\varphi(n_k)\Delta n}\cos(2\pi n_k + \theta_k)] \tag{9.29}$$

式中：θ_k——随机相位角，在 0 ~ 2π 之间均匀分布；

$\varphi(\ \ )$——路面高程的功率谱密度函数。

采用如下功率谱密度函数：

$$\varphi(n) = \varphi(n_0)\left(\frac{n}{n_0}\right)^{-2} \quad (n_1 < n < n_2) \tag{9.30}$$

式中：n——空间频率(cycle/m)；

n_0——周期为 1/2π 的间断频率；

n_1、n_2——分别为上截止频率和下截止频率。

文献[7]基于现有车辆荷载及腐蚀环境造成的路面等级退化的影响，给出了 $\varphi(n_0)$ 在服役期间内变化的计算公式：

$$\varphi(n_0) = 6.1972 \times 10^{-9} \times e^{\{[1.04e^{\eta t}\cdot I_{RI0}+263(1+S_c)-5(C_L)_t]/0.42808\}} + 2 \times 10^{-6} \tag{9.31}$$

式中：I_{RI0}——最初的路面不平度；

t——桥梁服役年数；

η——根据干湿、冷冻或结冰状态，数值在 0.01 ~ 0.7 之间的环境变化系数；

S_c——由车道每一层强度和厚度计算得来的参数；

$(C_L)_t$——据车流量情况随时间变化值，以百万次计。

根据式(9.31)，以慢车道为例，路面不平度退化见表 9.1。由表 9.1 可知，路面不平度在前 15 年间逐渐增大。

慢车道道路条件 15 年内的变化　　表 9.1

时间 t(年)	不平度 $\varphi(n_0)$
$1 \leqslant t \leqslant 8$	5×10^{-6}
$9 \leqslant t \leqslant 10$	12×10^{-6}
$11 \leqslant t \leqslant 12$	80×10^{-6}
$t = 13$	320×10^{-6}
$14 \leqslant t \leqslant 15$	1280×10^{-6}

9.3 数值分析

9.3.1 工程实例简介

某公路大桥是一座双索面非对称混合双塔钢箱梁斜拉桥，其桥跨分布为 80m + 208m + 716m + 70m + 2 × 65m，具体情况如图 9.3 所示。图 9.4 为有限元软件 ANSYS 建立的数值模型。

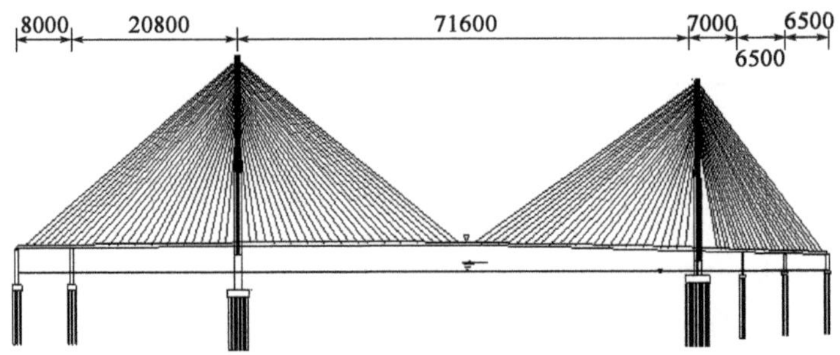

图 9.3　某公路大桥(尺寸单位：m)

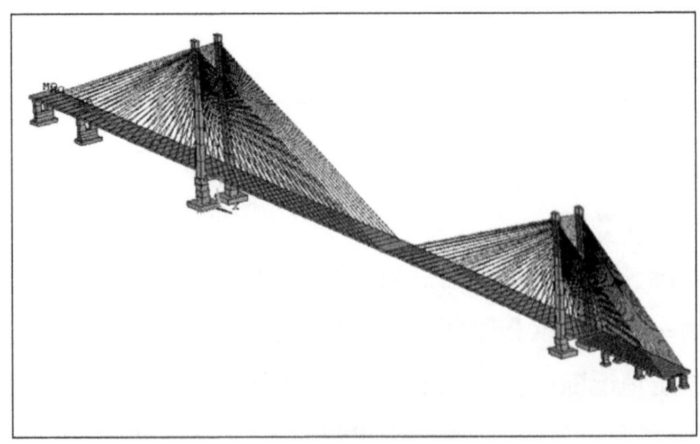

图 9.4　全桥模型

9.3.2 考虑邻近车辆影响的交通流模拟

运用考虑邻近车辆影响的方程式(9.29)~式(9.31),为某公路桥建立了考虑邻近车辆影响的双车道元胞自动机模型。

假定桥梁两端的引道长度为1005m,$\dot{x}_{max}$值为5,限速135km/h。最近和次近车辆影响的敏感系数分别为$\lambda_1=0.2$和$\lambda_2=0.05$。为了便于比较,将交通流分为稀疏状态车流($\rho=0.07$)和密集状态车流($\rho=0.15$)。图9.5中,x轴和y轴分别为空间和时间的坐标,图中的每个点表示一个车辆;随着交通流的增加,会在某些区域形成局部堵塞(如图9.5中的黑带部分)。

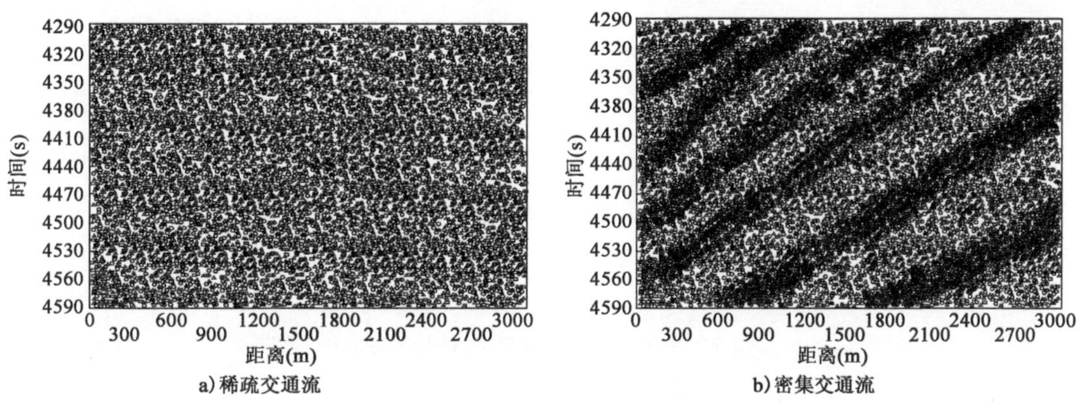

图9.5 不同的交通流占有率下的交通模拟

9.3.3 不同交通流占有率条件下桥梁响应比较

图9.6给出了在同一中等风速($U=17.6$m/s)下,两种交通流占有率($\rho=0.07$和$\rho=0.15$)时的桥梁跨中竖向振动响应时程曲线。由图9.6可知,跨中竖向挠度随着交通流占有率的增加而增加。交通流占有率从0.07增加到0.15时,桥梁的最大竖向挠度从28.6cm增加到42.3cm。

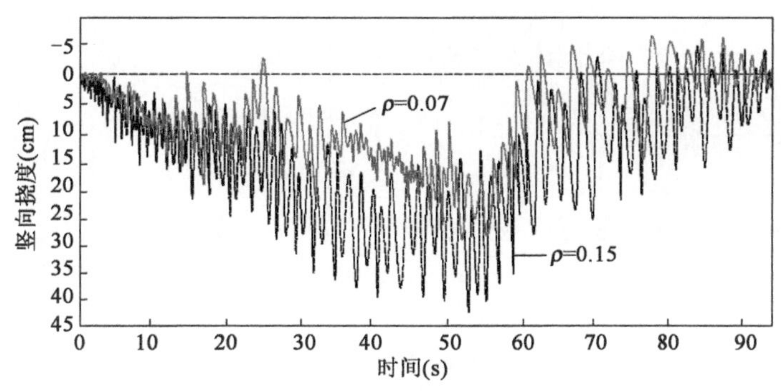

图9.6 两种交通流占有率下的桥梁响应($\rho=0.07$、$\rho=0.15$)

9.3.4 不同风速条件下桥梁响应比较

图9.7为交通流占有率$\rho = 0.07$时,在两种典型的风速(弱风速度$U = 2.7\mathrm{m/s}$和中等风速$U = 17.6\mathrm{m/s}$)下桥梁跨中响应时程曲线。由图9.7可知,桥梁跨中处位移和加速度随着风速的增加而增加。风速对桥梁的位移,尤其是横向挠度起到了重要作用。如当风速从2.7m/s增加到17.6m/s时,最大竖向挠度从21.3cm增加到28.6cm,而最大横向挠度从3.1cm增大到8.7cm,横向挠度对风速变化更加敏感。

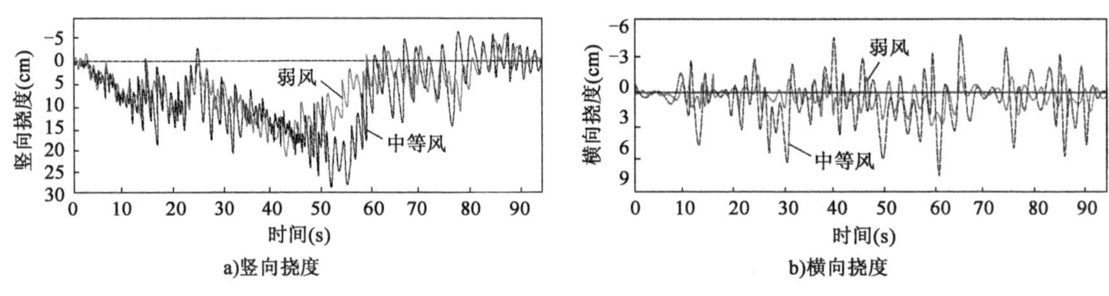

图9.7 两种风速下的桥梁响应(弱风、中等风)

9.3.5 路面退化条件下桥梁响应比较

由表9.1可知,在交通荷载和环境作用下路面平整度会不断恶化,因此,本节分析了桥梁跨中截面在两段时间(8年和13年)内的振动响应,如图9.8所示。由图可知,跨中的振动响应随桥梁运营时间增加而增大,这可能是由于路面不平度的逐年恶化所致。因此,路面不平度对桥梁的位移和加速度有显著影响。如从第8年到第13年,桥梁的竖向挠度从28.6cm上升到了34.8cm。

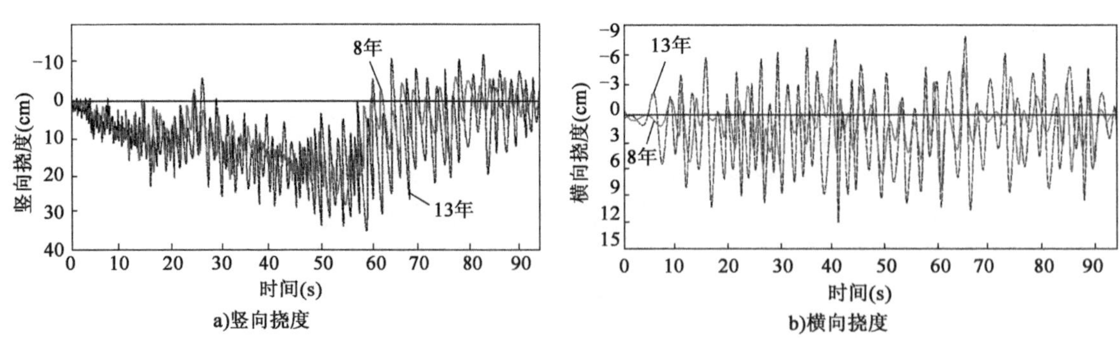

图9.8 路面退化条件下的桥梁响应(8年、13年)

9.3.6　风-车流作用下不同车辆模型对行车舒适度影响比较

一般用来评价舒适度等级的关键参数常采用座椅的加权均方根加速度总值[11]。因此,引入座椅的各向振动对行车舒适性的研究十分重要。本书提出了一个包含三维座椅的行车舒适性研究模型,来弥补以前研究没有考虑座椅本身振动的简化模型的不足,并分析了车辆占有率、风速及时间年限对行车舒适度的影响。图 9.9 给出了当交通流占有率为 $\rho=0.07$ 时某一车辆座椅三向振动加速度时程,表 9.2 ~ 表 9.4 给出了不同参数下的行车舒适度。由表 9.2 ~ 表 9.4可知,当车辆占有率为 $\rho=0.07$ 时,考虑座椅振动模型得到的行车舒适度等级为没有不舒适,而没有考虑座椅本身振动的简化模型得到的舒适度指标是有点不舒适,因此驾驶员座椅模型的各向振动可显著影响行车舒适度,使用简化的车辆模型来研究行车舒适度并不准确。

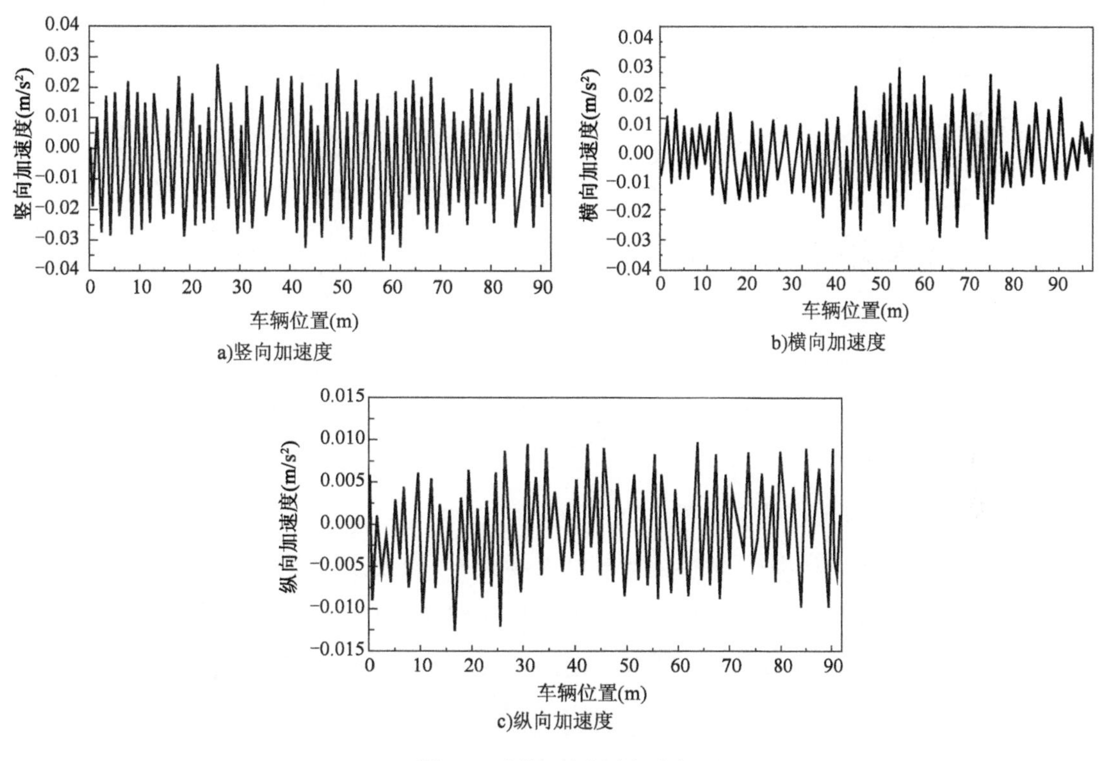

图 9.9　座椅三向振动加速度

不同交通流占有率下行车舒适性　　表 9.2

占有率		a_{sux}(m/s²)	a_{suy}(m/s²)	a_{suz}(m/s²)	a_{su}(m/s²)	舒　适　性
$\rho=0.07$	本节模型	0.06	0.12	0.23	0.30	没有不舒适
	简化模型	0.14	0.16	0.29	0.41	一点不舒适
$\rho=0.07$	本节模型	0.12	0.19	0.32	0.45	非常不舒适
	简化模型	0.17	0.28	0.35	0.58	非常不舒适

不同风速下行车舒适性　　表 9.3

风速		a_{sux}(m/s²)	a_{suy}(m/s²)	a_{suz}(m/s²)	a_{su}(m/s²)	舒适性
$U=2.7$m/s	本节模型	0.02	0.09	0.12	0.18	没有不舒适
	简化模型	0.05	0.10	0.29	0.22	没有不舒适
$U=17.6$m/s	本节模型	0.06	0.12	0.23	0.30	没有不舒适
	简化模型	0.14	0.16	0.29	0.41	一点不舒适

不同时间下行车舒适性　　表 9.4

时间		a_{sux}(m/s²)	a_{suy}(m/s²)	a_{suz}(m/s²)	a_{su}(m/s²)	舒适性
8 年	本节模型	0.06	0.12	0.23	0.30	没有不舒适
	简化模型	0.14	0.16	0.29	0.41	一点不舒适
13 年	本节模型	0.13	0.22	0.28	0.45	一点不舒适
	简化模型	0.18	0.27	0.36	0.57	非常不舒适

9.4 考虑桥面等级退化影响的风-车流-桥梁耦合振动分析

9.4.1 风-车流-桥梁相互作用分析方法

1)风-车流-桥梁系统的三维模型

在现有车辆与桥梁之间的相互作用研究中,简化的车辆模型包含所有有关的重要信息。大多数的车辆模型忽略了车辆的纵向自由度,然而车辆的纵向自由度对车辆振动研究有着不容忽视的影响。

2)包含车辆纵向自由度的三维模型

本节在十二自由度的车辆三维模型的基础上建立了一个包括车辆纵向振动十八自由度的三维车辆模型,如图 9.10 所示。自由度包括车身纵向位移(x_t)、竖向挠度(z_t)、横向位移(y_t)、点头运动(θ_t)、摇头运动(φ_t)和侧翻运动(φ_t),以及各轴纵向位移(x_a^1、x_a^2、x_a^3 和 x_a^4)、竖向挠度(z_a^1、z_a^2、z_a^3 和 z_a^4)和横向位移(y_a^1、y_a^2、y_a^3 和 y_a^4)。为了模拟车轮和桥面之间的相互作用将车轮模拟为三维弹簧模型,如图 9.11 和图 9.12 所示,各轴重已包括车轮质量。

车辆运动方程的矩阵形式表示为:

$$\boldsymbol{M}_v\ddot{\boldsymbol{U}}_v+\boldsymbol{C}_v\dot{\boldsymbol{U}}_v+\boldsymbol{K}_v\boldsymbol{U}_v=\boldsymbol{F}_G+\boldsymbol{F}_{vb}+\boldsymbol{F}_{vw} \tag{9.32}$$

式中:$\boldsymbol{M}_v$、$\boldsymbol{C}_v$、$\boldsymbol{K}_v$——分别为车辆的质量、阻尼和刚度矩阵;

$\boldsymbol{U}_v$——车辆位移;

$\boldsymbol{F}_G$——车辆的重力;

$\boldsymbol{F}_{vb}$——作用于车辆的桥面接触力;

F_{vw}——作用于车辆的风荷载。

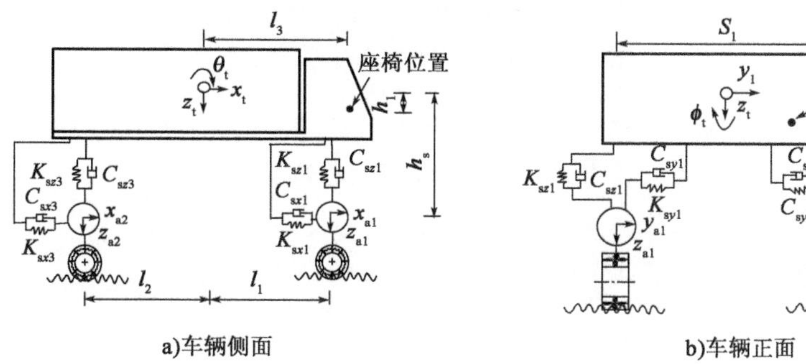

图 9.10　新的全车模型

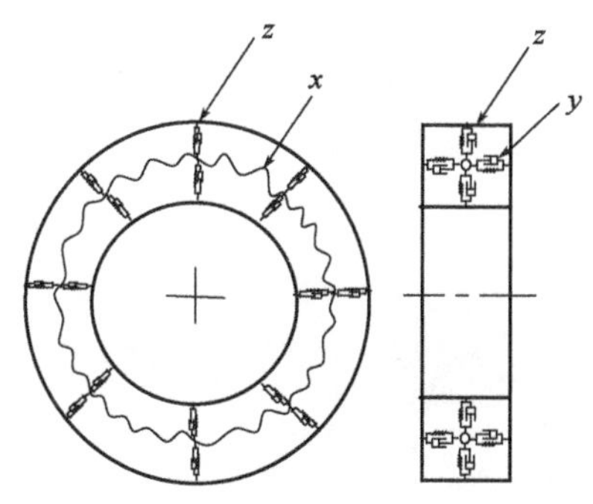

图 9.11　轮胎模型示意图

x-纵向弹簧；y-横向弹簧；z-径向弹簧

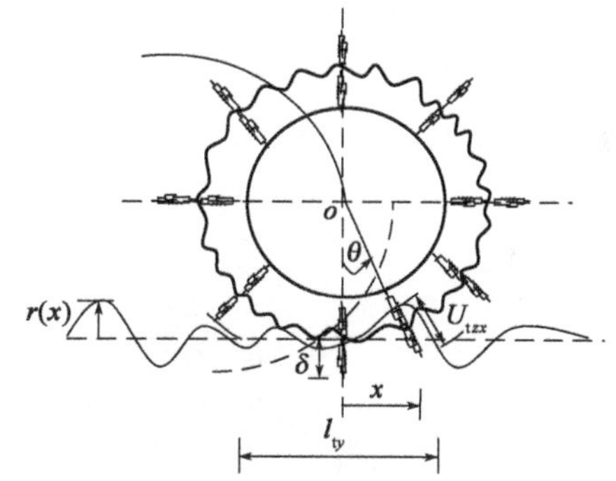

图 9.12　轮胎与地面接触处的竖向变形示意图

3）车辆模型的准稳态风力

风对车辆的作用包括静态和动态荷载，可表示为[181-182]：

$$\begin{cases} F_{xw} = \dfrac{1}{2}\rho_\alpha A U_R^2 C_D(\psi) \\ F_{yw} = \dfrac{1}{2}\rho_\alpha A U_R^2 C_L(\psi) \\ F_{zw} = \dfrac{1}{2}\rho_\alpha A U_R^2 C_S(\psi) \\ M_{xw} = \dfrac{1}{2}\rho_\alpha A h_v U_R^2 C_R(\psi) \\ M_{yw} = \dfrac{1}{2}\rho_\alpha A h_v U_R^2 C_P(\psi) \\ M_{zw} = \dfrac{1}{2}\rho_\alpha A h_v U_R^2 C_Y(\psi) \end{cases} \tag{9.33}$$

式中：F_{xw}、F_{yw}、F_{zw}、M_{xw}、M_{yw}、M_{zw}——分别为车作用于车辆上的牵引力、侧向力、升力、翻滚力矩、俯仰力矩和偏转力矩；

ρ_α——密度；

C_D、C_S、C_L、C_R、C_P、C_Y——分别为车辆的牵引力、侧向力、升力、滚动力矩、俯仰力矩和偏转力矩；

A——车辆的前部区域；

h_v——车辆的重心到桥面的距离；

U_R——车辆的相对风速。

9.4.2 数值分析

1)实桥简介

某公路大桥是一座双索面非对称混合双塔钢箱梁斜拉桥，其桥跨分布为 80m + 208m + 716m + 208m + 80m，具体布置如图 9.13 所示。图 9.14 为有限元软件 ANSYS 建立的数值模型。利用 ANSYS 软件分别提取大桥主梁的竖向和横向前 20 阶模态。

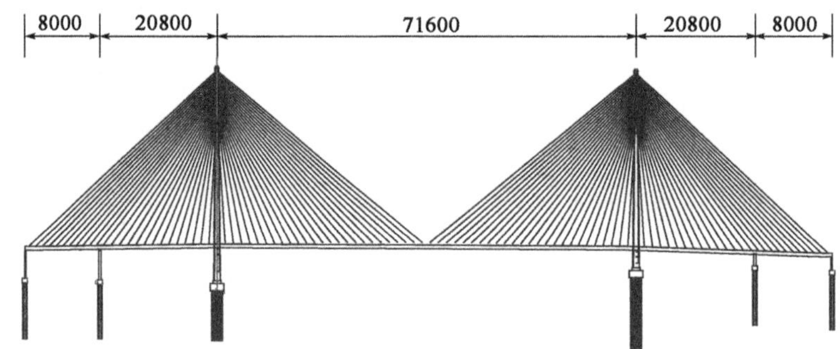

图 9.13 某公路大桥(尺寸单位：m)

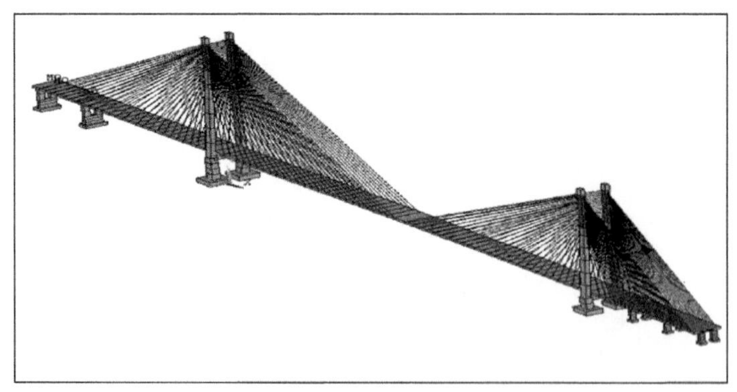

图 9.14 全桥模型

2)考虑邻近车辆影响的交通流模拟

运用上述考虑邻近车辆影响的模拟方程(9.8)，本节建立了考虑邻近车辆影响的双车道元胞自动机模型。根据已有实例，假定桥梁的两端的引道长度为 1005m，$\dot{x}_{max}$ 值为 5，限速 135km/h。最近和次近车辆影响的敏感系数分别为 $\lambda_1 = 0.2$ 和 $\lambda_2 = 0.05$ 。为了便于比较，将交通流分为稀疏状态车流（$\rho=0.07$，即桥上同时运行约为9辆车，重车比例为10%）和密集状态车流（$\rho=0.15$，即桥上同时运行约为20辆车，重车比例为10%）。图9.15中，x轴和y轴分别为空间和时间的坐标，图中的每个点表示一个车辆；随着交通流的增加，会在某些区域形成局部堵塞（如图9.15中的黑带部分）。

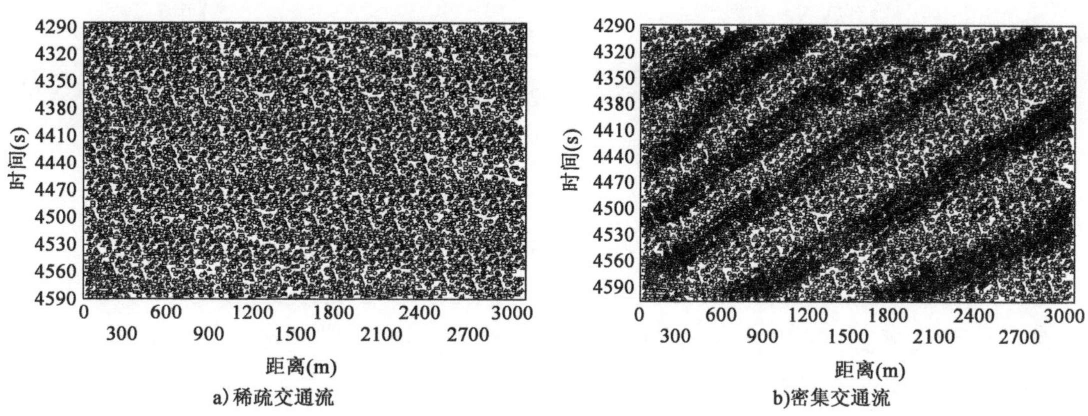

图9.15 不同的交通流占有率下的交通模拟

3）不同交通流占有率条件下在役桥梁响应比较

本节研究了交通流占有率和风速等因素对桥梁振动响应的影响。图9.16为风速（$U=17.6\mathrm{m/s}$）条件下，两种典型交通流占有率（$\rho=0.07$和$\rho=0.15$）时的桥梁跨中竖向和横向响应曲线。如图9.16所示，跨中挠度随着交通流占有率的增加而增加，交通流占有率对桥梁的挠度有重要影响。如交通流占有率从0.07增加到0.15时，桥梁的最大竖向挠度从27.6cm增加到41.2cm。

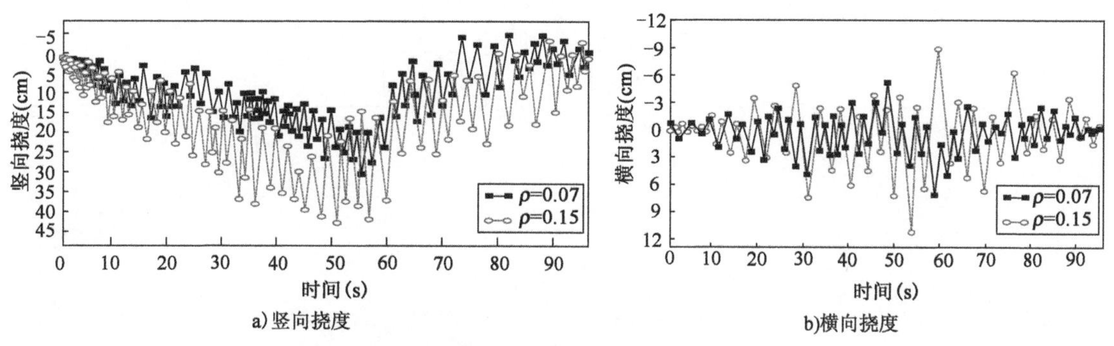

图9.16 两种交通流占有率下的桥梁响应（$\rho=0.07$、$\rho=0.15$）

4）有风与无风条件下在役桥梁响应比较

图9.17为交通流占有率$\rho=0.07$时，桥梁跨中在有无风速下（无风和弱风速度$U=2.7\mathrm{m/s}$）的响应曲线。当无风时，跨中挠度仅仅为车流作用下引起的最大竖向挠度（18.1cm），最大横向挠度（1.79cm）；当风速为$U=2.7\mathrm{m/s}$时，相应的最大竖向挠度增加到20.4cm，而最大横向挠度增加到3.04cm。因此，对于竖向挠度来说，车流作用所占比例较大，相对来说，横向挠度则

对风速影响较为敏感。

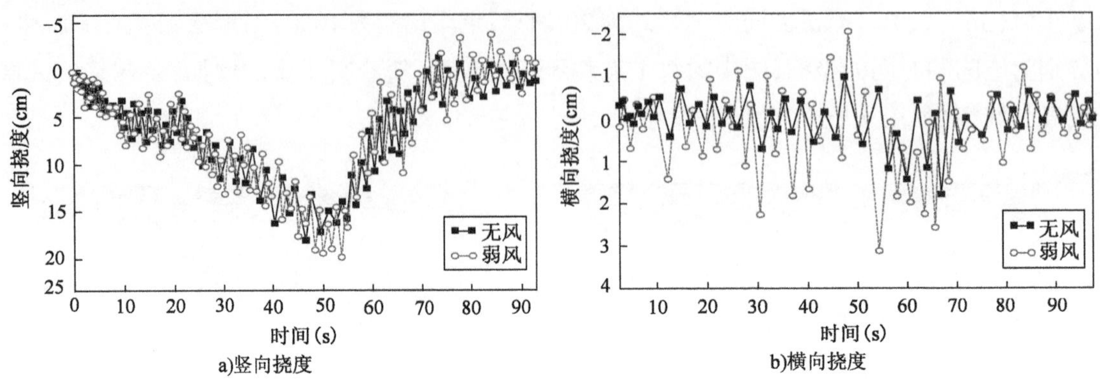

图 9.17　两种风速下的桥梁响应(无风、弱风)

5)不同风速条件下在役桥梁响应比较

图 9.18 为交通流占有率 $\rho = 0.07$ 时,在两种典型的风速(弱风速度 $U = 2.7\text{m/s}$ 和中等风速 $U = 17.6\text{m/s}$)下的桥梁跨中响应曲线。跨中处的位移和加速度随着风速的增加而增加。风速对桥梁的挠度,尤其是横向挠度起到了重要作用。如当风速从 2.7m/s 增加到 17.6m/s 时,最大竖向挠度从 20.4cm 增加到 27.6cm,而最大横向挠度从 3.04cm 增大到 7.9cm,横向挠度对风速变化更加敏感。

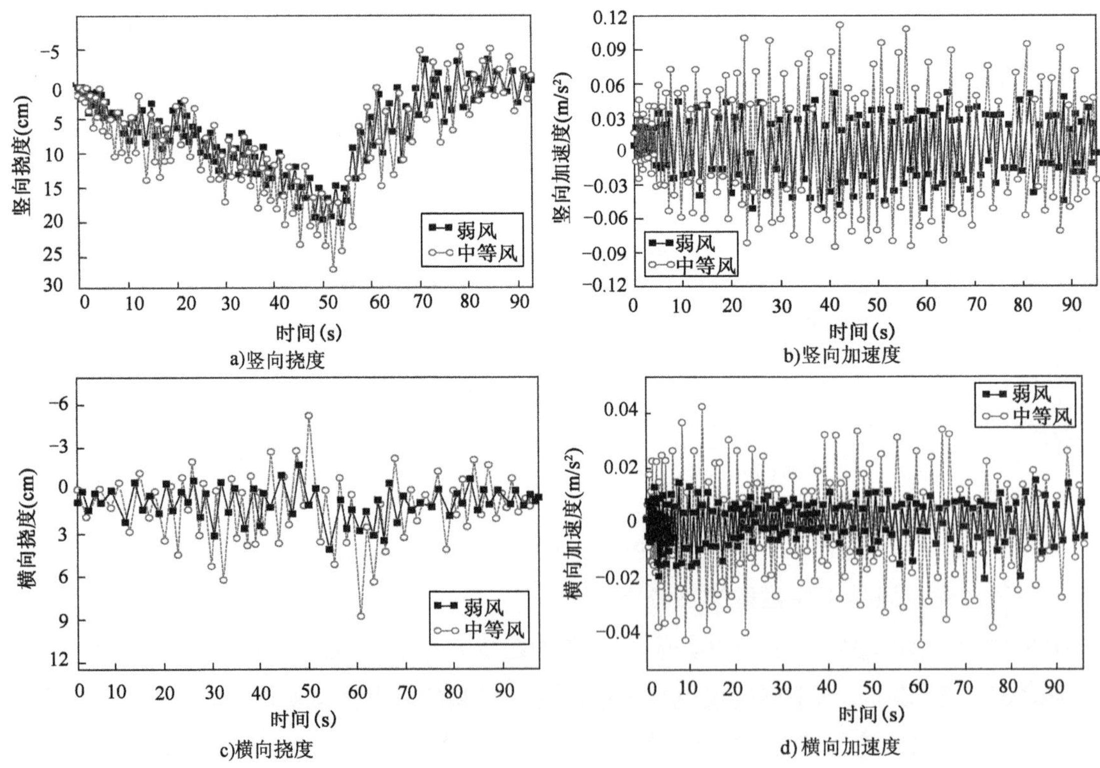

图 9.18　两种风速下的桥梁响应(弱风、中等风)

6）桥面等级退化条件下桥梁响应比较

由桥面等级退化模型可知，桥梁在其服役期间，随使用年限不同，路面等级会发生不同程度的退化，而路面平整度是风-车-桥耦合振动的主要激励之一。基于此，本节基于桥面等级退化模型，分析在役桥梁不同服役期间在交通荷载及风耦合作用下的桥梁动态响应。图9.19为交通流占有率$\rho=0.07$、风速$U=17.6\text{m/s}$时，桥梁营运到第5～15年时，桥梁跨中响应曲线。由图9.19可知，随着路面平整度的逐年恶化，从第5年到第15年，桥梁的竖向挠度从27.6cm上升到了34.1cm。因此，路面等级退化对桥梁的挠度和加速度有显著影响。

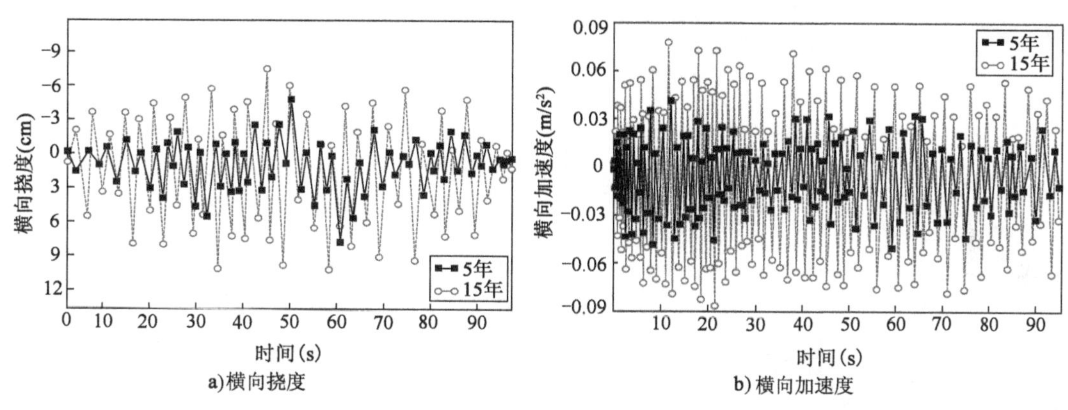

图9.19　桥面退化条件下的桥梁响应（5年、15年）

9.5　随机车流作用下大跨径悬索桥振动分析

9.5.1　悬索桥模型

如图9.20所示，某悬索桥几何特征为：全长1295m，最长跨径820m，桥宽29.78m。

根据桥的基本参数建立了有限元模型，如图9.21所示。

9.5.2　考虑邻近车辆影响的随机车流模拟

元胞自动机交通仿真模型通过采用真实的交通规则，如车辆间跟驶和换道以及实际速度限制等车辆行驶情况来模拟随机车流的基本特征。在本节中，引入了邻近车辆对车流随机分布特征的影响，从而改进了现有元胞自动机交通仿真模型。

在跟车模型中，大多数研究人员通常将前车的影响用下列方程表示：

$$\ddot{x}_n(t+T)=\lambda(\dot{x}_{n+1}-\dot{x}_n) \tag{9.34}$$

式中：T——响应时间滞后值；

λ——敏感系数；

$\ddot{x}_n$——车辆的加速度；

$\dot{x}_n$——车辆的速度。

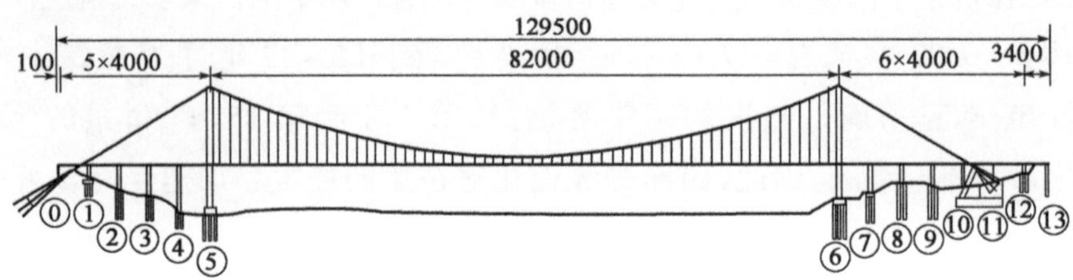

a)悬索桥的正视图（尺寸单位：cm）

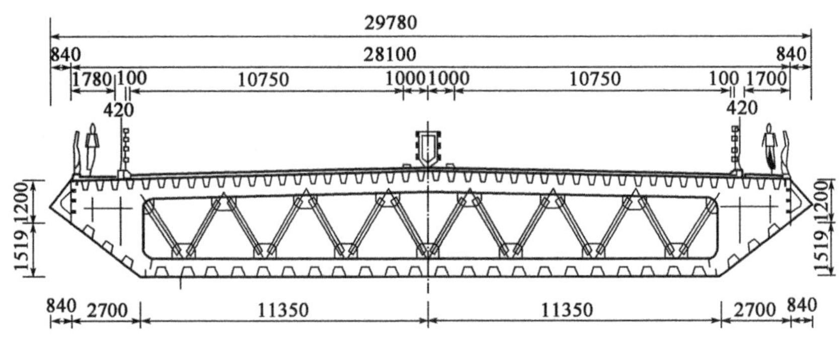

b)悬索桥的横截面(尺寸单位：mm)

图 9.20　某悬索桥

模型表明，跟随车辆的反应与来自领先车辆的刺激是成正比的。考虑邻近车辆间的影响，方程式(9.34)变为：

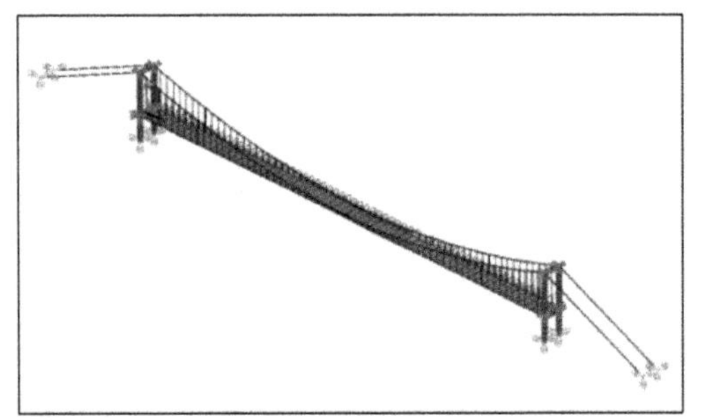

图 9.21　桥的数值模型

$$\ddot{x}_n = \lambda_1 (\dot{x}_{n+1} - \dot{x}_n)_{t-T_1} + \lambda_2 (\dot{x}_{n+2} - \dot{x}_n)_{t-T_2} \tag{9.35}$$

式中：T_1——紧前车辆反应时间滞后值；

T_2——次紧前车辆反应时间滞后值；

λ_1、λ_2——各车辆敏感性系数，取值范围都是0～1。

根据式(9.35)，假设最近和次邻近车辆的敏感度系数分别是 λ_1 和 λ_2，且 $\lambda_1 > \lambda_2$。车辆的加速度可表示为：

$$\ddot{x}_n(t+1) = \overline{\lambda}[\Delta\dot{x}_{n+1}(t), \Delta\dot{x}_{n+2}(t-1)] \tag{9.36}$$

式中，$\overline{\lambda} = \lambda_1[\dot{x}_{n+1}(t) - \dot{x}_n(t)] + \lambda_2[\dot{x}_{n+2}(t-1) - \dot{x}_n(t-1)]$，由式(9.36)可模拟车流

间车辆的速度变化。

运用以上考虑邻近车辆影响的模拟方程式(9.34)～式(9.36)，本节为某公路桥建立考虑邻近车辆影响的双车道元胞自动机模型。假定桥梁的两端的引道长度为1005m，车流中车辆限速为135km/h，则在车流模型中转化为车辆的最大速度是5个单元格/s。最近和次近车辆影响的敏感系数分别为$\lambda_1=0.2$和$\lambda_2=0.05$。为了便于比较，将交通流分为稀疏状态车流($\rho=0.15$)和密集状态车流($\rho=0.3$)。图9.22中x轴和y轴分别为空间和时间的坐标，图中的每个点表示一个车辆。随着交通流的增加，会在某些区域形成局部堵塞(如图9.22中的黑带部分)。

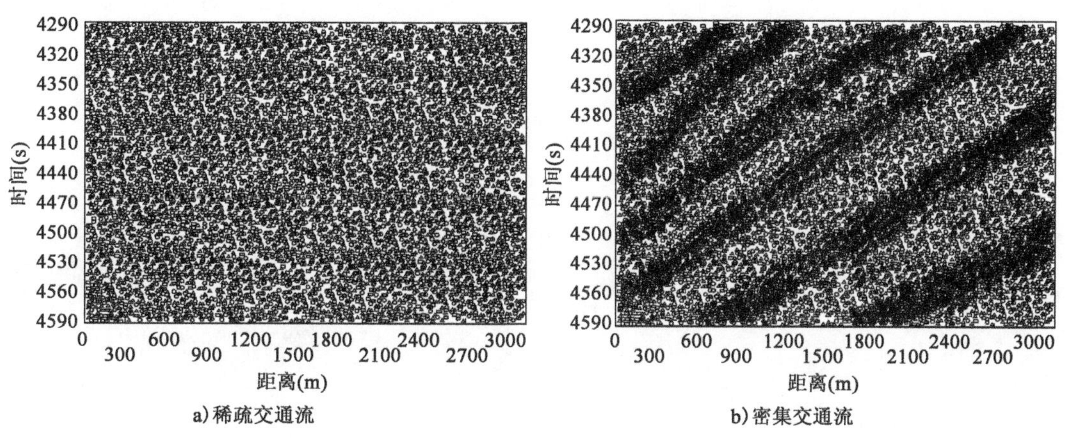

图9.22　不同交通流占有率下的交通模拟

9.5.3　是否考虑邻近车流影响的比较

下列分析中，桥面粗糙度等级为好，交通流占有率分别为畅通交通流$\rho=0.07$、稀疏交通流$\rho=0.15$和密集交通流$\rho=0.3$三种。桥梁的三维动态响应分析结果如图9.23～图9.27所示。

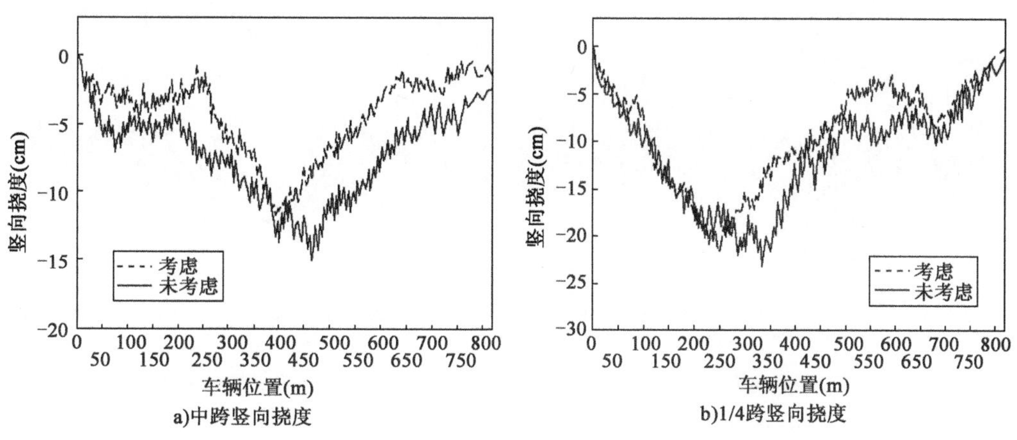

图9.23　桥梁在两种交通流占有率下的竖向挠度

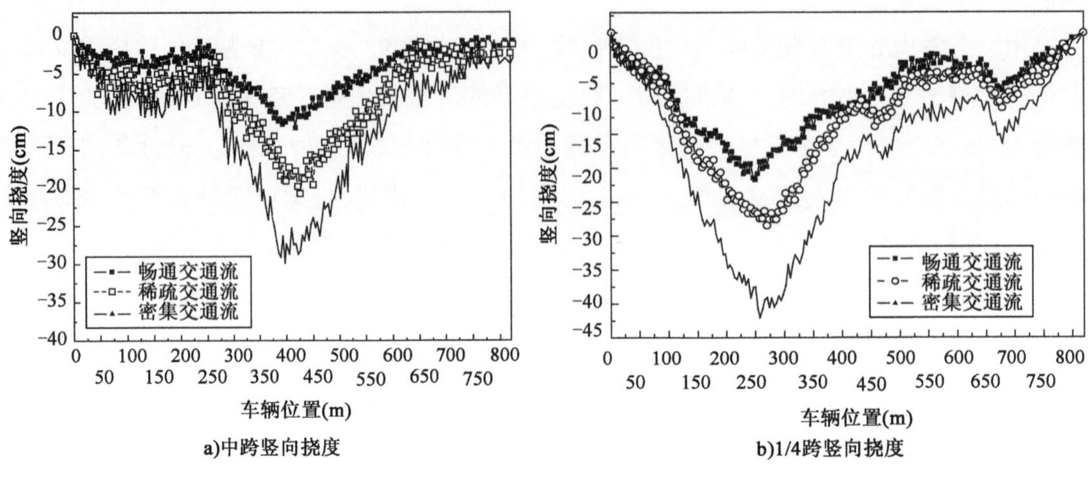

a)中跨竖向挠度

b)1/4跨竖向挠度

图9.24 桥梁在三种交通流占有率下的竖向挠度

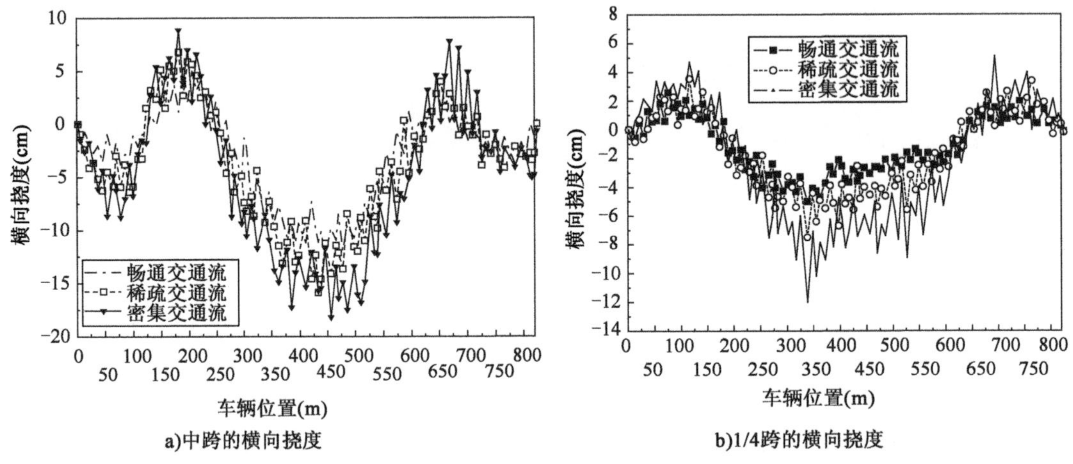

a)中跨的横向挠度

b)1/4跨的横向挠度

图9.25 桥梁在三种交通流占有率下的横向挠度

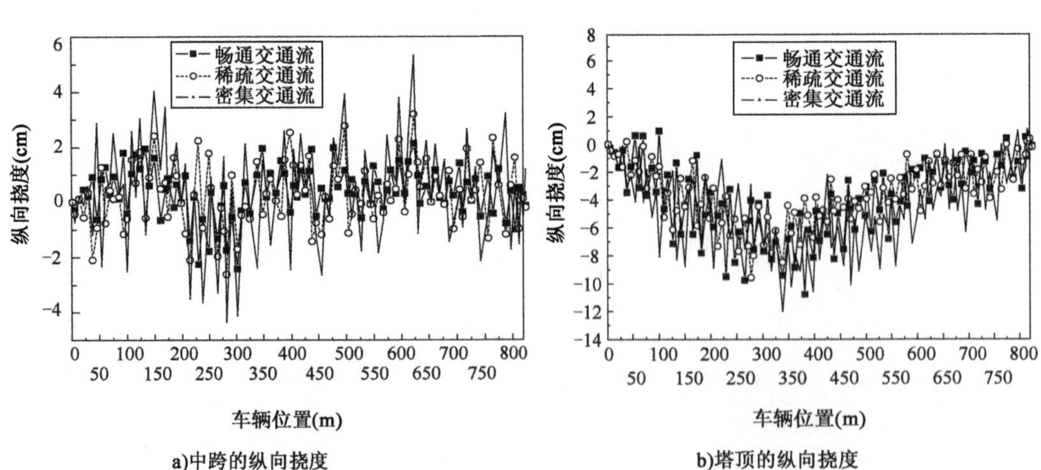

a)中跨的纵向挠度

b)塔顶的纵向挠度

图9.26 桥梁在三种交通流占有率下的纵向挠度

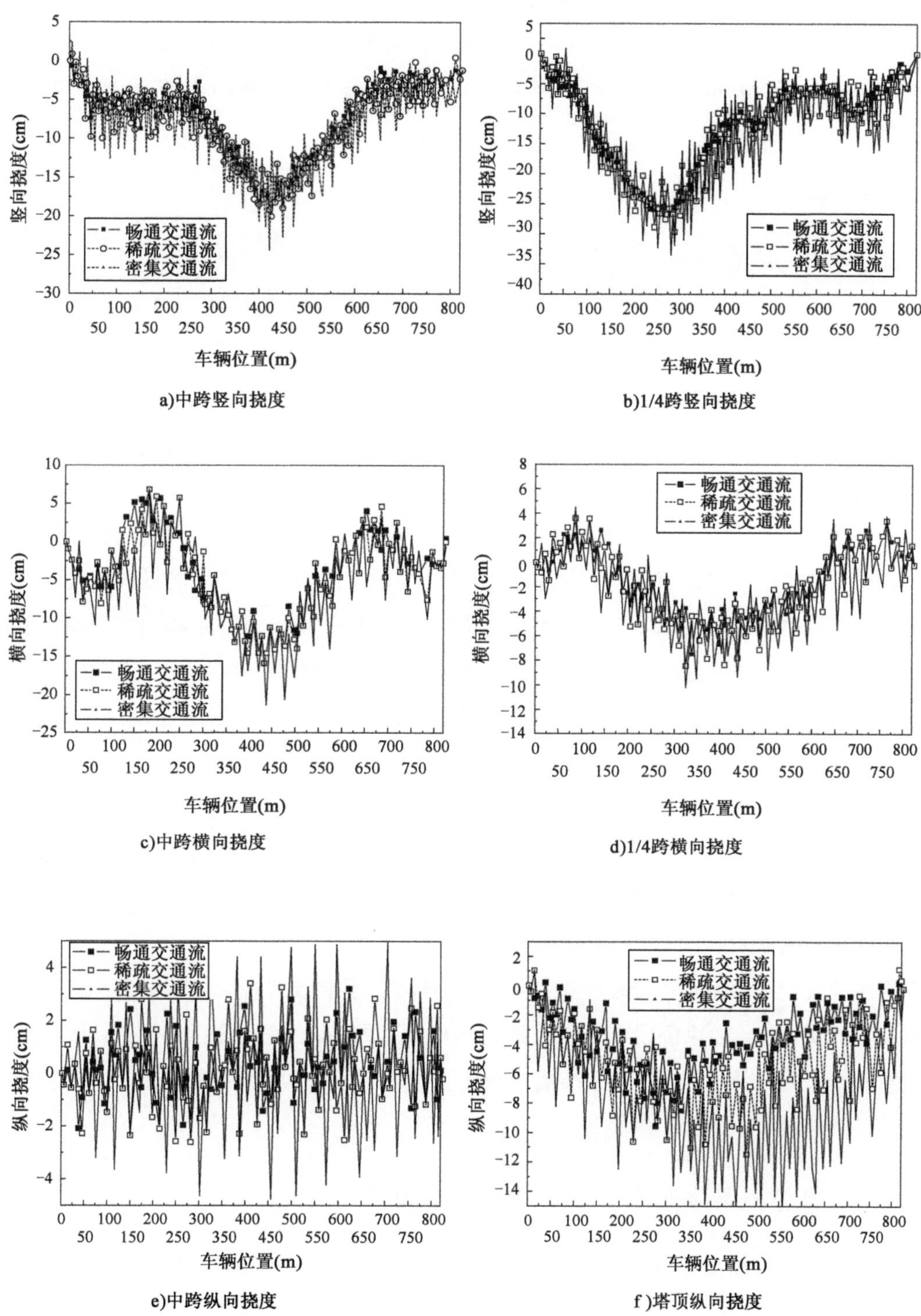

图 9.27　路面不平度对桥梁动态响应的影响

图9.23为两种典型车流作用下加劲梁跨中和1/4跨处的竖向挠度时程曲线。由图可知，考虑邻近车流影响时所对应的最大竖向挠度值小于不考虑邻近车辆影响时所对应的最大竖向挠度。如本例中，跨中最大竖向挠度在不考虑邻近车流影响和考虑邻近车流影响时所对应梁的最大值分别为12.11cm及15.02cm。该现象也许是考虑邻近车辆的影响，车流中的车速与车间距发生变化所致。

9.5.4 典型交通流占有率下悬索桥空间动态响应

1)加劲梁竖向挠度

从图9.24中可知，跨中竖向挠度随着交通流占有率的增加而增加，交通流占有率对竖向挠度的影响起重要作用。如随着交通流占有率从畅通交通流增长到密集交通流时，跨中的最大竖向挠度(或1/4跨)从12.11cm(21.72cm)增加到29.85cm(42.03cm)。比较图9.24a)和图9.24b)可知，在相同的交通流占有率下，1/4跨竖向挠度大于跨中竖向挠度。

2)加劲梁横向挠度

由图9.25可知，跨中的横向挠度随着交通流占有率的增加而显著增加。比较图9.25a)和图9.25b)可知，在相同交通流占有率下，1/4跨的横向挠度要小于跨中的横向挠度。在畅通和密集交通两种交通流占有率下的跨中最大横向挠度分别为12.49cm和18.21cm。然而图9.24表明，在相同交通流占有率下，1/4跨的竖向挠度却大于跨中竖向挠度。因此，图9.24与图9.25比较表明，随机车流作用下悬索桥最大位移截面位置是多个截面，而不是单一的跨中截面。

3)加劲梁纵向位移

由图9.26可知，跨中和塔顶的纵向位移随着交通流占有率的增加而增加。在交通流由畅通增加到密集时，跨中最大纵向挠度由2.42cm增加到5.33cm，塔顶的最大纵向挠度由9.57cm增加到12.03cm。

综上所述，随机车流作用下悬索桥的空间振动较大，不能被忽视。如主梁的纵向位移可达5.33cm，该位移可能会加速桥梁末端伸缩缝的损坏；塔顶纵向位移可达12.03cm，该变形可能会在缆索和塔上增加附加应力，加速结构的损坏。然而在设计过程中，车流作用下的主梁和塔纵向位移常被忽略，应引起足够重视。

9.5.5 典型桥梁路面不平度下悬索桥空间动态响应

如图9.27所示，桥梁空间动态响应随桥面条件等级变差而增加。如桥面状况由好变差时，跨中最大竖向挠度由20.61cm增加到24.35cm。因此，桥梁路面条件对于桥梁振动具有较大影响，桥梁路面的定期保养是减少车辆及桥梁振动的有效方法。

9.6 小　结

本章综合考虑了车流随机性和路面等级退化等因素，基于考虑邻近车辆影响的改进元胞自动机(Cellular Automation)，模型和路面退化模型，建立了包含悬浮座椅及车辆纵向振动的二十四自由度空间车辆模型，通过桥梁和车辆相互作用力关系的运动方程，分析了大跨径桥梁的振动及行车舒适性。建立了一个可考虑车辆纵向振动的空间车辆模型，考虑了次近邻车辆影响的改进元胞自动机模型和路面平整度退化模型的影响。通过车轮与路面间的变形与接触力协调关系，分析了车流作用下悬索桥的振动响应。数值计算表明：

(1)采用改进过并考虑邻近车辆影响的元胞自动机模型可合理模拟随机车流，并可用来研究风-车流-桥梁耦合系统的振动。

(2)交通流占有率对桥梁的位移有重要影响。如交通流占有率从0.07增加到0.15时，桥梁的最大竖向挠度从28.6cm增加到42.3cm。

(3)桥梁跨中处的位移和加速度随着风速的增加而增加，风速对桥梁的位移尤其是横向位移起到了重要作用。如当风速从2.7m/s增加到17.6m/s时，最大竖向挠度从21.3cm增加到28.6cm，而最大横向挠度从3.1cm增大到8.7cm，横向挠度对风速变化更加敏感。

(4)跨中处的位移和加速度随着风速的增加而增加，但风速对竖向及横向响应影响规律不同。对于竖向挠度来说，车流作用所占比例较大，而相对来说，横向挠度则对风速影响较为敏感。如当风速从2.7m/s增加到17.6m/s时，最大竖向挠度从20.4cm增加到27.6cm，而最大横向挠度从3.04cm增大到7.9cm。

(5)随机车流作用下，未考虑邻近车辆影响时所对应的桥梁位移大于考虑邻近车辆影响时对应的桥梁位移值，如跨中最大竖向挠度在不考虑邻近车流影响时为12.11cm，而考虑邻近车流影响时所对应的最大值为15.02cm。因此，车流中相邻车辆考虑与否对桥梁振动位移的影响不能被忽视。

(6)随机车流作用下引起的悬索桥主梁及索塔的空间振动不能被忽视。如主梁的纵向位移可达5.33cm，该位移可能会加速桥梁末端伸缩缝的损坏；塔顶纵向位移可达12.03cm，该位移可能会增加悬索桥的缆索及索塔结构的附加应力，从而加速结构损坏，在设计中应引起足够重视。

第 10 章 多重碰撞调谐质量阻尼器控制下随机车流-桥梁耦合系统振动研究

10.1 引 言

本章基于传统的调谐质量阻尼装置(TMD),提出了一种新的调谐质量阻尼装置——碰撞TMD 系统。该碰撞 TMD 系统能有效利用碰撞过程耗能,从而抑制结构振动。结合已有车流-桥梁耦合振动分析模型,提出了能综合分析车流-桥梁-多重碰撞 TMD 耦合系统的振动模型。通过数值计算,对比分析了传统 TMD 装置及碰撞 TMD 装置对桥梁振动的抑制效果,并基于碰撞 TMD 参数分析表明在其他相同参数条件下,碰撞 TMD 装置减振效果明显高于传统 TMD 装置,且碰撞 TMD 的数量及位置是影响减振效果的关键参数。

10.2 碰撞 TMD 系统基本理论

10.2.1 碰撞 TMD 设计

基于文献[102]~[104],Song 给出了三种减振装置,分别用于典型的质量块(m_1)振动过程中:传统 TMD 装置、碰撞阻尼装置及碰撞 TMD 装置,如图 10.1 所示。图 10.1a)为质量(m_2)连接弹簧阻尼系统组成的典型 TMD 装置;图 10.1b)为质量块(m_2)被限制在挡板作为边界的自由运动碰撞装置;图 10.1c)为所设计的碰撞 TMD 装置,其由传统 TMD 装置与带有调谐质量阻尼材料的边界挡板组成。当 TMD 运动幅值大于挡板边界时,会与调谐质量阻尼材料产生碰撞,碰撞过程中达到耗能效果。

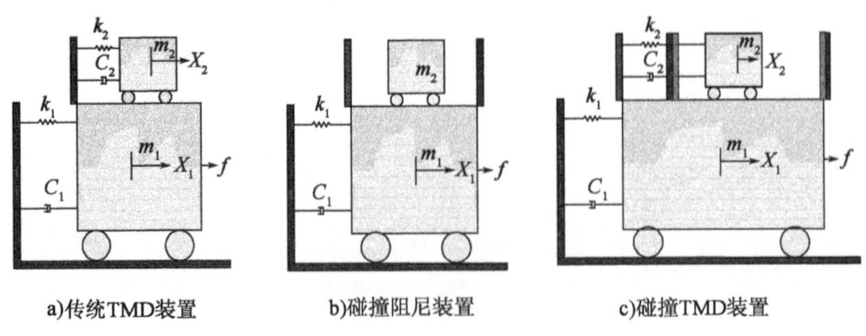

图 10.1 三种减振装置

在实际设计碰撞 TMD 时,可以根据碰撞 TMD 耗能原理,设计成不同的结构形式。本书基于试验室已有研究成果,将碰撞 TMD 设计成如下形式,如图 10.2 所示。图 10.2 显示了碰撞 TMD 由两部分组成:TMD 部分与带有调谐质量阻尼材料的振动限制环。其中,TMD 部分由 L 形杆件与质量块组成,该部分可以与主结构一起振动;振动限制环固定于主结构,用于限制 L 形杆件前端振动幅值,并产生碰撞效果[102-104]。图 10.3 为该碰撞 TMD 成功运用在管道振动控制中。图 10.4 为多重碰撞 TMD 安装在桥梁结构主梁底部位置。

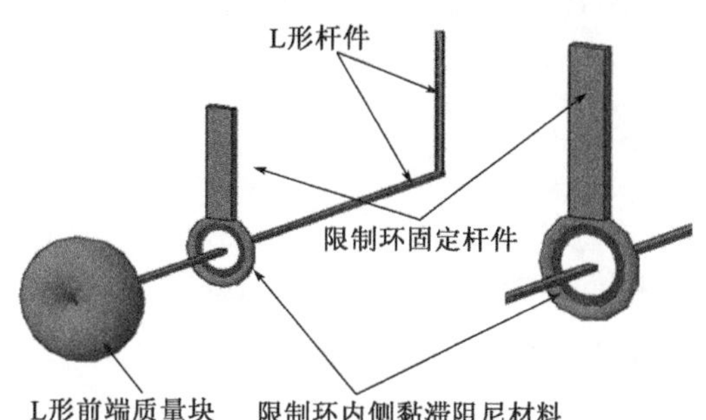

图 10.2　碰撞 TMD 设计及组成

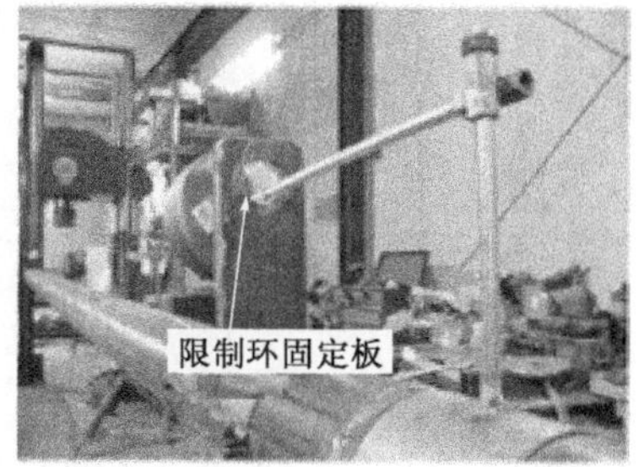

图 10.3　安装在管道结构上的碰撞 TMD

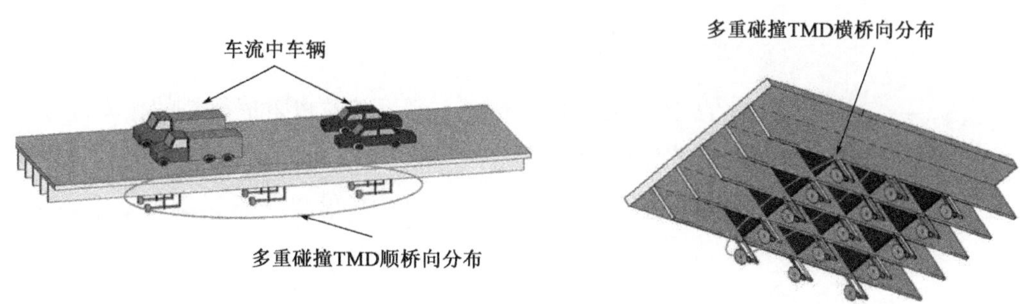

图 10.4　安装多重碰撞 TMD 装置的车-桥耦合系统

10.2.2 碰撞TMD运动控制方程

碰撞TMD与主梁间振动方程可表示为：

$$m_{\mathrm{p}}\ddot{y}_{\mathrm{pv}}(t)+c_{\mathrm{pv}}\dot{y}_{\mathrm{pv}}(t)+k_{\mathrm{pv}}y_{\mathrm{pv}}(t)=-f_{\mathrm{pb}}^{\mathrm{v}}(t)-Hf_{\mathrm{pb}}^{\mathrm{vp}}(t) \tag{10.1}$$

$$m_{\mathrm{p}}\ddot{y}_{\mathrm{pl}}(t)+c_{\mathrm{pl}}\dot{y}_{\mathrm{pl}}(t)+k_{\mathrm{pl}}y_{\mathrm{pl}}(t)=-f_{\mathrm{pb}}^{\mathrm{l}}(t)-Hf_{\mathrm{pb}}^{\mathrm{lp}}(t) \tag{10.2}$$

$$\boldsymbol{M}_{\mathrm{p}}\ddot{\boldsymbol{U}}_{\mathrm{p}}+\boldsymbol{C}_{\mathrm{p}}\dot{\boldsymbol{U}}_{\mathrm{p}}+\boldsymbol{K}_{\mathrm{p}}\boldsymbol{U}_{\mathrm{p}}=\boldsymbol{F}_{\mathrm{pb}}+H\Gamma F_{\mathrm{pb}}^{\mathrm{p}} \tag{10.3}$$

式中： m_{p}——碰撞TMD的质量；

c_{pv}、c_{pl}——碰撞TMD的竖向与横向阻尼；

k_{pv}、k_{pl}——碰撞TMD的竖向与横向刚度；

$f_{\mathrm{pb}}^{\mathrm{l}}(t)$——主梁与碰撞TMD的横向相互作用力；

$f_{\mathrm{pb}}^{\mathrm{v}}(t)$——主梁与碰撞TMD的竖向相互作用力；

$f_{\mathrm{pb}}^{\mathrm{vp}}(t)$、$f_{\mathrm{pb}}^{\mathrm{lp}}(t)$——碰撞TMD在减振过程中与带有调谐质量阻尼材料的振动限制环发生碰撞时的竖向及横向作用力，可由式(10.4)、式(10.5)确定；

H、Γ——碰撞力的方向变量、位置变量

碰撞TMD在制振过程中与带有调谐质量阻尼材料的振动限制环发生碰撞时竖向及横向作用力表示为：

$$\left.\begin{aligned}f_{\mathrm{pb}}^{\mathrm{v}}(t)&=k_{\mathrm{pv}}[y_{\mathrm{b}}^{\mathrm{v}}-y_{\mathrm{p}}^{\mathrm{v}}]\\ f_{\mathrm{pb}}f(t)&=k_{\mathrm{pl}}[y_{\mathrm{b}}^{\mathrm{l}}-y_{\mathrm{p}}^{\mathrm{l}}]\end{aligned}\right\} \tag{10.4}$$

$$f_{\mathrm{pb}}^{\mathrm{vp}}(t)=\begin{cases}\beta(x_1-x_2-g_{\mathrm{p}})^{\frac{3}{2}}+c(\dot{x}_1-\dot{x}_2) & (x_1-x_2-g_{\mathrm{p}}>0,\dot{x}_1-\dot{x}_2>0)\\ \beta(x_1-x_2-g_{\mathrm{p}})^{\frac{3}{2}} & (x_1-x_2-g_{\mathrm{p}}>0,\dot{x}_1-\dot{x}_2<0)\\ 0 & (x_1-x_2-g_{\mathrm{p}}<0)\end{cases} \tag{10.5}$$

式中：x_1、x_2——分别为碰撞TMD质量块与限制环内侧调谐质量阻尼材料的振动位移；

g_{p}——质量块与限制环内侧间的间距；

$x_1-x_2-g_{\mathrm{p}}$——振动过程中碰撞TMD质量块与限制环内侧调谐质量阻尼材料相对振动位移；

$\dot{x}_1-\dot{x}_2$——相对振动速度；

β——调谐质量阻尼材料本身的刚度；

c——调谐质量阻尼材料本身的阻尼。

10.3　车流-桥梁-多重碰撞 TMD 耦合振动系统

10.3.1　车流模拟

元胞自动机交通仿真模型通过采用真实的交通规则,如车辆间跟驶和换道以及实际速度限制等车辆行驶情况来模拟随机车流的基本特征。在本节中,引入邻近车辆对车流随机分布特征的影响,从而改进了现有元胞自动机交通仿真模型。

在跟车模型中,大多数研究人员通常将前车的影响用下列方程表示:

$$\ddot{x}_n(t+T) = \lambda(\dot{x}_{n+1} - \dot{x}_n) \tag{10.6}$$

式中:T——响应时间滞后值;

λ——敏感系数;

$\ddot{x}_n$——车辆的加速度;

$\dot{x}_n$——车辆的速度。

考虑前面邻近车辆间的影响,方程式(10.6)变为:

$$\ddot{x}_n = \lambda_1(\dot{x}_{n+1} - \dot{x}_n)_{t-T_1} + \lambda_2(\dot{x}_{n+2} - \dot{x}_n)_{t-T_2} \tag{10.7}$$

式中:T_1——紧前车辆反应时间滞后值;

T_2——次紧前车辆反应时间滞后值;

λ_1、λ_2——各车辆敏感性系数,取值范围都是 0 ~ 1。

根据式(10.7),假设最近和次邻近车辆的敏感度系数分别是 λ_1 和 λ_2,且 $\lambda_1 > \lambda_2$。车辆的加速度可表示为:

$$\ddot{x}_n(t+1) = \overline{\lambda}[\Delta\dot{x}_{n+1}(t), \Delta\dot{x}_{n+2}(t-1)] \tag{10.8}$$

其中,$\overline{\lambda} = \lambda_1[\dot{x}_{n+1}(t) - \dot{x}_n(t)] + \lambda_2[\dot{x}_{n+2}(t-1) - \dot{x}_n(t-1)]$,由式(10.8)可模拟车流中车辆的速度变化。

10.3.2　车流中车辆运动方程

车辆运动方程可表示为:

$$\boldsymbol{M}_{\mathrm{v}}\ddot{\boldsymbol{y}}_{\mathrm{v}} + \boldsymbol{C}_{\mathrm{v}}\dot{\boldsymbol{y}}_{\mathrm{v}} + \boldsymbol{K}_{\mathrm{v}}\boldsymbol{Y}_{\mathrm{v}} = \boldsymbol{F}_{\mathrm{G}} + \boldsymbol{F}_{\mathrm{vp}} \tag{10.9}$$

式中:$\boldsymbol{M}_{\mathrm{v}}$、$\boldsymbol{C}_{\mathrm{v}}$、$\boldsymbol{K}_{\mathrm{v}}$——分别为车辆的质量、阻尼和刚度矩阵;

$\boldsymbol{Y}_{\mathrm{v}}$——车辆位移;

$\boldsymbol{F}_{\mathrm{G}}$——车辆重力;

$\boldsymbol{F}_{\mathrm{vp}}$——作用于车辆的桥面接触力。

10.3.3　车流-桥梁-多重碰撞 TMD 耦合振动系统的运动方程

为简化车流中的车辆模型，所有车辆都简化三类车型：①重型多轴载货汽车；②轻型载货汽车；③轿车。为简化计算，只有重型载货汽车采用所建立的十八自由度的三维车辆模型，轻型载货汽车和轿车均采用单个自由度车辆模型。

$$\begin{pmatrix} M_b & & \\ & M_p & \\ & & M_v^N \end{pmatrix}\begin{pmatrix} \ddot{Y}_b \\ \ddot{Y}_p \\ \ddot{Y}_v \end{pmatrix} + \begin{pmatrix} C_b + C_{bb} + C_{pb} & C_{bp} & C_{bv}^N \\ C_{pb} & C_p + C_{pp} & 0 \\ C_{vb} & 0 & C_v^N + C_{vv}^N \end{pmatrix}\begin{pmatrix} \dot{Y} \\ \dot{Y}_p \\ \dot{Y}_v \end{pmatrix} + \begin{pmatrix} K_b + K_{bb} + K_{pb} & K_{bp} & K_{bv} \\ K_{pb} & K_p + K_{pp} & 0 \\ K_{vb} & 0 & K_v^N + K_{vv}^N \end{pmatrix}\begin{pmatrix} Y_b \\ Y_p \\ Y_v \end{pmatrix} = \begin{pmatrix} F_{bw}^N + F_{bv}^N \\ F_{pb}^N + H F_{pb}^p \\ F_{vb}^N + F_G^N \end{pmatrix} \tag{10.10}$$

式中：N——行驶在桥上的车辆数量；

M_v^N、C_v^N、K_v^N——分别为质量、阻尼和刚度矩阵；

C_{bvb}^N、K_{bvb}^N——分别为由于桥梁与车流中 N 辆车相互耦合效应所产生的阻尼和刚度矩阵；

C_{bv}^N、K_{bv}^N——分别为由于车流中 N 辆车相互影响，桥梁振动所产生的阻尼和刚度矩阵；

C_{vb}^N、K_{vb}^N——分别为 N 辆车相互振动所产生的阻尼和刚度矩阵；

C_{vv}^N、K_{vv}^N——分别为车流中车辆间相互作用产生的阻尼和刚度矩阵。

式(10.10)可以通过 Newmark 时域方法求解。

10.3.4　路面不平度函数

设沿方向 x 的桥梁路面不平度函数 $r(x)$ 为：

$$r(x) = \sum_{k=1}^{N} \sqrt{2\varphi(n_k)\Delta n}\cos(2\pi n_k x + \theta_k) \tag{10.11}$$

式中：$\varphi(\ )$——桥面高程的功率谱密度函数（$\times 10^{-6}\mathrm{m}^3$）；

n_k——反时刻的空间频率；

θ_k——相位角、服从 $0 \sim 2\pi$ 之间的均匀随机分布。

$$\varphi(n) = \varphi(n_0)\left(\frac{n}{n_0}\right)^{-2} \quad (n_1 < n < n_2) \tag{10.12}$$

式中：n——空间频率（cycle/m）；

n_0——频率为 $1/2\pi$ 的间断频率(cycle/m);

$\varphi(n_0)$——路面不平度($\times 10^{-6}m^3$);

n_1、n_2——分别为上截止频率和下截止频率。

10.4 数值模型

10.4.1 高墩大桥模型

下面以某高墩大桥为例进行说明。图 10.5 所示为一典型高墩大跨桥梁,全长 812m,宽 12.5m,最高桥墩高度为 178m。图 10.6 所示为高墩大桥的立面图及截面图。

图 10.5 某高墩大桥

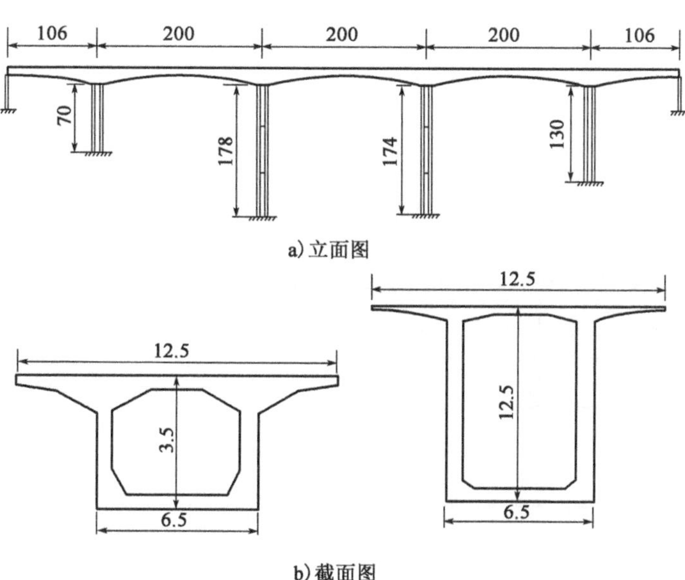

图 10.6 某高墩大桥的立面图及截面图(尺寸单位:m)

10.4.2 车流中车辆参数

为简化车流中的车辆模型,所有车辆都简化三类车型:重型多轴载货汽车、轻型载货汽车和轿车。为简化计算,只有重型载货汽车采用所建立的十八自由度的三维车辆模型(图10.7),轻型载货汽车和轿车均采用单个自由度车辆模型(图10.8)。两种车辆模型均可模拟横向及竖向振动,车轮均与地面接触为面接触,可分析车轮与路面间的横向作用力[199]。为了便于比较,将交通流分为稀疏状态车流($\rho=0.07$)、正常状态车流($\rho=0.15$)和密集状态车流($\rho=0.3$)。表10.1中给出了三种车流中统计的均值和标准差。

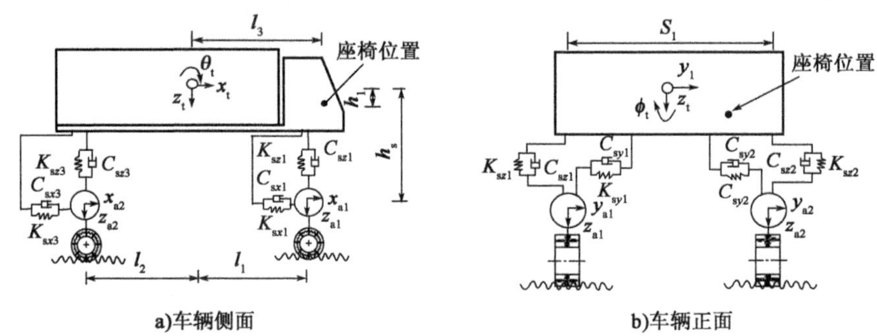

图10.7 十八自由度的三维车辆模型

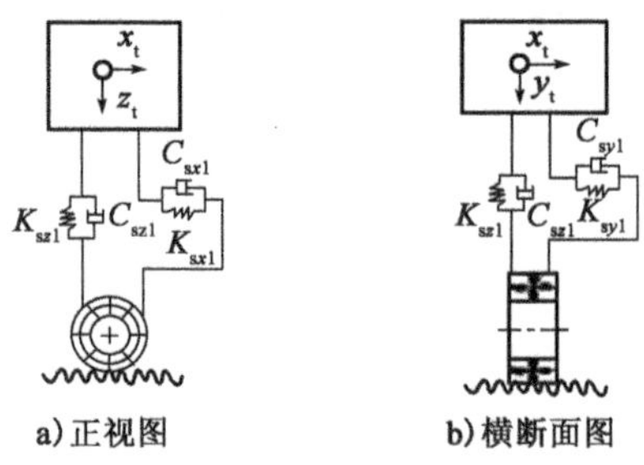

图10.8 单个自由度车辆模型的三维振动

随机车流车速统计特征 表10.1

交通流占有率	标准差(km/h)	均值(km/h)
0.07	15.58	94.31
0.15	24.42	85.56
0.30	39.76	50.32

10.4.3 主梁碰撞TMD参数

图10.9所示为多重碰撞TMD安装在桥梁主跨跨中位置。图10.9a)和图10.9b)所示为

每个截面位置处Ⅰ-Ⅰ(Ⅱ-Ⅱ、Ⅲ-Ⅲ)沿桥向安装多重单一碰撞TMD,图10.9c)所示为每个截面位置处Ⅰ-Ⅰ(Ⅱ-Ⅱ、Ⅲ-Ⅲ)横向安装多重单一碰撞TMD。

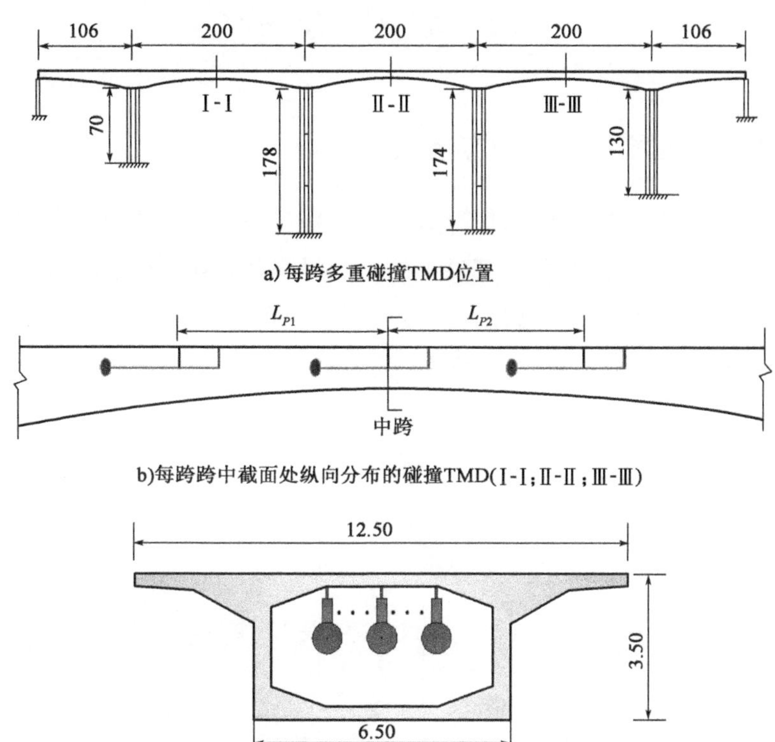

a)每跨多重碰撞TMD位置

b)每跨跨中截面处纵向分布的碰撞TMD(Ⅰ-Ⅰ;Ⅱ-Ⅱ;Ⅲ-Ⅲ)

c)每跨跨中截面处横向分布的碰撞TMD(Ⅰ-Ⅰ;Ⅱ-Ⅱ;Ⅲ-Ⅲ)

图10.9　多重碰撞TMD分布特征(尺寸单位:m)

阻尼比拟定为0.02,多重碰撞TMD总质量比拟定为1%,碰撞刚度拟定为25000 $N \cdot m^{-3/2}$,碰撞TMD每个截面分布数量见表10.2[103-105]。

多重碰撞TMD参数　　表10.2

碰撞TMD布置位置	Ⅱ-Ⅱ	Ⅰ-Ⅰ、Ⅱ-Ⅱ、Ⅲ-Ⅲ	Ⅰ-Ⅰ、Ⅱ-Ⅱ、Ⅲ-Ⅲ	Ⅰ-Ⅰ、Ⅱ-Ⅱ、Ⅲ-Ⅲ
碰撞TMD数量 n	1	3(每跨布置1个)	6(每跨布置2个)	9(每跨布置3个)
每个碰撞TMD频率比	1.0	0.95、1.0、1.1	0.90、0.95、1.0、1.05、1.10、1.15	0.85、0.88、0.90、0.95、1.0、1.05、1.10、1.15、1.20

为比较碰撞TMD控制效果,引入如下减振系数:

$$\eta_{\mathrm{Ctrl}} = \frac{Y_0 - Y_{\mathrm{Ctrl}}}{Y_0} \times 100\% \tag{10.13}$$

式中，Y_O 和 Y_{Ctrl} 分别为碰撞 TMD 控制前、后主结构的最大响应值。

10.5 数值分析

10.5.1 典型交通流下主梁动态响应

公路车辆在桥梁上行驶时横桥向位置会出现一定的随机性，可用 S 形曲线模拟该行驶过程。图 10.10 为典型交通流对跨中挠度的影响。从图 10.10 中可知，跨中竖向及横向挠度都随着交通流的变化而变化，交通流对挠度的影响起重要作用。如图 10.10a）所示，随着交通流从畅通交通流变为密集交通流时，跨中的最大竖向挠度从 21.92mm 增加到 35.29mm。

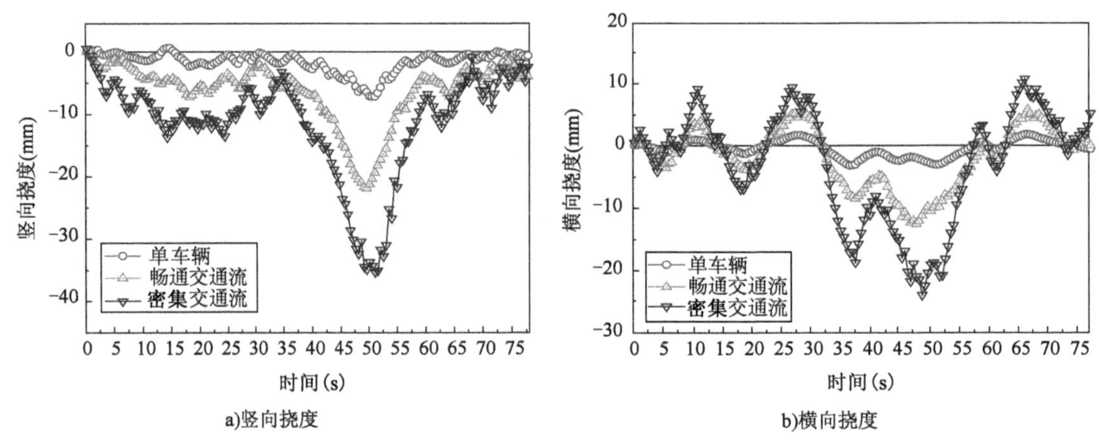

图 10.10 典型交通流对主梁跨中挠度的影响

10.5.2 多重碰撞 TMD 及碰撞 TMD 控制下的桥梁振动响应

图 10.11 和表 10.3 给出了多重碰撞 TMD 及碰撞 TMD 对桥梁跨中挠度减振效果对比。由图 10.11可知，多重碰撞 TMD 及碰撞 TMD 减振系统均有效减少了桥梁的振动响应。对比表 10.3中数据发现，多重碰撞 TMD 所对应的减振系数大于碰撞 TMD 所对应的减振系数，如竖向挠度值对应下的多重碰撞 TMD 及碰撞 TMD 所对应的制振系数分别为 26.15%、15.73%，多重碰撞 TMD 系统减振效果优于碰撞 TMD 系统。图 10.12 给出了竖向及横向振动响应的频谱分析。由图 10.12 可知，多重碰撞 TMD 及碰撞 TMD 时，桥梁振动响应所对应的频率幅值小于未安装 TMD 减振系统所对应的频率幅值。

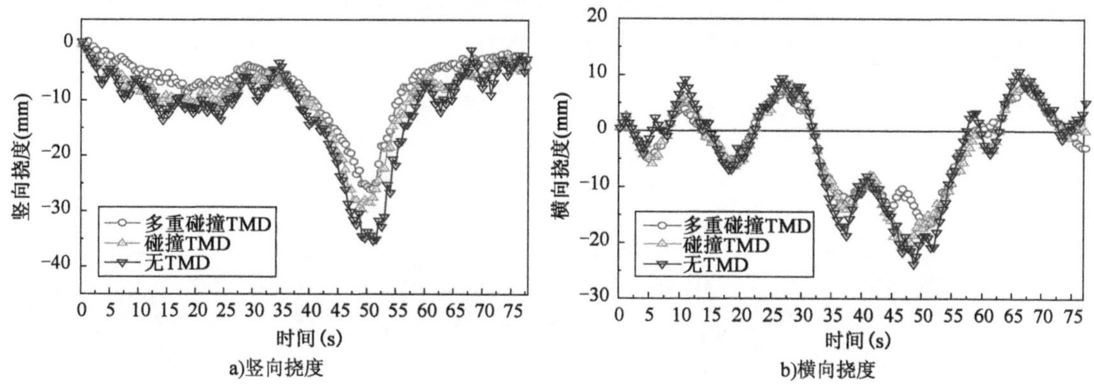

a)竖向挠度　b)横向挠度

图 10.11　多重碰撞 TMD 及碰撞 TMD 对桥梁跨中挠度减振效果

碰撞 TMD 减振效果对比　表 10.3

碰撞 TMD 布置	动态响应			
	竖向挠度(mm)	减振比	横向挠度(mm)	减振比
无 TMD	35.29		23.77	
碰撞 TMD	29.74	15.73%	20.10	15.44%
多重碰撞 TMD	26.06	26.15%	17.56	26.13%

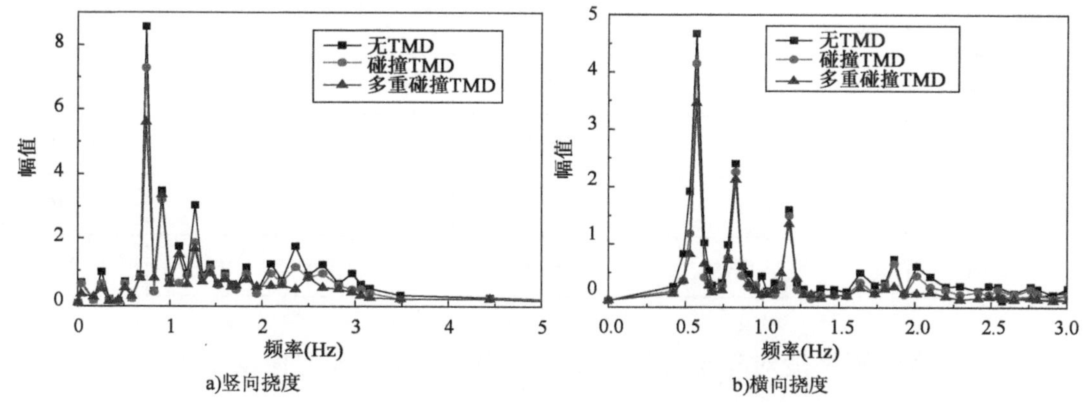

a)竖向挠度　b)横向挠度

图 10.12　竖向及横向振动响应的频谱分析

10.5.3　碰撞 TMD 数量及位置对减振的响应

图 10.13 和表 10.4 给出了碰撞 TMD 不同数量下的主梁振动挠度时程曲线。由图 10.13可知,碰撞 TMD 的数量对振动抑制效果的影响较大,如对于桥梁跨中竖向挠度,没有 TMD 减振系统时,其最大值为 35.29mm;当每个跨中仅仅安装了 1 个碰撞 TMD(总

数为 3 个碰撞 TMD)时,其挠度值为 26.06mm 且减振比为 26.15%;而当每个跨中截面均安装了 3 个碰撞 TMD 时(总数为 9 个碰撞 TMD),其挠度值为 22.68mm 且减振比可达 35.72%。

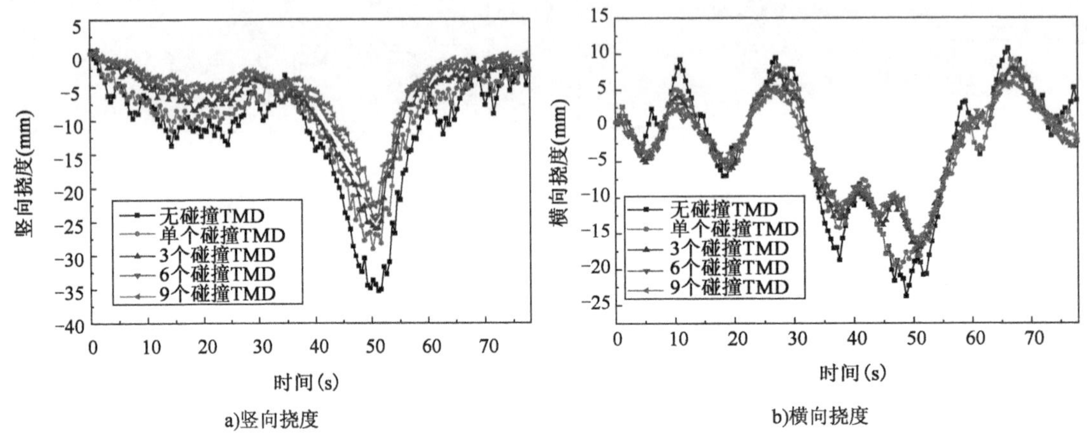

图 10.13　碰撞 TMD 不同数量下的主梁振动挠度时程曲线

碰撞 TMD 不同数量下的最大振动挠度值　　表 10.4

碰撞 TMD 布置	动态响应			
	竖向挠度(mm)	减振比	横向挠度(mm)	减振比
无 TMD	35.29		23.77	
单个碰撞 TMD	29.06	17.65%	19.79	16.75%
3 个碰撞 TMD	26.06	26.15%	17.56	26.13%
6 个碰撞 TMD	24.64	30.17%	16.83	29.19%
9 个碰撞 TMD	22.68	35.72%	15.62	34.27%

10.5.4　路面不平度对车流-桥梁-碰撞 TMD 耦合系统的振动影响

路面不平度是影响车-桥耦合振动的主要因素之一,本节分析了三种不平度(路面等级)下碰撞 TMD 对车流-桥梁耦合振动时的影响。图 10.14 给出了三种典型桥面不平度(路面等级 C、D、E)下碰撞 TMD 与无 TMD 减振系统时的桥梁跨中挠度时程曲线。由图可知,三种路面等级下碰撞 TMD 均对桥梁振动有较好的制振作用;路面等级并不会影响碰撞 TMD 的减振效果,这可能是因为碰撞 TMD 装置对车流-桥梁-碰撞 TMD 耦合系统制振作用仅仅与其耦合系统的自身参数有关,与路面激励参数影响较小。

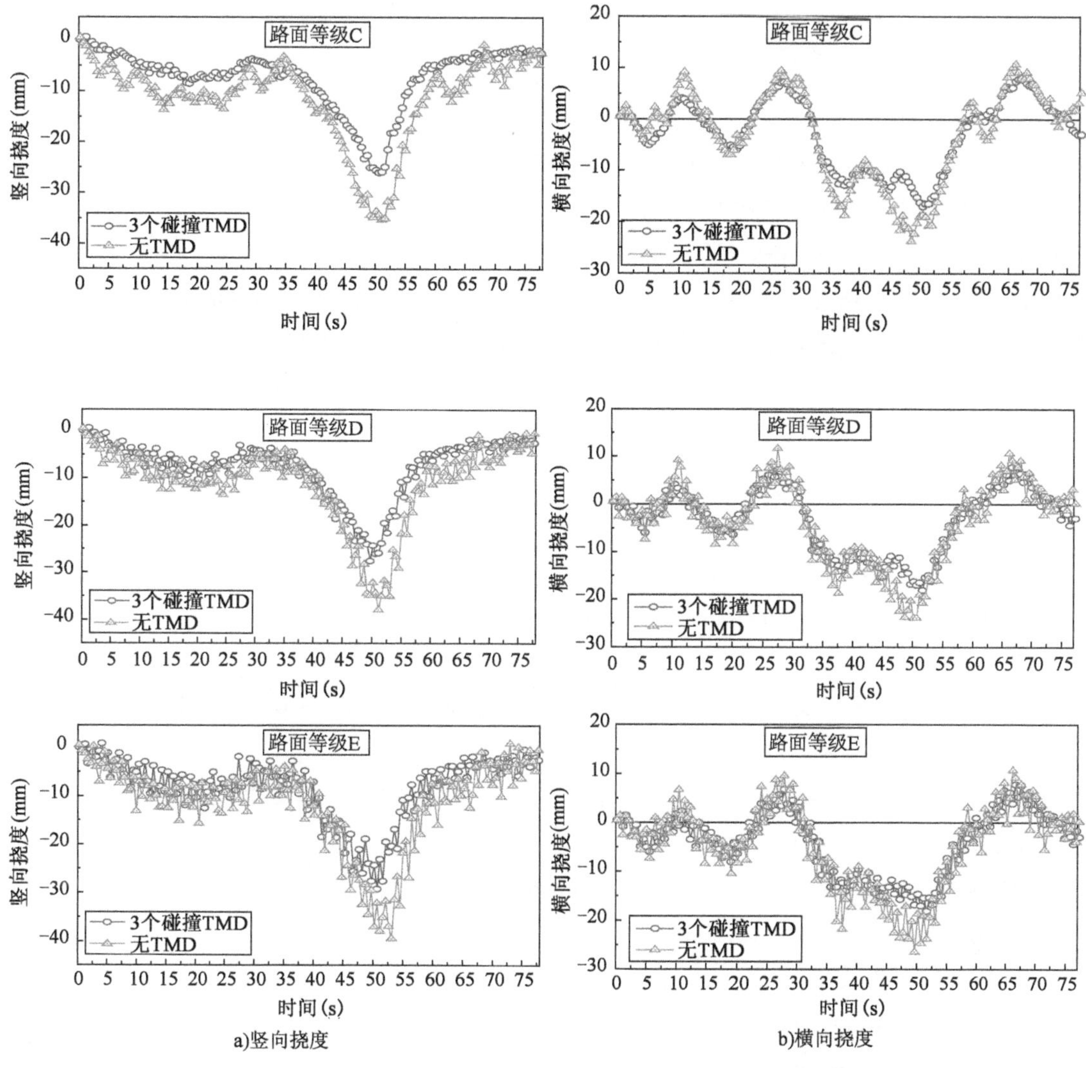

图 10.14　三种典型路面不平度(路面等级 C、D、E)下碰撞 TMD 与无 TMD 减振系统时的挠度时程曲线

10.6　小　　结

本章基于传统的 TMD 装置,提出了一种新的调谐质量阻尼装置——碰撞 TMD 系统。该碰撞 TMD 系统能有效利用碰撞过程耗能从而抑制结构振动。结合已有车流-桥梁耦合振动分析模型,提出了能综合分析车流-桥梁-多重碰撞 TMD 耦合系统的振动模型。通过数值计算表明,多重碰撞 TMD 所对应的减振系数大于碰撞 TMD 所对应的减振系数,如竖向挠度值对应下的多重碰撞 TMD 及碰撞 TMD 所对应的减振系数分别为 26.15% 和 15.73%,多重碰撞 TMD 系统减振效果优于碰撞 TMD 系统;碰撞 TMD 的数量对振动抑制效果的影响较大,当主梁跨中安装 9 个碰撞 TMD 时,其减振系数可达 35.72%;桥梁路面不平度对碰撞 TMD 的减振效果影响小。

参 考 文 献

[1] 公安部交通管理局.2016年全国道路交通事故调查报告[R].公安部交通管理局,2017.

[2] 夏禾.车辆与结构动力相互作用[M].北京:科学出版社,2002:101-121.

[3] 松浦章夫.高速铁路车辆与桥梁相互作用[J].铁道技术研究资料,1974,31(05):14-17.

[4] 松浦章夫.新干线铁路桥梁竖向允许挠度[J].铁道技术研究报告,1974,31(10):445-449.

[5] 松浦章夫.高速铁路桥梁动力问题的研究[C].日本土木学会论文报告集,1976,12(256):35-37.

[6] CHU K H,GSRG V K,DHAR C L. Railway-bridge impact of simplified train and bridge model[J]. Journal of the Structural Division,ASCE,1979,105(9):1823-1844.

[7] CHU K H,GSRG V K,Wiriyachai A. Dynamic interaction of railway trail and bridges[J]. Vehicle System Dynamics,1980,9(04):207-236.

[8] DHAR C L. Method of computing bridge impact[D]. Chicago:Illinois Institute of Technology,1978:56-67.

[9] LSSON M. Finite element model coordinate analysis of structures subjected to moving loads[J]. Journal of Sound & Vibration,1985,99(01):112-120.

[10] LSSON M. On the foundational moving load problems[J]. Journal of Sound & Vibration,1991,145(02):299-307.

[11] MAKOTO Tanabe, Yoshiaki Yamada. Modal method for interaction of train and bridge[J]. Computer & Structures,1987,27(01):119-127.

[12] GREEN M F, CEBON D. Dynamic response of highway bridges to heavy vehicles loads: Theory and Experimental Validation[J]. Journal of Sound & Vibration,1994,170(01):51-78.

[13] GREEN M F,CEBON D,DAVID J Cole. Effects of vehicle suspension hesign on dynamics of highway bridges [J]. Journal of Structural Engineering,ASCE,1995,121(02):272-282.

[14] YANG Yeongbin, LIAO Shushyan, LIN Binghoung. Impact formulas for vehicle moving over simple and continuous beams[J]. Journal of Structural Engineering,ASCE,1995,121(11):1644-1650.

[15] YANG Yeongbin, YAU Jongdar. Vehicle bridge interaction element for dynamic analysis[J]. Journal of Structural Engineering,ASCE,1997,123(11):1512-1518.

[16] YANG Yeongbin,YAU Jongdar,HSU Linching. Vibration of simple beams due to trains moving at high speeds [J]. Engineering Structures,1997,19(11):936-944.

[17] BOGAERT V. Dynamic response of trains crossing large span double-track bridges[J]. Journal of Constructional Steel Research,1993,24(01):57-74.

[18] 李国豪.桁梁桥的扭转稳定和振动[M].北京:人民交通出版社,1975.

[19] 陈英俊.车辆荷载下桥梁振动基本理论的演变[J].桥梁建设,1975(02):21-35.

[20] 何度心.桥梁振动研究[M].北京:地震出版社,1989:55-58.

[21] 曾庆元,杨平.桁梁行车空间振动计算的桁段有限元法[J].桥梁建设,1985(04):1-16.

[22] 曾庆元,杨平.桁梁空间分析的对号入座法则与桁段有限元法[M].北京:中国铁道出版社,1999:73-82.

[23] 曹雪琴.列车通过时桥梁结构竖向振动分析[J].上海铁道学院学报,1981,2(03):115-120.

[24] 曹雪琴.钢桁梁桥横向振动[M].北京:中国铁道出版社,1991:71-78.

[25] 夏禾,陈英俊.车-梁-墩体系动力相互作用分析[J].土木工程学报,1992,25(02):3-12.

[26] 夏禾,陈英俊.风和列车荷载同时作用下车-桥系统的动力可靠性[J].土木工程学报,1994,27(02):14-21.

[27] 阎贵平,夏禾.铁路斜拉桥的地震响应特性研究[J].北方交通大学学报,1995,19(02):137-142.

[28] 李小珍,强士中.高速列车大跨度钢斜拉桥空间耦合振动响应研究[J].桥梁建设,1998(04):65-68.

[29] 李小珍,强士中.京沪高速铁路南京越江钢斜拉桥车-桥耦合振动分析[J].西南交通大学学报,1999,34(2):153-157.

[30] 沈锐利.高速铁路桥梁与车辆耦合振动研究[D].成都:西南交通大学,1998:98-102.

[31] 沈锐利.高速铁路简支梁桥竖向振动响应研究[J].中国铁道科学,1996,17(03):24-34.

[32] 袁向荣.考虑约束扭转效应时桥梁的振动分析[D].成都:西南交通大学,1992:45-65.

[33] 曹雪琴.桥梁结构动力分析[M].北京:中国铁道出版社,1987:76-80.

[34] FRYBA L. Vibration of solids and structures under moving loads[M]. Noordhoff International Publishing, Groningen,Netherlands,1973,45-65.

[35] WANG T L, Huang D Z, Shahawy M. Dynamic response of multi-girder bridges[J]. Journal of Structural Engineering,1993,118(08):2222-2238.

[36] CHANG D,Lee H. Impact factors for simple-span highway girder bridges[J]. Journal of Structural Engineering, 1994,120(03):704-715.

[37] PESTEREV A V,Bergman L A,Tan C A. A novel approach to the calculation of pothole-induced contact forces in MDOF vehicle models[J]. Journal of Sound and Vibration,2004,275(02):127-149.

[38] BERGMAN W. Theoretical prediction of the effect of traction on cornering force. SAE Transactions,1961,69: 567-578.

[39] ZHU X Q,Law S S. Identification of vehicle axle loads from bridge dynamic responses[J]. Journal of Sound and Vibration,2000,236(04):705-724.

[40] 王元丰,许士杰.桥梁在车辆作用下空间动力响应的研究[J].中国公路学报,2000,13(04):38-41.

[41] 杨建荣.车-桥耦合作用下公路桥梁局部振动研究[D].上海:同济大学,2007:40-56.

[42] GUO W H,Xu Y L. Dynamic analysis of coupled road vehicle and cable-stayed bridge systems under turbulence wind [J]. Engineering structures,2003,25:473-486.

[43] 韩万水,马麟,刘健新.风环境下汽车-桥梁系统侧向空间耦合振动关系研究[C].中国土木工程学会.第14届全国结构风工程学术会议论文集,2009.

[44] 李永乐,赵凯,陈宁,等.风-汽车-桥梁系统耦合振动及行车安全性分析[J].工程力学,2012,5(29):206-212.

[45] 陈宁,李永乐,向天宇.轮胎侧偏特性对过桥车辆行车舒适性评价的影响[J].西南交通大学学报,2016,

51(04):645-6530.

[46] CHEN S R, Cai C S. Accident assessment of vehicles on long-span bridges in windy environments [J]. Journal of Wind Engineering and Industrial Dynamics, 2004, 92(12), 991-1024.

[47] CHEN S. R, Cai C. S, Levitan, M. L, et al. Determination of safe vehicle driving speeds on highways during hurricane evacuations [C]. The 4th European & African Conference on Wind Engineering, Prague, Czech, 2005.

[48] YIN X F, Fang Z, Cai C S, Lateral Vibration of High-Pier Bridges under Moving Vehicular Loads[J]. Journal of Bridge Engineering, ASCE, 2011, 16(03), 400-412.

[49] YIN Xinfeng, LIU yang, CAI C S, et al. Experimental and numerical studies of non-stationary random vibration for a high-pier bridge under vehicular loads [J]. Journal of Bridge Engineering, ASCE, 2013, 18 (10): 1005-1020.

[50] YIN Xinfeng, LIU Yang, DENG Lu, et al. Impact factors of bridges in service under stochastic traffic flow and road surface progressive deterioration[J]. Advances in Structural Engineering, 2016, 19(01): 38-52.

[51] ZHU X Q, LAW S S. Recent developments in inverse problems of vehicle-bridge interaction dynamics[J]. Journal of Civil Structural Health Monitoring, 2016, 6(01): 107-128.

[52] CHEN S R, CAI C S. Equivalent wheel load approach for slender cable-stayed bridge fatigue assessment under traffic and wind: feasibility study[J]. Journal of Bridge Engineering, 2007, 12(06): 755-64.

[53] 韩万水,陈艾荣.随机车流下的风-汽车-桥梁系统空间耦合振动研究[J].土木工程学报,2008,41(09):97-102.

[54] CHEN S R, WU J. Dynamic Performance Simulation of Long-Span Bridge under Combined Loads of Stochastic Traffic and Wind [J]. Journal of bridge engineering, 2010, 15(03): 219-230.

[55] ZHANG W, CAI C S. Reliability Based Dynamic Amplification Factor on Stress Ranges for Fatigue Design of Existing Bridges [J]. Journal of Bridge Engineering, 2013, 18(06): 538-552.

[56] 王殿海,金盛.车辆跟驰行为建模的回顾与展望[J].中国公路学报,2012,25(01):115-127.

[57] YIN Xinfeng, LIU Yang, GUO Shihui, et al. Three-dimensional vibrations of a suspension bridge under stochastic traffic flows and road roughness[J]. International Journal of Structural Stability and Dynamics, 2016 (16): 1550038.

[58] YIN Xinfeng, LIU Yang, DENG Lu, et al. Dynamic behavior of damaged bridge with multiple cracks under moving loads[J]. International Journal of Structural Stability and Dynamics, 2016, 16(10): 17500191-20.

[59] 牛永亮.郑州黄河公路大桥交通事故分析研究[D].西安:西安公路学院,1997.

[60] 付锐,魏朗,骆勇,等.郑州黄河公路大桥交通安全冲突技术的研究[J].中国公路学报,2000,3(13):86-88.

[61] GUO W H. Dynamic analysis of coupled road vehicle and long span cable-stayed bridge system under cross winds[D]. Hong Kong: Hong Kong Polytechnic University, 2003.

[62] CAI C S, CHEN S R. Framework of vehicle-bridge-wind dynamic analysis [J]. Journal of Wind Engineering

and Industrial Aerodynamics,2004,92(08):579-607.

[63] 陈晓东. 大跨度桥梁侧风行车安全分析[D]. 上海:同济大学,2007.

[64] 马麟. 考虑驾驶员行为的风-汽车-桥梁系统空间耦合振动研究[D]. 西安:长安大学,2008.

[65] 张明浩. 高速公路视觉景观对行车安全的影响研究[D]. 重庆:重庆交通大学,2016.

[66] 范鹏鹏. 基于横断面的公路曲线桥梁行车安全分析与保障技术研究[D]. 吉林:吉林大学,2017.

[67] 刘玮蔚. 桥隧及其衔接段驾驶员行车安全风险研究[D]. 西安:长安大学,2017.

[68] PARKHILOVSK Ⅲ G. Investigation of the probability characteristics of the surfaces of distributed types of roads [J]. Avtom Prom,1968(08):18-22.

[69] DODDS C J,Robson J D. The description of road surface Roughness[J]. Journal of Sound & Vibration,1973, 31(02):70-75.

[70] International Standard Organization. Proposal for generalized road inputs to vehicle:Poc. No. ISO/TC108/WG9 [S]. 1972.

[71] 中国机械工业联合会. 机械振动 道路路面谱测量数据报告:GB/T 7031—2005/ISO 8608:1995[S]. 北京:中国标准出版社,2006.

[72] 赵济海. 路面不平度的测量分析与应用[M]. 北京:北京理工大学出版社,2000:34-55.

[73] RICE S O. Mathematical analysis of random noise[J]. Bell system Technology,1994,4(23):282-332.

[74] SHINOZUKA M. Simulation of multivariate and multi-dimensional random process[J]. Acous Soc Amer,1971, 49(01):357-368.

[75] JENKINS G M,WATTS D G. Spectral analysis and its applications[J]. HoldenDay,San Fransisco,1968: 67-78.

[76] VENKATESAN C Crishnan. Stochastic modeling of an aircraft traversing a run way using time series[J]. Journal Aircraft,1981,18(02):115-120.

[77] YADAV D,NIGARN N C. Ground induced nonstationary response of vehicles[J]. Sound and Vibration,1978, 61(01):117-126.

[78] NARYANAN S. Nonlinear and nonstationary random vibration of hysteretic system with application to vehicle dynamics in Process[J]. Nonlinear Stochastic Dynamic Engineering System,1999:127-136.

[79] 郭孔辉. 汽车振动与载荷的统计分析及悬挂系统的参数选择[J]. 汽车技术,1976(04):1-14.

[80] ESAT. Genetic algorithm-based optimization of a vehicle suspension system[J]. International Journal of Vehicle Design,21(03),1999:29-38.

[81] 张立军,张天侠. 车辆非匀速行驶时路面随机输入的时频研究[J]. 汽车工程,2005,27(06):710-714.

[82] MICHALTSOS G T,Sophianopoulos D,Kounadis A N. The effect of a moving mass and other parameters on the dynamic response of a simply supported beam[J]. Journal of Sound and Vibration,1996,191(03):357-362.

[83] PESTEREV A V,Bergman L A. An improved series expansion of the solution to the moving oscillator problem [J]. Journal of Vibration and Acoustics,2000,122(6):554-611.

[84] CHEN Yanghong,Tan C A,Bergman L A. Effects of boundary flexibility on the vibration of a continuum with a

moving oscillator[J]. Journal of Vibration and Acoustics,2002,124(01):552-560.

[85] KENNY J T. Steady state vibrations of beam on elastic foundation for moving load[J]. Journal of Applied Mechanics,1954,21:359-364.

[86] 孙璐,邓学钧.匀速运动的线源荷载激励下无限长梁动力分析[J].应用数学和力学,1998,19(04):341-347.

[87] 延西利,扈惠敏,张登良.沥青混合料线性流变模型的数值模拟[J].西安公路交通大学学报,1999,19(01):7-12.

[88] CHENG Y S,AU F T K,CHENG Y K. Vibration of railway bridge under a moving train by using bridge-track-vehicle element[J]. Journal of Engineering Structures,2001,23(21):1597-1606.

[89] LOU Ping. A vehicle-track-bridge interaction element considering vehicle,pitching effect[J]. Journal of Finite Elements in Analysis and Design,2005,41(06):397-427.

[90] 侯芸,郭忠印,田波.动荷作用下沥青路面结构的变形响应分析[J].中国公路学报,2002,15(03):6-10.

[91] 中华人民共和国交通运输部.公路桥梁板式橡胶支座:JT/T 4—2019[S].北京:人民交通出版社股份有限公司,2019.

[92] ZHENG D Y,CHEUNG Y K,AU F T K,et al. Vibration of multi-span non-uniform beams under moving loads by using modified beam vibration functions[J]. Journal of Sound and vibration,1998,128(04):517-530.

[93] DENG L. System identification of bridge and vehicle based on their coupled vibration[D]. Louisiana State University,Baton Rouge,LA,2009:89-91.

[94] GIM G,NIKRAVESH P E. Analytical model of pneumatic types for vehicle dynamic simulations Part 1. Pure slips[J]. International journal of vehicle design,1990,11(05):589-618.

[95] GIM G, NIKRAVESH P E. Analytical model of pneumatic types for vehicle dynamic simulations Part 2. Comprehensive slips[J]. International journal of vehicle design,1991,12(01):19-39.

[96] GIM G, NIKRAVESH P E. Analytical model of pneumatic types for vehicle dynamic simulations Part 3. Validation against experimental data[J]. International journal of vehicle design,1991,12(02):217-228.

[97] KAO B G. A three-dimensional dynamic tire model for vehicle dynamic simulations[J]. Tire science & technology,2000,28(02):72-95.

[98] CROLLA D A, El-Razaz. A review of the combined lateral and longitudinal force generation of tyres on deformable surfaces[J]. Journal of terra mechanics,1987,24(03):199-225.

[99] BRADLEY J,ALLEN R F. The behavior of rubber-tyred wheels[J]. The automotive engineer,1931,21:57-77.

[100] American Association of State Highway and Transportation Officials (AASHTO). LRFD bridge design specifications. Washington,D. C. ,2004,78-80.

[101] International Standard Organization. Mechanical vibration and shock-Evaluation of human exposure to whole body vibration-Part 1:General requirements:ISO 1997,2631(1E)[S].

[102] ZHANG P,SONG G,LI H,et al. Seismic control of power transmission tower using pounding TMD[J]. Journal of Engineering Mechanics,2013,139:1395-1406.

[103] LI H,ZHANG P,SONG G,et al. Robustness study of the pounding tuned mass damper for vibration control of subsea jumpers[J]. Smart Materials and Structures,2015,24:095001-10.

[104] SONG G,ZHANG P,LI L,et al. Vibration Control of a Pipeline Structure Using Pounding Tuned Mass Damper [J]. Journal of Engineering Mechanics,2016,142(06):04016031-10.

[105] YIN Xinfeng, LIU Y, SONG G, et al. Suppression of bridge vibration induced by moving vehicles using Pounding Tuned Mass Dampers[J]. Journal of bridge engineering,ASCE,2018,23(07).